跨境商事争议解决
法律实务研析

以内地与香港为视角

李伟斌律师行 著

A Study on the Legal Practice of Cross-border
Commercial Dispute Resolution
From the Perspective of the Mainland and Hong Kong

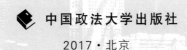

中国政法大学出版社

2017·北京

图书在版编目（ＣＩＰ）数据

跨境商事争议解决法律实务研析/李伟斌律师行著.—北京：中国政法大学出版社，2017.3
ISBN 978-7-5620-7324-6

Ⅰ.①跨…　Ⅱ.①李…　Ⅲ.①涉外案件－国际商事仲裁－研究　Ⅳ.①D997.4

中国版本图书馆CIP数据核字(2017)第035338号

出　版　者　中国政法大学出版社

地　　　址　北京市海淀区西土城路 25 号

邮寄地址　北京 100088 信箱 8034 分箱　邮编 100088

网　　　址　http://www.cuplpress.com（网络实名：中国政法大学出版社）

电　　　话　010-58908289(编辑部)　58908334(邮购部)

承　　　印　固安华明印业有限公司

开　　　本　720mm×960mm　1/16

印　　　张　30.5

字　　　数　470 千字

版　　　次　2017 年 6 月第 1 版

印　　　次　2017 年 6 月第 1 次印刷

定　　　价　79.00 元

众所周知，香港特别行政区奉行普通法制度，而内地则采用成文法制度。有些人经常比较两地的法律制度孰优孰劣，这是毫无意义的。成文法制度始于公元前罗马帝国，较源自英国的普通法制度还早了 1000 多年。这两种制度在各地根据当地的历史、文化和社会情况有着不同的发展。近半个世纪以来，两种制度已不断互相影响，取长补短，有很多范畴更趋向融合。因此，无须再比较高低。香港的普通法制度已实行了 170 多年，而内地的成文法制度只是从改革开放以来才有机会认真地实施，前者较后者更为成熟，实不足为奇。但内地的法律制度经过 30 多年的努力，已迅速发展，较之过去明显已有很大改善。

由于内地和香港的背景和情况不同，两地的法律和制度确实存在着不少差异。就是同一个原则和概念，因两地的环境和需要有别，都会有不同的理解和内容。在某些法律范畴中，例如：刑事法和民商事法，差异可能较大。其实，不同的制度执行不同的法律，是理所当然的。但有不同的法律，并不一定构成冲突，就是有些冲突，也不是没有解决办法。

近年来，特别是回归后，无论在文化、经济、商业等各个领域中，内地和香港的交流和合作越来越频繁，在很多范畴上需要互动，互助和合作。就两种制度下不同的法律所引起的问题，经常需要作出考虑和解决的机会也越来越多。例如：罪犯的引渡和移交、财产的转移、法律和司法文件的认可、婚姻和离婚的确认等，这些都可以透过协议形式解决。回归20年以来，已先后就民商事司法文书送达和民商事案件判决与仲裁裁决的互认和执行等达成协议。不过，还有不少问题的解决需要寻求合乎双方利益的方案。有时候，当内地或香港的法院须要处理涉及另一方的法律时，通常会采用国际私法或法律冲突原则，甚至是共同的法律原则，去解决问题。在这些情况下，只要明白和愿意接受双方实施的法律有所不同，便容易解决。但由于所涉及的范围很广，问题复杂，遇到的困难也不少。

本书是香港李伟斌律师行所著，由一些从事两地法律事务并对两地的制度和法律有相当认识和丰富经验的人士和学者，就一些经常遇到的问题进行深入的研究和探讨，提供宝贵意见和解决方向。当中涉及内地与香港跨境民商事诉讼及仲裁，司法管辖权的争议、所应采用的法律、所采取的程序等重要问题。这些文章从务实的角度去找出问题所在，加以详细分析，无论是解释或应用法律原则和有关案例，均有独特的见解。本书不单对需要就这些问题多些认识和了解的人有很大帮助，同时还为将来解决问题提供不少启示。

陈兆恺*

2017 年 2 月

---

* 曾任香港地区法院法官、香港高等法院法官、香港高等法院首席法官、香港终审法院常任法官。2013 年 10 月 21 日荣休，转任香港终审法院非常任法官。

现任香港终审法院首席法官马道立表示："过去多年来，司法机构中没有谁比陈兆恺法官更积极和热衷于推动在法庭使用中文。"

现任香港行政长官梁振英指出："陈兆恺法官是一名才能卓越及秉持正直的法官，并致力于推广在司法程序中使用中文。"

2013 年陈兆恺法官荣获大紫荆勋章。

目　录

香港毗邻内地，两地山水相连，血脉相亲。自内地改革开放以来，两地交往日趋紧密；随着香港回归祖国，两地的关系更是达到了前所未有的新高度、新水平。

在罗湖桥头，在皇岗口岸，是往来不断的两地居民，是绵延不绝的货柜汽车；在北京，在上海，在深圳，是一间间的港资公司，是一批批的港方人员；在港岛，在九龙，在新界，是熙熙攘攘的"自由行"旅客，是不断增加的来自内地的投资。内地和香港之间川流不息的人流、物流、资金流、信息流极大地促进了两地民众的交往和两地社会经济的发展。

内地30多年来的经济高速增长、香港回归祖国、《内地与香港关于建立更紧密经贸关系的安排》以及多个补充协议的签署和实施，更是为两地的交流不断增添新的活力，注入新的内容，展现新的风采：内地是香港最大的贸易伙伴，香港是内地最重要的贸易伙伴和主要出口市场之一，内地是香港外来直接投资的最大来源地，香港是内地最大的外商直接投资来源地，香港是内地最大的境外投资目的地和融资中心。[1]

两地频繁的交流互动以及两地经济的深度合作势必会产生大量的跨境民商事争议。仅以内地的统计数据为例，在诉讼方面，内地各级法院于1996年共审结涉港澳台案件3831件[2]，于2008年共审结涉港澳台案件10 621件[3]，于2011年共审结涉港澳台案件1.5万件[4]，于2015年共审结涉港澳

---

〔1〕　资料来源于中华人民共和国国务院新闻办公室2014年6月10日发表的《"一国两制"在香港特别行政区的实践》白皮书。

〔2〕　资料来源于《最高人民法院工作报告（第八届全国人民代表大会第五次会议）》。

〔3〕　资料来源于《最高人民法院工作报告（第十一届全国人民代表大会第二次会议）》。

〔4〕　资料来源于《最高人民法院工作报告（第十一届全国人民代表大会第五次会议）》。

台、涉侨案件 1.7 万件[1]；在深圳，1988 年，深圳市中级人民法院成立了全国首家专门审理涉外（包括涉港澳台）商事纠纷的审判庭，2008 年至 2013 年，深圳法院共受理涉外案件 9505 宗，其中，涉港案件 7535 宗，涉台案件 890 宗，涉澳案件 27 宗，其他涉外案件 1053 宗[2]。内地与香港跨境民商事争议的不断产生和大量出现，一方面折射出两地交往的密切和活跃；另一方面，也对两地跨境民商事争议解决的法律实务研究提出了更高的要求。

本书聚焦于内地与香港跨境商事争议解决的法律实务研析。鉴于商事法律关系是民事法律关系的一种特殊形式，因此，本书部分章节直接引用相关民事法律规定。

在本书中，"内地与香港跨境商事争议"是指在商事交往过程中，平等主体的当事人之间发生的具有内地与香港跨境因素的商事争议。具有以下情形之一的商事争议，即应属于内地与香港跨境商事争议：

（1）当事人中既有内地居民、法人或其他组织，也有香港居民、法人或其他组织。

（2）当事人的经常居所地既有在内地的，也有在香港的。

（3）当事人中有内地居民、法人或其他组织，但经常居所地均在香港。

（4）当事人中有香港居民、法人或其他组织，但经常居所地均在内地。

（5）当事人的经常居所地有在内地的，但当事人均是香港居民、法人或其他组织。

（6）当事人的经常居所地有在香港的，但当事人均是内地居民、法人或其他组织。

（7）当事人全部或部分是内地居民、法人或其他组织，但标的物在香港。

（8）当事人全部或部分是香港居民、法人或其他组织，但标的物在内地。

（9）当事人的经常居所地全部或部分在内地，但标的物在香港。

（10）当事人的经常居所地全部或部分在香港，但标的物在内地。

----

〔1〕 资料来源于《最高人民法院工作报告（第十二届全国人民代表大会第四次会议）》。

〔2〕 资料来源于深圳特区报网站所载 2014 年 7 月 30 日深圳特区报文章《前海将试行港籍陪审员制度》（深圳特区报记者蔡佩琼、通讯员王芳），网址：http://sztqb. sznews. com/html/2014-07/30/content_2956091. htm。

（11）当事人全部或部分是内地居民、法人或其他组织，但产生、变更或者消灭商事关系的法律事实发生在香港。

（12）当事人全部或部分是香港居民、法人或其他组织，但产生、变更或者消灭商事关系的法律事实发生在内地。

（13）当事人的经常居所地全部或部分在内地，但产生、变更或者消灭商事关系的法律事实发生在香港。

（14）当事人的经常居所地全部或部分在香港，但产生、变更或者消灭商事关系的法律事实发生在内地。

（15）标的物在内地，但产生、变更或者消灭商事关系的法律事实发生在香港。

（16）标的物在香港，但产生、变更或者消灭商事关系的法律事实发生在内地。

（17）其他具有内地与香港跨境因素的商事争议。

在实务中，部分内地与香港跨境商事争议还同时具有涉及澳门特别行政区或台湾地区或涉及外国或国外其他地区的因素。

内地与香港跨境商事争议的公平、及时解决，可以平抑纷争，实现公平正义，维护正常的经济秩序，增强市场主体的信心；可以进一步促进内地和香港在经济以及其他领域的交流与合作，对于两地的经济及其他领域的发展都具有重要意义。而且，内地与香港跨境商事争议的公平、及时解决，还有助于深化内地和香港两地人民的相互理解、包容和认同，从而更加和谐地相处；有助于香港的繁荣稳定；有助于推动"一国两制"伟大实践的继续深入发展。

但是，我们必须看到，百多年来，内地和香港不同的发展轨迹、不同的社会环境，两地人民不同的经历体验、不同的教育洗礼，特别是两地不同的法律制度、不同的法律传统、不同的法律理念，使得内地与香港跨境商事争议的解决展示出高度的复杂性，同时又带有相当的敏感性。但唯其如此，对于内地与香港跨境商事争议解决进行法律实务层面的研析，才更有必要性和迫切性。

内地的法律体系是中国特色社会主义法律体系，是以宪法为统帅，以法律为主干，以行政法规、地方性法规为重要组成部分，由宪法相关法、民法商法、行政法、经济法、社会法、刑法、诉讼与非诉讼程序法等多个法律部门组成的有机统一整体[1]。在法律形式上，内地采用成文法制度，形成了完备的成文法体系。如果从大陆法系和英美法系的视角观察，内地的法律体系在形式上趋近于大陆法系。

在立法方面，内地实行统一而又分层次的立法体制，《中华人民共和国宪法》规定，国家立法权由全国人民代表大会及其常务委员会行使；《中华人民共和国宪法》和《中华人民共和国立法法》规定，除全国人民代表大会及其常务委员会制定法律外，国务院根据宪法和法律，可以制定行政法规；省、自治区、直辖市的人民代表大会及其常务委员会在不同宪法和法律、行政法规相抵触的前提下，可以制定地方性法规，批准较大的市的人民代表大会及其常务委员会制定的地方性法规；民族自治地方的人民代表大会有权依照当地民族的政治、经济和文化的特点，制定自治条例和单行条例；此外，国务院各部门和具有行政管理职能的直属机构根据法律和行政法规，可以在其职权范围内制定部门规章；省、自治区、直辖市和较大的市的人民政府，根据法律、行政法规和本省、自治区、直辖市的地方性法规，可以依法制定规章。[2]

在司法领域，人民法院是国家的审判机关，中华人民共和国设立最高人民法院、地方各级人民法院和军事法院等专门人民法院，各省、自治区、直辖市设有高级人民法院，以下为中级人民法院和基层人民法院，最高人民法院是最高审判机关；人民检察院是国家的法律监督机关，中华人民共和国设立最高人民检察院、地方各级人民检察院和军事检察院等专门人民检察院，最高人民检察院是最高检察机关。[3]

在回归祖国之前的 150 余年间，香港的法律制度主要来自英国，同时有小部分中国传统的习惯法被保留。总体而言，该时期的香港法律制度属于普

---

〔1〕 摘自中华人民共和国国务院新闻办公室 2011 年 10 月 27 日发表的《中国特色社会主义法律体系》白皮书。

〔2〕 摘自中华人民共和国国务院新闻办公室 2008 年 2 月发表的《中国的法治建设》。

〔3〕 摘自中华人民共和国中央人民政府网站，http://www.gov.cn/guoqing/2005 - 05/24/content_2582470.htm.

通法体系。

　　随着香港回归祖国，《中华人民共和国香港特别行政区基本法》自 1997 年 7 月 1 日起实施。

　　中国是单一制的国家，《中华人民共和国宪法》第 31 条规定，国家在必要时得设立特别行政区。在特别行政区内实行的制度按照具体情况由全国人民代表大会以法律规定。根据《中华人民共和国香港特别行政区基本法》，香港特别行政区是中华人民共和国不可分离的部分，是中华人民共和国的一个享有高度自治权的地方行政区域，直辖于中央人民政府，按照"一个国家、两种制度"的方针，不在香港实行社会主义的制度和政策；全国人民代表大会授权香港特别行政区依照《中华人民共和国香港特别行政区基本法》的规定实行高度自治，享有行政管理权、立法权、独立的司法权和终审权。

　　根据《中华人民共和国香港特别行政区基本法》，在香港特别行政区实行的法律为《中华人民共和国香港特别行政区基本法》以及《中华人民共和国香港特别行政区基本法》第 8 条规定的香港原有法律和香港特别行政区立法机关制定的法律；全国性法律除被列于《中华人民共和国香港特别行政区基本法》附件三者外，不在香港特别行政区实施；香港原有法律，即普通法、衡平法、条例、附属立法和习惯法，除同《中华人民共和国香港特别行政区基本法》相抵触或经香港特别行政区的立法机关作出修改者外，予以保留。

　　根据《中华人民共和国香港特别行政区基本法》，香港特别行政区立法会是香港特别行政区的立法机关，香港特别行政区立法机关制定的任何法律，均不得同《中华人民共和国香港特别行政区基本法》相抵触。

　　根据《中华人民共和国香港特别行政区基本法》，香港特别行政区各级法院是香港特别行政区的司法机关，行使香港特别行政区的审判权；香港特别行政区设立终审法院、高等法院、区域法院、裁判署法庭和其他专门法庭，高等法院设上诉法庭和原讼法庭，香港特别行政区的终审权属于香港特别行政区终审法院，终审法院可根据需要邀请其他普通法适用地区的法官参加审判；香港特别行政区法院依照《中华人民共和国香港特别行政区基本法》第

18 条所规定的适用于香港特别行政区的法律审判案件，其他普通法适用地区的司法判例可作参考；香港特别行政区法院除继续保持香港原有法律制度和原则对法院审判权所作的限制外，对香港特别行政区所有的案件均有审判权，但对国防、外交等国家行为无管辖权。

根据《中华人民共和国香港特别行政区基本法》，该法的修改权属于全国人民代表大会。

根据《中华人民共和国香港特别行政区基本法》，该法的解释权属于全国人民代表大会常务委员会。全国人民代表大会常务委员会授权香港特别行政区法院在审理案件时对该法关于香港特别行政区自治范围内的条款自行解释。香港特别行政区法院在审理案件时对该法的其他条款也可解释。但如香港特别行政区法院在审理案件时需要对该法关于中央人民政府管理的事务或中央和香港特别行政区关系的条款进行解释，而该条款的解释又影响到案件的判决，则在对该案件作出不可上诉的终局判决前，应由香港特别行政区终审法院请全国人民代表大会常务委员会对有关条款作出解释。如全国人民代表大会常务委员会作出解释，则香港特别行政区法院在引用该条款时，应以全国人民代表大会常务委员会的解释为准。但在此以前作出的判决不受影响。在该法自 1997 年 7 月 1 日实施后，全国人民代表大会常务委员会曾对该法进行了数次解释：

1999 年 5 月 20 日，香港特别行政区行政长官根据《中华人民共和国香港特别行政区基本法》第 43 条和第 48 条第 2 项的有关规定，向国务院提交有关居留权的报告，并提请协助，建议国务院提请全国人民代表大会常务委员会根据《中华人民共和国宪法》和《中华人民共和国香港特别行政区基本法》的有关规定，对《中华人民共和国香港特别行政区基本法》第 22 条第 4 款、第 24 条第 2 款第 3 项的立法原意作出解释。[1] 1999 年 6 月 26 日，第九届全国人民代表大会常务委员会第十次会议通过《全国人民代表大会常务委员会关于〈中华人民共和国香港特别行政区基本法〉第 22 条第 4 款和第 24 条第 2 款第 3 项的解释》。该解释的主要内容包括：鉴于国务院提请解释的议

---

[1] 《关于提请中央人民政府协助解决实施〈中华人民共和国香港特别行政区基本法〉有关条款所遇问题的报告》，网址：http://www.basiclaw.gov.hk/tc/materials/doc/1999_05_20_c.pdf.

案中提出的问题涉及香港特别行政区终审法院 1999 年 1 月 29 日的判决对
《中华人民共和国香港特别行政区基本法》有关条款的解释，该有关条款涉及
中央管理的事务和中央与香港特别行政区的关系，终审法院在判决前没有依
照《中华人民共和国香港特别行政区基本法》第 158 条第 3 款的规定请全国
人民代表大会常务委员会作出解释，而终审法院的解释又不符合立法原意，
经征询全国人民代表大会常务委员会香港特别行政区基本法委员会的意见，
全国人民代表大会常务委员会决定，根据《中华人民共和国宪法》第 67 条第
4 项和《中华人民共和国香港特别行政区基本法》第 158 条第 1 款的规定，对
《中华人民共和国香港特别行政区基本法》第 22 条第 4 款和第 24 条第 2 款第
3 项的规定，作出解释。第一，《中华人民共和国香港特别行政区基本法》第
22 条第 4 款关于"中国其他地区的人进入香港特别行政区须办理批准手续"
的规定，是指各省、自治区、直辖市的人，包括香港永久性居民在内地所生
的中国籍子女，不论以何种事由要求进入香港特别行政区，均须依照国家有
关法律、行政法规的规定，向其所在地区的有关机关申请办理批准手续，并
须持有有关机关制发的有效证件方能进入香港特别行政区。各省、自治区、
直辖市的人，包括香港永久性居民在内地所生的中国籍子女，进入香港特别
行政区，如未按国家有关法律、行政法规的规定办理相应的批准手续，是不
合法的。第二，《中华人民共和国香港特别行政区基本法》第 24 条第 2 款前 3
项规定："香港特别行政区永久性居民为：①在香港特别行政区成立以前或以
后在香港出生的中国公民；②在香港特别行政区成立以前或以后在香港通常
居住连续七年以上的中国公民；③第 1、2 两项所列居民在香港以外所生的中
国籍子女"。其中第 3 项关于"第 1、2 两项所列居民在香港以外所生的中国
籍子女"的规定，是指无论本人是在香港特别行政区成立以前或以后出生，
在其出生时，其父母双方或一方须是符合《中华人民共和国香港特别行政区
基本法》第 24 条第 2 款第 1 项或第 2 项规定条件的人。该解释公布之后，香
港特别行政区法院在引用《中华人民共和国香港特别行政区基本法》有关条
款时，应以该解释为准。该解释不影响香港特别行政区终审法院 1999 年 1 月
29 日对有关案件判决的有关诉讼当事人所获得的香港特别行政区居留权。此
外，其他任何人是否符合《中华人民共和国香港特别行政区基本法》第 24 条

第 2 款第 3 项规定的条件，均须以该解释为准。[1]

2004 年 4 月 6 日，第十届全国人民代表大会常务委员会第八次会议通过《全国人民代表大会常务委员会关于〈中华人民共和国香港特别行政区基本法〉附件一第 7 条和附件二第 3 条的解释》，即全国人民代表大会常务委员会根据《中华人民共和国宪法》第 67 条第 4 项和《中华人民共和国香港特别行政区基本法》第 158 条第 1 款的规定，对《中华人民共和国香港特别行政区基本法》附件一《香港特别行政区行政长官的产生办法》第 7 条 "2007 年以后各任行政长官的产生办法如需修改，须经立法会全体议员 2/3 多数通过，行政长官同意，并报全国人民代表大会常务委员会批准" 的规定和附件二《香港特别行政区立法会的产生办法和表决程序》第 3 条 "2007 年以后香港特别行政区立法会的产生办法和法案、议案的表决程序，如需对本附件的规定进行修改，须经立法会全体议员 2/3 多数通过，行政长官同意，并报全国人民代表大会常务委员会备案" 的规定，作出解释。[2]

2005 年 4 月 6 日，香港特别行政区署理行政长官根据《中华人民共和国香港特别行政区基本法》第 43 条和第 48 条第 2 项的有关规定，向国务院提交了《关于请求国务院提请全国人民代表大会常务委员会就〈中华人民共和国香港特别行政区基本法〉第 53 条第 2 款作出解释的报告》。[3] 2005 年 4 月 27 日，第十届全国人民代表大会常务委员会第十五次会议通过《全国人民代表大会常务委员会关于〈中华人民共和国香港特别行政区基本法〉第 53 条第 2 款的解释》。该解释的主要内容包括：《中华人民共和国香港特别行政区基本法》第 53 条第 2 款中规定："行政长官缺位时，应在 6 个月内依本法第 45 条的规定产生新的行政长官。" 其中，"依本法第 45 条的规定产生新的行政长官"，既包括新的行政长官应依据《中华人民共和国香港特别行政区基本法》第 45 条规定的产生办法产生，也包括新的行政长官的任期应依据《中华人民

---

〔1〕《全国人民代表大会常务委员会关于〈中华人民共和国香港特别行政区基本法〉第 22 条第 4 款和第 24 条第 2 款第 3 项的解释》，网址：http://law.npc.gov.cn/FLFG/flfgByID.action? flfgID=294.

〔2〕《全国人民代表大会常务委员会关于〈中华人民共和国香港特别行政区基本法〉附件一第 7 条和附件二第 3 条的解释》，网址：http://law.npc.gov.cn/FLFG/flfgByID.action? flfgID=29547.

〔3〕《关于请求国务院提请全国人民代表大会常务委员会就〈中华人民共和国香港特别行政区基本法〉第 53 条第 2 款作出解释的报告》，网址：http://www.basiclaw.gov.hk/tc/materials/doc/2005_04_06_c.pdf.

共和国香港特别行政区基本法》第 45 条规定的产生办法确定。《中华人民共和国香港特别行政区基本法》第 45 条第 3 款规定："行政长官产生的具体办法由附件一《香港特别行政区行政长官的产生办法》规定。"附件一第 1 条规定："行政长官由一个具有广泛代表性的选举委员会根据本法选出，由中央人民政府任命。"第 2 条规定："选举委员会每届任期 5 年。"第 7 条规定："2007 年以后各任行政长官的产生办法如需修改，须经立法会全体议员 2/3 多数通过，行政长官同意，并报全国人民代表大会常务委员会批准。"上述规定表明，2007 年以前，在行政长官由任期 5 年的选举委员会选出的制度安排下，如出现行政长官未任满《中华人民共和国香港特别行政区基本法》第 46 条规定的 5 年任期导致行政长官缺位的情况，新的行政长官的任期应为原行政长官的剩余任期；2007 年以后，如对上述行政长官产生办法作出修改，届时出现行政长官缺位的情况，新的行政长官的任期应根据修改后的行政长官具体产生办法确定。[1]

　　2011 年 6 月 30 日，香港特别行政区终审法院依据《中华人民共和国香港特别行政区基本法》第 158 条第 3 款的规定，提请全国人民代表大会常务委员会对《中华人民共和国香港特别行政区基本法》第 13 条第 1 款和第 19 条进行解释。[2] 2011 年 8 月 26 日，第十一届全国人民代表大会常务委员会第二十二次会议通过《全国人民代表大会常务委员会关于〈中华人民共和国香港特别行政区基本法〉第 13 条第 1 款和第 19 条的解释》。[3] 关于该解释的详细内容及相关案件，请参阅本书下编第二章案例一。

　　2016 年 11 月 7 日，第十二届全国人民代表大会常务委员会第二十四次会议通过《全国人民代表大会常务委员会关于〈中华人民共和国香港特别行政区基本法〉第 104 条的解释》。全国人民代表大会常务委员会根据《中华人民共和国宪法》第 67 条第 4 项和《中华人民共和国香港特别行政区基本法》第

---

〔1〕《全国人民代表大会常务委员会关于〈中华人民共和国香港特别行政区基本法〉第 53 条第 2 款的解释》，网址：http://law.npc.gov.cn/FLFG/flfgByID.action? flfgID＝167533.

〔2〕关于《全国人民代表大会常务委员会关于〈中华人民共和国香港特别行政区基本法〉第 13 条第 1 款和第 19 条的解释（草案）》的说明，网址：http://law.npc.gov.cn/FLFG/flfgByID.action? flfgID＝31262962.

〔3〕《全国人民代表大会常务委员会关于〈中华人民共和国香港特别行政区基本法〉第 13 条第 1 款和第 19 条的解释》，网址：http://law.npc.gov.cn/FLFG/flfgByID.action? flfgID＝30901058.

158 条第 1 款的规定，对《中华人民共和国香港特别行政区基本法》第 104 条"香港特别行政区行政长官、主要官员、行政会议成员、立法会议员、各级法院法官和其他司法人员在就职时必须依法宣誓拥护中华人民共和国香港特别行政区基本法，效忠中华人民共和国香港特别行政区"的规定，作如下解释：其一，《中华人民共和国香港特别行政区基本法》第 104 条规定的"拥护中华人民共和国香港特别行政区基本法，效忠中华人民共和国香港特别行政区"，既是该条规定的宣誓必须包含的法定内容，也是参选或者出任该条所列公职的法定要求和条件。其二，《中华人民共和国香港特别行政区基本法》第 104 条规定相关公职人员"就职时必须依法宣誓"，具有以下含义：①宣誓是该条所列公职人员就职的法定条件和必经程序。未进行合法有效宣誓或者拒绝宣誓，不得就任相应公职，不得行使相应职权和享受相应待遇。②宣誓必须符合法定的形式和内容要求。宣誓人必须真诚、庄重地进行宣誓，必须准确、完整、庄重地宣读包括"拥护中华人民共和国香港特别行政区基本法，效忠中华人民共和国香港特别行政区"内容的法定誓言。③宣誓人拒绝宣誓，即丧失就任该条所列相应公职的资格。宣誓人故意宣读与法定誓言不一致的誓言或者以任何不真诚、不庄重的方式宣誓，也属于拒绝宣誓，所作宣誓无效，宣誓人即丧失就任该条所列相应公职的资格。④宣誓必须在法律规定的监誓人面前进行。监誓人负有确保宣誓合法进行的责任，对符合该解释和香港特别行政区法律规定的宣誓，应确定为有效宣誓；对不符合该解释和香港特别行政区法律规定的宣誓，应确定为无效宣誓，并不得重新安排宣誓。其三，《中华人民共和国香港特别行政区基本法》第 104 条所规定的宣誓，是该条所列公职人员对中华人民共和国及其香港特别行政区作出的法律承诺，具有法律约束力。宣誓人必须真诚信奉并严格遵守法定誓言。宣誓人作虚假宣誓或者在宣誓之后从事违反誓言行为的，依法承担法律责任。[1]

在"一国两制"的大背景下，内地与香港实行不同的法律制度，采用不同的司法体系，形成一国之内的两个法域。具有成文法系特点的内地法律体系与属于普通法系的香港法律体系同在一国之内，从而使内地与香港跨境商

---

[1] 《全国人民代表大会常务委员会关于〈中华人民共和国香港特别行政区基本法〉第 104 条的解释》，网址：http://www.npc.gov.cn/npc/xinwen/2016-11/07/content_2001528.htm.

事争议发生后，所引发的区际法律冲突更加明显，也更为复杂。

20 世纪以来，在世界范围内，成文法系与普通法系出现了相互借鉴与融合的趋势，中国也受到一定程度的影响。比如，一方面，2010 年，内地的司法机关出台了案例指导制度的相关规定，标志着中国特色的案例指导制度得以确立；与英美法系的判例制度不同，内地的案例指导制度是在以成文法为主的法律体系下，运用案例对法律规定的准确理解和适用进行指导的一种制度[1]，但值得关注的是，这一制度的建立毕竟在一定程度上体现了内地对案例价值的再认识以及凸显了案例对于司法实践的意义。另一方面，近几十年，香港虽然属于普通法地区，但也制定了大量的成文条例作为法律。在两大法系相互借鉴与融合的过程中，对于一国之内内地与香港两个法域之间的跨境商事争议而言，因涉及的问题和动态的因素更多，客观上反而增加了其复杂性和解决的难度。

总体而言，内地与香港跨境商事争议的解决途径，主要包括协商、调解、仲裁和诉讼。

（1）协商。协商是指在发生争议后，当事人本着自愿的原则，自行协商，达成一致，从而解决争议。

内地与香港跨境商事争议发生后，如果通过协商加以解决，无需第三方参与，没有公权力介入，简便、高效，灵活、保密，节约成本，并有利于争议当事人日后的继续合作。因此，许多内地与香港跨境商事争议的当事人在争议发生后，基于之前的合作以及着眼于未来的合作，愿意首先通过协商的方式尽力解决争议。

但是，通过协商达成解决争议的合意后，如果当事人反悔，除非符合特定条件[2]，否则有关解决争议的合意缺乏强制性，需要继续协商或者采用其他方式解决争议。

（2）调解。调解是指争议当事人在共同选择的中立第三者的帮助下，在

---

〔1〕　摘自中华人民共和国国务院新闻办公室 2012 年 10 月 9 日发表的《中国的司法改革》白皮书。

〔2〕　比如，《中华人民共和国公证法》第 37 条规定：对经公证的以给付为内容并载明债务人愿意接受强制执行承诺的债权文书，债务人不履行或者履行不适当的，债权人可以依法向有管辖权的人民法院申请执行。前款规定的债权文书确有错误的，人民法院裁定不予执行，并将裁定书送达双方当事人和公证机构。

谈判中就争议的问题相互妥协与让步，以达成协议解决争议的方法。[1]

调解应在自愿的基础上进行，调解具有保密性好、成本低、快捷、灵活、共赢的优势。如果调解成功，调解协议由当事人自愿履行，一般无强制执行力；如果调解不成功，或者调解协议未得到履行，不影响当事人采用其他方式解决相关争议。[2]

作为一种重要的替代性争议解决方式，调解在中国具有悠久的历史并在现代得到很大发展。

在内地，以相关法律规定为例，《中华人民共和国民事诉讼法》第9条规定："人民法院审理民事案件，应当根据自愿和合法的原则进行调解；调解不成的，应当及时判决。"从而将诉讼中的调解确立为民事诉讼法的一项基本原则。《中华人民共和国仲裁法》第51条规定："仲裁庭在作出裁决前，可以先行调解。当事人自愿调解的，仲裁庭应当调解。调解不成的，应当及时作出裁决。调解达成协议的，仲裁庭应当制作调解书或者根据协议的结果制作裁决书。调解书与裁决书具有同等法律效力。"据此，仲裁中的调解为法律所确认。2011年1月1日起施行的《中华人民共和国人民调解法》将人民调解制度专门立法，规范民间纠纷的调解解决。当然，诉讼中的调解及仲裁中的调解与单纯意义上的调解并不完全等同。就内地与香港跨境商事争议在内地的调解解决问题，有关专业调解机构的功能和作用需加以关注。比如，中国国际贸易促进委员会/中国国际商会调解中心及其各分会的调解中心是以调解的方式，独立、公正地帮助中外当事人解决商事、海事等争议的常设调解机构，该中心成立于1987年，原名"北京调解中心"（自2000年起，启用现名）。该中心受理下列争议案件：①国际的或涉外的争议案件；②涉及香港特别行政区、澳门特别行政区和台湾地区的争议案件；③国内争议案件。当事人达成调解协议的，双方当事人可以依法共同向有管辖权的人民法院申请司法确认，符合条件的，可以依法向人民法院申请强制执行；当事人经调解中心调解后达成的具有合同效力和给付内容的调解协议，可以依法向有管辖权的人民法院申请支付令；具有给付内容的调解协议，经公证机关依法赋予强制执

---

[1] 黄进主编：《国际商事争议解决机制研究》，武汉大学出版社2010年版，第171页。
[2] 黄进主编：《国际商事争议解决机制研究》，武汉大学出版社2010年版，第17页。

行效力的，可以依法向有管辖权的人民法院申请执行。[1] 此外，华南国际经济贸易仲裁委员会（深圳国际仲裁院）的调解中心于 2008 年 12 月 22 日成立，鼓励当事人在仲裁程序之前或之外进行调解，并通过与仲裁的有效衔接，帮助当事人以更和谐、更快速、更有效、更节省的方式解决各种国内外商事争议。[2] 上海国际经济贸易仲裁委员会（上海国际仲裁中心）在《中国（上海）自由贸易试验区仲裁规则》中增设了仲裁庭组成前由调解员进行调解的程序，进一步完善仲裁与调解相结合的制度。[3]

　　在香港，香港政府致力发展和推动香港成为亚太区一个主要的争议解决中心。香港现有多个主要的调解服务提供者，其中包括香港调解会及香港和解中心。香港调解会是香港国际仲裁中心的分支机构，于 1994 年成立；香港和解中心于 1999 年成立。2008 年年初，香港成立由律政司司长领导的调解工作小组，筹划如何更有效和更广泛利用调解处理高层次的商业纠纷，以及相对小型但与社区息息相关的纠纷。在公众教育和宣传方面，"调解为先"承诺书运动在 2009 年 5 月展开，"调解为先"承诺书是一份政策声明，旨在鼓励更广泛使用调解，以灵活创新和有建设性的方式解决商业纠纷。2010 年年初，工作小组颁布《香港调解守则》。该守则旨在为调解员订立通用标准，并具有确保调解服务素质的重要作用。在调解立法方面，香港《调解条例》（香港法例第 620 章）于 2012 年 6 月制定，并于 2013 年 1 月 1 日起实施，《调解条例》（香港法例第 620 章）在不妨碍调解程序灵活性的前提下，为在香港进行调解订立规管框架。在民事司法制度改革方面，2009 年 4 月 2 日，香港司法机构正式实施民事司法制度改革，强调法院须推行积极的案件管理，并鼓励各方更广泛使用替代诉讼纠纷解决程序，包括采用调解，《实务指示 31》要求律师及其当事人参与调解，如果他们在没有合理解释的情况下不参与调解，则有可能会受到不利的讼费制裁。[4]

---

〔1〕　资料来源于中国国际贸易促进委员会/中国国际商会调解中心网站，网址：http://adr.ccpit.org.

〔2〕　资料来源于华南国际经济贸易仲裁委员会/深圳国际仲裁院网站，网址：http://www.sccietac.org.

〔3〕　资料来源于上海国际经济贸易仲裁委员会/上海国际仲裁中心网站，网址：http://www.cietac-sh.org.

〔4〕　资料来源于 GovHK 香港政府一站通网站，网址：http://www.gov.hk.

特别值得一提的是深圳前海在调解解决内地与香港跨境商事争议方面所做的努力。2010 年 8 月 26 日，国务院正式批复了《前海深港现代服务业合作区总体发展规划》，前海在"一国两制"框架下，努力打造粤港现代服务业创新合作示范区。[1] 据《深圳特区报》2014 年 6 月 18 日报道，针对深港两地当事人可能不熟悉境外法律而更倾向于调解的情况，前海法庭大胆借鉴香港法治成功经验，建立深港商事调解中心。深港商事调解中心与香港的专业调解机构及高校研究机构对接，对案件进行诉前 ADR（替代性纠纷解决方式）调解。[2]

在内地与香港跨境商事争议的各种解决方式中，调解这一方式以其独特的优势得到了当事人的青睐并日益发挥着越来越重要的作用，在实务中，如果争议的当事人决定采用调解方式解决争议，那么需要注意了解两地调解制度的各自特色并恰当地选择适当的调解方式以平抑纷争。

（3）仲裁。仲裁，也称公断，是当事人在自愿的基础上将争议提交司法机构以外的第三者居中评判，并做出对当事各方有拘束力的裁决的法律制度。[3]

仲裁因其不公开进行、一裁终局、裁决结果具有法律约束力、便于在域外获得承认及执行而具有保密性强、效率较高、可获强制执行及适用范围广的特点，并因此在内地与香港跨境商事争议中获得广泛应用。

在内地，根据 1954 年 5 月 6 日中央人民政府政务院第 215 次会议通过的《关于在中国国际贸易促进委员会内设立对外贸易仲裁委员会的决定》，1956 年 4 月设立对外贸易仲裁委员会，对外贸易仲裁委员会于 1980 年改名为"对外经济贸易仲裁委员会"，1988 年改名为"中国国际经济贸易仲裁委员会"（英文简称"CIETAC"），中国国际经济贸易仲裁委员会于 2000 年同时启用"中国国际商会仲裁院"的名称；中国国际经济贸易仲裁委员会是世界上主要的常设商事仲裁机构之一，其在内地多个地方设立了分支机构，2012 年，还在香港设立分支机构——中国国际经济贸易仲裁委员会香港仲裁中心，可在

---

〔1〕 资料来源于深圳市前海深港现代服务业合作区网站，网址：http://www.szqh.gov.cn.

〔2〕 资料来源于深圳特区报网站，网址：http://sztqb.sznews.com/html/2014-06/18/content_2911696.htm.

〔3〕 黄进主编：《国际商事争议解决机制研究》，武汉大学出版社 2010 年版，第 85 页。

香港办理仲裁案件，提供仲裁咨询和培训。[1] 中国海事仲裁委员会（英文名称为 China Maritime Arbitration Commission，简称"CMAC"）设在北京，在上海、天津、重庆设有分会，以仲裁的方式，独立、公正地解决海事、海商、物流争议以及其他契约性或非契约性争议，以保护当事人的合法权益，促进国际国内经济贸易和物流的发展。[2] 华南国际经济贸易仲裁委员会（又称"深圳国际仲裁院"，曾名"中国国际经济贸易仲裁委员会华南分会"、"中国国际经济贸易仲裁委员会深圳分会"，英文简称"SCIA"）于 1983 年设立在中国深圳经济特区，是解决境内外自然人、法人和其他组织之间发生的合同纠纷和其他财产权益纠纷的仲裁机构。华南国际经济贸易仲裁委员会已在粤港地区建立起"商会调解+仲裁"、"展会调解+仲裁"和"香港调解+SCIA 仲裁"的专业化争议解决业务体系，为境内外当事人提供多元化的争议解决服务。[3] 上海国际经济贸易仲裁委员会（同时启用"上海国际仲裁中心"的名称，原名为"中国国际经济贸易仲裁委员会上海分会"，英文简称"SHI-AC"）受理国际的或涉外的争议案件、涉及香港特别行政区、澳门特别行政区或台湾地区的争议案件、国内争议案件；上海国际经济贸易仲裁委员会在中国（上海）自由贸易试验区设立中国（上海）自由贸易试验区仲裁院，提供咨询、立案、开庭审理等仲裁服务；上海国际经济贸易仲裁委员会还设立上海国际航空仲裁院，提供咨询、立案、开庭审理等仲裁服务。[4] 在立法领域，中华人民共和国第八届全国人民代表大会常务委员会第九次会议于 1994 年 8 月 31 日通过了《中华人民共和国仲裁法》，自 1995 年 9 月 1 日起施行，该法是中国第一部规范仲裁活动的专门立法；此后，内地若干城市根据《中华人民共和国仲裁法》重新组建了各地仲裁委员会，并且也可以受理涉外仲裁案件。

在香港，为了满足亚太地区对仲裁服务日益增长的需求，香港主要的商

---

〔1〕　资料来源于中国国际经济贸易仲裁委员会网站，网址：http://cn.cietac.org.

〔2〕　资料来源于中国海事仲裁委员会网站，网址：http://www.cmac-sh.org/

〔3〕　资料来源于华南国际经济贸易仲裁委员会/深圳国际仲裁院网站，网址：http://www.sccietac.org.

〔4〕　资料来源于上海国际经济贸易仲裁委员会/上海国际仲裁中心网站，网址：http://www.cietac-sh.org.

界人士及专业人士于 1985 年组建香港国际仲裁中心，香港国际仲裁中心是一所非牟利有限担保公司，负责管理仲裁和其他争议解决程序，包括调解和审裁，由秘书长（亦为首席行政官和登记官）执行。2013 年的统计数据表明，香港国际仲裁中心 2013 年的受案量继续增长，共处理了 463 起争议解决案件，在 2013 年新增 260 起仲裁案件；在所有仲裁案件中，75% 的案件为国际仲裁，25% 为本地仲裁；选择使用香港国际仲裁中心仲裁最频繁的当事人依然来自中国内地；在香港国际仲裁中心管理的案件中，商事争议（占 47%）、公司争议（占 27%）和海事争议（占 11%）仍然是主要的争议领域。[1] 在立法领域，香港已废除的《仲裁条例》（香港法例第 341 章）规定，在香港进行的本地仲裁和国际仲裁，分别采用两种不同的制度，本地仲裁的制度大体上建基于英国的仲裁法例，而国际仲裁的制度则建基于联合国国际贸易法委员会《国际商事仲裁示范法》；为了方便香港本地和香港以外地方的仲裁使用者，使香港商界和仲裁人员能使用一套与广为采纳的国际仲裁做法及发展一致的仲裁制度，吸引更多商界人士选择在香港进行仲裁程序，推广香港作为解决争议的区域中心，香港的仲裁法律制度进行了改革：1998 年，香港仲裁司学会与香港国际仲裁中心联合成立香港仲裁法委员会；2005 年 9 月，香港特别行政区政府律政司在部门内成立了一个工作小组；2007 年 12 月 31 日，律政司发表《香港仲裁法改革及仲裁条例草案拟稿咨询文件》；2009 年 6 月《仲裁条例草案》提交香港立法会；2010 年 11 月 10 日，香港新的《仲裁条例》（香港法例第 609 章）获香港立法会通过并于 2011 年 6 月 1 日生效，该条例以联合国国际贸易法委员会《国际商事仲裁示范法》为基础，用以统一本地及国际仲裁的法定制度。[2]

在内地与香港跨境商事活动中，当事人在对两地仲裁制度的异同和各自优势清晰了解的基础上，可通过协商达成一致，签署仲裁协议，在发生争议时，以仲裁方式解决争议。

（4）诉讼。内地与香港跨境商事争议的诉讼解决方式，是指内地与香港跨境商事争议的当事人就该等争议向有管辖权的法院提起民事诉讼，在符合

---

〔1〕 资料来源于香港国际仲裁中心网站，网址：http://www.hkiac.org.

〔2〕 资料来源于 GovHK 香港政府一站通网站，网址：http://www.gov.hk.

相关法律规定的情况下，法院予以受理并依法进行审判以解决争议。

民事诉讼作为民事争议的公力救济方式，被视为解决民事争议的终极手段，具有法律强制力，因此，一直受到当事人、理论界和实务界的高度重视。多年来，内地和香港不断制定和完善民事诉讼的相关规定，并在不同层面和不同角度对民事诉讼制度进行改革，以期更好地发挥民事诉讼的功能，加快争议解决，实现公平正义。

在内地，规范民事诉讼活动的基本法律是《中华人民共和国民事诉讼法》，并辅之以相关司法解释及其他相关规定进行规范。内地与香港跨境商事争议如果在内地通过诉讼方式解决，应当适用《中华人民共和国民事诉讼法》及相关司法解释的规定，并须符合涉及内地与香港跨境商事争议的专门规定，此外，还应根据相关规定参照适用《中华人民共和国民事诉讼法》有关涉外民事诉讼程序的特别规定以及与之配套的相关司法解释；内地人民法院根据所适用的管辖原则对于其有管辖权的包括内地与香港跨境商事争议在内的案件行使管辖权，进行审理并作出裁判。

在香港，民事司法主要承袭英格兰的概念和执行时采取的政策和手段，构成民事司法制度的组件，包括法例［如《香港终审法院条例》（《香港法例》第484章）、《高等法院条例》（《香港法例》第4章）、《区域法院条例》（《香港法例》第336章）等］、附属法例［如《香港终审法院规则》（《香港法例》第484章附属法例）、《高等法院规则》（《香港法例》第4章"附属法例"）、《区域法院规则》（《香港法例》第336章"附属法例"）等］、实务指示（实务指示是法院就某项民事实务的程序、格式等事项订明的细则条款，实务指示不得违反属于附属法例的法院规则）和案例[1]。为了赋予法庭更大的案件管理权力，以便管理案件的进度，简化及改善民事司法程序，鼓励及促成和解，并让法庭资源得到更佳的分配和运用，香港进行了民事司法制度改革，并于2009年4月2日生效；香港民事司法制度改革适用于高等法院及区域法院，其中部分新增的规则和程序经变通后，亦适用于土地审裁处和家

---

〔1〕 摘自朱国斌、黄辉等：《香港司法制度》，中华书局（香港）有限公司2013年版，第86页，略有调整。

事法庭[1]。香港的法院根据有关管辖的规定对其有管辖权的包括内地与香港跨境商事争议在内的案件行使管辖权，进行审理并作出裁判。

就内地与香港跨境商事争议的四种主要解决途径（并不排除其他解决途径），本书着重研究仲裁和诉讼方式，但是，这并非表明协商和调解方式不重要。商事争议有其自身的特性，争议的背后常有当事人之间过往的合作基础以及未来继续合作的空间。如果争议的解决不会对于当事人之间的日后合作造成负面影响，将会是多赢的结果。就此而言，如能够以协商、调解方式解决争议，即无需采用仲裁或诉讼的方式。无论如何，内地与香港跨境商事争议的多样性和复杂性决定了对于每一起争议的处理，都需要根据具体情况，采取适当的一种方式或者采取多种方式的组合加以解决，以期达到既化解纷争又最大程度消除争议后遗症的目的。

内地与香港跨境商事争议的法律适用，是本书讨论的又一重点。内地与香港跨境商事争议根据哪一地的法律加以解决对当事人的实体权益具有重要影响。在"一国两制"的框架下，内地与香港作为两个法域，法律制度不同，对于同一法律问题的规范可能存在差异或矛盾，具体到某一内地与香港跨境商事争议，这种差异或矛盾即会展现为区际法律冲突。比如，一起内地与香港跨境商事争议，如果适用内地法律，可能利于当事人甲；如果适用香港法律，可能利于当事人乙。因此，法律适用问题是内地与香港跨境商事争议解决的重要环节，而内地与香港对于确定准据法以解决法律适用问题的冲突规范的规定存在差异。

在内地，《中华人民共和国继承法》、《中华人民共和国民法通则》、《中华人民共和国海商法》、《中华人民共和国民用航空法》、《中华人民共和国合同法》、《中华人民共和国票据法》等法律从不同角度对于冲突规范作出了相应规定；2011 年 4 月 1 日起施行的《中华人民共和国涉外民事关系法律适用法》是内地关于涉外民事关系法律适用的第一部单行法律，该法未对属于区际冲突规范范畴的涉及香港民事关系的法律适用问题做出规定，就诉讼实务中涉及香港民事关系的法律适用，最高人民法院于 2012 年 12 月 28 日公布的

---

〔1〕 资料来源于 GovHK 香港政府一站通网站，网址：http://www.gov.hk.

《最高人民法院关于适用〈中华人民共和国涉外民事关系法律适用法〉若干问题的解释（一）》（法释［2012］24号）第19条规定，涉及香港特别行政区、澳门特别行政区的民事关系的法律适用问题，参照适用该司法解释。

在香港，冲突规范以普通法为基础，亦在部分成文条例中有所体现，香港的冲突规范深受英国冲突规范的影响。

就有关冲突规范的若干基本原则和问题，内地与香港的规定既有相近之处，又有明显的差异和区别，比如：内地与香港关于识别的规定基本一致；但两地对于反致和转致的观点完全不同，内地不接受反致和转致，香港则承认反致和转致；关于公共秩序保留、域外法查明、法律规避等问题，两地的规范也存在差异。

2015年9月20日，中国港澳台和外国法律查明研究中心、最高人民法院港澳台和外国法律查明基地以及研究基地在广东深圳前海揭牌。中心和基地的设立意义重大，其对于内地与香港跨境商事争议解决的法律适用也有重要的实务价值，有助于提高内地与香港跨境商事争议解决过程中的法律查明效率。

内地与香港跨境商事争议的"跨境"特点，决定了两地之间的区际司法协助对于内地与香港跨境商事争议的解决在制度层面的不可或缺；实务中，大量的内地与香港跨境商事争议的解决有赖于两地司法协助制度所提供的两地民商事司法文书的送达、两地法院相关民商事判决的相互认可和执行以及两地仲裁裁决的相互执行等制度安排。本书从内地与香港跨境商事争议解决的视角对两地的区际民商事司法协助进行研析。

香港回归祖国后，内地与香港作为一国之内的两个法域，区际司法协助获得了长足发展。《中华人民共和国香港特别行政区基本法》第95条规定，香港特别行政区可与全国其他地区的司法机关通过协商依法进行司法方面的联系和相互提供协助。在民商事领域，内地和香港经协商，先后制定并实施了关于内地与香港特别行政区法院相互委托送达民商事司法文书的安排、关于内地与香港特别行政区相互执行仲裁裁决的安排、关于内地与香港特别行政区法院相互认可和执行当事人协议管辖的民商事案件判决的安排，两地关于民商事案件相互委托提取证据的安排亦于2016年12月29日签署，尚待生效后施行；此外，内地最高人民法院从内地人民法院审理涉及香港特别行政区、澳门特别行政区的民商事案件时向住所地在香港特别行政区、澳门特别行政区的受送达人送达司法文书的角度，在 2009 年制定了《最高人民法院关于涉港澳民商事案件司法文书送达问题若干规定》（《最高人民法院关于印发〈全国法院涉港澳商事审判工作座谈会纪要〉的通知》（法发〔2008〕8 号）亦有相关规定）；针对在香港特别行政区做出的临时仲裁裁决、国际商会仲裁院等国外仲裁机构在香港特别行政区作出的仲裁裁决在内地申请执行的问题，内地最高人民法院于 2009 年 12 月 30 日发布通知，予以明确。

可以说，在内地与香港跨境商事争议的解决过程中，两地的民商事司法协助制度对于争议解决程序的顺畅进行和实体权益的维护、落实都具有重要意义；但我们也必须看到，两地民商事司法协助制度在广度和深度方面，仍有极大的发展空间，还需要进一步地探索、研究，并不断地拓宽和深化。

作为法律实务研析类的书籍，案例分析是必不可少的。内地与香港法律体系的差异，导致两地对于案例性质的认识存在极大不同，案例在各自法律体系中的地位也有较大差别，但这种差别并不影响我们通过案例分析解构内地与香港跨境商事争议的法律问题。

案例分析是本书的重要组成部分，本书所选的案例力求既具有典型性又兼顾热点问题，尽可能多方位地展示有关争议的不同层面；力求通过剖析案例使枯燥、呆板的法律语言和规定以生动、鲜活的方式予以体现；力求使本书在关注程序性规定的同时，也关涉重大的实体法律原则；力求在以案说法的过程中能够勾勒出法律的内在逻辑之美。

谨以上文概括本书的脉络和主要内容，并以此作为本书的概论。

上 编

内地与香港跨境商事争议解决的法律研析

在内地与香港频密的经贸往来过程中，两地之间的跨境商事争议难以避免。公正、迅速地解决争议，能够更好地促进两地的经贸交流，促进两地人民和谐共处，促进"一国两制"继续深化，意义重大，值得高度关注和深入研究。

内地与香港跨境商事争议的解决，主要包括协商、调解、仲裁和诉讼四种方式。本编对内地和香港通过诉讼和仲裁方式解决两地跨境商事争议进行法律研析，并研究内地与香港跨境商事争议的法律适用以及两地的区际民商事司法协助。

第一章

内地与香港跨境商事争议的诉讼

诉讼是内地与香港跨境商事争议的重要解决方式。就某一商事争议而言，如果其仅具有内地和香港跨境因素，在以诉讼方式解决这一争议时，该争议的管辖权在一般情况下将会指向内地及/或香港的法院。

定分止争、实现正义，是诉讼活动追求的目标。但是，正如一句法律格言所述，"正义不仅应得到实现，而且要以人们看得见的方式加以实现"，程序正义在诉讼活动中的重要性由此可见一斑，程序正义是实体正义的前提和保证。

本章讨论内地与香港跨境商事争议的诉讼解决方式，主要通过对内地和香港民事诉讼程序的研究以及管辖权冲突的分析，展示两地民事诉讼制度的各自特点以及内地与香港跨境商事争议在两地法院的各自解决路径。

第一节　内地法院解决内地与香港跨境
商事争议的一般诉讼程序

本节研究内地法院解决内地与香港跨境商事争议的一般诉讼程序。

在内地，通过诉讼方式解决内地与香港跨境商事争议的诉讼程序主要适用《中华人民共和国民事诉讼法》及相关司法解释等规定。

在本节中，我们主要讨论内地与香港跨境商事争议在内地展开诉讼程序所涉及的审级制度、诉讼参加人、管辖、证据、期间和送达、保全、对妨害民事诉讼的强制措施、第一审普通程序、简易程序、第二审程序、特别程序、审判监督程序、督促程序及公示催告程序、执行程序、涉外民事诉讼程序的特别规定以及民事诉讼时效制度。

一、审级制度

一件内地与香港跨境商事争议，如果在内地采用诉讼方式解决，需经过几级审判才能取得生效裁决？这是内地与香港跨境商事争议当事人所关注的首要问题，这一问题涉及内地民事诉讼法律的审级制度。

在内地，对于内地与香港跨境商事争议，与其他民事诉讼案件一样，内地人民法院以两审终审制作为审级制度的一般原则，即某一民事诉讼案件经过内地两级人民法院审判后即告终结。比如，某一民事诉讼案件，根据管辖的规定，第一审由某中级人民法院审理，该中级人民法院对该案件作出判决或裁定后，如果当事人不服该判决或裁定，可以在法定期限内向该中级人民法院的上一级法院提起上诉；上一级法院对于上诉案件，经过审理，作出第二审判决或裁定，第二审判决或裁定是终审判决或裁定，当事人不得上诉。

此外，第二审人民法院审理上诉案件，可以进行调解。调解达成协议，应当制作调解书，由审判人员、书记员署名，加盖人民法院印章。调解书送达后，原审人民法院的判决即视为被撤销。

但是，两审终审制原则也有例外情形，其中包括：最高人民法院审理的第一审案件为一审终审；适用小额诉讼程序审理的民事案件，即对于基层人民法院和它派出的法庭所审理的事实清楚、权利义务关系明确、争议不大且标的额为各省、自治区、直辖市上年度就业人员年平均工资30%以下的简单民事案件，实行一审终审；适用特别程序审理的案件（选民资格案件、宣告失踪或者宣告死亡案件、认定公民无民事行为能力或者限制民事行为能力案件、认定财产无主案件、确认调解协议案件和实现担保物权案件）实行一审终审；适用督促程序的案件以及适用公示催告程序的案件，不得上诉；就裁定而言，除了不予受理的裁定、对管辖权有异议的裁定以及驳回起诉的裁定可以上诉外，其他裁定不得上诉。

需要关注的是，对于内地与香港跨境商事争议能否适用小额诉讼程序，实行一审终审？就此问题，《中华人民共和国民事诉讼法》未作规定。自2015年2月4日起施行的《最高人民法院关于适用〈中华人民共和国民事诉讼法〉的解释》〔1〕在第 275 条列举了不适用小额诉讼程序审理的案件，其中包括涉外民事纠纷不适用小额诉讼程序，但未将内地与香港跨境商事争议列入其中。内地各省、自治区、直辖市高级人民法院的相关规定之间存在差异，并不一致，有的地方未将内地与香港跨境商事争议纳入不适用小额诉讼程序所列举的情形，有的地方则明确规定涉港澳台案件不适用小额诉讼程序。例如：

《北京市高级人民法院关于适用小额诉讼程序审理民事案件若干问题的意见（试行）》规定，具有以下情形之一的案件，暂不适用小额诉讼程序：①涉及人身关系争议、财产确权争议的案件；②追加当事人或者提起反诉的案件；③涉及知识产权的案件。

《广东省高级人民法院关于适用小额诉讼程序审理民事案件的操作指引》规定，下列民事案件不得适用小额诉讼程序审理：①《最高人民法院关于适用简易程序审理民事案件的若干规定》第 1 条规定的不适用简易程序审理的案件〔2〕；②已适用简易程序、普通程序审理的案件；③涉及人身关系争议的案件；④涉及财产确权争议的案件。

《天津市高级人民法院关于适用小额诉讼程序审理民事案件相关问题的实施意见（试行）》规定，下列案件不适用小额诉讼程序：①涉及人身关系争议、财产确权争议的案件；②追加当事人或者提起反诉的案件；③一方当事人下落不明需要公告送达的案件；④涉及知识产权的案件；⑤涉外、涉港澳

---

〔1〕《最高人民法院关于适用〈中华人民共和国民事诉讼法〉的解释》于 2014 年 12 月 18 日由最高人民法院审判委员会第 1636 次会议通过，自 2015 年 2 月 4 日起施行。该解释公布施行后，最高人民法院于 1992 年 7 月 14 日发布的《关于适用〈中华人民共和国民事诉讼法〉若干问题的意见》同时废止；最高人民法院以前发布的司法解释与该解释不一致的，不再适用。该司法解释在实务中意义重大，需高度关注。

〔2〕《最高人民法院关于适用简易程序审理民事案件的若干规定》（法释〔2003〕15 号）第 1 条规定：基层人民法院根据《中华人民共和国民事诉讼法》第 142 条规定审理简单的民事案件，适用本规定，但有下列情形之一的案件除外：①起诉时被告下落不明的；②发回重审的；③共同诉讼中一方或者双方当事人人数众多的；④法律规定应当适用特别程序、审判监督程序、督促程序、公示催告程序和企业法人破产还债程序的；⑤人民法院认为不宜适用简易程序进行审理的。应注意的是，《最高人民法院关于适用〈中华人民共和国民事诉讼法〉的解释》对此的规定存在不同，《最高人民法院关于适用〈中华人民共和国民事诉讼法〉的解释》第 257 条规定：下列案件，不适用简易程序：①起诉时被告下落不明的；②发回重审的；③当事人一方人数众多的；④适用审判监督程序的；⑤涉及国家利益、社会公共利益的；⑥第三人起诉请求改变或者撤销生效判决、裁定、调解书的；⑦其他不宜适用简易程序的案件。

台案件；⑥其他不宜适用小额诉讼程序的案件。

实践中，对于内地与香港跨境商事争议能否适用小额诉讼程序的问题，鉴于《最高人民法院关于适用〈中华人民共和国民事诉讼法〉的解释》并未排斥该等案件对于小额诉讼程序的适用，而各省、自治区、直辖市高级人民法院的上述相关规定均是在该司法解释出台之前作出的，因此，有理由认为，除非最高人民法院另行作出明确规定，排斥内地与香港跨境商事争议适用小额诉讼程序，否则，符合条件的内地与香港跨境商事争议应可适用小额诉讼程序。

关于审判监督程序，在理论界和实务界虽然对审判监督程序存在较多的争议和探讨，但在内地的民事诉讼体系中，其作为两审终审制的重要补充，作为一种监督性和救济性的制度安排，在实务中应予以充分注意、合理运用，以维护当事人的合法权益。

二、诉讼参加人

诉讼参加人包括当事人和诉讼代理人。

就内地与香港跨境商事争议，谁有权向内地的人民法院提起诉讼，谁应当参加诉讼，谁可以代为进行诉讼活动？

以下我们根据有关法律的规定并结合内地与香港跨境商事争议的特点对当事人和诉讼代理人分别进行讨论。

（一）当事人

公民、法人和其他组织可以作为民事诉讼的当事人。法人由其法定代表人进行诉讼；其他组织由其主要负责人进行诉讼。

根据《最高人民法院关于适用〈中华人民共和国民事诉讼法〉的解释》之规定，法人的法定代表人以依法登记的为准，但法律另有规定的除外。依法不需要办理登记的法人，以其正职负责人为法定代表人；没有正职负责人的，以其主持工作的副职负责人为法定代表人。法定代表人已经变更，但未完成登记，变更后的法定代表人要求代表法人参加诉讼的，人民法院可以准许。其他组织，以其主要负责人为代表人。"其他组织"是指合法成立、有一定的组织机构和财产，但又不具备法人资格的组织。

在内地，广义的民事诉讼当事人包括原告和被告、共同诉讼人、诉讼代表人、第三人。当事人的称谓，因诉讼程序和阶段的不同而有所不同。[1]

1. 原告和被告

原告是指为了保护自己的民事权益，以自己的名义向人民法院提起诉讼的人；被告是指被原告声称侵犯其民事权益或者与原告发生争议而被人民法院通知应诉的人。[2]

2. 共同诉讼人

当事人一方或者双方为二人以上，其诉讼标的是共同的，或者诉讼标的是同一种类、人民法院认为可以合并审理并经当事人同意的，为共同诉讼。共同诉讼包括必要的共同诉讼和普通的共同诉讼两种类型。

共同诉讼的一方当事人对诉讼标的有共同权利义务的，其中一人的诉讼行为经其他共同诉讼人承认，对其他共同诉讼人发生效力；对诉讼标的没有共同权利义务的，其中一人的诉讼行为对其他共同诉讼人不发生效力。

3. 诉讼代表人

当事人一方人数众多的共同诉讼[3]，可以由当事人推选代表人进行诉讼。代表人的诉讼行为对其所代表的当事人发生效力，但代表人变更、放弃诉讼请求或者承认对方当事人的诉讼请求，进行和解，必须经被代表的当事人同意。

诉讼标的是同一种类、当事人一方人数众多在起诉时人数尚未确定的，人民法院可以发出公告，说明案件情况和诉讼请求，通知权利人在一定期间向人民法院登记。向人民法院登记的权利人可以推选代表人进行诉讼；推选不出代表人的，人民法院可以与参加登记的权利人商定代表人。代表人的诉讼行为对其所代表的当事人发生效力，但代表人变更、放弃诉讼请求或者承认对方当事人的诉讼请求，进行和解，必须经被代表的当事人同意。人民法院作出的判决、裁定，对参加登记的全体权利人发生效力。未参加登记的权利人在诉讼时效期间提起诉讼的，适用该判决、裁定。

---

〔1〕 宋朝武主编：《民事诉讼法学》（第3版），中国政法大学出版社2012年版，第106页。
〔2〕 宋朝武主编：《民事诉讼法学》（第3版），中国政法大学出版社2012年版，第106页。
〔3〕 根据《最高人民法院关于适用〈中华人民共和国民事诉讼法〉的解释》，"人数众多"，一般指10人以上。

4. 第三人

对当事人双方的诉讼标的,第三人认为有独立请求权的,有权提起诉讼。对当事人双方的诉讼标的,第三人虽然没有独立请求权,但案件处理结果同他有法律上的利害关系的,可以申请参加诉讼,或者由人民法院通知他参加诉讼。人民法院判决承担民事责任的第三人,有当事人的诉讼权利和义务。

前述规定的第三人,因不能归责于本人的事由未参加诉讼,但有证据证明发生法律效力的判决、裁定、调解书的部分或者全部内容错误,损害其民事权益的,可以自知道或者应当知道其民事权益受到损害之日起6个月内,向作出该判决、裁定、调解书的人民法院提起诉讼。人民法院经审理,诉讼请求成立的,应当改变或者撤销原判决、裁定、调解书;诉讼请求不成立的,驳回诉讼请求。就《中华人民共和国民事诉讼法》针对第三人撤销之诉的上述原则性规定,《最高人民法院关于适用〈中华人民共和国民事诉讼法〉的解释》予以细化,以解决司法实践中的操作性问题。

关于内地与香港跨境商事争议案件香港当事人主体资格的证明问题,根据有关规定[1],香港特别行政区、澳门特别行政区的当事人在内地参加诉讼,应提供经注册地公证、认证机构公证、认证的商业登记等身份证明材料。人民法院受理香港特别行政区、澳门特别行政区的当事人作为被告的案件的,该当事人在内地设立"三资企业"时向"三资企业"的审批机构提交并经审批的商业登记等身份证明材料可以作为证明其存在的证据,但有相反证据的除外。原告起诉时提供了作为被告的香港特别行政区、澳门特别行政区的当事人存在的证明,香港特别行政区、澳门特别行政区的当事人拒绝提供证明其身份的公证材料的,不影响人民法院对案件的审理。

在司法实践中,就内地与香港跨境商事争议,以北京市法院系统的规定[2]为例,如原告是香港自然人当事人,起诉时应提交个人身份证件(香港居民身份证、回乡证)的复印件;在内地没有住所的香港居民,本人在内地以外不能到人民法院起诉的,应提交经香港律师(须为中国司法部委托的中

---

〔1〕《最高人民法院关于印发〈全国法院涉港澳商事审判工作座谈会纪要〉的通知》(法发〔2008〕8号)。

〔2〕《北京市高级人民法院关于民事案件立案材料要求的规定(试行)》,网址:http://www.bjcourt.gov.cn/ssfw/sszn/detail.htm? NId=25000141&channel=100003002.

国委托公证人〔1〕）公证并由中国法律服务（香港）有限公司加盖香港公证文书转递专用章的身份证明复印件；如原告是在内地没有住所的香港企业或组织，应提交经香港律师（须为中国司法部委托的中国委托公证人）公证并由中国法律服务（香港）有限公司加盖香港公证文书转递专用章的依法成立的证明。香港当事人提交的企业依法成立的证明应附中文译本。其他当事人参加诉讼，亦应按照上述要求办理。

（二）诉讼代理人

在民事诉讼活动中，如果当事人是无诉讼行为能力人，则由其监护人作为法定代理人代为诉讼。法定代理人之间互相推诿代理责任的，由人民法院指定其中一人代为诉讼。

当事人、法定代理人可以委托 1~2 人作为诉讼代理人。下列人员可以被委托为诉讼代理人：①律师、基层法律服务工作者；②当事人的近亲属或者工作人员；③当事人所在社区、单位以及有关社会团体推荐的公民。

《中华人民共和国民事诉讼法》的上述规定对于民事诉讼代理人的人数进行了限制，即不得超过 2 人；而《中华人民共和国仲裁法》对于仲裁代理人的人数并无限制性规定，实践中，内地有关仲裁委员会的仲裁规则一般对此亦无明确限定。这是内地民事诉讼与仲裁的区别之一。

《中华人民共和国民事诉讼法》上述规定的诉讼代理人的范围与该法 2012 年 8 月 31 日修正前相比有所调整，其中，"经人民法院许可的其他公民"不再被列入诉讼代理人的范围。对此，需在实务中予以充分关注。

在讨论诉讼代理人这一问题时，就其中涉及香港的若干事宜，有必要回

---

〔1〕　为解决香港居民回内地处理民事、经济法律事务所需公证证明问题，从 1981 年开始，中华人民共和国司法部经商中央有关主管部门同意，建立了委托公证人制度，即由司法部考核后委托部分香港律师作为委托公证人，负责出具有关公证文书，经司法部在香港设立的中国法律服务（香港）有限公司审核并加章转递后，送回内地使用。1997 年 7 月 1 日中国政府恢复对香港行使主权后，这一制度仍继续实行。各级人民法院在办理涉港案件中，对发生在香港地区的有法律意义的事件和文书，均应要求当事人提交上述委托公证人出具并经司法部中国法律服务（香港）有限公司审核加章转递的公证证明；对委托公证人以外的其他机构、人员出具的或未经审核加章转递程序的证明文书，应视为不具有《中华人民共和国民事诉讼法》中规定的公证文书的证明效力和执行效力，也不具有《中华人民共和国担保法》第 43 条规定的对抗第三人的效力，所涉及的行为不受法律保护。（摘自最高人民法院、司法部 1996 年 2 月 18 日颁布的《关于涉港公证文书效力问题的通知》，略有调整）

顾《内地与香港关于建立更紧密经贸关系的安排》。2003 年 6 月 29 日，两地签署《内地与香港关于建立更紧密经贸关系的安排》，截至 2013 年 8 月 29 日，两地就《内地与香港关于建立更紧密经贸关系的安排》共签署了 10 份补充协议。自 2004 年 1 月 1 日起，在法律服务领域，内地对香港开放的程度不断扩大和深入。

其中，自 2007 年 7 月 1 日起，允许香港大律师以公民身份担任内地民事诉讼的代理人。

2013 年 8 月 7 日，中华人民共和国司法部根据国务院批准的《〈内地与香港关于建立更紧密经贸关系的安排〉补充协议八》和《〈内地与澳门关于建立更紧密经贸关系的安排〉补充协议八》，发布《司法部关于修改〈取得内地法律职业资格的香港特别行政区和澳门特别行政区居民在内地从事律师职业管理办法〉的决定》，自 2013 年 10 月 1 日起施行。该决定进一步扩大了取得内地律师执业证的香港、澳门居民在内地律师事务所执业的范围，明确规定：取得内地律师执业证的香港、澳门居民在内地律师事务所执业，可以从事内地非诉讼法律事务，可以代理涉港澳民事案件，代理涉港澳民事案件的范围由司法部以公告方式作出规定。就此，司法部发布公告（中华人民共和国司法部公告第 136 号）[1]，对于取得内地法律职业资格并获得内地律师执业证书的港澳居民可在内地人民法院代理的涉港澳民事案件范围作出界定，包括：①婚姻家庭、继承纠纷（含 20 种具体纠纷类型）；②合同纠纷（含 48 种具体纠纷类型）；③知识产权纠纷（含 27 种具体纠纷类型）；④与公司、证券、保险、票据等有关的民事纠纷（含 97 种具体纠纷类型）；⑤与上述案件相关的适用特殊程序案件（含 45 种具体案件类型），总计 237 种涉港澳民事案件可由取得内地律师执业证的香港、澳门居民在内地人民法院代理。

《内地与香港关于建立更紧密经贸关系的安排》项下的上述内地对香港的开放措施，不但对于香港法律界而言是重大利好消息，而且有助于香港大律师以及取得内地律师执业证的香港居民更主动、深入地参与内地与香港跨境

---

〔1〕 中华人民共和国司法部《关于取得内地法律职业资格并获得内地律师执业证书的港澳居民可在内地人民法院代理的涉港澳民事案件范围的公告》，网址：http://www.moj.gov.cn/index/content/2013-08/30/content_4804480.htm.

商事争议在内地的诉讼解决进程。

　　根据《中华人民共和国民事诉讼法》的规定，委托他人代为诉讼，必须向人民法院提交由委托人签名或者盖章的授权委托书。授权委托书必须记明委托事项和权限。诉讼代理人代为承认、放弃、变更诉讼请求，进行和解，提起反诉或者上诉，必须有委托人的特别授权。诉讼代理人的权限如果变更或者解除，当事人应当书面告知人民法院，并由人民法院通知对方当事人。针对适用简易程序审理的案件，可以适当简化相关要求，《最高人民法院关于适用〈中华人民共和国民事诉讼法〉的解释》规定，如果双方当事人同时到庭并径行开庭审理，可以当场口头委托诉讼代理人，由人民法院记入笔录。

　　需要特别注意的是，实务中，有的授权委托书为了体现代理权限的宽泛，往往以概括的方式将代理权限表述为"全权代理"，根据《最高人民法院关于适用〈中华人民共和国民事诉讼法〉的解释》，授权委托书仅写"全权代理"而无具体授权的，诉讼代理人无权代为承认、放弃、变更诉讼请求，进行和解，提出反诉或者提起上诉。上述规定是为了充分保障当事人的权益，防止因代理权限约定不明引发争议，损害当事人的利益。因此，授权委托书的代理权限应具体明确。以特别授权的代理为例，以下授权委托书的内容可供参考。

授权委托书
（参考版本）

委托人：【名称/姓名】

性别：【男/女】（适用于自然人主体）

营业执照/注册证书/身份证件号码：【具体号码】

住所：【具体地址】

法定代表人/负责人：【姓名】（适用于法人或其他组织）

受托人：【姓名】

性别：【男/女】（适用于受托人非内地执业律师、基层法律服务工作者）

　身份证件号码：【具体号码】（适用于受托人非内地执业律师、基层法律服务工作者）

工作单位：【律师事务所名称】（适用于受托人为内地执业律师）/【具体单位名称】（适用于受托人非内地执业律师）

职务：律师（适用于受托人为内地执业律师）/【具体职务名称】（适用于受托人非内地执业律师）

电话：【电话号码】

住所：【具体地址】（适用于受托人非内地执业律师、基层法律服务工作者）

委托人现委托上列受托人在委托人与【对方当事人名称】【案由】一案中，作为委托人的诉讼代理人。

受托人的代理权限为特别授权代理，包括代为提起诉讼、反诉，代为应诉、答辩，代为承认、变更、放弃诉讼请求，代为进行调解、和解，代为提起上诉，代为签收法律文书，代为申请强制执行，以及代为处理有关该案的其他相关事宜。

上述委托有效期自本授权委托书签署盖章之日起至上述委托事项办理完毕为止。受托人无转委托权。受托人在其代理权限范围内及委托有效期内依法所做之一切行为及签署之一切文件委托人均予以承认。

委托人：【名称、姓名】

签署（适用于自然人主体）：

（盖章）（适用于法人或其他组织）

法定代表人/负责人签署（适用于法人或其他组织）：

日期：

在司法实践中，就内地与香港跨境商事争议，以北京市法院系统的规定[1]为例，在内地没有住所的香港居民、企业和组织委托内地律师或其他代理人起诉的，从内地以外寄交或托交的授权委托书须经香港律师（须为中国司法部委托的中国委托公证人）公证，并由中国法律服务（香港）有限公司

---

[1]《北京市高级人民法院关于民事案件立案材料要求的规定（试行）》，网址：http://www.bjcourt. gov. cn/ssfw/sszn/detail. htm？ NId=25000141&channel=100003002.

加盖香港公证文书转递专用章。香港当事人提交的授权委托书为外文本的，应附中文译本。其他当事人委托诉讼代理人，亦应按照上述要求办理。鉴于内地法院众多，不同的法院其具体要求可能会存在差异，实务中需予以充分关注，应以受诉法院的具体规定为准。

《最高人民法院关于适用〈中华人民共和国民事诉讼法〉的解释》中涉外民事诉讼程序的特别规定部分第 525 条及第 526 条规定了两种委托方式，值得在内地进行内地与香港跨境商事诉讼的香港当事人借鉴。其中，第 525 条规定，外国人、外国企业或者组织的代表人在人民法院法官的见证下签署授权委托书，委托代理人进行民事诉讼的，人民法院应予认可。第 526 条规定，外国人、外国企业或者组织的代表人在中华人民共和国境内签署授权委托书，委托代理人进行民事诉讼，经中华人民共和国公证机构公证的，人民法院应予认可。另根据《最高人民法院关于适用〈中华人民共和国民事诉讼法〉的解释》第 551 条，人民法院审理涉及香港、澳门特别行政区和台湾地区的民事诉讼案件，可以参照适用涉外民事诉讼程序的特别规定。因此，在内地进行内地与香港跨境商事诉讼的香港当事人，如果在内地签署授权委托书，可以考虑尝试上述经人民法院法官见证或在内地公证机构公证的方式完成委托代理人的手续。

最高人民法院 2005 年 12 月《第二次全国涉外商事海事审判工作会议纪要》（法发〔2005〕26 号）对上述相关问题亦有规定，值得关注。

关于不能担任诉讼代理人的情形，《最高人民法院关于适用〈中华人民共和国民事诉讼法〉的解释》指出，无民事行为能力人、限制民事行为能力人以及其他依法不能作为诉讼代理人的，当事人不得委托其作为诉讼代理人。

此外，为了维护司法公正，内地其他法律从回避的角度，对于特定人士在特定情形下担任诉讼代理人也有相关禁止性规定。比如：

《中华人民共和国法官法》规定，法官从人民法院离任后 2 年内，不得以律师身份担任诉讼代理人或者辩护人。法官从人民法院离任后，不得担任原任职法院办理案件的诉讼代理人或者辩护人。法官的配偶、子女不得担任该法官所任职法院办理案件的诉讼代理人或者辩护人。

《中华人民共和国检察官法》规定，检察官从人民检察院离任后 2 年内，不得以律师身份担任诉讼代理人或者辩护人。检察官从人民检察院离任后，不得担任原任职检察院办理案件的诉讼代理人或者辩护人。检察官的配偶、子女不得担任该检察官所任职检察院办理案件的诉讼代理人或者辩护人。

《中华人民共和国律师法》规定，曾经担任法官、检察官的律师，从人民法院、人民检察院离任后 2 年内，不得担任诉讼代理人或者辩护人。

三、管辖

内地人口众多、面积广阔，因此，内地人民法院数量多，且体系的设置较为复杂：从最高人民法院[1]到数十个省、自治区、直辖市的高级人民法院[2]，再从数百个中级人民法院[3]到数千个基层人民法院[4]以致数量更为庞大的人民法庭[5]，此外，还有军事、海事、铁路运输等专门人民法院。

如果在内地通过诉讼方式解决内地与香港跨境商事争议，在众多的内地人民法院之中，究竟应由哪一个法院进行审理？不同层级、不同地域、不同类型法院的管辖权如何确定？

内地的民事诉讼法律法规从不同角度规定了管辖制度，实务中，需要根据案件的具体情况进行判断并准确适用，并需特别关注《最高人民法院关于适用〈中华人民共和国民事诉讼法〉的解释》等司法解释的细化规定。

（一）级别管辖

除专门人民法院外，内地的人民法院从层级上划分为 4 级，即基层人民法院、中级人民法院、高级人民法院和最高人民法院。

各级人民法院管辖第一审民事案件的范围如下：

---

〔1〕《中华人民共和国人民法院组织法》第 30 条第 1 款规定：最高人民法院是国家最高审判机关。

〔2〕《中华人民共和国人民法院组织法》第 26 条规定：高级人民法院包括：①省高级人民法院；②自治区高级人民法院；③直辖市高级人民法院。

〔3〕《中华人民共和国人民法院组织法》第 23 条规定：中级人民法院包括：①在省、自治区内按地区设立的中级人民法院；②在直辖市内设立的中级人民法院；③省、自治区辖市的中级人民法院；④自治州中级人民法院。

〔4〕《中华人民共和国人民法院组织法》第 18 条规定：基层人民法院包括：①县人民法院和市人民法院；②自治县人民法院；③市辖区人民法院。

〔5〕《中华人民共和国人民法院组织法》第 20 条规定：基层人民法院根据地区、人口和案件情况可以设立若干人民法庭。人民法庭是基层人民法院的组成部分，它的判决和裁定就是基层人民法院的判决和裁定。

1. 基层人民法院管辖的案件

《中华人民共和国民事诉讼法》规定，基层人民法院管辖第一审民事案件，但该法另有规定的除外。

根据该规定，除了该法规定由其他人民法院管辖的第一审民事案件外，其余的第一审民事案件，均由基层人民法院管辖。

就一般知识产权民事案件的管辖权，2010年1月28日，最高人民法院印发《关于印发基层人民法院管辖第一审知识产权民事案件标准的通知》（法发〔2010〕6号），批准具有一般知识产权民事案件管辖权的基层人民法院管辖第一审知识产权民事案件的标准。但随着2014年知识产权法院的设立及相关管辖规定的实施等因素的影响，情况有所变化，详见下文所述。

此外，《最高人民法院关于适用〈中华人民共和国民事诉讼法〉的解释》规定，专利纠纷案件由知识产权法院、最高人民法院确定的中级人民法院和基层人民法院管辖。

另需注意的是，2015年4月30日，最高人民法院发布《最高人民法院关于调整高级人民法院和中级人民法院管辖第一审民商事案件标准的通知》（法发〔2015〕7号），该通知对高级人民法院和中级人民法院管辖第一审民商事案件的标准作出调整，自2015年5月1日起实施。其中，涉及基层人民法院的内容为：婚姻、继承、家庭、物业服务、人身损害赔偿、名誉权、交通事故、劳动争议等案件，以及群体性纠纷案件，一般由基层人民法院管辖。

2. 中级人民法院管辖的案件

《中华人民共和国民事诉讼法》规定，中级人民法院管辖下列第一审民事案件：①重大涉外案件；②在本辖区有重大影响的案件；③最高人民法院确定由中级人民法院管辖的案件。

根据《最高人民法院关于适用〈中华人民共和国民事诉讼法〉的解释》第1条的规定，上述"重大涉外案件"包括争议标的额大的案件、案情复杂的案件，或者一方当事人人数众多等具有重大影响的案件。

最高人民法院通过《最高人民法院关于调整高级人民法院和中级人民法院管辖第一审民商事案件标准的通知》（法发〔2008〕10号）和《全国各省、自治区、直辖市高级人民法院和中级人民法院管辖第一审民商事案件标准》

（最高人民法院于 2008 年 3 月 31 日公布，自 2008 年 4 月 1 日起执行）等文件明确了高级人民法院和中级人民法院管辖第一审民商事案件的具体范围。

需关注的是，《最高人民法院关于调整高级人民法院和中级人民法院管辖第一审民商事案件标准的通知》对高级人民法院和中级人民法院管辖第一审民商事案件的标准作出调整，自 2015 年 5 月 1 日起实施，有关具体内容详见下述"高级人民法院管辖的案件"部分。

对于某些特定类型案件的管辖，以下进行进一步分析。

关于以期货交易所为被告或者第三人的因期货交易所履行职责引起的商事案件的管辖，根据《最高人民法院关于审理期货纠纷案件若干问题的规定（二）》（法释〔2011〕1 号），该类案件由期货交易所所在地的中级人民法院管辖。

关于第一审知识产权民事案件的管辖，实行集中管辖。最高人民法院《关于调整地方各级人民法院管辖第一审知识产权民事案件标准的通知》（法发〔2010〕5 号）对地方各级人民法院管辖第一审知识产权民事案件的标准进行调整，明确了地方各级人民法院对于第一审知识产权民事案件的管辖标准。

2015 年 2 月 1 日起施行的第二次修正的《最高人民法院关于审理专利纠纷案件适用法律问题的若干规定》（法释〔2015〕4 号）规定：专利纠纷第一审案件，由各省、自治区、直辖市人民政府所在地的中级人民法院和最高人民法院指定的中级人民法院管辖。最高人民法院根据实际情况，可以指定基层人民法院管辖第一审专利纠纷案件。

2014 年 5 月 1 日起施行的《最高人民法院关于商标法修改决定施行后商标案件管辖和法律适用问题的解释》（法释〔2014〕4 号）规定：第一审商标民事案件，由中级以上人民法院及最高人民法院指定的基层人民法院管辖。涉及对驰名商标保护的民事、行政案件，由省、自治区人民政府所在地市、计划单列市、直辖市辖区中级人民法院及最高人民法院指定的其他中级人民法院管辖。

根据《最高人民法院关于适用〈中华人民共和国民事诉讼法〉的解释》第 2 条第 1 款的规定，专利纠纷案件由知识产权法院、最高人民法院确定的中级人民法院和基层人民法院管辖。

随着内地对于知识产权司法保护的强化，内地于 2014 年设立知识产权法院并施行相关管辖规定。

为推动实施国家创新驱动发展战略，进一步加强知识产权司法保护，切实依法保护权利人合法权益，维护社会公共利益，2014 年 8 月 31 日第十二届全国人民代表大会常务委员会第十次会议通过《全国人民代表大会常务委员会关于在北京、上海、广州设立知识产权法院的决定》，决定在北京、上海、广州设立知识产权法院。知识产权法院管辖有关专利、植物新品种、集成电路布图设计、技术秘密等专业技术性较强的第一审知识产权民事和行政案件。不服国务院行政部门裁定或者决定而提起的第一审知识产权授权确权行政案件，由北京知识产权法院管辖。知识产权法院对于上述有关专利、植物新品种、集成电路布图设计、技术秘密等专业技术性较强的第一审知识产权民事和行政案件实行跨区域管辖。在知识产权法院设立的 3 年内，可以先在所在省（直辖市）实行跨区域管辖。知识产权法院所在市的基层人民法院第一审著作权、商标等知识产权民事和行政判决、裁定的上诉案件，由知识产权法院审理。知识产权法院第一审判决、裁定的上诉案件，由知识产权法院所在地的高级人民法院审理。

为进一步明确北京、上海、广州知识产权法院的案件管辖，最高人民法院制定了《最高人民法院关于北京、上海、广州知识产权法院案件管辖的规定》（法释〔2014〕12 号），自 2014 年 11 月 3 日起施行。根据该规定：

知识产权法院管辖所在市辖区内的下列第一审案件：①专利、植物新品种、集成电路布图设计、技术秘密、计算机软件民事和行政案件；②对国务院部门或者县级以上地方人民政府所作的涉及著作权、商标、不正当竞争等行政行为提起诉讼的行政案件；③涉及驰名商标认定的民事案件。

广州知识产权法院对广东省内专利、植物新品种、集成电路布图设计、技术秘密、计算机软件民事和行政案件以及涉及驰名商标认定的民事案件实行跨区域管辖。

案件标的既包含专利、植物新品种、集成电路布图设计、技术秘密、计算机软件民事和行政案件以及涉及驰名商标认定的民事案件的内容，又包含其他内容的，按以上两段的规定确定管辖。

北京市、上海市各中级人民法院和广州市中级人民法院不再受理知识产权民事和行政案件。

广东省其他中级人民法院不再受理专利、植物新品种、集成电路布图设计、技术秘密、计算机软件民事和行政案件以及涉及驰名商标认定的民事案件。

北京市、上海市、广东省各基层人民法院不再受理专利、植物新品种、集成电路布图设计、技术秘密、计算机软件民事和行政案件以及涉及驰名商标认定的民事案件。

下列第一审行政案件由北京知识产权法院管辖：①不服国务院部门作出的有关专利、商标、植物新品种、集成电路布图设计等知识产权的授权确权裁定或者决定的；②不服国务院部门作出的有关专利、植物新品种、集成电路布图设计的强制许可决定以及强制许可使用费或者报酬的裁决的；③不服国务院部门作出的涉及知识产权授权确权的其他行政行为的。

当事人对知识产权法院所在市的基层人民法院作出的第一审著作权、商标、技术合同、不正当竞争等知识产权民事和行政判决、裁定提起的上诉案件，由知识产权法院审理。

当事人对知识产权法院作出的第一审判决、裁定提起的上诉案件和依法申请上一级法院复议的案件，由知识产权法院所在地的高级人民法院知识产权审判庭审理。

为保障人民法院依法独立公正地行使审判权，设立跨行政区划人民法院试点工作于2014年展开。

2014年12月28日，上海市第三中级人民法院正式成立，是我国第一个跨行政区划的人民法院。同日，《上海市高级人民法院关于上海市第三中级人民法院履职的公告》明确：上海市第三中级人民法院自2015年1月1日起履行法定职责。指定上海市第三中级人民法院目前依法管辖下列案件：①以市级人民政府为被告的第一审行政案件，以市级行政机关为上诉人或者被上诉人的第二审行政案件（不包括知识产权行政案件）；②上海市人民检察院第三分院提起公诉的案件；③上级法院指定管辖的其他案件。上海市第一、第二中级人民法院自 2015 年 1 月 1 日起不再立案受理上述案件。2015 年 1 月 1 日以前上海市第一、第二中级人民法院已经立案但尚未审结的上述案件，由原受理案件法院继续审理。

2014 年 12 月 30 日，作为设立跨行政区划法院的又一试点，北京市第四中级人民法院正式成立；同日《北京市高级人民法院关于北京市第四中级人民法院履职的公告》明确：北京市第四中级人民法院于 2014 年 12 月 30 日起履行法定职责。北京市第四中级人民法院管辖下列第一审案件：①以本市区（县）人民政府为被告的行政案件，但目前各区（县）人民法院受理的以区（县）人民政府名义办理不动产物权登记的案件，仍由各区（县）人民法院办理；②按照级别管辖标准，应由本市中级人民法院管辖的金融借款合同纠纷案件、保险纠纷案件、涉外及涉港澳台的商事案件；③跨地区的重大环境资源保护案件、重大食品药品安全案件；④北京市人民检察院第四分院提起公诉的案件；⑤北京市高级人民法院指定管辖的其他特殊案件；⑥按照《最高人民法院关于铁路运输法院案件管辖范围的若干规定》（法释〔2012〕10号）、北京市高级人民法院《关于指定北京铁路运输中级法院和北京铁路运输法院受理案件范围的通知》，由北京铁路运输中级法院管辖的案件。对北京铁路运输法院、天津铁路运输法院、石家庄铁路运输法院第一审裁判的上诉，由北京市第四中级人民法院受理。北京市第一、第二、第三中级人民法院及北京知识产权法院与各区（县）人民法院的审级关系维持不变。北京市第一、第二、第三中级人民法院自 2014 年 12 月 30 日起，不再受理上述第 1 至 3 项规定的第一审案件；2014 年 12 月 29 日以前，当事人已经向北京市第一、第二、第三中级人民法院提交起诉材料但尚未立案或尚未审结的，由上述中级人民法院继续审查、立案、审理。

3. 高级人民法院管辖的案件

《中华人民共和国民事诉讼法》规定，高级人民法院管辖在本辖区有重大影响的第一审民事案件。

《最高人民法院关于调整高级人民法院和中级人民法院管辖第一审民商事案件标准的通知》（法发〔2008〕10 号）和《全国各省、自治区、直辖市高级人民法院和中级人民法院管辖第一审民商事案件标准》（最高人民法院于

2008 年 3 月 31 日公布，自 2008 年 4 月 1 日起执行）等文件以及《关于调整地方各级人民法院管辖第一审知识产权民事案件标准的通知》（法发〔2010〕5 号）对高级人民法院管辖的第一审民商事案件以及第一审知识产权民事案件的范围作出了界定。

为适应经济社会发展和民事诉讼需要，准确适用《中华人民共和国民事诉讼法》关于级别管辖的相关规定，合理定位四级法院民商事审判职能，自 2015 年 5 月 1 日起实施的《最高人民法院关于调整高级人民法院和中级人民法院管辖第一审民商事案件标准的通知》（法发〔2015〕7 号）对于高级人民法院和中级人民法院管辖第一审民商事案件的标准作出调整。有关内容如下：

对于当事人住所地均在受理法院所处省级行政辖区的第一审民商事案件：北京、上海、江苏、浙江、广东高级人民法院管辖诉讼标的额人民币 5 亿元以上的一审民商事案件，所辖中级人民法院管辖诉讼标的额人民币 1 亿元以上的一审民商事案件；天津、河北、山西、内蒙古、辽宁、安徽、福建、山东、河南、湖北、湖南、广西、海南、四川、重庆高级人民法院管辖诉讼标的额人民币 3 亿元以上的一审民商事案件，所辖中级人民法院管辖诉讼标的额人民币 3000 万元以上的一审民商事案件；吉林、黑龙江、江西、云南、陕西、新疆高级人民法院和新疆生产建设兵团分院管辖诉讼标的额人民币 2 亿元以上的一审民商事案件，所辖中级人民法院管辖诉讼标的额人民币 1000 万元以上的一审民商事案件；贵州、西藏、甘肃、青海、宁夏高级人民法院管辖诉讼标的额人民币 1 亿元以上的一审民商事案件，所辖中级人民法院管辖诉讼标的额人民币 500 万元以上的一审民商事案件。

对于当事人一方住所地不在受理法院所处省级行政辖区的第一审民商事案件：北京、上海、江苏、浙江、广东高级人民法院管辖诉讼标的额人民币 3 亿元以上的一审民商事案件，所辖中级人民法院管辖诉讼标的额人民币 5000 万元以上的一审民商事案件；天津、河北、山西、内蒙古、辽宁、安徽、福建、山东、河南、湖北、湖南、广西、海南、四川、重庆高级人民法院管辖诉讼标的额人民币 1 亿元以上的一审民商事案件，所辖中级人民法院管辖诉讼标的额人民币 2000 万元以上的一审民商事案件；吉林、黑龙江、江西、云南、陕西、新疆高级人民法院和新疆生产建设兵团分院管辖诉讼标的额人民币 5000 万元以上的一审民商事案件，所辖中级人民法院管辖诉讼标的额人民币 1000 万元以上的一审民商事案件；贵州、西藏、甘肃、青海、宁夏高级人民法院管辖诉讼标的额人民币 2000 万元以上的一审民商事案件，所辖中级人民法院管辖诉讼标的额人民币 500 万元以上的一审民商事案件。以上标准均包含本数。

对于重大疑难、新类型和在适用法律上有普遍意义的案件，可以依照《中华人民共和国民事诉讼法》第 38 条的规定，由上级人民法院自行决定由其审理，或者根据下级人民法院报请决定由其审理。

需注意的是，该次调整级别管辖标准不涉及知识产权案件、海事海商案件和涉外及涉港澳台民商事案件。

4. 最高人民法院管辖的案件

（1）《中华人民共和国民事诉讼法》规定，最高人民法院管辖下列第一审民事案件：① 在全国有重大影响的案件；② 认为应当由本院审理的案件。

最高人民法院对于第一审民事案件管辖的范围体现了最高人民法院作为国家最高审判机关的地位。

（2）最高人民法院巡回法庭。为依法及时公正审理跨行政区域重大行政和民商事等案件，推动审判工作重心下移、就地解决纠纷、方便当事人诉讼，最高人民法院设立巡回法庭，受理巡回区内相关案件。2015 年 1 月 28 日，最高人民法院第一巡回法庭在广东省深圳市正式成立；同日，最高人民法院公布《最高人民法院关于巡回法庭审理案件若干问题的规定》（法释〔2015〕3 号），自 2015 年 2 月 1 日起施行；2016 年 12 月 27 日，最高人民法院公布《最高人民法院关于修改〈最高人民法院关于巡回法庭审理案件若干问题的规定〉的决定》（法释〔2016〕30 号），自 2016 年 12 月 28 日起施行。根据上述规定，最高人民法院设立巡回法庭，受理巡回区内相关案件。第一巡回法庭设在广东省深圳市，巡回区为广东、广西、海南、湖南四省区；第二巡回法庭设在辽宁省沈阳市，巡回区为辽宁、吉林、黑龙江三省；第三巡回法庭设在江苏省南京市，巡回区为江苏、上海、浙江、福建、江西五省市；第四巡回法庭设在河南省郑州市，巡回区为河南、山西、湖北、安徽四省；第五巡回法庭设在重庆市，巡回区为重庆、四川、贵州、云南、西藏五省区；第六巡回法庭设在陕西省西安市，巡回区为陕西、甘肃、青海、宁夏、新疆五省区；最高人民法院本部直接受理北京、天津、河北、山东、内蒙古五省区市有关案件。最高人民法院根据有关规定和审判工作需要，可以增设巡回法庭，并调整巡回法庭的巡回区和案件受理范围。

巡回法庭是最高人民法院派出的常设审判机构。巡回法庭作出的判决、裁定和决定，是最高人民法院的判决、裁定和决定。

巡回法庭审理或者办理巡回区内应当由最高人民法院受理的以下案件：① 全国范围内重大、复杂的第一审行政案件；② 在全国有重大影响的第一审民商事案件；③ 不服高级人民法院作出的第一审行政或者民商事判决、裁定提起上诉的案件；④ 对高级人民法院作出的已经发生法律效力的行政或者民商事判决、裁定、调解书申请再审的案件；⑤ 刑事申诉案件；⑥ 依法定职权提起再审的案件；⑦ 不服高级人民法院作出的罚款、拘留决定申请复议的案件；⑧ 高级人民法院因管辖权问题报请最高人民法院裁定或者决定的案件；⑨ 高级人民法院报请批准延长审限的案件；⑩ 涉港澳台民商事案件和司法协助案件；⑪最高人民法院认为应当由巡回法庭审理或者办理的其他案件。

此外，巡回法庭依法办理巡回区内向最高人民法院提出的来信来访事项。

知识产权、涉外商事、海事海商、死刑复核、国家赔偿、执行案件和最高人民检察院抗诉的案件暂由最高人民法院本部审理或者办理。

最高人民法院认为巡回法庭受理的案件对统一法律适用有重大指导意义的，可以决定由本部审理。

巡回法庭对于已经受理的案件，认为对统一法律适用有重大指导意义的，可以报请最高人民法院本部审理。

除了上述基层人民法院、中级人民法院、高级人民法院和最高人民法院关于级别管辖的一般规定外，对于涉外民商事案件及涉及港澳台当事人的民商事案件的管辖以及有关专门人民法院的管辖问题，因其存在特殊性，我们在以下两部分进行专门讨论。

5. 涉外民商事案件及涉及港澳台当事人的民商事案件的管辖

考虑到涉外民商事案件及涉及港澳台当事人的民商事案件的特殊性，对于该类案件实行集中管辖。

《最高人民法院关于涉外民商事案件诉讼管辖若干问题的规定》（法释〔2002〕5 号）于 2002 年 2 月 25 日公布，自 2002 年 3 月 1 日起施行。根据该规定，第一审涉外民商事案件由下列人民法院管辖：①国务院批准设立的经济技术开发区人民法院；②省会、自治区首府、直辖市所在地的中级人民法院；③经济特区、计划单列市中级人民法院；④最高人民法院指定的其他中级人民法院；⑤高级人民法院。

上述中级人民法院的区域管辖范围由所在地的高级人民法院确定。

该规定适用于下列案件：涉外合同和侵权纠纷案件；信用证纠纷案件；申请撤销、承认与强制执行国际仲裁裁决的案件；审查有关涉外民商事仲裁条款效力的案件；申请承认和强制执行外国法院民商事判决、裁定的案件。

发生在与外国接壤的边境省份的边境贸易纠纷案件，涉外房地产案件和涉外知识产权案件，不适用该规定。

涉及香港特别行政区、澳门特别行政区和台湾地区当事人的民商事纠纷案件的管辖，参照该规定处理。

此后，最高人民法院于 2004 年 12 月 29 日公布《最高人民法院关于加强涉外商事案件诉讼管辖工作的通知》（法〔2004〕265 号），授权广东省和各直辖市的高级人民法院根据实际工作需要指定辖区内的基层人民法院管辖本区的第一审涉外（含涉港澳台）商事案件，明确基层人民法院与中级人民法院的案件管辖分工，并将指定管辖的情况报最高人民法院备案。

2008 年 1 月 21 日，最高人民法院印发《全国法院涉港澳商事审判工作座谈会纪要》，该纪要明确，涉港澳商事案件是指当事人一方或者双方是香港特别行政区、澳门特别行政区的自然人或者企业、组织，或者当事人之间商事法律关系的设立、变更、终止的法律事实发生在香港特别行政区、澳门特别行政区，或者诉讼标的物在香港特别行政区、澳门特别行政区的商事案件。人民法院受理涉港澳商事案件，应当参照《中华人民共和国民事诉讼法》第 4 编（即"涉外民事诉讼程序的特别规定"）和《最高人民法院关于涉外民商事案件诉讼管辖若干问题的规定》（法释〔2002〕5 号）确定案件的管辖。

上述《最高人民法院关于调整高级人民法院和中级人民法院管辖第一审民商事案件标准的通知》（法发〔2008〕10 号）和《全国各省、自治区、直辖市高级人民法院和中级人民法院管辖第一审民商事案件标准》（最高人民法院于 2008 年 3 月 31 日公布，自 2008 年 4 月 1 日起执行）以及《关于调整地方各级人民法院管辖第一审知识产权民事案件标准的通知》（法发〔2010〕5号）等文件对涉港澳第一审民商事案件、知识产权民事案件的级别管辖标准予以细化。

根据上述规定，涉港澳商事案件参照涉外案件，实行集中管辖，并根据相关规定确定具体案件的管辖。需要注意的是，有关管辖标准随着经济发展以及其他相关因素的变化，将会呈现出在一定时期稳定基础上的动态调整状态。

此外，特别值得内地与香港跨境商事活动的当事人及各参与方关注的是，深圳前海合作区人民法院的设立及管辖。

前海深港现代服务业合作区于 2010 年 8 月成立，2013 年 9 月，前海法庭成立。此后，根据前海"中国特色社会主义法治建设示范区"的功能定位，按照中央和广东省委领导关于深圳继续探索司法体制改革的要求，深圳市提出了在前海设立人民法院的构想和方案。2014 年 12 月 2 日，最高人民法院正式批复同意设立深圳前海合作区人民法院。[1] 深圳前海合作区人民法院于 2015 年 1 月 28 日正式成立；同日，《深圳市中级人民法院关于深圳前海合作区人民法院履职的公告》明确，前海合作区人民法院于 2015 年 2 月 2 日起受理案件。前海合作区人民法院管辖以下案件：前海合作区辖区内应由基层法院管辖的第一审民商事案件、行政案件和执行案件；按照《广东省高级人民法院关于指定深圳前海合作区人民法院集中管辖深圳市辖区一审涉外、涉港澳台商事案件的批复》，集中管辖深圳市辖区应由其他基层法院管辖的第一审涉外、涉港澳台商事案件。深圳市其他基层人民法院自 2015 年 2 月 2 日起不再受理上述案件。2015 年 2 月 1 日前，当事人已经向相关基层人民法院起诉，相关基层人民法院已经立案受理但尚未审结的案件，继续审理；当事人已经向相关基层人民法院提交起诉材料但尚未立案的，由相关基层人民法院继续审查、立案并审理。根据深圳前海合作区人民法院 2015 年 10 月 30 日《关于调整深圳前海合作区人民法院管辖涉外、涉港澳台商事案件标准的公告》，经

---

〔1〕 摘自法制网《深圳前海合作区人民法院挂牌成立 首批 15 名主审法官上任》（2015 年 1 月 29 日），网址：http://www.legaldaily.com.cn/Court/content/2015-01/29/content_5948868.htm.

广东省高级人民法院批复，同意深圳前海合作区人民法院集中管辖的全市第一审涉外、涉港澳台商事案件的最高诉讼标的金额调整为人民币 5000 万元（不含本数）。

6. 专门人民法院管辖的案件

除了上述四级人民法院管辖的案件外，就专门人民法院管辖的案件（知识产权法院管辖案件的范围如上文所述，在此不再赘述），以下分别进行说明：

（1）军事法院。《最高人民法院关于军事法院管辖民事案件若干问题的规定》（法释〔2012〕11 号）对军事法院管辖民事案件的有关问题作出规定。[1]

自 2015 年 5 月 1 日起实施的《最高人民法院关于调整高级人民法院和中级人民法院管辖第一审民商事案件标准的通知》（法发〔2015〕7 号）对解放军军事法院的一审民商事案件管辖标准规定如下：解放军军事法院管辖诉讼标的额人民币 1 亿元以上的一审民商事案件，大单位军事法院管辖诉讼标的额人民币 2000 万元以上的一审民商事案件。以上标准均包含本数。

（2）海事法院。《最高人民法院关于海事法院受理案件范围的规定》（法释〔2016〕4 号）对内地海事法院受理案件的范围作出规定，包括：海事侵权纠纷案件、海商合同纠纷案件、海洋及通海可航水域开发利用与环境保护

---

〔1〕《最高人民法院关于军事法院管辖民事案件若干问题的规定》第 1 条规定：下列民事案件，由军事法院管辖：①双方当事人均为军人或者军队单位的案件，但法律另有规定的除外；②涉及机密级以上军事秘密的案件；③军队设立选举委员会的选民资格案件；④认定营区内无主财产案件。第 2 条规定：下列民事案件，地方当事人向军事法院提起诉讼或者提出申请的，军事法院应当受理：①军人或者军队单位执行职务过程中造成他人损害的侵权责任纠纷案件；②当事人一方为军人或者军队单位，侵权行为发生在营区内的侵权责任纠纷案件；③当事人一方为军人的婚姻家庭纠纷案件；④《中华人民共和国民事诉讼法》第 34 条（《中华人民共和国民事诉讼法》2012 年 8 月 31 日第二次修正后，对应的该法条文应为第 33 条）规定的不动产所在地、港口所在地、被继承人死亡时住所地或者主要遗产所在地在营区内，且当事人一方为军人或者军队单位的案件；⑤申请宣告军人失踪或者死亡的案件；⑥申请认定军人无民事行为能力或者限制民事行为能力的案件。第 3 条规定：当事人一方是军人或者军队单位，且合同履行地或者标的物所在地在营区内的合同纠纷，当事人书面约定由军事法院管辖，不违反法律关于级别管辖、专属管辖和专门管辖规定的，可以由军事法院管辖。第 4 条规定：军事法院受理第一审民事案件，应当参照《中华人民共和国民事诉讼法》关于地域管辖、级别管辖的规定确定。当事人住所地省级行政区划内没有可以受理案件的第一审军事法院，或者处于交通十分不便的边远地区，双方当事人同意由地方人民法院管辖的，地方人民法院可以管辖，但该规定第 1 条第 2 项规定的案件除外。

相关纠纷案件、其他海事海商纠纷案件、海事行政案件、海事特别程序案件，共六大类108种。

《最高人民法院关于适用〈中华人民共和国民事诉讼法〉的解释》对此亦有原则性规定："海事、海商案件由海事法院管辖。"

（3）铁路运输法院。《最高人民法院关于铁路运输法院案件管辖范围的若干规定》（法释〔2012〕10号）确定了铁路运输法院管理体制改革后的案件管辖范围，其中，民事案件包括涉及铁路运输、铁路安全、铁路财产的民事诉讼共计11种；此外，省、自治区、直辖市高级人民法院可以指定辖区内的铁路运输基层法院受理上述11种民事案件以外的其他第一审民事案件，并指定该铁路运输基层法院驻在地的中级人民法院或铁路运输中级法院受理对此提起上诉的案件；省、自治区、直辖市高级人民法院可以指定辖区内的铁路运输中级法院受理对其驻在地基层人民法院一审民事判决、裁定提起上诉的案件；省、自治区、直辖市高级人民法院对本院及下级人民法院的执行案件，认为需要指定执行的，可以指定辖区内的铁路运输法院执行；各高级人民法院指定铁路运输法院受理案件的范围，报最高人民法院批准后实施。

（二）地域管辖

地域管辖与级别管辖不同，级别管辖是从纵向来确定各级人民法院对第一审案件的管辖权限，它所解决的是第一审案件由哪一级法院受理的问题；而地域管辖则是从横向来确定同级人民法院之间对案件的管辖分工权限，它所解决的是第一审案件由同级的哪个地方的法院受理的问题。[1]

1. 地域管辖的一般原则

"原告就被告"是地域管辖的一般原则。

《中华人民共和国民事诉讼法》规定，对公民提起的民事诉讼，由被告住所地人民法院管辖；被告住所地与经常居住地不一致的，由经常居住地人民法院管辖。对法人或者其他组织提起的民事诉讼，由被告住所地人民法院管辖。同一诉讼的几个被告住所地、经常居住地在2个以上人民法院辖区的，各该人民法院都有管辖权。

根据《最高人民法院关于适用〈中华人民共和国民事诉讼法〉的解释》

---

〔1〕 宋朝武主编：《民事诉讼法学》（第3版），中国政法大学出版社2012年版，第147页。

规定，公民的住所地是指公民的户籍所在地，法人或者其他组织的住所地是指法人或者其他组织的主要办事机构所在地。法人或者其他组织的主要办事机构所在地不能确定的，法人或者其他组织的注册地或者登记地为住所地。公民的经常居住地是指公民离开住所地至起诉时已连续居住 1 年以上的地方，但公民住院就医的地方除外。对没有办事机构的个人合伙、合伙型联营体提起的诉讼，由被告注册登记地人民法院管辖；没有注册登记，几个被告又不在同一辖区的，被告住所地的人民法院都有管辖权。

2. 地域管辖原则的例外情形

对于若干特定情形，不适用"原告就被告"的地域管辖一般原则，而是根据"被告就原告"的要求确定管辖。

《中华人民共和国民事诉讼法》规定，下列民事诉讼，由原告住所地人民法院管辖；原告住所地与经常居住地不一致的，由原告经常居住地人民法院管辖：①对不在中华人民共和国领域内居住的人提起的有关身份关系的诉讼；②对下落不明或者宣告失踪的人提起的有关身份关系的诉讼；③对被采取强制性教育措施的人提起的诉讼；④对被监禁的人提起的诉讼。

此外，《最高人民法院关于适用〈中华人民共和国民事诉讼法〉的解释》对其他适用"被告就原告"要求的情形也作出了规定。

3. 特定情形下的地域管辖

《中华人民共和国民事诉讼法》规定：

（1）因合同纠纷提起的诉讼，由被告住所地或者合同履行地人民法院管辖。

（2）因保险合同纠纷提起的诉讼，由被告住所地或者保险标的物所在地人民法院管辖。

（3）因票据纠纷提起的诉讼，由票据支付地或者被告住所地人民法院管辖。

（4）因公司设立、确认股东资格、分配利润、解散等纠纷提起的诉讼，由公司住所地人民法院管辖。

（5）因铁路、公路、水上、航空运输和联合运输合同纠纷提起的诉讼，由运输始发地、目的地或者被告住所地人民法院管辖。

（6）因侵权行为提起的诉讼，由侵权行为地或者被告住所地人民法院管辖。

（7）因铁路、公路、水上和航空事故请求损害赔偿提起的诉讼，由事故发生地或者车辆、船舶最先到达地、航空器最先降落地或者被告住所地人民法院管辖。

（8）因船舶碰撞或者其他海事损害事故请求损害赔偿提起的诉讼，由碰撞发生地、碰撞船舶最先到达地、加害船舶被扣留地或者被告住所地人民法院管辖。

（9）因海难救助费用提起的诉讼，由救助地或者被救助船舶最先到达地人民法院管辖。

（10）因共同海损提起的诉讼，由船舶最先到达地、共同海损理算地或者航程终止地的人民法院管辖。

4. 专属管辖

《中华人民共和国民事诉讼法》规定，下列案件，实行专属管辖：①因不动产纠纷提起的诉讼，由不动产所在地人民法院管辖；②因港口作业中发生纠纷提起的诉讼，由港口所在地人民法院管辖；③因继承遗产纠纷提起的诉讼，由被继承人死亡时住所地或者主要遗产所在地人民法院管辖。

5. 协议管辖

《中华人民共和国民事诉讼法》规定，合同或者其他财产权益纠纷的当事人可以书面协议选择被告住所地、合同履行地、合同签订地、原告住所地、标的物所在地等与争议有实际联系的地点的人民法院管辖，但不得违反《中华人民共和国民事诉讼法》对级别管辖和专属管辖的规定。

6. 共同管辖与选择管辖

《中华人民共和国民事诉讼法》规定，2 个以上人民法院都有管辖权的诉讼，原告可以向其中 1 个人民法院起诉；原告向 2 个以上有管辖权的人民法院起诉的，由最先立案的人民法院管辖。

7. 涉外管辖以及涉港澳商事案件管辖的特别规定

根据《中华人民共和国民事诉讼法》第 4 编"涉外民事诉讼程序的特别规定"，涉外民事诉讼，优先适用国际条约及《中华人民共和国民事诉讼法》

第 4 编 "涉外民事诉讼程序的特别规定",该编没有规定的,适用《中华人民共和国民事诉讼法》的其他有关规定。涉外管辖亦应遵守该原则。

《中华人民共和国民事诉讼法》第 4 编 "涉外民事诉讼程序的特别规定"关于涉外民事诉讼地域管辖的特别规定包括:因合同纠纷或者其他财产权益纠纷,对在中华人民共和国领域内没有住所的被告提起的诉讼,如果合同在中华人民共和国领域内签订或者履行,或者诉讼标的物在中华人民共和国领域内,或者被告在中华人民共和国领域内有可供扣押的财产,或者被告在中华人民共和国领域内设有代表机构,可以由合同签订地、合同履行地、诉讼标的物所在地、可供扣押财产所在地、侵权行为地或者代表机构住所地人民法院管辖。因在中华人民共和国履行中外合资经营企业合同、中外合作经营企业合同、中外合作勘探开发自然资源合同发生纠纷提起的诉讼,由中华人民共和国人民法院管辖。

在地域管辖方面,人民法院受理涉港澳商事案件,应当参照上述规定。[1]

此外,《最高人民法院关于适用〈中华人民共和国民事诉讼法〉的解释》在"涉外民事诉讼程序的特别规定"部分规定,涉外合同或者其他财产权益纠纷的当事人,可以书面协议选择被告住所地、合同履行地、合同签订地、原告住所地、标的物所在地、侵权行为地等与争议有实际联系的地点的外国法院管辖;但根据《中华人民共和国民事诉讼法》相关规定属于中华人民共和国法院专属管辖的案件,当事人不得协议选择外国法院管辖,但协议选择仲裁的除外。

《最高人民法院关于适用〈中华人民共和国民事诉讼法〉的解释》在"涉外民事诉讼程序的特别规定"部分还规定,人民法院审理涉及香港特别行政区、澳门特别行政区和台湾地区的民事诉讼案件,可以参照适用涉外民事诉讼程序的特别规定。据此规定,涉港澳商事案件的管辖亦可参照适用涉外民事诉讼管辖的规定。

对于涉外管辖以及涉港澳商事案件管辖的进一步研析,可参阅本章第三节相关内容。

---

[1] 《全国法院涉港澳商事审判工作座谈会纪要》,最高人民法院于 2008 年 1 月 21 日印发。

（三）移送管辖和指定管辖

《中华人民共和国民事诉讼法》规定，人民法院发现受理的案件不属于本院管辖的，应当移送有管辖权的人民法院，受移送的人民法院应当受理。受移送的人民法院认为受移送的案件依照规定不属于本院管辖的，应当报请上级人民法院指定管辖，不得再自行移送。有管辖权的人民法院由于特殊原因，不能行使管辖权的，由上级人民法院指定管辖。人民法院之间因管辖权发生争议，由争议双方协商解决；协商解决不了的，报请它们的共同上级人民法院指定管辖。上级人民法院有权审理下级人民法院管辖的第一审民事案件；确有必要将本院管辖的第一审民事案件交下级人民法院审理的，应当报请其上级人民法院批准。下级人民法院对它所管辖的第一审民事案件，认为需要由上级人民法院审理的，可以报请上级人民法院审理。

（四）管辖权异议

被告可以就管辖权提出异议。《中华人民共和国民事诉讼法》规定，人民法院受理案件后，当事人对管辖权有异议的，应当在提交答辩状期间提出。人民法院对当事人提出的异议，应当审查。异议成立的，裁定将案件移送有管辖权的人民法院；异议不成立的，裁定驳回。当事人对于管辖权有异议的裁定不服的，可以上诉。

对于在内地法院解决的内地与香港跨境商事争议，管辖权问题的重要意义在于：原告应当根据相关规定及具体案情正确地选择管辖法院，提起诉讼，以最大限度维护自身的合法权益；被告应当根据相关规定和具体案情确定是否应当接受管辖，从而应诉或是提出管辖权异议，以保障自身合法权益。

以下有关管辖权的案例可供参考。

2009年4月，香港甲公司与内地乙公司（乙公司住所地为内地A省B市）在内地A省C市签订货物买卖合同，双方约定：甲公司将一批货物出售给乙公司，在A省C市履行，货物买卖合同适用中国法律，如产生争议在内地通过诉讼方式解决，但双方未约定具体管辖法院。

在货物买卖合同履行过程中，双方发生争议，乙公司认为甲公司提供的货物存在严重质量问题，协商未果，乙公司于2009年10月向A省B市中级人民法院提起诉讼，向甲公司索赔人民币1 200万元，并要求甲公司承担案件诉讼费用。A省B市中级人民法院受理该案。

甲公司作为香港公司在内地没有住所，无可供扣押的财产，亦未在内地设立代表机构，货物买卖合同项下的货物所在地为A省C市。

甲公司收到诉讼文书后，立即聘请中国律师作为代理人，积极应诉，并在提交答辩状期间向A省B市中级人民法院提出管辖权异议，认为货物买卖合同的签订地及履行地均为A省C市，货物买卖合同项下的货物所在地亦为A省C市，加之甲公司作为香港公司在内地没有住所，无可供扣押的财产，亦未在内地设立代表机构，在双方并未约定管辖法院的情况下，根据《中华人民共和国民事诉讼法》、最高人民法院的有关规定以及经最高人民法院批准的A省第一审民事案件级别管辖标准的规定，A省B市中级人民法院受理该案违反管辖规定，该案应由A省C市中级人民法院作为一审管辖法院。

A省B市中级人民法院对甲公司提出的管辖权异议进行审查后认为异议不成立，裁定驳回。甲公司不服，就A省B市中级人民法院驳回其管辖权异议的裁定向A省高级人民法院提起上诉，A省高级人民法院审理后，认为甲公司的主张符合有关规定，遂作出终审裁定，撤销A省B市中级人民法院的裁定，由A省C市中级人民法院作为该案一审管辖法院。

甲公司的管辖权异议最终获得了A省高级人民法院支持，从而在管辖问题上最大限度地避免了可能出现的地方保护主义倾向，有利于案件的公正审理。

四、证据

在民事诉讼活动中，证据的作用至关重要，当事人的诉讼请求能否被法院支持、当事人的实体权利能否受到法律保护，在很大程度上都取决于证据。就内地与香港跨境商事争议在内地的诉讼实务，因为存在跨境因素，更需要高度关注证据问题，从符合法定种类规定的证据的提供到举证责任的归属，从证据保全的申请到举证时限的严格遵守，从证据的形式要求的满足到质证以及证据的审核认定，每一个环节都需符合法律规定，并应特别注意对于涉港案件的特定要求。唯其如此，才能为诉讼活动的顺利进行和自身合法权益的维护打下坚实的基础。

（一）证据的种类

《中华人民共和国民事诉讼法》规定，证据包括：①当事人的陈述；②书证；③物证；④视听资料[1]；⑤电子数据[2]；⑥证人证言；⑦鉴定意见；⑧勘验笔录。

除上述 8 种证据之外的其他形式的材料，不能成为民事诉讼法意义上的证据。

《中华人民共和国民事诉讼法》进一步规定，证据必须查证属实，才能作为认定事实的根据。

（二）举证责任

1. 《中华人民共和国民事诉讼法》的原则性规定

关于举证责任，《中华人民共和国民事诉讼法》作出了原则性规定：当事人对自己提出的主张，有责任提供证据。这一规定就是通称的"谁主张、谁举证"的原则。

2. 有关司法解释的细化规定

2002 年 4 月 1 日起施行的《最高人民法院关于民事诉讼证据的若干规定》（法释〔2001〕33 号）根据当时生效的《中华人民共和国民事诉讼法》等法律的规定，结合民事审判经验和实际情况，对于民事诉讼的证据制度进行了较为系统的规定；此外，其他司法解释及规范性文件也有相关规定。

《最高人民法院关于适用〈中华人民共和国民事诉讼法〉的解释》是对 2012 年 8 月 31 日修改后的《中华人民共和国民事诉讼法》所作出的司法解释，其中，有关民事诉讼证据制度以修改后的《中华人民共和国民事诉讼法》相关规定为依据，有若干新规定。

在举证责任方面，《最高人民法院关于适用〈中华人民共和国民事诉讼

---

〔1〕《最高人民法院关于适用〈中华人民共和国民事诉讼法〉的解释》第 116 条第 1 款规定：视听资料包括录音资料和影像资料。

〔2〕《最高人民法院关于适用〈中华人民共和国民事诉讼法〉的解释》第 116 条第 2 款及第 3 款规定：电子数据是指通过电子邮件、电子数据交换、网上聊天记录、博客、微博客、手机短信、电子签名、域名等形成或者存储在电子介质中的信息。存储在电子介质中的录音资料和影像资料，适用电子数据的规定。

法〉的解释》的细化规定主要包括：

当事人对自己提出的诉讼请求所依据的事实或者反驳对方诉讼请求所依据的事实，应当提供证据加以证明，但法律另有规定的除外。在作出判决前，当事人未能提供证据或者证据不足以证明其事实主张的，由负有举证证明责任的当事人承担不利的后果。

人民法院应当依照下列原则确定举证证明责任的承担，但法律另有规定的除外：①主张法律关系存在的当事人，应当对产生该法律关系的基本事实承担举证证明责任；②主张法律关系变更、消灭或者权利受到妨害的当事人，应当对该法律关系变更、消灭或者权利受到妨害的基本事实承担举证证明责任。

关于自认，《最高人民法院关于适用〈中华人民共和国民事诉讼法〉的解释》明确：一方当事人在法庭审理中，或者在起诉状、答辩状、代理词等书面材料中，对于己不利的事实明确表示承认的，另一方当事人无需举证证明。对于涉及身份关系、国家利益、社会公共利益等应当由人民法院依职权调查的事实，不适用前述自认的规定。此外，自认的事实与查明的事实不符的，人民法院不予确认。

《最高人民法院关于适用〈中华人民共和国民事诉讼法〉的解释》还对当事人无须举证证明的事实以及例外情况进行了列举。

（三）证据保全

根据《中华人民共和国民事诉讼法》的规定，在证据可能灭失或者以后难以取得的情况下，当事人可以在诉讼过程中向人民法院申请保全证据，人民法院也可以主动采取保全措施。因情况紧急，在证据可能灭失或者以后难以取得的情况下，利害关系人可以在提起诉讼或者申请仲裁前向证据所在地、被申请人住所地或者对案件有管辖权的人民法院申请保全证据。证据保全的其他程序，参照适用《中华人民共和国民事诉讼法》第9章"保全"的有关规定。

《最高人民法院关于适用〈中华人民共和国民事诉讼法〉的解释》等司法解释对证据保全有进一步细化规定。

（四）举证期限

《中华人民共和国民事诉讼法》对于举证期限进行了原则性规定：当事人

对自己提出的主张应当及时提供证据。人民法院根据当事人的主张和案件审理情况，确定当事人应当提供的证据及其期限。当事人在该期限内提供证据确有困难的，可以向人民法院申请延长期限，人民法院根据当事人的申请适当延长。当事人逾期提供证据的，人民法院应当责令其说明理由；拒不说明理由或者理由不成立的，人民法院根据不同情形可以不采纳该证据，或者采纳该证据但予以训诫、罚款。

根据《最高人民法院关于适用〈中华人民共和国民事诉讼法〉的解释》，人民法院应当在审理前的准备阶段确定当事人的举证期限。举证期限可以由当事人协商，并经人民法院准许。人民法院确定举证期限，第一审普通程序案件不得少于 15 日，当事人提供新的证据的第二审案件不得少于 10 日。举证期限届满后，当事人对已经提供的证据，申请提供反驳证据或者对证据来源、形式等方面的瑕疵进行补正的，人民法院可以酌情再次确定举证期限，该期限不受前述期限的限制。

此外，《最高人民法院关于适用〈中华人民共和国民事诉讼法〉的解释》还对延长举证期限、逾期提供证据作出了规定。

（五）证据的形式要求

对于证据的形式要求，《中华人民共和国民事诉讼法》规定：书证应当提交原件。物证应当提交原物。提交原件或者原物确有困难的，可以提交复制品、照片、副本、节录本。提交外文书证，必须附有中文译本。除具有特定情形并经人民法院许可可以通过书面证言、视听传输技术或者视听资料等方式作证外，经人民法院通知，证人应当出庭作证。鉴定人应当提出书面鉴定意见，在鉴定书上签名或者盖章。当事人对鉴定意见有异议或者人民法院认为鉴定人有必要出庭的，鉴定人应当出庭作证。经人民法院通知，鉴定人拒不出庭作证的，鉴定意见不得作为认定事实的根据。勘验人应当将勘验情况和结果制作笔录，由勘验人、当事人和被邀参加人签名或者盖章。

《最高人民法院关于适用〈中华人民共和国民事诉讼法〉的解释》对证据的形式要求作出了进一步规定。

对于在中华人民共和国领域外以及在香港、澳门、台湾地区形成的证据，《最高人民法院关于民事诉讼证据的若干规定》（法释〔2001〕33 号）规定：

当事人向人民法院提供的证据系在中华人民共和国领域外形成的，该证据应当经所在国公证机关予以证明，并经中华人民共和国驻该国使领馆予以认证，或者履行中华人民共和国与该所在国订立的有关条约中规定的证明手续。当事人向人民法院提供的证据是在香港、澳门、台湾地区形成的，应当履行相关的证明手续。此外，当事人向人民法院提供外文书证或者外文说明资料，应当附有中文译本。

对于在香港形成的证据如何履行证明手续的问题，最高人民法院、司法部 1996 年 2 月 18 日颁布的《关于涉港公证文书效力问题的通知》（司发通 [1996] 026 号）予以了明确：各级人民法院在办理涉港案件中，对于发生在香港地区的有法律意义的事件和文书，均应要求当事人提交香港的中国委托公证人出具并经司法部中国法律服务（香港）有限公司审核加章转递的公证证明；对委托公证人以外的其他机构、人员出具的或未经审核加章转递程序的证明文书，应视为不具有《中华人民共和国民事诉讼法》规定的公证文书的证明效力和执行效力，也不具有《中华人民共和国担保法》第 43 条规定的对抗第三人的效力，所涉及的行为不受法律保护。

最高人民法院 2005 年 12 月《第二次全国涉外商事海事审判工作会议纪要》（法发 [2005] 26 号）规定，对当事人提供的在我国境外形成的证据，人民法院应根据不同情况分别作如下处理：对证明诉讼主体资格的证据，应履行相关的公证、认证或者其他证明手续；对其他证据，由提供证据的一方当事人选择是否办理相关的公证、认证或者其他证明手续，但人民法院认为确需办理的除外。对在我国境外形成的证据，不论是否已办理公证、认证或者其他证明手续，人民法院均应组织当事人进行质证，并结合当事人的质证意见进行审核认定。涉及香港特别行政区、澳门特别行政区以及台湾地区的商事海事纠纷案件，该纪要没有特别规定的，参照适用该纪要关于涉外商事海事纠纷案件的有关规定。对于该纪要的上述规定，有关诉讼参加人在实务中需给予特别关注，建议以审慎的原则处理有关域外证据的公证、认证或者其他证明手续问题。

（六）质证及证据的审核认定

《中华人民共和国民事诉讼法》规定：证据应当在法庭上出示，并由当事人互相质证。对涉及国家秘密、商业秘密和个人隐私的证据应当保密，需要在法庭出示的，不得在公开开庭时出示。人民法院应当按照法定程序，全面地、客观地审查核实证据。

《最高人民法院关于适用〈中华人民共和国民事诉讼法〉的解释》等司法解释对质证以及证据的审核认定作了进一步的细化规定，以增强操作性，减少随意性，力求最大限度统一裁判尺度。《最高人民法院关于适用〈中华人民共和国民事诉讼法〉的解释》明确：证据应当在法庭上出示，由当事人互相质证。未经当事人质证的证据，不得作为认定案件事实的根据。当事人在审理前的准备阶段认可的证据，经审判人员在庭审中说明后，视为质证过的证据。涉及国家秘密、商业秘密、个人隐私或者法律规定应当保密的证据，不得公开质证。人民法院应当组织当事人围绕证据的真实性、合法性以及与待证事实的关联性进行质证，并针对证据有无证明力和证明力大小进行说明和辩论。能够反映案件真实情况、与待证事实相关联、来源和形式符合法律规定的证据，应当作为认定案件事实的根据。人民法院应当按照法定程序，全面、客观地审核证据，依照法律规定，运用逻辑推理和日常生活经验法则，对证据有无证明力和证明力大小进行判断，并公开判断的理由和结果。以严重侵害他人合法权益、违反法律禁止性规定或者严重违背公序良俗的方法形成或者获取的证据，不得作为认定案件事实的根据。在诉讼中，当事人为达成调解协议或者和解协议作出妥协而认可的事实，不得在后续的诉讼中作为对其不利的根据，但法律另有规定或者当事人均同意的除外。对负有举证证明责任的当事人提供的证据，人民法院经审查并结合相关事实，确信待证事实的存在具有高度可能性的，应当认定该事实存在。对一方当事人为反驳负有举证证明责任的当事人所主张事实而提供的证据，人民法院经审查并结合相关事实，认为待证事实真伪不明的，应当认定该事实不存在。法律对于待证事实所应达到的证明标准另有规定的，从其规定。当事人对欺诈、胁迫、恶意串通事实的证明，以及对口头遗嘱或者赠与事实的证明，人民法院确信该待证事实存在的可能性能够排除合理怀疑的，应当认定该事实存在。

俗称"打官司就是打证据"，这一表述虽然质朴，但却充分说明了证据对于诉讼成败的重要意义，以下案例可见一斑。

2013 年 8 月 17 日，原告赵某与被告钱某因借贷发生纠纷，赵某向钱某住所地有管辖权的人民法院提起诉讼，称：1 年半前，钱某因做生意急需用钱，向赵某求借，赵某借给钱某人民币 50 000 元现金，亲手交给钱某，未要求钱某提供借据，双方口头约定借贷期限为 1 年，年息 8%；但 1 年期满后，赵某多次口头催讨，钱某拒不偿还；赵某要求法院判令被告钱某偿还本金和利息，并承担诉讼费。

法院受理该案后，依法组成合议庭对该案进行审理。但原告赵某在诉讼过程中除其陈述外，未能提供其出借款项的任何其他证据，被告钱某对于借款一事亦矢口否认。法院认为，当事人对自己提出的诉讼请求所依据的事实或者反驳对方诉讼请求所依据的事实有责任提供证据加以证明；没有证据或者证据不足以证明当事人的事实主张的，由负有举证责任的当事人承担不利后果。因此，法院判决驳回原告赵某的诉讼请求。

五、期间和送达

《中华人民共和国民事诉讼法》有关期间和送达的规定是民事诉讼的重要环节，是程序正义的重要内容，也是对民事诉讼当事人诉讼权利的重要保证。

（一）期间

期间包括法定期间和人民法院指定的期间。期间以时、日、月、年计算。期间开始的时和日，不计算在期间内。期间届满的最后一日是节假日的，以节假日后的第一日为期间届满的日期。期间不包括在途时间，诉讼文书在期满前交邮的，不算过期。

当事人因不可抗拒的事由或者其他正当理由耽误期限的，在障碍消除后的 10 日内，可以申请顺延期限，是否准许，由人民法院决定。

上述规定是民事诉讼有关期间的一般规定，不同民事诉讼程序的具体期间要求在《中华人民共和国民事诉讼法》及其他相关规定的有关部分予以明确。对于涉外民事诉讼程序涉及的期间问题，《中华人民共和国民事诉讼法》第 25 章进行了规定。

就内地人民法院处理涉及香港商事争议时有关期间的法律要求，在本书相关章节中进行讨论。

（二）送达

《中华人民共和国民事诉讼法》第 7 章第 2 节规定了诉讼文书的送达制度，对于送达日期、不同情况下的送达方式等作出规定。在送达制度的设计上，内地法律规定只有人民法院是送达机关，体现了职权主义的立法取态。

对于涉外民事诉讼程序涉及的送达问题，《中华人民共和国民事诉讼法》第 25 章作出规定。

就内地人民法院处理涉及香港商事争议时有关送达的要求，在本书上编第四章"内地与香港跨境商事争议解决的区际司法协助"中进行详细讨论。

六、保全

从时间上区分，保全可分为诉讼保全和诉前保全。

（一）诉讼保全

人民法院对于可能因当事人一方的行为或者其他原因，使判决难以执行或者造成当事人其他损害的案件，根据对方当事人的申请，可以裁定对其财产进行保全、责令其作出一定行为或者禁止其作出一定行为；当事人没有提出申请的，人民法院在必要时也可以裁定采取保全措施。人民法院采取保全措施，可以责令申请人提供担保，申请人不提供担保的，裁定驳回申请。人民法院接受申请后，对情况紧急的，必须在 48 小时内作出裁定；裁定采取保全措施的，应当立即开始执行。

（二）诉前保全

利害关系人因情况紧急，不立即申请保全将会使其合法权益受到难以弥补的损害的，可以在提起诉讼或者申请仲裁前向被保全财产所在地、被申请人住所地或者对案件有管辖权的人民法院申请采取保全措施。申请人应当提供担保，不提供担保的，裁定驳回申请。人民法院接受申请后，必须在 48 小时内作出裁定；裁定采取保全措施的，应当立即开始执行。申请人在人民法院采取保全措施后 30 日内不依法提起诉讼或者申请仲裁的，人民法院应当解除保全。

无论是诉讼保全还是诉前保全，均限于请求的范围，或者与本案有关的财物。财产保全采取查封、扣押、冻结或者法律规定的其他方法。人民法院保全财产后，应当立即通知被保全财产的人。财产已被查封、冻结的，不得重复查封、冻结。财产纠纷案件，被申请人提供担保的，人民法院应当裁定解除保全。申请有错误的，申请人应当赔偿被申请人因保全所遭受的损失。关于财产保全，实务中还需特别关注自 2016 年 12 月 1 日起施行的《最高人民法院关于人民法院办理财产保全案件若干问题的规定》（法释〔2016〕22 号）的有关内容。

就内地与香港跨境商事争议，因跨境因素的存在，争议的处理在时间上可能会长于不具有跨境或涉外因素的案件，而当事人面对紧急情况的反应速度可能也会相对较慢。为此，争议中主张权利的一方应清楚了解对方状况，未雨绸缪，妥善运用保全制度，以保障自身合法权益。

虽然法律规定人民法院采取诉讼保全措施可以责令申请人提供担保，人民法院采取诉前保全措施申请人应当提供担保，但是，在司法实践中，为防范因错误保全申请给被申请人造成损失无法赔偿的风险，人民法院通常对于诉讼保全措施也要求申请人提供担保。对于香港的申请人而言，因地域的局限，提供可为人民法院接受的担保的难度可能相对较大。实务中，如果申请人自身没有可为人民法院接受的物的担保或现金担保，可以考虑请第三人提供可为人民法院接受的信用担保、物的担保或现金担保，或者请专业担保公司提供可为人民法院接受的信用担保；此外，根据《最高人民法院关于人民法院办理财产保全案件若干问题的规定》（法释〔2016〕22 号），金融监管部门批准设立的金融机构以独立保函形式为财产保全提供担保的，人民法院应当依法准许。

鉴于保全措施是在案件裁判之前采取的措施，而案件的裁判结果与当事人的认识可能存在差异，从而具有一定的不确定性，因此，当事人在考虑是否申请保全时，应当充分评估案件涉及的相关法律规定、事实、证据等多方面因素，以避免因保全申请错误而赔偿被申请人损失的情况出现。

此外，保全措施有一定的期限限制，在实务中需加以留意。

以下有关诉讼保全的案例有助于进一步了解保全制度。

2010 年 2 月，香港甲银行与内地乙公司签署贷款协议，甲银行向乙公司提供港币 8000 万元 1 年期贷款，甲乙双方并就利息及其他内容（包括但不限于甲银行为实现债权而支出的律师费）进行约定；乙公司的母公司丙公司为该贷款项下乙公司的义务提供连带责任保证担保。该贷款及担保已在内地有关部门妥为办理外债及对外担保相关手续。

贷款期限届满后，因市场情况发生变化，乙公司及丙公司的经营陷入困境，甲银行向乙公司多次催讨并要求丙公司承担保证责任，但乙公司无力偿还贷款，丙公司亦无力承担保证责任。为保障甲银行合法权益，甲银行向乙公司住所地有管辖权的人民法院提起诉讼，要求乙公司偿还贷款本息、案件诉讼费及甲银行为该案支出的律师费，并要求丙公司承担连带责任。

甲银行起诉后，鉴于乙、丙公司的财务状况恶化，但乙公司刚刚取得价值不菲的不动产，甲银行经充分考虑，认为甲银行的诉讼请求应该得到法院支持，为防范日后判决难以得到执行，遂决定向法院提出保全申请，并获得甲银行在内地的关联银行支持，愿意为甲银行的保全申请提供担保。因此，甲银行及时向法院提出保全申请，要求查封与其诉讼请求等值的乙公司不动产，甲银行的内地关联银行提供担保。法院接受甲银行保全申请和担保，裁定查封了与甲银行诉讼请求等值的乙公司不动产。经法院审理，判决支持甲银行的诉讼请求。在案件执行阶段，保全措施项下被查封的乙公司不动产被依法拍卖，甲银行的债权得以实现。

七、对妨害民事诉讼的强制措施

对妨害民事诉讼的个人或单位，由人民法院根据《中华人民共和国民事诉讼法》的相关规定，决定采取强制措施。强制措施包括拘传、训诫、责令退出法庭、罚款、拘留等；构成犯罪的，依法追究刑事责任。

这一制度对于维护法律尊严、增强法院权威、保障民事诉讼顺利进行具有重要意义。

对于妨害民事诉讼构成犯罪的，《中华人民共和国刑法》的相关条款设置了刑事处罚，从而与《中华人民共和国民事诉讼法》的相关规定衔接，强化了对法律尊严的维护。《中华人民共和国刑法》的相关条款主要包括：第 307 条第 1 款对妨害作证罪的处罚，第 307 条第 2 款对帮助毁灭、伪造证据罪的处罚，第 308 条对打击报复证人罪的处罚，第 309 条对扰乱法庭秩序罪的处罚，第 313 条对拒不执行判决、裁定罪的处罚，第 314 条对非法处置查封、扣押、冻结的财产罪的处罚等。

以下案例可以作为进一步认识对妨害民事诉讼的强制措施制度的参考。

2013 年 5 月 9 日，D 省 E 市中级人民法院公开开庭审理香港甲公司诉 E 市乙公司运输合同纠纷案。在法庭调查阶段，被告 E 市乙公司的法定代表人赵某将原告香港甲公司提供的对 E 市乙公司不利的证据公然撕毁。该案合议庭立即将有关情况向 D 省 E 市中级人民法院院长报告，鉴于赵某作为被告 E 市乙公司的法定代表人出庭应诉并亲手撕毁证据，其行为触犯《中华人民共和国民事诉讼法》的有关规定（《中华人民共和国民事诉讼法》第 111 条规定：诉讼参与人或者其他人有下列行为之一的，人民法院可以根据情节轻重予以罚款、拘留；构成犯罪的，依法追究刑事责任：①伪造、毁灭重要证据，妨碍人民法院审理案件的；……人民法院对有前款规定的行为之一的单位，可以对其主要负责人或者直接责任人员予以罚款、拘留；构成犯罪的，依法追究刑事责任），经院长批准，D 省 E 市中级人民法院决定对赵某妨害民事诉讼的行为采取强制措施，下达决定书，对赵某处以 10 日拘留。

八、第一审普通程序

（一）起诉和受理

1. 起诉

（1）起诉的条件。根据《中华人民共和国民事诉讼法》的规定，起诉必须符合下列条件：①原告是与本案有直接利害关系的公民、法人和其他组织；②有明确的被告；③有具体的诉讼请求和事实、理由；④属于人民法院受理民事诉讼的范围和受诉人民法院管辖。

（2）对起诉状的要求。起诉应当向人民法院递交起诉状，并按照被告人数提交副本。书写起诉状确有困难的，可以口头起诉，由人民法院记入笔录，并告知对方当事人。起诉状应当记明下列事项：①原告的姓名、性别、年龄、民族、职业、工作单位、住所、联系方式，法人或者其他组织的名称、住所和法定代表人或者主要负责人的姓名、职务、联系方式；②被告的姓名、性别、工作单位、住所等信息，法人或者其他组织的名称、住所等信息；③诉讼请求和所根据的事实与理由；④证据和证据来源，证人姓名和住所。

（3）先行调解制度。《中华人民共和国民事诉讼法》第122条规定了先行调解制度。当事人起诉到人民法院的民事纠纷，适宜调解的，先行调解，但当事人拒绝调解的除外。

2. 受理

（1）对符合起诉条件的起诉，人民法院必须受理，应当在7日内立案，并通知当事人；不符合起诉条件的，应当在7日内作出裁定书，不予受理；原告对裁定不服的，可以提起上诉。

（2）人民法院对下列起诉，分别情形，予以处理：①依照行政诉讼法的规定，属于行政诉讼受案范围的，告知原告提起行政诉讼；②依照法律规定，双方当事人达成书面仲裁协议申请仲裁、不得向人民法院起诉的，告知原告向仲裁机构申请仲裁；③依照法律规定，应当由其他机关处理的争议，告知原告向有关机关申请解决；④对不属于本院管辖的案件，告知原告向有管辖权的人民法院起诉；⑤对判决、裁定、调解书已经发生法律效力的案件，当事人又起诉的，告知原告申请再审，但人民法院准许撤诉的裁定除外；⑥依照法律规定，在一定期限内不得起诉的案件，在不得起诉的期限内起诉的，不予受理；⑦判决不准离婚和调解和好的离婚案件，判决、调解维持收养关系的案件，没有新情况、新理由，原告在6个月内又起诉的，不予受理。

除上述规定外，特别值得关注的是，为了充分保障当事人的起诉权，《最高人民法院关于适用〈中华人民共和国民事诉讼法〉的解释》建立了立案登记制。根据该解释，人民法院接到当事人提交的民事起诉状时，对符合《中华人民共和国民事诉讼法》第119条的规定（即本部分所列的起诉必须符合的4个条件），且不属于《中华人民共和国民事诉讼法》第124条规定情形的

（即本部分所列人民法院对于 7 种起诉分别情形予以处理的内容）的，应当登记立案；对当场不能判定是否符合起诉条件的，应当接收起诉材料，并出具注明收到日期的书面凭证。需要补充必要相关材料的，人民法院应当及时告知当事人。在补齐相关材料后，应当在 7 日内决定是否立案。立案后发现不符合起诉条件或者属于《中华人民共和国民事诉讼法》第 124 条规定情形的，裁定驳回起诉。

就立案登记制的细化规定，中央全面深化改革领导小组第十一次会议于 2015 年 4 月 1 日审议通过《关于人民法院推行立案登记制改革的意见》，由最高人民法院于 2015 年 4 月 15 日发布，自 2015 年 5 月 1 日起施行，该意见进一步提出，改革法院案件受理制度，变立案审查制为立案登记制，以充分保障当事人的诉权，切实解决"立案难"问题。此外，《最高人民法院关于人民法院登记立案若干问题的规定》（法释〔2015〕8 号）亦于 2015 年 4 月 15 日公布，自 2015 年 5 月 1 日起施行，该规定从司法解释的角度对立案登记制作出具体规范，明确规定，人民法院对依法应该受理的一审民事起诉、行政起诉和刑事自诉，实行立案登记制。

3. 诉讼费用

当事人进行民事诉讼，应当按照规定交纳案件受理费。财产案件除交纳案件受理费外，并按照规定交纳其他诉讼费用。当事人交纳诉讼费用确有困难的，可以按照规定向人民法院申请缓交、减交或者免交。

《最高人民法院关于适用〈中华人民共和国民事诉讼法〉的解释》对诉讼费用作出了相关细化规定。

此外，《诉讼费用交纳办法》（中华人民共和国国务院令第 481 号）对诉讼费用的交纳范围、交纳标准、交纳和退还、诉讼费用的负担以及司法救助等作出了具体规定，其中，关于诉讼费用的负担，以"诉讼费用由败诉方负担"作为一般原则。

（二）审理前的准备

1. 诉讼文书的送达及答辩状的提出

根据《中华人民共和国民事诉讼法》的规定，人民法院应当在立案之日起 5 日内将起诉状副本发送被告，被告应当在收到之日起 15 日内提出答辩状。答辩状应当记明被告的姓名、性别、年龄、民族、职业、工作单位、住所、联系方式；法人或者其他组织的名称、住所和法定代表人或者主要负责人的姓名、职务、联系方式。人民法院应当在收到答辩状之日起 5 日内将答辩状副本发送原告。被告不提出答辩状的，不影响人民法院审理。人民法院对决定受理的案件，应当在受理案件通知书和应诉通知书中向当事人告知有关的诉讼权利义务，或者口头告知。

就涉外民事诉讼，《中华人民共和国民事诉讼法》对被告在中华人民共和国领域内没有住所的案件，延长了被告提出答辩状的期限。《中华人民共和国民事诉讼法》规定，被告在中华人民共和国领域内没有住所的，人民法院应当将起诉状副本送达被告，并通知被告在收到起诉状副本后 30 日内提出答辩状。被告申请延期的，是否准许，由人民法院决定。

人民法院审理涉及香港的商事案件，对于在内地无住所的香港特别行政区当事人的答辩期限，参照适用上述"被告收到起诉状副本后 30 日内提出答辩状以及申请延期是否准许由人民法院决定"的规定。[1]

关于内地人民法院向住所地在香港的受送达人送达司法文书的问题，在本书上编第四章"内地与香港跨境商事争议解决的区际司法协助"中进行讨论。

2. 管辖权异议的审查

人民法院受理案件后，如果当事人对管辖权有异议，应当在提交答辩状期间提出。人民法院对当事人提出的异议，应当审查。异议成立的，裁定将案件移送有管辖权的人民法院；异议不成立的，裁定驳回。如果当事人没有提出管辖异议并应诉答辩，则视为受诉人民法院有管辖权，但是违反级别管辖和专属管辖规定的除外。

除上述规定外，实务中还需注意《最高人民法院关于适用〈中华人民共和国民事诉讼法〉的解释》第 216 条的规定，该条规定明确：在人民法院首次开庭前，被告以有书面仲裁协议为由对受理民事案件提出异议的，人民法

---

〔1〕《最高人民法院关于印发〈全国法院涉港澳商事审判工作座谈会纪要〉的通知》（法发〔2008〕8 号）。

院应当进行审查。经审查符合特定情形之一的[1]，人民法院应当裁定驳回起诉。

3. 合议庭的组成

人民法院审理第一审民事案件，由审判员、陪审员共同组成合议庭或者由审判员组成合议庭。合议庭的成员人数，必须是单数。合议庭组成人员确定后，应当在 3 日内告知当事人。

4. 审理前的其他准备

（1）审判人员必须认真审核诉讼材料，调查收集必要的证据。

（2）人民法院通知必须共同进行诉讼的当事人参加诉讼。

（3）人民法院对于受理的案件，根据不同情形予以处理：①当事人没有争议，符合督促程序规定条件的，可以转入督促程序；②开庭前可以调解的，采取调解方式及时解决纠纷；③根据案件情况，确定适用简易程序或者普通程序；④需要开庭审理的，通过要求当事人交换证据等方式，明确争议焦点。[2]

（三）开庭审理

1. 公开审理的原则和例外情况

人民法院审理民事案件，除涉及国家秘密、个人隐私或者法律另有规定的以外，应当公开进行。离婚案件，涉及商业秘密的案件，当事人申请不公开审理的，可以不公开审理。

2. 通知和公告

人民法院应当在开庭 3 日前通知当事人和其他诉讼参与人。公开审理的，

---

〔1〕　该特定情形包括：①仲裁机构或者人民法院已经确认仲裁协议有效的；②当事人没有在仲裁庭首次开庭前对仲裁协议的效力提出异议的；③仲裁协议符合《中华人民共和国仲裁法》第 16 条规定且不具有《中华人民共和国仲裁法》第 17 条规定情形的。[《中华人民共和国仲裁法》第 16 条规定：仲裁协议包括合同中订立的仲裁条款和以其他书面方式在纠纷发生前或者纠纷发生后达成的请求仲裁的协议。仲裁协议应当具有下列内容：①请求仲裁的意思表示；②仲裁事项；③选定的仲裁委员会。《中华人民共和国仲裁法》第 17 条规定：有下列情形之一的，仲裁协议无效：①约定的仲裁事项超出法律规定的仲裁范围的；②无民事行为能力人或者限制民事行为能力人订立的仲裁协议；③一方采取胁迫手段，迫使对方订立仲裁协议的。]

〔2〕　根据《最高人民法院关于适用〈中华人民共和国民事诉讼法〉的解释》第 224 条的规定，人民法院可以在答辩期届满后，通过组织证据交换、召集庭前会议等方式，作好审理前的准备。

应当公告当事人姓名、案由和开庭的时间、地点。

3. 查明诉讼参与人到庭情况

开庭审理前，书记员应当查明当事人和其他诉讼参与人是否到庭，宣布法庭纪律。

4. 庭审主要程序

（1）告知当事人诉讼权利义务及询问当事人是否提出回避申请。开庭审理时，由审判长核对当事人，宣布案由，宣布审判人员、书记员名单，告知当事人有关的诉讼权利义务，询问当事人是否提出回避申请。

审判人员有下列情形之一的，应当自行回避，当事人有权用口头或者书面方式申请其回避：①是本案当事人或者当事人、诉讼代理人近亲属的；②与本案有利害关系的；③与本案当事人、诉讼代理人有其他关系，可能影响对案件公正审理的。

如果审判人员接受当事人、诉讼代理人请客送礼，或者违反规定会见当事人、诉讼代理人，当事人有权要求其回避。审判人员如有该等行为，应当依法追究其法律责任。

前述有关回避等规定适用于书记员、翻译人员、鉴定人、勘验人。

当事人提出回避申请，应当说明理由，在案件开始审理时提出；回避事由在案件开始审理后知道的，也可以在法庭辩论终结前提出。

《最高人民法院关于适用〈中华人民共和国民事诉讼法〉的解释》对回避制度根据《中华人民共和国民事诉讼法》作出了进一步的具体规定。

（2）法庭调查。法庭调查按照下列顺序进行：①当事人陈述；②告知证人的权利义务，证人作证，宣读未到庭的证人证言；③出示书证、物证、视听资料和电子数据；④宣读鉴定意见；⑤宣读勘验笔录。

当事人在法庭上可以提出新的证据。当事人经法庭许可，可以向证人、鉴定人、勘验人发问。当事人要求重新进行调查、鉴定或者勘验的，由人民法院决定是否准许。

（3）法庭辩论。法庭辩论按照下列顺序进行：①原告及其诉讼代理人发言；②被告及其诉讼代理人答辩；③第三人及其诉讼代理人发言或者答辩；④互相辩论。

《最高人民法院关于适用〈中华人民共和国民事诉讼法〉的解释》进一步规定，人民法院根据案件具体情况并征得当事人同意，可以将法庭调查和法庭辩论合并进行。

关于合并审理，《中华人民共和国民事诉讼法》规定，原告增加诉讼请求，被告提出反诉，第三人提出与本案有关的诉讼请求，可以合并审理。《最高人民法院关于适用〈中华人民共和国民事诉讼法〉的解释》根据上述规定，明确：在案件受理后，法庭辩论结束前，原告增加诉讼请求，被告提出反诉，第三人提出与本案有关的诉讼请求，可以合并审理的，人民法院应当合并审理。

（4）最后意见。法庭辩论终结，由审判长按照原告、被告、第三人的先后顺序征询各方最后意见。

5. 先予执行

先予执行，是指人民法院在诉讼过程中，为解决一方当事人生活或生产的紧迫需要，根据当事人的申请，裁定对方当事人预先给付申请一方当事人一定数额的金钱或其他财产，或者实施或停止某种行为，并立即付诸执行的法律制度。先予执行制度对及时保护当事人的合法权益、维护社会稳定都具有十分重要的作用。[1]

可申请先予执行的案件限于以下范围：追索赡养费、扶养费、抚育费、抚恤金、医疗费用的案件；追索劳动报酬的案件；因情况紧急需要先予执行的案件。

人民法院裁定先予执行的，应当符合以下条件：当事人之间权利义务关系明确，不先予执行将严重影响申请人的生活或者生产经营；被申请人有履行能力。

对于先予执行的申请，人民法院可以责令申请人提供担保，申请人不提供担保的，驳回申请。申请人败诉的，应当赔偿被申请人因先予执行遭受的财产损失。

在内地与香港跨境商事争议中，如果案件属于可申请先予执行案件的范围并符合先予执行的条件，当事人可考虑适用先予执行制度，申请先予执行，

---

[1]　宋朝武主编：《民事诉讼法学》（第3版），中国政法大学出版社2012年版，第250页。

以维护自身合法权益。

就先予执行申请需要提供担保的情况，对于香港的申请人而言，受地域局限，其提供可为人民法院接受的担保的难度可能相对较大。实务中，可比照保全申请的担保，考虑以下担保方式：申请人自身可为人民法院接受的物的担保或现金担保，第三人提供的可为人民法院接受的信用担保、物的担保或现金担保，专业担保公司提供的可为人民法院接受的信用担保。

此外，需要关注的是，鉴于先予执行是在案件终审判决作出之前采取的措施，因此，如果申请人败诉，应当赔偿被申请人因先予执行所遭受的财产损失。

6. 缺席判决和撤诉

原告经传票传唤，无正当理由拒不到庭的，或者未经法庭许可中途退庭的，可以按撤诉处理；被告反诉的，可以缺席判决。

被告经传票传唤，无正当理由拒不到庭的，或者未经法庭许可中途退庭的，可以缺席判决。

宣判前，原告申请撤诉的，是否准许，由人民法院裁定。[1] 人民法院裁定不准许撤诉的，原告经传票传唤，无正当理由拒不到庭的，可以缺席判决。

7. 延期开庭审理

有下列情形之一的，可以延期开庭审理：①必须到庭的当事人和其他诉讼参与人有正当理由没有到庭的；②当事人临时提出回避申请的；③需要通知新的证人到庭，调取新的证据，重新鉴定、勘验，或者需要补充调查的；④其他应当延期的情形。

8. 庭审笔录的查阅和补正

书记员应当将法庭审理的全部活动记入笔录，由审判人员和书记员签名。

法庭笔录应当当庭宣读，也可以告知当事人和其他诉讼参与人当庭或者在 5 日内阅读。当事人和其他诉讼参与人认为对自己的陈述记录有遗漏或者差错的，有权申请补正。如果不予补正，应当将申请记录在案。法庭笔录由

---

〔1〕《最高人民法院关于适用〈中华人民共和国民事诉讼法〉的解释》第 238 条进一步规定：当事人申请撤诉或者依法可以按撤诉处理的案件，如果当事人有违反法律的行为需要依法处理的，人民法院可以不准许撤诉或者不按撤诉处理。法庭辩论终结后原告申请撤诉，被告不同意的，人民法院可以不予准许。此外，该司法解释对于撤诉还有其他相关规定。

当事人和其他诉讼参与人签名或者盖章。拒绝签名盖章的，记明情况附卷。

9. 宣判

法庭辩论终结，应当依法作出判决。判决前能够调解的，还可以进行调解，调解不成的，应当及时判决。

人民法院对公开审理或者不公开审理的案件，一律公开宣告判决。当庭宣判的，应当在10日内发送判决书；定期宣判的，宣判后立即发给判决书。宣告判决时，必须告知当事人上诉权利、上诉期限和上诉的法院。宣告离婚判决，必须告知当事人在判决发生法律效力前不得另行结婚。

（四）诉讼中止和诉讼终结

1. 诉讼中止

诉讼中止，是指在诉讼进行过程中，如果出现一些法定特殊原因，使诉讼程序暂时难以继续进行时，人民法院裁定暂停诉讼程序，等特殊原因消失以后再行恢复诉讼程序的法律制度。[1]

根据《中华人民共和国民事诉讼法》的规定，有下列情形之一的，中止诉讼：①一方当事人死亡，需要等待继承人表明是否参加诉讼的；②一方当事人丧失诉讼行为能力，尚未确定法定代理人的；③作为一方当事人的法人或者其他组织终止，尚未确定权利义务承受人的；④一方当事人因不可抗拒的事由，不能参加诉讼的；⑤本案必须以另一案的审理结果为依据，而另一案尚未审结的；⑥其他应当中止诉讼的情形。

中止诉讼的原因消除后，恢复诉讼。

2. 诉讼终结

诉讼终结，是指在诉讼进行过程中，因发生某种法定的特殊原因，使诉讼程序无法继续进行或者继续进行已无必要时，由人民法院裁定终结诉讼程序的法律制度。[2]

根据《中华人民共和国民事诉讼法》的规定，有下列情形之一的，终结诉讼：①原告死亡，没有继承人，或者继承人放弃诉讼权利的；②被告死亡，没有遗产，也没有应当承担义务的人的；③离婚案件一方当事人死亡

---

〔1〕　宋朝武主编：《民事诉讼法学》（第3版），中国政法大学出版社2012年版，第353页。
〔2〕　宋朝武主编：《民事诉讼法学》（第3版），中国政法大学出版社2012年版，第355页。

的；④追索赡养费、扶养费、抚育费以及解除收养关系案件的一方当事人死亡的。

（五）判决、裁定和调解书

1. 判决

判决是人民法院经过对案件审理，就当事人之间的实体争议所作出的评判。[1] 判决书应当写明判决结果和作出该判决的理由。人民法院审理案件，其中一部分事实已经清楚，也可以就该部分先行判决。判决书内容包括：①案由、诉讼请求、争议的事实和理由；②判决认定的事实和理由、适用的法律和理由；③判决结果和诉讼费用的负担；④上诉期间和上诉的法院。

判决书由审判人员、书记员署名，加盖人民法院印章。

2. 裁定

裁定是人民法院对程序问题进行处理时所作的判定。[2] 裁定适用于下列范围：①不予受理；②对管辖权有异议的；③驳回起诉；④保全和先予执行；⑤准许或者不准许撤诉；⑥中止或者终结诉讼；⑦补正判决书中的笔误；⑧中止或者终结执行；⑨撤销或者不予执行仲裁裁决；⑩不予执行公证机关赋予强制执行效力的债权文书；⑪其他需要裁定解决的事项。

对上述第1项至第3项裁定，可以上诉。裁定书应当写明裁定结果和作出该裁定的理由。裁定书由审判人员、书记员署名，加盖人民法院印章。口头裁定的，记入笔录。

3. 判决和裁定的生效

最高人民法院的判决、裁定，以及依法不准上诉或者超过上诉期没有上诉的判决、裁定，是发生法律效力的判决、裁定。公众可以查阅发生法律效力的判决书、裁定书，但涉及国家秘密、商业秘密和个人隐私的内容除外。

4. 调解书

《中华人民共和国民事诉讼法》对诉讼调解制度进行了规定。人民法院审理民事案件，根据当事人自愿的原则，在审判人员的主持下，在事实清楚的

---

〔1〕 宋朝武主编：《民事诉讼法学》（第3版），中国政法大学出版社2012年版，第359页。
〔2〕 宋朝武主编：《民事诉讼法学》（第3版），中国政法大学出版社2012年版，第365页。

基础上,分清是非,进行调解。调解达成协议,必须双方自愿,不得强迫。调解协议的内容不得违反法律规定。调解达成协议,除某些特定案件外,人民法院应当制作调解书;调解书应当写明诉讼请求、案件的事实和调解结果,并由审判人员、书记员署名,加盖人民法院印章,送达双方当事人;调解书经双方当事人签收后,即具有法律效力;对于某些特定案件调解达成协议不需要制作调解书的,应当记入笔录,由双方当事人、审判人员、书记员签名或盖章后,即具有法律效力。调解未达成协议或者调解书送达前一方反悔的,人民法院应当及时判决。

诉讼调解制度具有广泛的适用性,可以适用于第一审程序、第二审程序以及审判监督程序;但也存在例外情况,根据《最高人民法院关于适用〈中华人民共和国民事诉讼法〉的解释》的规定,适用特别程序、督促程序、公示催告程序的案件,婚姻等身份关系确认案件以及其他根据案件性质不能进行调解的案件,不得调解。

通过调解方式结案,既可以解决争议,又可以最大限度化解矛盾,是内地民事诉讼法律体系的重要内容和内地民事诉讼司法实践的长期经验总结。

(六) 第一审普通程序的审理期限

《中华人民共和国民事诉讼法》规定,人民法院适用普通程序审理的案件,应当在立案之日起 6 个月内审结;有特殊情况需要延长的,由本院院长批准,可以延长 6 个月;还需要延长的,报请上级人民法院批准。

上述审限是指从立案之日起至裁判宣告、调解书送达之日止的期间,但公告期间、鉴定期间、双方当事人和解期间、审理当事人提出的管辖异议期间以及处理人民法院之间的管辖争议期间不应计算在内。[1]

针对上述《中华人民共和国民事诉讼法》规定的"还需要延长"的情况,《最高人民法院关于严格执行案件审理期限制度的若干规定》(法释〔2000〕29 号)[2] 进一步明确规定,经报请上一级人民法院批准,可以再延长 3 个月。

---

〔1〕《最高人民法院关于适用〈中华人民共和国民事诉讼法〉的解释》第 243 条。
〔2〕《最高人民法院关于调整司法解释等文件中引用〈中华人民共和国民事诉讼法〉条文序号的决定》(法释〔2008〕18 号)对该司法解释中涉及的民事诉讼法的相关条文序号予以调整。

人民法院审理涉外民事案件的期间，不受《中华人民共和国民事诉讼法》上述审限规定的限制。

审理涉港澳台的民事案件的期限，参照审理涉外民事案件的规定办理，即亦不受《中华人民共和国民事诉讼法》上述审限规定的限制。

（七）重复起诉

为防止当事人滥用诉权，维护裁判权威，保障诉讼秩序，《最高人民法院关于适用〈中华人民共和国民事诉讼法〉的解释》对重复起诉予以明确界定。

1. 重复起诉的定义

当事人就已经提起诉讼的事项在诉讼过程中或者裁判生效后再次起诉，同时符合下列条件的，构成重复起诉：①后诉与前诉的当事人相同；②后诉与前诉的诉讼标的相同；③后诉与前诉的诉讼请求相同，或者后诉的诉讼请求实质上否定前诉裁判结果。

2. 对于重复起诉的处理

当事人重复起诉的，裁定不予受理；已经受理的，裁定驳回起诉，但法律、司法解释另有规定的除外。

3. 不属于重复起诉的情况

裁判发生法律效力后，发生新的事实，当事人再次提起诉讼的，人民法院应当依法受理。

（八）公益诉讼

为了维护社会公共利益，2012年8月31日第二次修正的《中华人民共和国民事诉讼法》建立了公益诉讼制度，在第55条作出原则性规定：对污染环境、侵害众多消费者合法权益等损害社会公共利益的行为，法律规定的机关和有关组织可以向人民法院提起诉讼。

为了解决公益诉讼的实务操作问题，《最高人民法院关于适用〈中华人民共和国民事诉讼法〉的解释》就公益诉讼的受理条件、管辖、受理后告知相关行政主管部门、共同原告的确定、与受害人提起侵权之诉的关系、和解与调解、撤诉的限制、裁判的既判力等问题作出了具体规定。此外，最高人民法院、最高人民检察院就公益诉讼还制定了其他相关规定，实务中需予以关注。

九、简易程序

除了第一审普通程序,《中华人民共和国民事诉讼法》还设定了简易程序用于审理特定的第一审民事案件,以快速定分止争,在公平的前提下,进一步体现诉讼的经济和效率价值,从而更好地促进社会经济发展。

根据法律规定,基层人民法院和它派出的法庭审理事实清楚、权利义务关系明确、争议不大的简单的民事案件,适用简易程序。基层人民法院和它派出的法庭审理前述规定以外的民事案件,当事人双方也可以约定适用简易程序。

上述规定所称的"事实清楚",是指当事人对争议的事实陈述基本一致,并能提供相应的证据,无须人民法院调查收集证据即可查明事实;"权利义务关系明确",是指能明确区分谁是责任的承担者,谁是权利的享有者;"争议不大",是指当事人对案件的是非、责任承担以及诉讼标的争执无原则分歧。[1]

《最高人民法院关于适用〈中华人民共和国民事诉讼法〉的解释》进一步规定了不适用简易程序的案件的具体范围:①起诉时被告下落不明的;②发回重审的;③当事人一方人数众多的;④适用审判监督程序的;⑤涉及国家利益、社会公共利益的;⑥第三人起诉请求改变或者撤销生效判决、裁定、调解书的;⑦其他不宜适用简易程序的案件。

如果人民法院在审理过程中,发现案件不宜适用简易程序,通过裁定转为普通程序。

与第一审普通程序相比,简易程序的"简易性"主要体现在以下方面:原告可以口头起诉,传唤、送达、审理可以采用简便方式,审判员一人独任审理,通知、公告简化,法庭调查简化,法庭辩论简化,立案之日起3个月内审结[2],其中的小额诉讼案件实行一审终审,裁判文书可视情况简

---

[1]《最高人民法院关于适用〈中华人民共和国民事诉讼法〉的解释》第256条。

[2]《最高人民法院关于适用〈中华人民共和国民事诉讼法〉的解释》第258条第1款进一步规定:适用简易程序审理的案件,审理期限到期后,双方当事人同意继续适用简易程序的,由本院院长批准,可以延长审理期限。延长后的审理期限累计不得超过6个月。

化等。

就涉港商事案件是否可以适用简易程序的问题,《中华人民共和国民事诉讼法》未作规定。2008 年 1 月 21 日,最高人民法院印发《全国法院涉港澳商事审判工作座谈会纪要》,在纪要中明确,有管辖权的基层人民法院审理事实清楚、权利义务关系明确、争议不大的涉港澳商事案件,可以适用《中华人民共和国民事诉讼法》规定的简易程序。

关于简易程序中的小额诉讼,除《中华人民共和国民事诉讼法》的原则性规定外,《最高人民法院关于适用〈中华人民共和国民事诉讼法〉的解释》另有具体规定,实务中需特别留意。

十、第二审程序

两审终审制是内地民事诉讼审级制度的一般原则。对于法律规定可以上诉的第一审判决、裁定,当事人如果不服,有权在法定期限内向上一级人民法院提起上诉,从而展开第二审程序。

第二审人民法院审理上诉案件,除依照《中华人民共和国民事诉讼法》第 14 章规定外,适用第一审普通程序。

(一)第二审程序的启动

1. 提起上诉

根据《中华人民共和国民事诉讼法》的规定,当事人不服地方人民法院第一审判决的,有权在判决书送达之日起 15 日内向上一级人民法院提起上诉。当事人不服地方人民法院第一审裁定的,有权在裁定书送达之日起 10 日内向上一级人民法院提起上诉。

可以上诉的判决书、裁定书不能同时送达双方当事人的,上诉期从各自收到判决书、裁定书之日计算。[1]

2. 上诉状的递交

根据《中华人民共和国民事诉讼法》的规定,上诉应当递交上诉状。上诉状的内容,应当包括当事人的姓名,法人的名称及其法定代表人的姓名或

---

〔1〕《最高人民法院关于适用〈中华人民共和国民事诉讼法〉的解释》第 244 条。

者其他组织的名称及其主要负责人的姓名；原审人民法院名称、案件的编号和案由；上诉的请求和理由。

上诉状应当通过原审人民法院提出，并按照对方当事人或者代表人的人数提出副本。当事人直接向第二审人民法院上诉的，第二审人民法院应当在5日内将上诉状移交原审人民法院。

上诉须以书面方式提出，即上诉必须递交上诉状。《最高人民法院关于适用〈中华人民共和国民事诉讼法〉的解释》规定，一审宣判时或者判决书、裁定书送达时，当事人口头表示上诉的，人民法院应告知其必须在法定上诉期间内递交上诉状。未在法定上诉期间内递交上诉状的，视为未提起上诉。或者，当事人虽然递交了上诉状，但如果未在指定的期限内交纳上诉费，则按自动撤回上诉处理。

3. 上诉状的送达、答辩状的提出与送达以及有关诉讼文件的报送

根据《中华人民共和国民事诉讼法》规定，原审人民法院收到上诉状，应当在5日内将上诉状副本送达对方当事人，对方当事人在收到之日起15日内提出答辩状。人民法院应当在收到答辩状之日起5日内将副本送达上诉人。对方当事人不提出答辩状的，不影响人民法院审理。原审人民法院收到上诉状、答辩状，应当在5日内连同全部案卷和证据，报送第二审人民法院。

4. 涉外民事诉讼及涉港商事案件的特别规定

就涉外民事诉讼，《中华人民共和国民事诉讼法》规定，在中华人民共和国领域内没有住所的当事人，不服第一审人民法院判决、裁定的，有权在判决书、裁定书送达之日起30日内提起上诉。被上诉人在收到上诉状副本后，应当在30日内提出答辩状。当事人不能在法定期间提起上诉或者提出答辩状，申请延期的，是否准许，由人民法院决定。

人民法院审理涉及香港的商事案件，对于在内地无住所的香港特别行政区当事人的上诉、答辩期限，参照适用上述30日期间的规定。[1]

根据《最高人民法院关于适用〈中华人民共和国民事诉讼法〉的解释》，不服第一审人民法院判决、裁定的上诉期，对在中华人民共和国领域内有住

---

〔1〕《最高人民法院关于印发〈全国法院涉港澳商事审判工作座谈会纪要〉的通知》（法发〔2008〕8号）。

所的当事人，适用 15 日或 10 日的期限（即当事人不服地方人民法院第一审判决的，有权在判决书送达之日起 15 日内向上一级人民法院提起上诉；当事人不服地方人民法院第一审裁定的，有权在裁定书送达之日起 10 日内向上一级人民法院提起上诉）；对在中华人民共和国领域内没有住所的当事人，适用 30 日的期限。当事人的上诉期均已届满没有上诉的，第一审人民法院的判决、裁定即发生法律效力。

（二）第二审案件的审理

1. 审理范围

根据《中华人民共和国民事诉讼法》的规定，第二审人民法院应当对上诉请求的有关事实和适用法律进行审查。《最高人民法院关于适用〈中华人民共和国民事诉讼法〉的解释》进一步规定，第二审人民法院应当围绕当事人的上诉请求进行审理。当事人没有提出请求的，不予审理，但一审判决违反法律禁止性规定，或者损害国家利益、社会公共利益、他人合法权益的除外。

2. 合议庭组成

人民法院审理第二审民事案件，由审判员组成合议庭；合议庭的成员人数，必须是单数。这一规定与第一审普通程序的要求不同，人民法院按照第一审普通程序审理民事案件，除了可由审判员组成合议庭之外，还可以由审判员、陪审员共同组成合议庭。

3. 审理方式

人民法院审理上诉案件，开庭审理是一般原则；但在经过阅卷、调查和询问当事人，对没有提出新的事实、证据或者理由，合议庭认为不需要开庭审理的上诉案件，可以不开庭审理。《最高人民法院关于适用〈中华人民共和国民事诉讼法〉的解释》第 333 条列明了可以不开庭审理的 4 种情形。

4. 审理地点

第二审人民法院审理上诉案件，可以在本院进行，也可以到案件发生地或者原审人民法院所在地进行。

（三）第二审案件的处理结果

1. 处理

（1）维持原判决、裁定。原判决、裁定认定事实清楚，适用法律正确的，以判决、裁定方式驳回上诉，维持原判决、裁定。[1]

（2）改判、撤销或者变更。原判决、裁定认定事实错误或者适用法律错误的，以判决、裁定方式依法改判、撤销或者变更。

（3）发回重审或者改判。原判决认定基本事实不清的，裁定撤销原判决，发回原审人民法院重审，或者查清事实后改判。

（4）发回重审。原判决遗漏当事人或者违法缺席判决等严重违反法定程序的，裁定撤销原判决，发回原审人民法院重审。

原审人民法院对发回重审的案件作出判决后，当事人提起上诉的，第二审人民法院不得再次发回重审。

2. 调解与和解

第二审人民法院审理上诉案件，可以进行调解。调解达成协议，应当制作调解书，由审判人员、书记员署名，加盖人民法院印章。调解书送达后，原审人民法院的判决即视为撤销。

除了《中华人民共和国民事诉讼法》的上述规定外，《最高人民法院关于适用〈中华人民共和国民事诉讼法〉的解释》对第二审程序中的和解也有规定：当事人在第二审程序中达成和解协议的，人民法院可以根据当事人的请求，对双方达成的和解协议进行审查并制作调解书送达当事人。

3. 撤诉

第二审人民法院判决宣告前，上诉人申请撤回上诉的，是否准许，由第二审人民法院裁定。

针对《中华人民共和国民事诉讼法》的上述原则性规定，《最高人民法院关于适用〈中华人民共和国民事诉讼法〉的解释》进行了细化解释：在第二审程序中，当事人申请撤回上诉，人民法院经审查认为一审判决确有错误，或者当事人之间恶意串通损害国家利益、社会公共利益、他人合法权益的，不应准许。在第二审程序中，原审原告申请撤回起诉，经其他当事人同意，且不损害国家利益、社会公共利益、他人合法权益的，人民法院可以准许；

---

〔1〕《最高人民法院关于适用〈中华人民共和国民事诉讼法〉的解释》第334条进一步规定：原判决、裁定认定事实或者适用法律虽有瑕疵，但裁判结果正确的，第二审人民法院可以在判决、裁定中纠正瑕疵后，予以维持。

准许撤诉的，应当一并裁定撤销一审裁判；原审原告在第二审程序中撤回起诉后重复起诉的，人民法院不予受理。当事人因和解而申请撤诉，经审查符合撤诉条件的，人民法院应予准许。

（四）第二审人民法院判决、裁定的效力

第二审人民法院的判决、裁定，是终审的判决、裁定。

（五）第二审程序的审理期限

根据《中华人民共和国民事诉讼法》的规定，人民法院审理对判决的上诉案件，应当在第二审立案之日起 3 个月内审结。有特殊情况需要延长的，由本院院长批准。关于"有特殊情况需要延长的"，根据《最高人民法院关于严格执行案件审理期限制度的若干规定》（法释〔2000〕29 号）[1]，经本院院长批准，可以延长 3 个月。

根据《中华人民共和国民事诉讼法》的规定，人民法院审理对裁定的上诉案件，应当在第二审立案之日起 30 日内作出终审裁定。《最高人民法院关于适用〈中华人民共和国民事诉讼法〉的解释》进一步规定，有特殊情况需要延长审限的，由本院院长批准。

人民法院审理涉外民事案件的期间，不受上述审限规定的限制。

人民法院审理涉港、澳、台的民事案件的期限，参照审理涉外民事案件的规定办理，即亦不受上述审限规定的限制。

十一、特别程序

（一）适用范围

对于某些特定类型的非民事权益争议案件的处理，《中华人民共和国民事诉讼法》在第 15 章专门规定了特别程序。此外，《最高人民法院关于适用〈中华人民共和国民事诉讼法〉的解释》对特别程序作出了细化的解释。

人民法院审理下列 6 类案件，适用《中华人民共和国民事诉讼法》第 15 章的规定；该章没有规定的，适用《中华人民共和国民事诉讼法》和其他法律的有关规定。①选民资格案件；②宣告失踪、宣告死亡案件；③认定公民

---

〔1〕《最高人民法院关于调整司法解释等文件中引用〈中华人民共和国民事诉讼法〉条文序号的决定》（法释〔2008〕18 号）对该司法解释中涉及的民事诉讼法的相关条文序号予以调整。

无民事行为能力、限制民事行为能力案件；④认定财产无主案件；⑤确认调解协议案件；⑥实现担保物权案件。

（二）审级设置

人民法院根据《中华人民共和国民事诉讼法》第15章审理的上述案件，在审级设置上，实行一审终审，不设第二审程序。

（三）管辖

适用《中华人民共和国民事诉讼法》第15章特别程序审理的案件，均由基层人民法院管辖：①选民资格案件由选区所在地基层人民法院管辖；②宣告失踪、宣告死亡案件由下落不明人住所地基层人民法院管辖；③认定公民无民事行为能力、限制民事行为能力案件由该公民住所地基层人民法院管辖；④认定财产无主案件由财产所在地基层人民法院管辖；⑤确认调解协议案件由调解组织所在地基层人民法院管辖；⑥实现担保物权案件由担保财产所在地或者担保物权登记地基层人民法院管辖。[1]

（四）审判组织

适用特别程序审理上述案件，对于审判组织的组成有特定要求。选民资格案件或者重大、疑难的案件，由审判员组成合议庭审理；其他案件由审判员一人独任审理。值得留意的是，就实现担保物权案件，《最高人民法院关于适用〈中华人民共和国民事诉讼法〉的解释》明确了应当组成合议庭进行审查的情形。[2]

（五）对于属于民事权益争议案件的处理

人民法院在依照《中华人民共和国民事诉讼法》第15章规定程序审理案件的过程中，如果发现案件属于民事权益争议，应当裁定终结特别程序，并告知利害关系人可另行起诉。

---

〔1〕《最高人民法院关于适用〈中华人民共和国民事诉讼法〉的解释》第362条规定：实现票据、仓单、提单等有权利凭证的权利质权案件，可以由权利凭证持有人住所地人民法院管辖；无权利凭证的权利质权，由出质登记地人民法院管辖。第363条规定：实现担保物权案件属于海事法院等专门人民法院管辖的，由专门人民法院管辖。

〔2〕《最高人民法院关于适用〈中华人民共和国民事诉讼法〉的解释》第369条规定：实现担保物权案件可以由审判员一人独任审查。担保财产标的额超过基层人民法院管辖范围的，应当组成合议庭进行审查。

（六）审理期限

人民法院适用特别程序审理的案件，应当在立案之日起30日内或者公告期满后30日内审结。有特殊情况需要延长的，由本院院长批准；[1] 但审理选民资格的案件除外，人民法院受理选民资格案件后，必须在选举日前审结。

总体而言，适用特别程序审理的案件审限短于普通程序和简易程序。

（七）对于适用特别程序所作判决、裁定的异议

适用特别程序作出的判决、裁定如果存在错误，损害当事人、利害关系人的权益时，《最高人民法院关于适用〈中华人民共和国民事诉讼法〉的解释》对适用特别程序所作判决、裁定的异议制度进行了规定，为当事人、利害关系人提供了救济手段。

适用特别程序所作出的判决、裁定，当事人、利害关系人认为有错误的，可以向作出该判决、裁定的人民法院提出异议。人民法院经审查，异议成立或者部分成立的，作出新的判决、裁定撤销或者改变原判决、裁定；异议不成立的，裁定驳回。

对人民法院作出的确认调解协议、准许实现担保物权的裁定，当事人有异议的，应当自收到裁定之日起15日内提出；利害关系人有异议的，自知道或者应当知道其民事权益受到侵害之日起6个月内提出。

（八）特别程序对于内地与香港跨境商事法律关系当事人的启示

对于内地与香港跨境商事法律关系的当事人而言，在适用特别程序的6类案件中，实现担保物权案件和内地与香港跨境商事法律关系的联系更为密切，尤其值得关注。

根据法律规定，申请实现担保物权，由担保物权人以及其他有权请求实现担保物权的人依照《中华人民共和国物权法》等法律，向担保财产所在地或者担保物权登记地基层人民法院提出。人民法院受理申请后，经审查，符合法律规定的，裁定拍卖、变卖担保财产，当事人依据该裁定可以向人民法院申请执行；不符合法律规定的，裁定驳回申请，当事人可以向人民法院提

---

[1]《最高人民法院关于严格执行案件审理期限制度的若干规定》（法释〔2000〕29号），适用特别程序审理的民事案件，期限为30日；有特殊情况需要延长的，经本院院长批准，可以延长30日，但审理选民资格案件必须在选举日前审结。

起诉讼。

实务中，当内地与香港跨境商事法律关系涉及担保物权的实现时，可以考虑实现担保物权特别程序的适用，如能成功适用这一制度，那么将有助于简化程序，缩短时间，节约成本，便于权利人的实体权益快速得到保障。

十二、审判监督程序

如果已经发生法律效力的判决、裁定、调解书确有错误，如果当事人认为已经发生法律效力的判决、裁定有错误，如果当事人提出证据证明已经发生法律效力的调解书的调解违反自愿原则或者调解协议的内容违反法律，如果已经发生法律效力的判决、裁定存在法律规定的特定情形，如果调解书损害国家利益、社会公共利益，应当如何处理？有无纠错机制？法律是否提供了救济手段？

针对上述问题，《中华人民共和国民事诉讼法》设定了审判监督程序，以解决生效判决、裁定、调解书存在错误的问题，提供纠错途径。

审判监督程序是指已经发生法律效力的判决、裁定和调解书出现法定再审事由时，由人民法院对案件再次进行审理所适用的程序。[1]

（一）启动审判监督程序的途径

1. 通过人民法院启动审判监督程序

（1）各级人民法院院长。各级人民法院院长对本院已经发生法律效力的判决、裁定、调解书，发现确有错误，认为需要再审的，提交审判委员会讨论决定。

（2）最高人民法院。最高人民法院对地方各级人民法院已经发生法律效力的判决、裁定、调解书，发现确有错误的，有权提审或者指令下级人民法院再审。

（3）上级人民法院。上级人民法院对下级人民法院已经发生法律效力的判决、裁定、调解书，发现确有错误的，有权提审或者指令下级人民法院

---

〔1〕　宋朝武主编：《民事诉讼法学》（第3版），中国政法大学出版社2012年版，第327页。

再审。

2. 通过当事人启动审判监督程序

(1) 当事人对已经发生法律效力的判决、裁定，认为有错误的，可以向上一级人民法院申请再审；当事人一方人数众多或者当事人双方为公民的案件，也可以向原审人民法院申请再审。当事人申请再审的，不停止判决、裁定的执行。

当事人的申请符合《中华人民共和国民事诉讼法》第 200 条规定的 13 种情形[1]之一的，人民法院应当再审。

(2) 当事人对已经发生法律效力的调解书，提出证据证明调解违反自愿原则或者调解协议的内容违反法律的，可以申请再审。经人民法院审查属实的，应当再审。

有关允许当事人申请再审的例外情形是涉及解除婚姻关系的判决和调解书，即当事人对已经发生法律效力的解除婚姻关系的判决、调解书，不得申请再审。

除了《中华人民共和国民事诉讼法》规定的上述例外情形，实务中还需关注《最高人民法院关于适用〈中华人民共和国民事诉讼法〉的解释》对当事人不得申请再审或人民法院不受理再审申请情形的进一步规定：适用特别程序、督促程序、公示催告程序、破产程序等非讼程序审理的案件，当事人不得申请再审。当事人申请再审，有下列情形之一的，人民法院不予受理：①再审申请被驳回后再次提出申请的，②对再审判决、裁定提出申请的，③在人民检察院对当事人的申请作出不予提出再审检察建议或者抗诉决定后又提出申请的；就上述第 1、2 两项情形，人民法院应当告知当事人可以向人

---

〔1〕《中华人民共和国民事诉讼法》第 200 条规定：当事人的申请符合下列情形之一的，人民法院应当再审：①有新的证据，足以推翻原判决、裁定的；②原判决、裁定认定的基本事实缺乏证据证明的；③原判决、裁定认定事实的主要证据是伪造的；④原判决、裁定认定事实的主要证据未经质证的；⑤对审理案件需要的主要证据，当事人因客观原因不能自行收集，书面申请人民法院调查收集，人民法院未调查收集的；⑥原判决、裁定适用法律确有错误的；⑦审判组织的组成不合法或者依法应当回避的审判人员没有回避的；⑧无诉讼行为能力人未经法定代理人代为诉讼或者应当参加诉讼的当事人，因不能归责于本人或者其诉讼代理人的事由，未参加诉讼的；⑨违反法律规定，剥夺当事人辩论权利的；⑩未经传票传唤，缺席判决的；⑪原判决、裁定遗漏或者超出诉讼请求的；⑫据以作出原判决、裁定的法律文书被撤销或者变更的；⑬审判人员审理该案件时有贪污受贿，徇私舞弊，枉法裁判行为的。

民检察院申请再审检察建议或者抗诉，但因人民检察院提出再审检察建议或者抗诉而再审作出的判决、裁定除外。人民法院准许撤回再审申请或者按撤回再审申请处理后，再审申请人再次申请再审的，不予受理，但有《中华人民共和国民事诉讼法》第 200 条第 1 项、第 3 项、第 12 项、第 13 项规定的情形，自知道或者应当知道之日起 6 个月内提出的除外。判决、调解书生效后，当事人将判决、调解书确认的债权转让，债权受让人对该判决、调解书不服申请再审的，人民法院不予受理。

此外，《中华人民共和国民事诉讼法》第 227 条所规定的执行过程中涉及的审判监督程序问题值得关注。在执行过程中，案外人对执行标的提出书面异议的，人民法院应当自收到书面异议之日起 15 日内审查，理由成立的，裁定中止对该标的的执行；理由不成立的，裁定驳回。案外人、当事人对裁定不服，认为原判决、裁定错误的，依照审判监督程序办理；与原判决、裁定无关的，可以自裁定送达之日起 15 日内向人民法院提起诉讼。《最高人民法院关于适用〈中华人民共和国民事诉讼法〉的解释》对此作出了进一步细化规定。

3. 通过人民检察院启动审判监督程序

（1）最高人民检察院。最高人民检察院对各级人民法院已经发生法律效力的判决、裁定，发现有《中华人民共和国民事诉讼法》第 200 条规定的情形之一的，或者发现调解书损害国家利益、社会公共利益的，应当提出抗诉。

（2）上级人民检察院。上级人民检察院对下级人民法院已经发生法律效力的判决、裁定，发现有《中华人民共和国民事诉讼法》第 200 条规定的情形之一的，或者发现调解书损害国家利益、社会公共利益的，应当提出抗诉。

（3）地方各级人民检察院。地方各级人民检察院对同级人民法院已经发生法律效力的判决、裁定，发现有《中华人民共和国民事诉讼法》第 200 条规定的情形之一的，或者发现调解书损害国家利益、社会公共利益的，可以向同级人民法院提出检察建议，并报上级人民检察院备案；也可以提请上级人民检察院向同级人民法院提出抗诉。

（4）当事人向人民检察院申请检察建议或者抗诉。如果存在人民法院驳回再审申请、人民法院逾期未对再审申请作出裁定或者再审判决、裁定有明显错误等任一情形，当事人可以向人民检察院申请检察建议或者抗诉。人民检察院对当事人的申请应当在 3 个月内进行审查，作出提出或者不予提出检察建议或者抗诉的决定。当事人不得再次向人民检察院申请检察建议或者抗诉。

人民检察院提出抗诉的案件，接受抗诉的人民法院应当自收到抗诉书之日起 30 日内作出再审的裁定。

《最高人民法院关于适用〈中华人民共和国民事诉讼法〉的解释》对通过人民检察院启动审判监督程序还有其他细化规定，实务中应予充分注意。

（二）启动审判监督程序的时间期限

根据启动审判监督程序主体的不同，启动审判监督程序的时间要求也存在差异。

1. 当事人申请再审的时间期限

（1）当事人申请再审，应当在判决、裁定发生法律效力 6 个月内提出。

（2）有以下情形的，自知道或者应当知道之日起 6 个月内提出：①有新的证据，足以推翻原判决、裁定的；②原判决、裁定认定事实的主要证据是伪造的；③据以作出原判决、裁定的法律文书被撤销或者变更的；④审判人员审理该案件时有贪污受贿，徇私舞弊，枉法裁判行为的。

（3）鉴于《中华人民共和国民事诉讼法》并未对当事人就已生效调解书申请再审的时间期限作出规定，《最高人民法院关于适用〈中华人民共和国民事诉讼法〉的解释》对此予以了补充：当事人对已经发生法律效力的调解书申请再审，应当在调解书发生法律效力后 6 个月内提出。

2. 各级人民法院院长、最高人民法院、上级人民法院启动审判监督程序的时间期限

各级人民法院院长、最高人民法院、上级人民法院启动审判监督程序没有时间期限的要求。

3. 人民检察院启动审判监督程序的时间期限

人民检察院启动审判监督程序没有时间期限的要求。

（三）再审案件的管辖

1. 因当事人申请裁定再审案件的管辖

因当事人申请裁定再审的案件，由中级人民法院以上的人民法院审理，但当事人依照《中华人民共和国民事诉讼法》第 199 条的规定选择向基层人民法院申请再审的除外。

此外，《最高人民法院关于适用〈中华人民共和国民事诉讼法〉的解释》规定：当事人一方人数众多或者当事人双方为公民的案件，当事人分别向原审人民法院和上一级人民法院申请再审且不能协商一致的，由原审人民法院受理。对小额诉讼案件的判决、裁定，当事人以《中华人民共和国民事诉讼法》第 200 条规定的事由向原审人民法院申请再审的，人民法院应当受理；申请再审事由成立的，应当裁定再审，组成合议庭进行审理；作出的再审判决、裁定，当事人不得上诉。当事人以不应按小额诉讼案件审理为由向原审人民法院申请再审的，人民法院应当受理；理由成立的，应当裁定再审，组成合议庭审理；作出的再审判决、裁定，当事人可以上诉。

2. 人民法院、人民检察院启动裁定再审的案件的管辖

各级人民法院院长对本院已经发生法律效力的判决、裁定、调解书，发现确有错误，认为需要再审的，应当提交审判委员会讨论决定。

最高人民法院、高级人民法院裁定再审的案件，由本院再审或者交其他人民法院再审，也可以交原审人民法院再审。

人民检察院提出抗诉的案件，接受抗诉的人民法院应当自收到抗诉书之日起 30 日内作出再审的裁定；有《中华人民共和国民事诉讼法》第 200 条第 1 项至第 5 项规定的情形之一的，可以交下一级人民法院再审，但经该下一级人民法院再审的除外。

（四）审判监督程序对于生效判决、裁定的影响

当事人申请再审的，不停止判决、裁定的执行。

按照审判监督程序决定再审的案件，裁定中止原判决、裁定、调解书的执行，但追索赡养费、扶养费、抚育费、抚恤金、医疗费用、劳动报酬等案件，可以不中止执行。

（五）再审案件的程序

当事人申请再审的，应当提交再审申请书等材料。人民法院应当自收到

再审申请书之日起 5 日内将再审申请书副本发送对方当事人。对方当事人应当自收到再审申请书副本之日起 15 日内提交书面意见；不提交书面意见的，不影响人民法院审查。人民法院可以要求申请人和对方当事人补充有关材料，询问有关事项。

人民法院应当自收到再审申请书之日起 3 个月内审查，符合《中华人民共和国民事诉讼法》规定的，裁定再审；不符合《中华人民共和国民事诉讼法》规定的，裁定驳回申请。有特殊情况需要延长的，由本院院长批准。[1]

《最高人民法院关于适用〈中华人民共和国民事诉讼法〉的解释》第 539 条规定，人民法院对涉外民事案件的当事人申请再审进行审查的期间，不受上述"人民法院应当自收到再审申请书之日起 3 个月内审查"的限制。对于涉港民事案件，也不受该期限的限制。

人民法院按照审判监督程序再审的案件，发生法律效力的判决、裁定是由第一审法院作出的，按照第一审程序审理，所作的判决、裁定，当事人可以上诉；发生法律效力的判决、裁定是由第二审法院作出的，按照第二审程序审理，所作的判决、裁定是发生法律效力的判决、裁定；上级人民法院按照审判监督程序提审的，按照第二审程序审理，所作的判决、裁定是发生法律效力的判决、裁定。

人民法院审理再审案件，应当另行组成合议庭。

人民检察院提出抗诉的案件，人民法院再审时，应当通知人民检察院派员出席法庭。

就《中华人民共和国民事诉讼法》对再审案件程序的上述原则性规定，《最高人民法院关于适用〈中华人民共和国民事诉讼法〉的解释》对其加以了细化，使之更具有操作性。此外，《最高人民法院关于民事审判监督程序严格依法适用指令再审和发回重审若干问题的规定》（法释〔2015〕7 号，2015 年 3 月 15 日起施行）对民事案件指令再审和再审发回重审作出了进一步规

---

[1] 《最高人民法院关于适用〈中华人民共和国民事诉讼法〉的解释》第 395 条进一步规定：当事人主张的再审事由成立，且符合《中华人民共和国民事诉讼法》和该司法解释规定的申请再审条件的，人民法院应当裁定再审。当事人主张的再审事由不成立，或者当事人申请再审超过法定申请再审期限、超出法定再审事由范围等不符合《中华人民共和国民事诉讼法》和该司法解释规定的申请再审条件的，人民法院应当裁定驳回再审申请。

范，实务中应加以关注。

（六）对于审判监督程序的思考

在两审终审制的审级制度大框架下，审判监督程序作为对于已经发生法律效力的错误民事裁判纠错的救济性程序，无疑有助于维护受到生效错误裁判影响和困扰的当事人的合法权益，有助于促进司法公正，这一制度在内地长期的民事司法实践中发挥了重要作用。

但是，多年来，法律界人士对于审判监督程序也在不断进行反思，审判监督程序的某些方面在理论界和实务界引发了持续讨论。讨论的内容主要包括：审判监督程序赋予人民法院和人民检察院宽泛的启动再审的权利是否冲击了民事诉讼领域当事人的意思自治原则？审判监督程序扩大化的启动机制是否有损司法权威及生效裁判的既判力？审判监督程序对于客观真实的极致追求是否可行？再审程序有无简化空间？等等。

对于民事诉讼审判监督程序所引发的讨论，确有必要进行深入的研究和思考：审级制度与审判监督程序的关系有无必要进行适度变化，如果需要变化，怎样把握合理的幅度？当事人的意思自治与人民法院、法律监督机关职权行使的边界范围是否需要调整，如果需要调整，应如何设置适当的界限？如何看待生效裁判的既判力，假如绝对化的观点并不可取，应怎样确定合理的尺度？客观真实与法律真实的价值取向能否有机结合，如果有必要，应如何寻求最佳平衡点？再审程序的简化是否会使审判监督制度流于形式，如果适度简化，能否达致公平与效率的真正契合？对于上述各种论点，期待能够通过认真的分析、论证，不断深化，从而推动审判监督程序趋于完善。

实务中，如果内地与香港跨境商事争议在内地采用诉讼方式解决，当事人可以合理利用审判监督程序这一纠错机制，针对错误的生效裁判，通过依法申请再审等方式，依法维护自身合法权益。

十三、督促程序及公示催告程序

（一）督促程序

如果债权人与债务人没有其他债务纠纷并且支付令能够送达债务人，则债权人可以向有管辖权的基层人民法院申请支付令，请求债务人给付金钱、有价证券。这一制度就是《中华人民共和国民事诉讼法》所设定的督促程序。

债权人申请支付令的申请书应当符合法律规定，债权人提出申请后，人民法院应当在5日内通知债权人是否受理；人民法院受理申请后，经审查债权人提供的事实、证据，对债权债务关系明确、合法的，应当在受理之日起15日内向债务人发出支付令；申请不成立的，裁定予以驳回。

债务人应当自收到支付令之日起15日内清偿债务，或者向人民法院提出书面异议；债务人在前述期间不提出异议又不履行支付令的，债权人可以向人民法院申请执行。人民法院收到债务人提出的书面异议后，经审查，异议成立的，应当裁定终结督促程序，支付令自行失效；支付令失效的，转入诉讼程序，但申请支付令的一方当事人不同意提起诉讼的除外。

督促程序的准确适用有助于债权人快捷实现债权，对于保障债权人的实体权益具有重要意义。在实务中，须注意督促程序的管辖问题，在级别管辖方面，只有基层人民法院有权管辖支付令案件；在地域管辖方面，根据《最高人民法院关于适用〈中华人民共和国民事诉讼法〉的解释》，债权人申请支付令，适用《中华人民共和国民事诉讼法》第21条的规定，由债务人住所地基层人民法院管辖。2个以上人民法院都有管辖权的，债权人可以向其中1个基层人民法院申请支付令。债权人向2个以上有管辖权的基层人民法院申请支付令的，由最先立案的人民法院管辖。

此外，还需关注有关司法解释的具体规定，特别是《最高人民法院关于适用〈中华人民共和国民事诉讼法〉的解释》除对支付令案件的管辖作出规定外，还对支付令申请书的补正、人民法院受理支付令申请的条件、驳回支付令申请的情形、支付令留置送达的条件、督促程序的终结、债务人异议、支付令与担保的关系、支付令失效后的起诉、申请执行支付令的期间、支付令的撤销等作出了规定，与《最高人民法院关于适用督促程序若干问题的规定》（法释〔2001〕2号）[1] 相比，《最高人民法院关于适用〈中华人民共和国民事诉讼法〉的解释》的规定更加具体、全面。

在内地与香港跨境商事争议中，如果符合支付令的申请条件，债权人可

---

〔1〕《最高人民法院关于调整司法解释等文件中引用〈中华人民共和国民事诉讼法〉条文序号的决定》（法释〔2008〕18号）对该司法解释中涉及的民事诉讼法的相关条文序号予以调整。

以考虑适用督促程序，申请支付令，以加快债权实现；反之，如果债务人收到支付令后，对债权债务关系存在异议，应在法定期间内以书面方式提出异议，以保障自身合法权益。

（二）公示催告程序

根据《中华人民共和国民事诉讼法》第18章的规定，按照规定可以背书转让的票据持有人，因票据被盗、遗失或者灭失，可以向票据支付地的基层人民法院申请公示催告。此外，依照法律规定可以申请公示催告的其他事项，适用《中华人民共和国民事诉讼法》第18章的规定。

公示催告的申请人应当向人民法院递交符合法律规定的申请书，人民法院决定受理申请，应当同时通知支付人停止支付，并在3日内发出公告，催促利害关系人申报权利。公示催告的期间，由人民法院根据情况决定，但不得少于60日。支付人收到人民法院停止支付的通知的，应当停止支付，至公示催告程序终结。公示催告期间，转让票据权利的行为无效。

利害关系人应当在公示催告期间向人民法院申报；人民法院收到利害关系人的申报后，应当裁定终结公示催告程序，并通知申请人和支付人；申请人或者申报人可以向人民法院起诉。

如果无人申报，人民法院应当根据申请人的申请，作出判决，宣告票据无效；判决应当公告，并通知支付人；自判决公告之日起，申请人有权向支付人请求支付。利害关系人因正当理由不能在判决前向人民法院申报的，自知道或者应当知道判决公告之日起1年内，可以向作出判决的人民法院起诉。

此外，《最高人民法院关于适用〈中华人民共和国民事诉讼法〉的解释》从司法实务的角度，对公示催告程序的有关问题根据《中华人民共和国民事诉讼法》的上述规定进行了解释和细化。

公示催告程序的意义在于消除票据等特定民事权利的不确定状态，保护票据等特定法律关系当事人的合法权利，促进交易安全。在内地与香港跨境商事法律关系中，如果出现需要适用公示催告程序的情况，应考虑充分利用这一法律制度。

十四、执行程序

《中华人民共和国民事诉讼法》明确规定，发生法律效力的民事判决、裁定，当事人必须履行；调解书和其他应当由人民法院执行的法律文书，当事人必须履行。

如果一方当事人拒绝履行发生法律效力的民事判决、裁定、调解书以及法律规定由人民法院执行的其他法律文书所确定的义务，不但是严重的违法行为，而且会使对方当事人的民事权利将无法真正得到落实。因此，为了维护法律尊严，使当事人的民事权利能够切实实现，需要通过民事诉讼的执行程序强制负有义务但拒绝履行的一方当事人履行义务。

执行程序是当事人通过生效判决、裁定、调解书及其他法律文书所确定的民事权益得以最终实现的核心环节和首要保证，也是司法权威得以充分体现的关键步骤和重要支点。

（一）执行机关

《中华人民共和国民事诉讼法》所规定的执行程序，由人民法院负责执行，执行工作由人民法院的执行员进行，人民法院根据需要可以设立执行机构。目前，各级人民法院普遍设立了执行机构。

（二）执行案件的管辖

根据《中华人民共和国民事诉讼法》，执行案件的管辖确定如下：

（1）发生法律效力的民事判决、裁定，以及刑事判决、裁定中的财产部分，由第一审人民法院或者与第一审人民法院同级的被执行的财产所在地人民法院执行。

（2）法律规定由人民法院执行的其他法律文书，由被执行人住所地或者被执行的财产所在地人民法院执行。

除上述一般规定外，还需留意关于执行案件管辖的特殊规定：人民法院自收到申请执行书之日起超过6个月未执行的，申请执行人可以向上一级人民法院申请执行。上一级人民法院经审查，可以责令原人民法院在一定期限内执行，也可以决定由本院执行或者指令其他人民法院执行。

关于委托执行，根据《中华人民共和国民事诉讼法》的规定，被执行人或者被执行的财产在外地的，可以委托当地人民法院代为执行。

《最高人民法院关于适用〈中华人民共和国民事诉讼法〉的解释》另就有关特定案件的执行管辖作出了规定：发生法律效力的实现担保物权裁定、

确认调解协议裁定、支付令，由作出裁定、支付令的人民法院或者与其同级的被执行财产所在地的人民法院执行。认定财产无主的判决，由作出判决的人民法院将无主财产收归国家或者集体所有。

（三）执行程序的启动

根据执行依据的不同，执行程序的启动包括四种情形：

（1）如果一方当事人拒绝履行发生法律效力的民事判决、裁定，对方当事人可以向人民法院申请执行，也可以由审判员移送执行员执行。

（2）如果一方当事人拒绝履行调解书和其他应当由人民法院执行的法律文书，对方当事人可以向人民法院申请执行。

（3）如果一方当事人不履行依法设立的仲裁机构的裁决，对方当事人可以向有管辖权的人民法院申请执行，受申请的人民法院应当执行。[1]

（4）如果一方当事人不履行公证机关依法赋予强制执行效力的债权文书，对方当事人可以向有管辖权的人民法院申请执行，受申请的人民法院应当执行。[2]

就上述四种启动执行程序的情形，人民法院的执行员接到申请执行书或者移交执行书后，应当向被执行人发出执行通知，并可以立即采取强制执行

---

〔1〕《中华人民共和国民事诉讼法》第237条规定：对依法设立的仲裁机构的裁决，一方当事人不履行的，对方当事人可以向有管辖权的人民法院申请执行。受申请的人民法院应当执行。被申请人提出证据证明仲裁裁决有下列情形之一的，经人民法院组成合议庭审查核实，裁定不予执行：①当事人在合同中没有订有仲裁条款或者事后没有达成书面仲裁协议的；②裁决的事项不属于仲裁协议的范围或者仲裁机构无权仲裁的；③仲裁庭的组成或者仲裁的程序违反法定程序的；④裁决所根据的证据是伪造的；⑤对方当事人向仲裁机构隐瞒了足以影响公正裁决的证据的；⑥仲裁员在仲裁该案时有贪污受贿，徇私舞弊，枉法裁决行为的。人民法院认定执行该裁决违背社会公共利益的，裁定不予执行。裁定书应当送达双方当事人和仲裁机构。仲裁裁决被人民法院裁定不予执行的，当事人可以根据双方达成的书面仲裁协议重新申请仲裁，也可以向人民法院起诉。根据《中华人民共和国民事诉讼法》第237条，《最高人民法院关于适用〈中华人民共和国民事诉讼法〉的解释》第477条作出细化规定：仲裁机构裁决的事项，部分有《中华人民共和国民事诉讼法》第237条第2款、第3款规定情形的，人民法院应当裁定对该部分不予执行。应当不予执行部分与其他部分不可分的，人民法院应当裁定不予执行仲裁裁决。根据《中华人民共和国民事诉讼法》第237条、《最高人民法院关于适用〈中华人民共和国民事诉讼法〉的解释》第478条进一步规定：依照《中华人民共和国民事诉讼法》第237条第2款、第3款规定，人民法院裁定不予执行仲裁裁决后，当事人对该裁定提出执行异议或者复议的，人民法院不予受理。当事人可以就该民事纠纷重新达成书面仲裁协议申请仲裁，也可以向人民法院起诉。

〔2〕《中华人民共和国民事诉讼法》第238条规定：对公证机关依法赋予强制执行效力的债权文书，一方当事人不履行的，对方当事人可以向有管辖权的人民法院申请执行，受申请的人民法院应当执行。公证债权文书确有错误的，人民法院裁定不予执行，并将裁定书送达双方当事人和公证机关。

措施。对于执行通知发出的时间和执行通知的内容，《最高人民法院关于适用〈中华人民共和国民事诉讼法〉的解释》明确规定：人民法院应当在收到申请执行书或者移交执行书后 10 日内发出执行通知。执行通知中除应责令被执行人履行法律文书确定的义务外，还应通知其承担《中华人民共和国民事诉讼法》第 253 条规定的迟延履行利息或者迟延履行金。

在上述四种启动执行程序的情形中，公证机关依法赋予强制执行效力的债权文书的执行作为一种较为新颖的债权快速实现制度在实务中意义重大，值得特别关注。

除了《中华人民共和国民事诉讼法》第 238 条对于公证机关依法赋予强制执行效力的债权文书的执行作出规定以外，《中华人民共和国公证法》第 37 条也有类似规定："对经公证的以给付为内容并载明债务人愿意接受强制执行承诺的债权文书，债务人不履行或者履行不适当的，债权人可以依法向有管辖权的人民法院申请执行。前款规定的债权文书确有错误的，人民法院裁定不予执行，并将裁定书送达双方当事人和公证机构。"根据上述法律规定，对于公证机关依法赋予强制执行效力的债权文书，如果一方当事人不履行，对方当事人无需向法院提起诉讼，可以直接向有管辖权的人民法院申请执行，受申请的人民法院应当执行；如果公证的债权文书确有错误，由人民法院下达裁定，不予执行。

2000 年 9 月，最高人民法院和司法部发布《最高人民法院、司法部关于公证机关赋予强制执行效力的债权文书执行有关问题的联合通知》（司发通〔2000〕107 号），根据该通知，公证机关赋予强制执行效力的债权文书应当具备以下条件：①债权文书具有给付货币、物品、有价证券的内容；②债权债务关系明确，债权人和债务人对债权文书有关给付内容无疑义；③债权文书中载明债务人不履行义务或不完全履行义务时，债务人愿意接受依法强制执行的承诺。该通知还规定，公证机关赋予强制执行效力的债权文书的范围为：①借款合同、借用合同、无财产担保的租赁合同；②赊欠货物的债权文书；③各种借据、欠单；④还款（物）协议；⑤以给付赡养费、扶养费、抚育费、学费、赔（补）偿金为内容的协议；⑥符合赋予强制执行效力条件的其他债权文书。根据该通知的要求，公证机关在办理符合赋予强制执行的条件和范围的合同、协议、借据、欠单等债权文书公证时，应当依法赋予该债权文书具有强制执行效力。债务人不履行或不完全履行公证机关赋予强制执行效力的债权文书的，债权人可以向原公证机关申请执行证书。债权人凭原公证书及执行证书可以向有管辖权的人民法院申请执行。

2008 年 4 月，中国公证协会发布《办理具有强制执行效力债权文书公证及出具执行证书的指导意见》，规范公证机构办理具有强制执行效力的债权文书公证及出具执行证书的活动。其中明确：当事人申请办理具有强制执行效力的债权文书公证，应当由债权人和债务人共同向公证机构提出；涉及第三人担保的债权文书，担保人（包括保证人、抵押人、出质人、反担保人，下同）承诺愿意接受强制执行的，担保人应当向公证机构提出申请；出具执行证书的申请由债权人向公证机构提出。

对于如何认定"公证债权文书确有错误"的问题，《最高人民法院关于适用〈中华人民共和国民事诉讼法〉的解释》进行了界定。根据该司法解释，有下列情形之一的，可以认定为"公证债权文书确有错误"：①公证债权文书属于不得赋予强制执行效力的债权文书的；②被执行人一方未亲自或者未委托代理人到场公证等严重违反法律规定的公证程序的；③公证债权文书的内容与事实不符或者违反法律强制性规定的；④公证债权文书未载明被执行人不履行义务或者不完全履行义务时同意接受强制执行的。人民法院认定执行该公证债权文书违背社会公共利益的，裁定不予执行。公证债权文书被裁定不予执行后，当事人、公证事项的利害关系人可以就债权争议提起诉讼。

此外，在实务中需要留意的是，根据《最高人民法院关于适用〈中华人民共和国民事诉讼法〉的解释》，如果当事人请求不予执行仲裁裁决或者公证债权文书，应当在执行终结前向执行法院提出。

就内地与香港跨境商事活动，特别是涉及香港金融机构为内地借款人提供贷款的借贷融资项目，如果符合上述公证机关赋予强制执行效力的债权文书的条件和范围，债权人可以根据项目的具体情况考虑依照有关规定申请办理具有强制执行效力的债权文书公证，除非公证的债权文书确有错误，否则公证的债权文书具有强制执行效力；如果义务人不履行公证的债权文书，权利人可以向有管辖权的人民法院直接申请执行，从而避免启动审判程序，有利于迅速、高效、便捷地实现债权。

（四）申请执行的期间

申请执行的期间为 2 年。申请执行时效的中止、中断，适用法律有关诉讼时效中止、中断的规定。该期间从法律文书规定履行期间的最后一日起计算；法律文书规定分期履行的，从规定的每次履行期间的最后一日起计算；法律文书未规定履行期间的，从法律文书生效之日起计算。

就申请执行时效涉及的有关实务问题，《最高人民法院关于适用〈中华人民共和国民事诉讼法〉的解释》区别不同情况，分别作出规定：申请执行人超过申请执行时效期间向人民法院申请强制执行的，人民法院应予受理；被执行人对申请执行时效期间提出异议，人民法院经审查异议成立的，裁定不予执行。被执行人履行全部或者部分义务后，又以不知道申请执行时效期间届满为由请求执行回转的，人民法院不予支持。

（五）执行措施

根据《中华人民共和国民事诉讼法》的规定，执行措施包括：

1. 被执行人报告财产情况

如果被执行人未按执行通知履行法律文书确定的义务，应当报告当前以及收到执行通知之日前 1 年的财产情况；如果被执行人拒绝报告或者虚假报告，人民法院可以根据情节轻重对被执行人或者相关人员予以罚款、拘留。

2. 查询、扣押、冻结、划拨、变价被执行人的特定财产

如果被执行人未按执行通知履行法律文书确定的义务，人民法院有权向有关单位查询被执行人的存款、债券、股票、基金份额等财产情况，并有权根据不同情形扣押、冻结、划拨、变价被执行人的财产。人民法院查询、扣押、冻结、划拨、变价的财产不得超出被执行人应当履行义务的范围。

3. 扣留、提取被执行人的收入

如果被执行人未按执行通知履行法律文书确定的义务，人民法院有权扣留、提取被执行人应当履行义务部分的收入，但应当保留被执行人及其所扶养家属的生活必需费用。

4. 查封、扣押、冻结、拍卖、变卖被执行人的财产

如果被执行人未按执行通知履行法律文书确定的义务，人民法院有权查

封、扣押、冻结、拍卖、变卖被执行人应当履行义务部分的财产，对于国家禁止自由买卖的物品，交有关单位按照国家规定的价格收购；但应当保留被执行人及其所扶养家属的生活必需品。

关于执行措施第 2 项和本项所涉及的查封、扣押、冻结的期限问题，《最高人民法院关于适用〈中华人民共和国民事诉讼法〉的解释》作出了明确规定：人民法院冻结被执行人的银行存款的期限不得超过 1 年，查封、扣押动产的期限不得超过 2 年，查封不动产、冻结其他财产权的期限不得超过 3 年。申请执行人申请延长期限的，人民法院应当在查封、扣押、冻结期限届满前办理续行查封、扣押、冻结手续，续行期限不得超过前款规定的期限。人民法院也可以依职权办理续行查封、扣押、冻结手续。

上述有关查封、扣押、冻结期限的规定对于当事人的实体权利影响极大，实务中应加以高度关注，对于申请执行人而言，期限届满前，应及时办理申请延长期限手续，以避免出现执行落空、自身实体权益无法实现的情况。

5. 搜查

如果被执行人不履行法律文书确定的义务，并隐匿财产，人民法院有权发出搜查令，对被执行人及其住所或者财产隐匿地进行搜查。

6. 交付财物或票证

对于法律文书指定交付的财物或者票证，由执行员传唤双方当事人当面交付，或者由执行员转交，并由被交付人签收。有关单位持有该项财物或者票证的，应当根据人民法院的协助执行通知书转交，并由被交付人签收。有关公民持有该项财物或者票证的，人民法院通知其交出；对于拒不交出的，强制执行。

7. 强制迁出房屋或者强制退出土地

强制迁出房屋或者强制退出土地，由院长签发公告，责令被执行人在指定期间履行；如果被执行人逾期不履行，由执行员强制执行。

8. 要求有关单位协助办理财产权证照转移手续

在执行过程中，如果需要办理有关财产权证照转移手续，人民法院可以向有关单位发出协助执行通知书，有关单位必须办理。

9. 强制执行或委托完成指定的行为

如果被执行人未按执行通知履行判决、裁定和其他法律文书指定的行为，人民法院可以强制执行或者委托有关单位或者其他人完成，费用由被执行人承担。

10. 加倍支付迟延履行期间的债务利息

如果被执行人未按判决、裁定和其他法律文书指定的期间履行给付金钱义务，应当加倍支付迟延履行期间的债务利息。

11. 支付迟延履行金

如果被执行人未按判决、裁定和其他法律文书指定的期间履行除给付金钱义务之外的其他义务，应当支付迟延履行金。

12. 继续履行义务

如果人民法院采取上述第 2~4 项执行措施后，被执行人仍不能偿还债务，则被执行人应当继续履行义务；债权人发现被执行人有其他财产的，可以随时请求人民法院执行。

13. 其他措施

如果被执行人不履行法律文书确定的义务，人民法院可以对其采取或者通知有关单位协助采取限制出境、在征信系统记录、通过媒体公布不履行义务信息以及法律规定的其他措施。

执行措施具有高度实务性的特点，因此，在实践操作过程中，还需要充分关注《最高人民法院关于适用〈中华人民共和国民事诉讼法〉的解释》等司法解释对执行措施的具体和细化规定。

（六）执行异议

为了保护当事人、利害关系人和案外人的合法权益，《中华人民共和国民事诉讼法》为该等人士提供了因执行致使其合法权益受损时的救济途径。根据《中华人民共和国民事诉讼法》的规定，当事人、利害关系人以及案外人可以提出执行异议。

（1）当事人、利害关系人认为执行行为违反法律规定的，可以向负责执行的人民法院提出书面异议。当事人、利害关系人提出书面异议的，人民法院应当自收到书面异议之日起 15 日内审查，理由成立的，裁定撤销或者改正；

理由不成立的，裁定驳回。当事人、利害关系人对裁定不服的，可以自裁定送达之日起 10 日内向上一级人民法院申请复议。

（2）在执行过程中，案外人对执行标的提出书面异议的[1]，人民法院应当自收到书面异议之日起 15 日内审查，理由成立的，裁定中止对该标的的执行；理由不成立的，裁定驳回。[2] 案外人、当事人对裁定不服，认为原判决、裁定错误的，依照审判监督程序办理；与原判决、裁定无关的，可以自裁定送达之日起 15 日内向人民法院提起诉讼。

为了明确案外人、当事人提起的执行异议之诉涉及的相关程序等问题，《最高人民法院关于适用〈中华人民共和国民事诉讼法〉的解释》在第 304 条至第 316 条对执行异议之诉进行了专门规定。

（七）执行和解

在执行过程中，双方当事人可以自愿和解，依法达成和解协议，和解协议全部履行完毕后，执行程序结束。如果双方当事人自行和解达成协议，执行员应当将协议内容记入笔录，由双方当事人签名或者盖章。

申请执行人因受欺诈、胁迫与被执行人达成和解协议，或者当事人不履行和解协议的，人民法院可以根据当事人的申请，恢复对原生效法律文书的执行。

此外，《最高人民法院关于适用〈中华人民共和国民事诉讼法〉的解释》对执行和解的有关问题进行了进一步解释。

（八）暂缓执行

在执行过程中，如果被执行人向人民法院提供了担保，并经申请执行人同意，人民法院可以决定暂缓执行及暂缓执行的期限。如果被执行人逾期仍不履行，人民法院有权执行被执行人的担保财产或者担保人的财产。

根据《中华人民共和国民事诉讼法》确定的上述原则，《最高人民法院关

---

〔1〕 根据《最高人民法院关于适用〈中华人民共和国民事诉讼法〉的解释》第 464 条规定，案外人对执行标的提出异议的，应当在该执行标的的执行程序终结前提出。

〔2〕《最高人民法院关于适用〈中华人民共和国民事诉讼法〉的解释》第 465 条规定：案外人对执行标的提出的异议，经审查，按照下列情形分别处理：①案外人对执行标的不享有足以排除强制执行的权益的，裁定驳回其异议；②案外人对执行标的享有足以排除强制执行的权益的，裁定中止执行。驳回案外人执行异议裁定送达案外人之日起 15 日内，人民法院不得对执行标的进行处分。

于适用〈中华人民共和国民事诉讼法〉的解释》就暂缓执行涉及的若干问题作出了详细规定。

（九）执行中止

根据《中华人民共和国民事诉讼法》的规定，如果存在下列情形之一，人民法院作出裁定，中止执行，裁定送达当事人后立即生效：①申请人表示可以延期执行的；②案外人对执行标的提出确有理由的异议的；③作为一方当事人的公民死亡，需要等待继承人继承权利或者承担义务的；④作为一方当事人的法人或者其他组织终止，尚未确定权利义务承受人的；⑤人民法院认为应当中止执行的其他情形。

执行中止的情形消失后，应当恢复执行。

此外，《最高人民法院关于适用〈中华人民共和国民事诉讼法〉的解释》对适用执行中止制度的特定情形作出规定。

（十）执行终结

根据《中华人民共和国民事诉讼法》的规定，如果存在下列情形之一，人民法院作出裁定，终结执行，裁定送达当事人后立即生效：①申请人撤销申请的；②据以执行的法律文书被撤销的；③作为被执行人的公民死亡，无遗产可供执行，又无义务承担人的；④追索赡养费、扶养费、抚育费案件的权利人死亡的；⑤作为被执行人的公民因生活困难无力偿还借款，无收入来源，又丧失劳动能力的；⑥人民法院认为应当终结执行的其他情形。

对于执行终结的某些具体问题，《最高人民法院关于适用〈中华人民共和国民事诉讼法〉的解释》予以规范；此外，其他司法解释亦有相关规定，实务中须加留意。

（十一）执行回转

为了纠正因作为执行依据的法律文书错误而导致的已经完毕的执行错误，《中华人民共和国民事诉讼法》设置了执行回转制度。执行完毕后，据以执行的判决、裁定和其他法律文书确有错误，被人民法院撤销的，对已被执行的财产，人民法院应当作出裁定，责令取得财产的人返还；拒不返还的，强制执行。

《最高人民法院关于适用〈中华人民共和国民事诉讼法〉的解释》进一

步规定：法律规定由人民法院执行的其他法律文书执行完毕后，该法律文书被有关机关或者组织依法撤销的，经当事人申请，适用上述《中华人民共和国民事诉讼法》第 233 条有关执行回转制度的规定。

除上述外，关于执行中变更、追加当事人等问题，《最高人民法院关于民事执行中变更、追加当事人若干问题的规定》（法释〔2016〕21 号，自 2016 年 12 月 1 日起施行）等司法解释作出了规定，在处理相关问题时，应当予以关注。

十五、涉外民事诉讼程序的特别规定

当事人一方或双方是外国人、无国籍人、外国企业或组织，或者当事人之间民事法律关系的设立、变更、终止的法律事实发生在外国，或者诉讼标的物在外国的民事案件因主体或者法律关系或者标的物具有涉外因素，在民事诉讼程序中的若干特定方面不同于无涉外因素的民事案件，所以有必要对该等特定方面作出特别规定。

对于涉外民事诉讼程序所涉及的特别规定，《中华人民共和国民事诉讼法》第 4 编予以了规范。在中华人民共和国领域内进行涉外民事诉讼，适用《中华人民共和国民事诉讼法》第 4 编的规定，《中华人民共和国民事诉讼法》第 4 编没有规定的，适用《中华人民共和国民事诉讼法》的其他有关规定。

《中华人民共和国民事诉讼法》第 4 编关于涉外民事诉讼程序的特别规定，包括涉外民事诉讼程序的一般原则、管辖、送达和期间、仲裁、司法协助等内容。

此外，最高人民法院通过相关司法解释、规范性文件对涉外民事诉讼程序进行了细化规定。

香港作为中华人民共和国的特别行政区，其与内地之间的关系并非国家之间的关系，内地与香港是一国之内的不同法域。因此，涉及香港的民事诉讼与涉外民事诉讼性质不同，《中华人民共和国民事诉讼法》有关涉外民事诉讼程序的特别规定以及有关涉外民事诉讼程序的司法解释、规范性文件不能直接适用于涉港民事诉讼。

但是，我们也必须看到，涉港民事诉讼与涉外民事诉讼在某些方面确有相似，因此，对于涉港民事诉讼中可以参照《中华人民共和国民事诉讼法》涉外民事诉讼程序特别规定以及相关司法解释、规范性文件之处，在司法领域，通过司法解释、规范性文件等予以明确。比如，就总体而言，《最高人民法院关于适用〈中华人民共和国民事诉讼法〉的解释》规定，人民法院审理涉及香港特别行政区、澳门特别行政区和台湾地区的民事诉讼案件，可以参照适用涉外民事诉讼程序的特别规定；就具体领域，在管辖方面，《最高人民法院关于印发〈全国法院涉港澳商事审判工作座谈会纪要〉的通知》（法发〔2008〕8号）规定，人民法院受理涉港澳商事案件，应当参照《中华人民共和国民事诉讼法》第4编和《最高人民法院关于涉外民商事案件诉讼管辖若干问题的规定》（法释〔2002〕5号）确定案件的管辖；在答辩、上诉期限方面，《最高人民法院关于印发〈全国法院涉港澳商事审判工作座谈会纪要〉的通知》要求，人民法院审理涉港澳商事案件，在内地无住所的香港特别行政区、澳门特别行政区当事人的答辩、上诉期限，参照适用《中华人民共和国民事诉讼法》涉外民事诉讼程序关于在中华人民共和国领域内没有住所的当事人答辩、上诉期限的特别规定；在第一审普通程序及第二审程序的审限方面，《最高人民法院关于严格执行案件审理期限制度的若干规定》（法释〔2000〕29号）[1]规定，审理涉港澳台民事案件的期限，参照审理涉外民事案件的规定办理。

对于涉港民事诉讼不同于涉外民事诉讼的独特之处，则通过专门的司法解释或文件作出规定，比如，《最高人民法院关于涉港澳民商事案件司法文书送达问题若干规定》（法释〔2009〕2号）、《最高人民法院关于内地与香港特别行政区相互执行仲裁裁决的安排》（法释〔2000〕3号）、《关于内地与香港特别行政区法院相互认可和执行当事人协议管辖的民商事案件判决的安排》（法释〔2008〕9号）等。

十六、民事诉讼时效

民事诉讼时效制度不是民事程序法律制度的组成部分，而是属于民事实

---

〔1〕《最高人民法院关于调整司法解释等文件中引用〈中华人民共和国民事诉讼法〉条文序号的决定》（法释〔2008〕18号）对该司法解释中涉及的民事诉讼法的相关条文序号予以调整。

体法律制度，是民事主体实体权利的重要内容之一，直接关系到民事主体所主张的实体权利是否能够得到法律保护。鉴于诉讼时效制度对于民事诉讼当事人的重要性，特在本部分对民事诉讼时效制度进行讨论。

《中华人民共和国民法通则》对民事诉讼时效基本制度作出了规定，主要内容包括：除法律另有规定外[1]，向人民法院请求保护民事权利的诉讼时效期间为2年；但是，身体受到伤害要求赔偿的、出售质量不合格的商品未声明的、延付或者拒付租金的以及寄存财物被丢失或者损毁的诉讼时效期间为1年；诉讼时效期间从知道或者应当知道权利被侵害时起计算，但是，从权利被侵害之日起超过20年的，人民法院不予保护，有特殊情况的，人民法院可以延长诉讼时效期间；超过诉讼时效期间，当事人自愿履行的，不受诉讼时效限制；在诉讼时效期间的最后6个月内，因不可抗力或者其他障碍不能行使请求权的，诉讼时效中止，从中止时效的原因消除之日起，诉讼时效期间继续计算；诉讼时效因提起诉讼、当事人一方提出要求或者同意履行义务而中断，从中断时起，诉讼时效期间重新计算；法律对诉讼时效另有规定的，依照法律规定。

就涉外民事关系诉讼时效的法律适用，《中华人民共和国涉外民事关系法

---

〔1〕比如，《中华人民共和国合同法》第129条规定：因国际货物买卖合同和技术进出口合同争议提起诉讼或者申请仲裁的期限为4年，自当事人知道或者应当知道其权利受到侵害之日起计算。因其他合同争议提起诉讼或者申请仲裁的期限，依照有关法律的规定。《中华人民共和国海商法》第257条第1款规定：就海上货物运输向承运人要求赔偿的请求权，时效期间为1年，自承运人交付或者应当交付货物之日起计算；在时效期间内或者时效期间届满后，被认定为负有责任的人向第三人提起追偿请求的，时效期间为90日，自追偿请求人解决原赔偿请求之日起或者收到受理对其本人提起诉讼的法院的起诉状副本之日起计算。《中华人民共和国海商法》第258条规定：就海上旅客运输向承运人要求赔偿的请求权，时效期间为2年，分别依照下列规定计算：①有关旅客人身伤害的请求权，自旅客离船或者应当离船之日起计算；②有关旅客死亡的请求权，发生在运送期间的，自旅客应当离船之日起计算；因运送期间内的伤害而导致旅客离船后死亡的，自旅客死亡之日起计算，但是此期限自离船之日起不得超过3年；③有关行李灭失或者损坏的请求权，自旅客离船或者应当离船之日起计算。《中华人民共和国海商法》第260条规定：有关海上拖航合同的请求权，时效期间为1年，自知道或者应当知道权利被侵害之日起计算。《中华人民共和国海商法》第261条规定：有关船舶碰撞的请求权，时效期间为2年，自碰撞事故发生之日起计算；《中华人民共和国海商法》第169条第3款规定的追偿请求权，时效期间为1年，自当事人连带支付损害赔偿之日起计算。《中华人民共和国海商法》第263条规定：有关共同海损分摊的请求权，时效期间为1年，自理算结束之日起计算。《中华人民共和国海商法》第265条规定：有关船舶发生油污损害的请求权，时效期间为3年，自损害发生之日起计算；但是，在任何情况下时效期间不得超过从造成损害的事故发生之日起6年。《中华人民共和国环境保护法》第66条规定：提起环境损害赔偿诉讼的时效期间为3年，从当事人知道或者应当知道其受到损害时起计算。

律适用法》规定，诉讼时效适用相关涉外民事关系应当适用的法律。在实务中，如果涉港商事案件适用内地实体法，则除需了解诉讼时效的基本制度外，还应关注相关司法解释对诉讼时效的规定。1988 年 1 月 26 日最高人民法院审判委员会讨论通过的最高人民法院《关于贯彻执行〈中华人民共和国民法通则〉若干问题的意见（试行）》〔法（办）发〔1988〕6 号〕[1] 涉及有关诉讼时效的细化规定。此后，还有若干与诉讼时效相关的单项司法解释。特别需要留意的是 2008 年 9 月 1 日起施行的《最高人民法院关于审理民事案件适用诉讼时效制度若干问题的规定》（法释〔2008〕11 号），该规定总结了多年的司法实践经验并吸收成熟的理论研究成果，对诉讼时效制度的若干重要方面进行了较系统的规定，该规定施行前最高人民法院作出的有关司法解释与该规定相抵触的，以该规定为准。

此外，《最高人民法院关于适用〈中华人民共和国民事诉讼法〉的解释》规定，当事人超过诉讼时效期间起诉的，人民法院应予受理。受理后对方当事人提出诉讼时效抗辩，人民法院经审理认为抗辩事由成立的，判决驳回原告的诉讼请求。该规定从民事诉讼程序方面明确了超过诉讼时效期间起诉的处理原则，在实务中需充分关注。

第二节　香港法院解决内地与香港跨境
商事争议的一般诉讼程序

本节研究香港法院解决内地与香港跨境商事争议的一般诉讼程序。主要内容包括香港处理两地跨境商事争议的有关司法机构及其管辖权、诉讼方亲自或由律师代表参与诉讼的规定、有关司法机构的一般诉讼程序、资产冻结令、证据、以附带条款付款或附带条款和解提议的方式作出的和解、讼费、法院判决的强制执行及诉讼时效。其中，在对香港区域法院及高等法院原讼法庭的一般诉讼程序进行讨论时，还涉及有关法庭文件的送达、对司法管辖

---

〔1〕《最高人民法院关于废止 2007 年底以前发布的有关司法解释（第七批）的决定》（法释〔2008〕15 号）废止了最高人民法院《关于贯彻执行〈中华人民共和国民法通则〉若干问题的意见（试行）》第 88、94、115、117、118、177 条。

权的争议、因欠缺行动而作出的判决、简易判决、要求境外原告人为讼费提供保证及非正审强制令的申请等议题。

一、有关司法机构及其管辖权

在香港，对解决商事争议具有原讼及/或上诉管辖权的司法机构包括：小额钱债审裁处（Small Claims Tribunal）、区域法院（District Court）、高等法院（High Court）中的原讼法庭（Court of First Instance）及上诉法庭（Court of Appeal）、终审法院（Court of Final Appeal）。

就原讼案件而言，小额钱债审裁处处理申索款额不超过港币5万元的原讼案件；[1] 申索款额多于港币5万元的，如果不超过港币100万元，则由区域法院处理；[2] 申索款额如超过港币100万元，则应交由高等法院原讼法庭处理。[3]

就上诉案件而言，区域法院、高等法院的原讼法庭和上诉法庭以及终审法院均享有不同程度的上诉案件管辖权。

二、诉讼方亲自或由律师代表参与诉讼的规定

在香港，个人、公司或其他非公司的机构和团体均可以在小额钱债审裁处、区域法院及高等法院开展并进行法律程序。

在小额钱债审裁处进行的诉讼，诉讼各方不得由律师代表出庭；如果诉讼一方是公司，则可由该公司的一名高级人员或雇员代表出庭；经小额钱债审裁处许可，诉讼一方亦可以书面授权任何人作为其代表出庭，但不包括大律师（barrister）或律师（solicitor）。[4]

在香港高等法院或区域法院，诉讼各方可亲自或由律师代表开展或进行法律程序。《高等法院规则》（香港法例第4A章）及《区域法院规则》（香港法例第336H章）对公司应如何在相关法院开展或进行法律程序有特别的

---

[1]　香港法例第338章《小额钱债审裁处条例》第5条及附表第一段。
[2]　香港法例第336章《区域法院条例》第32（1）条。
[3]　香港法例第4章《高等法院条例》第3（2）条。
[4]　香港法例第338章《小额钱债审裁处条例》第19条。

规定。

一般而言，公司在高等法院作为诉讼一方开展或进行任何法律程序必须由律师代表。[1] 如果公司考虑不聘请律师，而仅由该公司一名董事代表公司进行法律程序，则须事先取得高等法院司法常务官的许可。[2] 为取得许可，公司须向高等法院登记处提交一份申请书及一份由拟代表公司的董事签署的《誓章》。[3]《誓章》中须述明司法常务官应批准该申请的理由，并附上公司董事会的董事会决议，授权该董事在获得司法常务官批准后代表公司出庭。[4]但是，在公司作为被告人的情况下，被告人公司在收到原告人送达的令状后，可以由获公司正式授权的人士（包括公司董事）对令状作送达认收并就该诉讼发出拟抗辩通知书，但之后的程序则应聘请律师代表公司进行。[5]

《区域法院规则》（香港法例第336H章）对公司作为诉讼一方在法院开展或进行法律程序的规定与《高等法院规则》（香港法例第4A章）的规定大致相同，但在区域法院进行的诉讼中，如果公司考虑不聘请律师，而仅由其一名董事代表公司进行法律程序，不须事先取得法院的批准，只须由拟代表公司的董事准备及签署誓章并送交区域法院登记处存档即可。[6] 誓章中须述明该董事已获公司的董事会妥为授权，并附上有关董事会决议作为证物。[7]

三、有关司法机构的一般诉讼程序

以下就香港有关司法机构处理商事争议的一般诉讼程序进行研析，该等诉讼程序亦适用于香港法院解决内地与香港跨境商事争议。

（一）在小额钱债审裁处展开诉讼的一般诉讼程序

在小额钱债审裁处展开诉讼，申索人需要向司法常务官提交申索书及缴

---

〔1〕 香港法例第4A章《高等法院规则》第5号命令第6（2）条。
〔2〕 香港法例第4A章《高等法院规则》第5号命令第6（3）（a）条。
〔3〕 香港法例第4A章《高等法院规则》第5号命令第6（3）（a）条。
〔4〕 香港法例第4A章《高等法院规则》第5号命令第6（3）（b）条。
〔5〕 香港法例第4A章《高等法院规则》第12号命令第1（2）条及第9（1）条。
〔6〕 香港法例第336H章《区域法院规则》第5A号命令第2（2）（c）条。
〔7〕 香港法例第336H章《区域法院规则》第5A号命令第2（2）（c）（i）条。

付提交费用,[1] 由法庭执达主任安排将申索书副本及聆讯通知书送达给被告人。[2] 相应的聆讯将会在提交申索书后的 60 天内举行。[3] 在小额钱债审裁处进行的聆讯不得由律师或大律师代表。[4]

一般而言,小额钱债审裁处处理案件的诉讼程序包括:简短提讯、提讯和审讯三个阶段。[5]

1. 简短提讯（Call-over Hearing）

在简短提讯中,小额钱债审裁处的调查主任会了解被告人是否作出抗辩,找出双方的主要争议点,并就诉讼各方提交和送达抗辩书、答复书、证人陈述书等有关文件作出指示。如果诉讼各方自愿达成和解,调查主任会把和解协议呈交审裁官,由审裁官作出相应的命令。

2. 提讯（Mention Hearing）

在提讯中,审裁官会就案件中的争议作出调查,并查核诉讼各方是否已经有足够的证据支持各自的理据,亦会指示诉讼各方怎样为审讯作准备。只有在双方证实不会再提出其他证据时,审裁官才会择定审讯日期。

3. 审讯（Trial）

审裁官会在审讯中听取诉讼各方的陈词及证人的证供,然后在审讯的最后阶段宣布判决,或者押后宣判。[6]

在小额钱债审裁处处理案件的诉讼程序的任何阶段,小额钱债审裁处均可能主动或者应诉讼中任何一方的申请将法律程序移交其他审裁处、区域法院或高等法院原讼法庭。[7] 如果被告人提出的反申索超越或不属于小额钱债审裁处的司法管辖权范围,审裁官亦会将包括申索及该反申索在内的整个案

---

〔1〕　香港法例第 338 章《小额钱债审裁处条例》第 12 条。

〔2〕　香港法例第 338 章《小额钱债审裁处条例》第 14（1）（b）条及第 14（2）（a）条,亦可参考香港司法机构网页,网址:http://www.judiciary.gov.hk/tc/crt_services/pphlt/html/sc.htm.

〔3〕　香港法例第 338 章《小额钱债审裁处条例》第 14（1）（a）条。

〔4〕　香港法例第 338 章《小额钱债审裁处条例》第 19 条。

〔5〕　有关小额钱债审裁处处理案件的诉讼程序可参考香港司法机构网页,网址:http://www.judiciary.gov.hk/tc/crt_services/pphlt/html/sc.htm.

〔6〕　香港法例第 338 章《小额钱债审裁处条例》第 18 条。

〔7〕　香港法例第 338 章《小额钱债审裁处条例》第 7 条。

件移交合适的审裁处（如土地审裁处）或法庭处理。[1]

（二）在区域法院或高等法院原讼法庭展开诉讼的一般诉讼程序

1. 提交及送达状书

（1）一般程序概述。在香港，有关商事争议的案件通常由原告人通过发出传讯令状（Writ of Summons）展开。[2] 原告人需将传讯令状提交法院存档，并将一份盖有法院印章的传讯令状送达被告人。[3] 通常传讯令状会连同申索陈述书（Statement of Claim）一起存档，申索陈述书应详细列出原告人申索的基础，若未将申索陈述书存档，则需附上申索的注明（Indorsement of Claim），其只需扼要陈述申索的性质或要求的济助或补救，无需详细列出申索的基础。不过，在被告人发出拟抗辩通知书后 14 天内，原告人仍需将申索陈述书提交法院存档及送达被告人。[4] 实践中，原告人有时会因应情况而决定在传讯令状中提交申索陈述书还是申索的注明，由于传讯令状是一份公开给公众查阅的文件，如原告人不愿让外界知道过多的申索内容，一般会选择采用申索的注明。另外，如果原告人没有充分时间准备申索陈述书（例如诉讼时效将届满），或者原告人估计被告人抗辩的机会不大，亦可以选择采用申索的注明。

传讯令状送达之日起的 14 天内（如果需要向香港境外的被告人送达令状，则该期限一般为 28 天），被告人应填写传讯令状中所附的送达认收书（Acknowledgement of Service）并提交法院登记处存档。[5] 法院登记处在收到送达认收书后，会将 1 份送达认收书副本的法院盖印文本按原告人提供的送

---

〔1〕 香港法例第 338 章《小额钱债审裁处条例》第 10（1）条。

〔2〕 香港法例第 4A 章《高等法院规则》第 6 号命令第 2（1）（a）条及香港法例第 336H 章《区域法院规则》第 6 号命令第 2（a）条。

〔3〕 香港法例第 4 章《高等法院条例》第 51（1）条、香港法例第 336 章《区域法院条例》第 13（1）条、香港法例第 4A 章《高等法院规则》第 10 号命令第 1（1）条及香港法例第 336H 章《区域法院规则》第 10 号命令第 1（1）条。

〔4〕 香港法例第 4A 章《高等法院规则》第 18 号命令第 1 条及香港法例第 336H 章《区域法院规则》第 18 号命令第 1 条。

〔5〕 香港法例第 4A 章《高等法院规则》第 12 号命令第 1（5）条及第 5（a）条以及香港法例第 336H 章《区域法院规则》第 12 号命令第 1（5）条及第 5（a）条。

达地址以邮寄方式送交原告人或其代表律师。[1] 在送达认收书中，被告人须述明其是否拟就法律程序提出争议及是否拟承认原告人所申索的款项。[2] 如果被告人在送达认收书中述明其拟就法律程序提出争议，其提交送达认收书亦会同时被视为发出拟抗辩通知（Notice of Intention to Defend）。[3]

发出拟抗辩通知的被告人，须在前述送达认收期限届满后的 28 天内或在申索陈述书送达后的 28 天内（以较迟者为准）将抗辩书（Defence）提交法院存档及送达原告人。[4] 如果被告人拟向原告人提出反申索，则须将反申索与针对原告人申索的抗辩在同一份状书中提出，该份状书被称为抗辩书及反申索书（Defence and Counterclaim）。[5]

在获送达抗辩书后的 28 天内，原告人可针对抗辩书准备答复书（Reply），并提交法院存档及送达被告人。[6] 如果原告人没有就被告人的抗辩书发出答复书，即被视为默认该抗辩书有争论点提出。[7] 如果被告人提交的是抗辩书及反申索书，而原告人拟对被告人的反申索作出抗辩，须将针对反申索的抗辩书与答复书包括在同一份状书中，该份状书称为答复书及反申索的抗辩书（Reply and Defence to Counterclaim）。[8]

继答复书及/或针对反申索的抗辩书之后，原告人或被告人需要送达任何

---

〔1〕　香港法例第 4A 章《高等法院规则》第 12 号命令第 4 条及香港法例第 336H 章《区域法院规则》第 12 号命令第 4 条。

〔2〕　香港法例第 4A 章《高等法院规则》附录 A 表格 14 及香港法例第 336H 章《区域法院规则》附录 A 表格 14。

〔3〕　香港法例第 4A 章《高等法院规则》第 12 号命令第 1（1）条及香港法例第 336H 章《区域法院规则》第 12 号命令第 1（1）条。

〔4〕　香港法例第 4A 章《高等法院规则》第 18 号命令第 2（1）条及香港法例第 336H 章《区域法院规则》第 18 号命令第 2（1）条。

〔5〕　香港法例第 4A 章《高等法院规则》第 18 号命令第 1 及 2 条以及香港法例第 336H 章《区域法院规则》第 18 号命令第 1 及 2 条。

〔6〕　香港法例第 4A 章《高等法院规则》第 18 号命令第 3（4）条及香港法例第 336H 章《区域法院规则》第 18 号命令第 3（4）条。

〔7〕　香港法例第 4A 章《高等法院规则》第 18 号命令第 3（1）条及香港法例第 336H 章《区域法院规则》第 18 号命令第 3（1）条。

〔8〕　香港法例第 4A 章《高等法院规则》第 18 号命令第 3（3）条及香港法例第 336H 章《区域法院规则》第 18 号命令第 3（3）条。

状书均须取得法庭的许可。[1]

状书提交期在答复书及/或针对反申索的抗辩书送达后 14 天届满时结束；如并无送达答复书亦无送达针对反申索的抗辩书，则状书提交期在抗辩书送达后 28 天届满时结束。[2]

需注意的是，以上各状书（包括申索陈述书、抗辩书、答复书等）均需要以属实申述（statement of truth）核实，[3] 由提交该状书的一方或其法律代表签署，[4] 述明提出有关文件的一方相信，该文件中所述事实属实。[5] 属实申述的格式是："本人（或原告人）相信本【状书的名称】所述事实属实。"如任何人在以属实申述核实的文件中作出虚假陈述而并非真诚地相信其为属实，可能会被提起藐视法庭的法律程序。

（2）送达。

第一，向香港境内的被告人送达令状。一般而言，令状必须由原告人或其代表律师当面送达被告人。[6] 在被告人是公司的情况下，可以将令状当面送交该公司的高级管理人员，[7] 或将该令状留在该公司的注册办事处或主要营业地点。[8]

就在香港境内送达的令状而言，除上述当面送达的方式外，原告人亦可

〔1〕 香港法例第 4A 章《高等法院规则》第 18 号命令第 4 条及香港法例第 336H 章《区域法院规则》第 18 号命令第 4 条。

〔2〕 香港法例第 4A 章《高等法院规则》第 18 号命令第 20 条及香港法例第 336H 章《区域法院规则》第 18 号命令第 20 条。

〔3〕 香港法例第 4A 章《高等法院规则》第 41A 号命令第 2（1）(a) 条及香港法例第 336H 章《区域法院规则》第 41A 号命令第 2（1）(a) 条。

〔4〕 香港法例第 4A 章《高等法院规则》第 41A 号命令第 3（1）(b) 条及香港法例第 336H 章《区域法院规则》第 41A 号命令第 3（1）(b) 条。

〔5〕 香港法例第 4A 章《高等法院规则》第 41A 号命令第 4（1）(a) 条及香港法例第 336H 章《区域法院规则》第 41A 号命令第 4（1）(a) 条。

〔6〕 香港法例第 4A 章《高等法院规则》第 10 号命令第 1（1）条及香港法例第 336H 章《区域法院规则》第 10 号命令第 1（1）条。

〔7〕 香港法例第 4A 章《高等法院规则》第 65 号命令第 2 条及第 3（1）条及香港法例第 336H 章《区域法院规则》第 65 号命令第 2 条及第 3（1）条。

〔8〕 香港法例第 4A 章《高等法院规则》第 65 号命令第 3（2）条及香港法例第 336H 章《区域法院规则》第 65 号命令第 3（2）条。

选择如下替代方式进行送达：[1]

以挂号邮寄的方式将一份令状文本送达被告人的通常或最后为人所知的地址，或就公司而言，为其注册或主要办事处；或

将一封装有令状的信封放入被告人在其前述地址所设的信箱中，信封上须注明被告人是收件人。

一般情况下，将令状寄出或放入有关信箱后的第 7 天，将被视为是送达至被告人的日期。[2] 以上述两种替代方式送达令状后，作出送达行为的人士（通常为律师或律师行的工作人员）须准备及签署证明令状已妥为送达的誓章，并提交法院存档。[3]

第二，向内地的被告人送达令状。一般而言，向香港境外的被告人送达令状需要事先取得法庭的许可。[4] 申请许可的方式是由原告人向法院提交一份誓章（一般由原告人的律师作出），其中须述明的内容包括[5]：提出申请的理由[6]、宣誓人相信原告人有好的诉讼因由（good cause of action）及被告人身在何处或极有可能在何处能找到等。

申请香港境外送达许可可以基于不同的理由，例如：被告人是在香港司法管辖权范围内居住的人；或原告人因被告人违反一份合约而提起诉讼追讨赔偿，而该合约是在香港订立的或其条款订明受香港法律管辖或其条款订明香港法院对该合约的争议具有司法管辖权。

如果在原告人向法院提交的誓章中所陈述的理由不足以使法庭相信在香

---

　〔1〕　香港法例第 4A 章《高等法院规则》第 10 号命令第 1（2）条及第 65 号命令第 3（2）条以及香港法例第 336H 章《区域法院规则》第 10 号命令第 1（2）条及第 65 号命令第 3（2）条。

　〔2〕　香港法例第 4A 章《高等法院规则》第 10 号命令第 1（3）（a）条及香港法例第 336H 章《区域法院规则》第 10 号命令第 1（3）（a）条。

　〔3〕　香港法例第 4A 章《高等法院规则》第 10 号命令第 1（3）（b）条及香港法例第 336H 章《区域法院规则》第 10 号命令第 1（3）（b）条。

　〔4〕　香港法例第 4A 章《高等法院规则》第 11 号命令第 1（1）条及香港法例第 336H 章《区域法院规则》第 11 号命令第 1（1）条。

　〔5〕　香港法例第 4A 章《高等法院规则》第 11 号命令第 4（1）条及香港法例第 336H 章《区域法院规则》第 11 号命令第 4（1）条。

　〔6〕　理由是指香港法例第 4A 章《高等法院规则》第 11 号命令第 1 条所列的理由及香港法例第 336H 章《区域法院规则》第 11 号命令第 1 条所列的理由。

港以外地区送达令状是恰当的,则法庭不会批予向香港以外地区送达令状的许可。[1]

根据《高等法院规则》(香港法例第 4A 章)及《区域法院规则》(香港法例第 336H 章),向身处内地的被告人或在香港没有营业地址的内地被告人公司送达令状,须通过香港高等法院司法常务官将有关令状送交内地的有关司法机构,再由该内地司法机构安排向被告人送达令状。[2] 内地的司法机构一般是指被告人所在的省份的高级人民法院。实践中,如果向内地的被告人送达令状,从向法庭申请许可到被告人收到送达的法庭文件,一般需要 2 至 3 个月的时间。被告人收到送达的令状后,须在法庭规定的时限内作出送达认收,该时限一般为 28 天。

第三,根据合同约定送达令状。根据《高等法院规则》(香港法例第 4A 章)及《区域法院规则》(香港法例第 336H 章),对于 1 份香港法院有管辖权的合同,如果该合同中规定了就该合同进行诉讼时,有关的法庭文件可按合同所指明的方式或按合同所指明的地点送达被告人,或向合同所指明的代表被告人的其他人送达,则当有关诉讼在香港法院开始后,有关令状按合同的规定送达即可被视为该令状已妥为送达被告人。[3] 但需注意,如果合同所指明的送达地点是在香港以外地区,则须事先取得香港法院的许可。[4]

由于向香港以外地区送达令状的程序较为复杂,耗时较多,因此,在两地跨境商事交易中,内地交易方通常会被要求在合同中指定代表其在香港接收诉讼文件的代收人及送达地址,以免除日后一旦发生诉讼需花费时间和金钱向香港法院申请将法庭文件在内地送达的烦琐。

(3)关于司法管辖权的争议。在收到原告人送达的令状后,如果被告人拟就香港法院的司法管辖权提出争议,被告人须首先向法院提交送达认收书

---

〔1〕 香港法例第 4A 章《高等法院规则》第 11 号命令第 4 (2) 条及香港法例第 336H 章《区域法院规则》第 11 号命令第 4 (2) 条。

〔2〕 香港法例第 4A 章《高等法院规则》第 11 号命令第 5A 条及香港法例第 336H 章《区域法院规则》第 11 号命令第 5A 条。

〔3〕 香港法例第 4A 章《高等法院规则》第 10 号命令第 3 (1) 条及香港法例第 336H 章《区域法院规则》第 10 号命令第 3 (1) 条。

〔4〕 香港法例第 4A 章《高等法院规则》第 10 号命令第 3 (2) 条及香港法例第 336H 章《区域法院规则》第 10 号命令第 3 (2) 条。

并且在其中述明其拟对法律程序提出争议，然后在上文所述送达抗辩书的期限内，向法庭提出有关申请。[1]

根据《高等法院规则》（香港法例第4A章）及《区域法院规则》（香港法例第336H章），对司法管辖权提出争议的被告人，不会因为其曾就有关诉讼提交送达认收书并且发出拟抗辩通知而被视为同意接受香港法院的司法管辖。[2] 但是，如果法庭没有应被告人申请作出命令，或法庭将该申请驳回，则除非法庭另有指示，否则被告人发出的拟抗辩通知将继续有效，[3] 而法庭一般会就后续的被告人送达抗辩书等进一步程序给予相应指示。[4] 有关司法管辖权争议的进一步研析，可参阅本章第三节相关内容。

（4）因欠缺行动而作出的判决（Default Judgment）。如果被告人没有在规定的期限内向原告人发出拟抗辩通知书，或者送达抗辩书，则原告人可以申请法院不经过审讯即判决被告人败诉。[5]

如果被告人申请将该判决作废，则法庭会考虑被告人没有在规定的期限内发出拟抗辩通知书或者送达抗辩书的原因、该原因是否由被告人的错误及/或其他因素造成，并可能在施加其认为公正的条款的情况下，将作出被告人败诉的判决作废或更改。[6]

（5）简易判决（Summary Judgment）。在提交状书阶段，如果被告人收到申索陈述书并且已就该诉讼发出拟抗辩通知书，原告人可以以被告人对其申索无法抗辩为理由，向法庭申请作出该被告人败诉的判决。[7] 在提出申请

---

〔1〕 香港法例第4A章《高等法院规则》第12号命令第8（1）条及香港法例第336H章《区域法院规则》第12号命令第8（1）条。

〔2〕 香港法例第4A章《高等法院规则》第12号命令第7条及香港法例第336H章《区域法院规则》第12号命令第7条。

〔3〕 香港法例第4A章《高等法院规则》第12号命令第8（6）条及香港法例第336H章《区域法院规则》第12号命令第8（6）条。

〔4〕 香港法例第4A章《高等法院规则》第12号命令第8（6A）条及香港法例第336H章《区域法院规则》第12号命令第8（6A）条。

〔5〕 香港法例第4A章《高等法院规则》第13号命令及香港法例第336H章《区域法院规则》第13号命令。

〔6〕 香港法例第4A章《高等法院规则》第13号命令第9条及香港法例第336H章《区域法院规则》第13号命令第9条。

〔7〕 香港法例第4A章《高等法院规则》第14号命令第1（1）条及香港法例第336H章《区域法院规则》第14号命令第1（1）条。

时，申请人须提交誓章核实申请人的申索所依据的事实，并述明宣誓人相信被告人对申索无法抗辩。[1] 就商事纠纷案件而言，除了基于诈骗指称而提起的诉讼，原告人均可以在适合的情况下，向法庭申请进行简易程序从而取得简易判决。

如果被告人反对申请，其必须藉誓章或以法院满意的其他方法，提出反对的因由。[2] 如果被告人能够使法庭相信有关的申索中存在必须进行审讯的理由，例如，如果存在需要通过审讯来解决的争论点或有争议的问题，则法庭可能在有条件或无条件的情况下，给予被告人对有关申索进行抗辩的许可。[3]反之，法庭有可能作出原告人胜诉、被告人败诉的判决。

（6）要求境外原告人为讼费提供保证（Security for Costs）。在处理涉及内地的商事争议的诉讼或其他法律程序中，如果原告人（亦包括公司作为原告人的情形）通常居于中国内地或香港以外其他地区，则一般在诉讼各方交换状书的过程中[4]，被告人（亦包括遭被告人反申索的原告人)[5] 就会向法庭提出申请，要求原告人对被告人进行诉讼所产生或将产生的讼费（包括律师费、大律师费、其他垫支费用）提供保证。[6] 如果法庭在考虑案件的所有情节（包括原告人的胜诉可能性）后，认为要求原告人就有关讼费向被告人提供保证是公正的，则会颁发提供讼费保证的命令。[7] 原告人须按法庭命令所指示的方式、时间及条款（如有）提供有关保证。[8] 保证的方式通常是要

---

〔1〕 香港法例第 4A 章《高等法院规则》第 14 号命令第 2（1）条及香港法例第 336H 章《区域法院规则》第 14 号命令第 2（1）条。

〔2〕 香港法例第 4A 章《高等法院规则》第 14 号命令第 4（1）条及香港法例第 336H 章《区域法院规则》第 14 号命令第 4（1）条。

〔3〕 香港法例第 4A 章《高等法院规则》第 14 号命令第 4（3）条及香港法例第 336H 章《区域法院规则》第 14 号命令第 4（3）条。

〔4〕 要求原告人提供讼费保证的申请可以在法律程序进行中的任何阶段提出，但是应在有充分证据证明原告人可能不能支付讼费之后尽快提出。

〔5〕 香港法例第 4A 章《高等法院规则》第 23 号命令第 1（3）条及香港法例第 336H 章《区域法院规则》第 23 号命令第 1（3）条。

〔6〕 香港法例第 4A 章《高等法院规则》第 23 号命令及香港法例第 336H 章《区域法院规则》第 23 号命令。

〔7〕 香港法例第 4A 章《高等法院规则》第 23 号命令第 1（1）条及香港法例第 336H 章《区域法院规则》第 23 号命令第 1（1）条。

〔8〕 香港法例第 4A 章《高等法院规则》第 23 号命令第 2 条及香港法例第 336H 章《区域法院规则》第 23 号命令第 2 条。

求原告人将一笔估计可在原告人败诉时补偿被告人讼费金额的款项缴存至法院。

一般而言，法庭颁令要求通常居于香港以外地区的原告人向被告人提供讼费保证，主要是为了避免在原告人于香港境内无足够资产的情形下，出现被告人日后取得有关讼费命令却难以执行或不能及时执行的情况。[1] 因此，如果原告人可以向法庭证明其在香港境内有足够的资产，可以在被告人取得讼费命令的情况下用于执行该讼费命令，则法庭可能不会颁令要求原告人提供讼费保证。[2]

另外，如果原告人是一间在香港成立的公司，而被告人有确实证据证明如果被告人胜诉，原告人将会无能力支付被告人的讼费，则被告人亦可以向法庭申请要求原告人就被告人的讼费提供充足保证，并要求在原告人给予该保证之前，搁置所有进一步的法律程序。[3]

2. 文件披露及查阅

在状书提交期结束后的 14 天内，诉讼各方均须向对方送达以规定的格式编制的文件清单，以此相互对其现在或曾经管有、保管或控制的与案件有关的文件作出披露，而不论该等文件是否会对披露文件的诉讼一方不利或是否会支持对方的论点。[4] 不过，诉讼各方可以协议免除或限制对有关文件的披露。[5] 另外，法庭可能在其认为必要的情况下，应诉讼一方的申请向另一方作出就特定文件进行披露的命令。[6]

交换文件清单后，诉讼一方必须容许另一方查阅文件清单中所述及的文件（享有可免交出特权的文件除外，如律师与客户之间就获取法律意见的通

---

〔1〕 *Akai Holdings Ltd v. Ernst & Young*（2009）12 HKCFAR 376，〔2009〕5 HKLRD 804。

〔2〕 William Stone & Denis Brock：*Commercial Litigation in Hong Kong a Practical Guide*，Hong Kong：Sweet & Maxwell，2012，p. 249。

〔3〕 香港法例第 622 章《公司条例》第 905 条。

〔4〕 香港法例第 4A 章《高等法院规则》第 24 号命令第 2（1）条及香港法例第 336H 章《区域法院规则》第 24 号命令第 2（1）条。

〔5〕 香港法例第 4A 章《高等法院规则》第 24 号命令第 1（2）条及香港法例第 336H 章《区域法院规则》第 24 号命令第 1（2）条。

〔6〕 香港法例第 4A 章《高等法院规则》第 24 号命令第 7 条及香港法例第 336H 章《区域法院规则》第 24 号命令第 7 条。

讯、在协商和解争议中进行的不损害利益的通讯等）并复制该等文件的副本。[1]法庭亦可能在其认为必要的情况下，应有权作出查阅的诉讼一方的申请命令另一方交出有关文件以供查阅。[2]

在送达文件清单后的整个诉讼进行期间，诉讼双方的文件披露义务仍然持续。即在诉讼终结之前的任何时候，如果诉讼中的一方当事人开始管有、保管或控制任何与案件有关的文件，这些文件都必须被披露给另一方当事人。

3. 案件管理（Case Management）

进行案件管理的目的是使法庭在确保公正的前提下提高处理案件的效率，这就要求诉讼各方及他们的法律顾问必须尽心尽力、互相合作。[3]

根据香港有关法例，诉讼各方须在状书提交期结束后 28 天内填写设定时间表的问卷，并将该问卷送交法院存档及送达其他诉讼方。[4] 凡是各方均由律师代表的案件，代表各方行事的律师把设定时间表的问卷送交法院存档的同时，必须将调解证明书存档。调解证明书须采用指定的格式撰写及填上所需的资料，必要时可加以改动，并由律师及其代表的当事人签署作实。[5] 调解证明书要求当事人表示是否愿意尝试调解以求达成和解；不愿意调解的当事人须在证明书中述明原因。调解并非强制程序，但当其中一方不参与调解而无合理解释，法庭可以向其发出不利的讼费令。[6]

除非诉讼各方能够就案件法律程序的步骤和时间表达成有关协议，否则原告人须以案件管理传票（Case Management Summons）向法庭申请作出有关管理案件的指示。[7] 法庭会就须在审讯日期之前采取的步骤编定时间表，并

---

〔1〕 香港法例第 4A 章《高等法院规则》第 24 号命令第 9 条及香港法例第 336H 章《区域法院规则》第 24 号命令第 9 条。

〔2〕 香港法例第 4A 章《高等法院规则》第 24 号命令第 11 条及香港法例第 336H 章《区域法院规则》第 24 号命令第 11 条。

〔3〕《实务指示 5.2 - 案件管理》第 2 段及第 4 段。

〔4〕 香港法例第 4A 章《高等法院规则》第 25 号命令第 1（1）条、香港法例第 336H 章《区域法院规则》第 25 号命令第 1（1）条及《实务指示 5.2-案件管理》C 部分。

〔5〕《实务指示 31 - 调解》第 9 段。需注意的是该指示不适用于载于该指示附件 A 的法律程序，比如原讼法庭的"建筑及仲裁案件审讯表"中的法律程序，其依据其他的实务指示处理。

〔6〕《实务指示 31 - 调解》第 4 段。

〔7〕 香港法例第 4A 章《高等法院规则》第 25 号命令第 1（1B）条及香港法例第 336H 章《区域法院规则》第 25 号命令第 1（3）条。

编定进度指标日期进行案件管理会议、审讯前的复核及/或审讯。[1] 进度指标日期须严格遵守，除非有充分理由支持，否则，法庭不会批准更改进度指标日期。[2] 如果原告人没有出席案件管理会议或审讯前的复核，其申索可能被法庭剔除。[3]

在案件管理会议上，法官会处理下列事宜[4]：

第一，复核诉讼各方在为案件作准备时所采取的步骤，尤其是复核他们是否遵守法庭所作出的指示（如有）。

第二，就诉讼各方将会采取的步骤作出决定并定出时间表，以确保案件的进展能符合上文所述的基本目标。

第三，尽力确保诉讼各方已就有争议的事项和申索的处理方式作出所有他们能作出的确认以及达成他们所能达成的协议，并将有关的确认和协议记录。

第四，如有需要，将案件管理会议押后至另一日期并确定审讯前的复核的日期，或确定审讯日期或审讯期间。

第五，向诉讼各方查明他们是否已尝试或有意尝试另类争议解决程序（如调解）。如果还未尝试另类争议解决程序，且各方愿意尝试，法院会给予指示让双方调解以求达成和解。

在案件准备就绪时，法庭会作出排期审讯的指示。原告人须将排期审讯申请书及通知书送交法院存档，并将有关事宜通知其他诉讼方。

如果法庭决定进行审讯前的复核，则通常会在审讯日期或审讯期间开始前最少 8 个星期，由案件的主审法官进行处理。

4. 交换证人陈述书（Witness Statement）

诉讼一方须根据法庭在裁定案件管理传票时所指示的期限及条款，向其

---

〔1〕 香港法例第 4A 章《高等法院规则》第 25 号命令第 1A（1）、1A（2）条以及香港法例第 336H 章《区域法院规则》第 25 号命令第 2（1）、2（2）条。

〔2〕 香港法例第 4A 章《高等法院规则》第 25 号命令第 1B（6）条及香港法例第 336H 章《区域法院规则》第 25 号命令第 3（6）条。

〔3〕 香港法例第 4A 章《高等法院规则》第 25 号命令第 1C（1）条及香港法例第 336H 章《区域法院规则》第 25 号命令第 4（1）条。

〔4〕《实务指示 5.2－案件管理》第 32 段。

他方送达其拟在审讯时援引的证人证言的书面陈述书。

如果诉讼各方均有证人陈述书需要送达，则必须在同一时间相互交换各自的证人陈述书。

5. 审讯

（1）审讯的方式。在以令状展开的每宗诉讼中，法庭会以命令决定审讯的方式。

第一，在高等法院原讼法庭所进行的审讯，可采取的方式有以下四种[1]：

第1种：在法官独自一人的席前进行审讯。这是最为常见的审讯方式。

第2种：在有陪审团（Jury）的情况下，在法官的席前进行审讯。

就永久形式诽谤、短暂形式诽谤、恶意检控、非法禁锢或诱奸提出的申索等案件，必须在有陪审团的情况下进行审讯，除非法院认为审讯需长时间研究文件或账目或作科学或实地调查而不便与陪审团一起进行。[2]

第3种：在有裁判委员（Assessors）协助的法官的席前进行审讯。

裁判委员，是指被聘请来协助法庭对特别案件（例如海事案件）进行审讯的专家。

第4种：在聆案官的席前进行审讯。

在任何讼案或事宜中，法庭可在诉讼各方同意的情况下，命令该宗讼案或事宜或该宗讼案或事宜中所出现的任何事实问题或争论点在聆案官席前进行审讯。[3]

第二，在区域法院所进行的审讯，可采取的方式有以下三种[4]：

第1种：在法官独自一人的席前进行审讯。

第2种：在有裁判委员协助的法官的席前进行审讯。

第3种：在聆案官的席前进行审讯。

（2）审讯中的程序。诉讼各方须在审讯当天准时应讯，有关证人亦须出席。法官会在审讯中聆听诉讼各方的陈词，并听取证人的证供。

一般而言，审讯中诉讼各方发言的次序如下：①原告方（一般为代表原

---

〔1〕 香港法例第4A章《高等法院规则》第33号命令第2条。
〔2〕 香港法例第4章《高等法院条例》第33A（1）条。
〔3〕 香港法例第4A章《高等法院规则》第36号命令第1条。
〔4〕 香港法例第336H章《区域法院规则》第33号命令第2条。

告人的律师）进行开案陈词向法官介绍原告方的案情。[1] ②原告方传召己方证人作证，这项程序称为主问程序（examination-in-chief）；在每一证人作证完毕后，被告方（一般为代表被告人的律师）向证人提出问题，这项程序称为盘问程序（cross-examination）；在盘问结束后，如果有需要，原告方可以就证人在盘问中提及的事宜向证人提出问题，这项程序称为复问程序（re-examination）。证人在作证前须向法庭确认其所作之证供是真实的，确认的形式包括发誓及宣誓。宣誓是指手按圣经宣誓说真话；[2] 发誓则是指严肃地保证说真话。[3] 如果证人被发现在庭上说谎，则可以被刑事检控和被判入狱。③被告方进行开案陈词。[4] ④被告方传召己方证人进行主问，然后由原告方对证人进行盘问；在盘问结束后，如果有需要，被告方可以向证人提出复问。⑤被告方进行结案陈词。[5] ⑥原告方进行结案陈词。[6]

如果诉讼中所有争论点的举证责任均在于被告方，则可由该被告方首先进行开案陈词及传召证人。[7] 另外，审讯案件的法官有权就审讯时由哪一方先开始以及发言次序作出指示；[8] 例如，指示被告方在原告方的开案陈词结束后即进行开案陈词，而不是等到原告方传召证人之后，这有助于法官在开始听取证据之前首先对案件建立一个较为平衡的认识。

在审讯中，如果有一方没有出庭，则法官可以在该一方缺席的情况下进行案件的审讯，并作出判决。[9] 但缺席的一方可以在审讯后 7 天内申请将该

---

〔1〕 香港法例第 4A 章《高等法院规则》第 35 号命令第 7（2）条及香港法例第 336H 章《区域法院规则》第 35 号命令第 7（2）条。

〔2〕 香港法例第 11 章《宣誓及声明条例》第 5（1）条。

〔3〕 香港法例第 11 章《宣誓及声明条例》第 7（2）条。

〔4〕 香港法例第 4A 章《高等法院规则》第 35 号命令第 7（4）条及香港法例第 336H 章《区域法院规则》第 35 号命令第 7（4）条。

〔5〕 香港法例第 4A 章《高等法院规则》第 35 号命令第 7（4）条及香港法例第 336H 章《区域法院规则》第 35 号命令第 7（4）条。

〔6〕 香港法例第 4A 章《高等法院规则》第 35 号命令第 7（4）条及香港法例第 336H 章《区域法院规则》第 35 号命令第 7（4）条。

〔7〕 香港法例第 4A 章《高等法院规则》第 35 号命令第 7（6）条及香港法例第 336H 章《区域法院规则》第 35 号命令第 7（6）条。

〔8〕 香港法例第 4A 章《高等法院规则》第 35 号命令第 7（1）条及香港法例第 336H 章《区域法院规则》第 35 号命令第 7（1）条。

〔9〕 香港法例第 4A 章《高等法院规则》第 35 号命令第 1（2）条及香港法例第 336H 章《区域法院规则》第 35 号命令第 1（2）条。

判决作废,而法庭可能按其认为公正的条款将该判决作废。[1]

审讯完结后,法官可能于审讯完结当天即作出判决,或于稍后的日期宣读/发出判决书,有关法规并未规定法官应作出判决的时限。

6. 非正审强制令(interlocutory injunctions)的申请

在审讯之前,如果原告人的合法权利正在或可能遭受被告人的侵害,而由此造成的损失将无法用金钱弥补,则原告人可以向法庭申请颁发强制令,禁止被告人的侵害行为或要求被告人积极作出某些行为以保护原告人的合法权利。该类非经正式审讯而作出的强制令属于暂时的济助,其效力一般自颁发之日起开始到审讯结束即终止。

香港高等法院的原讼法庭及区域法院具有颁发强制令的司法管辖权,可以在其认为公正或适宜的情况下,颁发非正审强制令。[2] 但是,区域法院颁发非正审强制令的司法管辖权是有限的,包括[3]:①有关动产的事宜,包括金钱和据法权产(Choses in Action,即诉权),该动产的款额或价值不得超过港币1 000 000元;②有关拟进行的财物扣押;③有关不动产的事宜,其每年租金或应课差饷价值不得超过港币240 000元;④其他有关合约的事宜,合约标的事项的款额或价值不得超过港币1 000 000元。

在内地与香港跨境商事争议中,较常见的非正审强制令是资产冻结令(Mareva Injunction)及容许查察令(Anton Piller Order)。详见下文第四部分及第五部分的有关内容。

(三)上诉程序及管辖权限

在香港,区域法院、高等法院的原讼法庭和上诉法庭以及终审法院均享有不同程度的上诉案件管辖权。

1. 针对小额钱债审裁处裁决的上诉

如果诉讼中的任何一方不服小额钱债审裁处的裁决,而不服的理由只涉及法律方面的问题或是因为有关申索超越小额钱债审裁处的司法管辖权限,

---

〔1〕 香港法例第4A章《高等法院规则》第35号命令第2条及香港法例第336H章《区域法院规则》第35号命令第2条。

〔2〕 香港法例第4章《高等法院条例》第21L(1)条及香港法例第336章《区域法院条例》第52(1)条。

〔3〕 香港法例第336章《区域法院条例》第52(1)条。

则不服的诉讼方可向香港高等法院原讼法庭申请上诉许可。[1]

申请上诉许可的诉讼方须在有关的书面裁断或命令送达后的 7 天内向高等法院司法常务官递交该项申请。[2] 原讼法庭如果认为适当，可予批准。如果原讼法庭拒绝给予上诉许可，则该项决定将是终局性的。[3]

原讼法庭在审理上诉案件的过程中不会推翻或更改小额钱债审裁处就事实问题所作出的裁定或收取其他证据。[4] 上诉可能被判上诉得直或者被驳回，原讼法庭亦可能将案件连同其认为适当的指示发回小额钱债审裁处。[5]

如果不服原讼法庭对上诉案件的决定，则不服的诉讼方须于该决定作出后 7 天内向高等法院司法常务官递交申请，向高等法院上诉法庭申请上诉许可。[6] 但只有上诉法庭认为拟提出的上诉涉及对公众有普遍重要性的法律问题时，才会给予许可。[7] 上诉可能被判上诉得直或者被驳回，上诉法庭亦可能将案件连同其认为适当的指示发回小额钱债审裁处。[8] 如果上诉法庭拒绝给予许可，则其决定是终局性的。[9]

2. 针对区域法院裁决的上诉

（1）针对区域法院聆案官的判决、命令或决定的上诉。一般而言，诉讼一方不服区域法院聆案官的任何判决、命令或决定的上诉，须在内庭向区域法院的法官提出。[10] 该诉讼一方须于有关判决、命令或决定作出后的 14 天内向其他诉讼方发出通知书，并于发出后 5 天内送达。[11] 在内庭的法官聆讯有关上诉时，不得收取进一步的证据，除非该证据是关于有关判决、命令或决定作出后才发生的事宜。[12]

---

〔1〕 香港法例第 338 章《小额钱债审裁处条例》第 28（1）条。
〔2〕 香港法例第 338 章《小额钱债审裁处条例》第 28（2）（b）条。
〔3〕 香港法例第 338 章《小额钱债审裁处条例》第 28（3）条。
〔4〕 香港法例第 338 章《小额钱债审裁处条例》第 29（2）（b）条。
〔5〕 香港法例第 338 章《小额钱债审裁处条例》第 29（1）条。
〔6〕 香港法例第 338 章《小额钱债审裁处条例》第 29A（1）条及第 29A（2）（b）条。
〔7〕 香港法例第 338 章《小额钱债审裁处条例》第 29A（1）条。
〔8〕 香港法例第 338 章《小额钱债审裁处条例》第 29B 条。
〔9〕 香港法例第 338 章《小额钱债审裁处条例》第 29A（3）条。
〔10〕 香港法例第 336H 章《区域法院规则》第 58 号命令第 1（1）条。
〔11〕 香港法例第 336H 章《区域法院规则》第 58 号命令第 1（3）条。
〔12〕 香港法例第 336H 章《区域法院规则》第 58 号命令第 1（4）条。

　　如果上诉所针对的是聆案官根据《区域法院规则》（香港法例第 336H 章）第 14 号命令第 6（2）条规则（聆案官审讯的简易判决案件）、第 36 号命令第 1 条规则（在诉讼各方同意下由聆案官进行审讯及查讯的案件）、第 37 号命令（在判决后进行损害赔偿评估及关于暂定损害赔偿的命令）及第 84A 号命令第 3 条规则（因租购协议或有条件售卖协议所引起的诉讼中因没有发出拟抗辩通知书或欠缺抗辩书而作出的判决）作出的判决、命令或决定，或是针对聆案官根据《区域法院规则》（香港法例第 336H 章）第 49B 号命令（以监禁方式执行及强制执行付款判决）作出的判决、命令或决定（非正审判决、命令或决定除外），则应在聆案官作出有关判决、命令或决定的日期起 28 天内向该聆案官申请批予上诉许可。[1] 如果该聆案官拒绝批予上诉许可，则拟申请上诉的诉讼方可在该项拒绝之日起 14 天内向高等法院上诉法庭提出上诉许可的进一步申请。[2] 在上诉许可被批予后的 7 天内，该诉讼方须将上诉通知书送达直接受上诉影响的其他诉讼方。[3]

　　针对聆案官根据上述《区域法院规则》（香港法例第 336H 章）第 49B 号命令作出的监禁命令的上诉，可不需上诉许可而直接向上诉法庭提出。[4]

　　（2）针对区域法院法官的判决、命令或决定的上诉。在区域法院的法官作出任何判决、命令或决定之日起 28 天内，或作出非正审判决、命令或决定之日起 14 天内，拟上诉的诉讼方可以向该法官提出上诉许可申请。[5] 如果申请被拒绝，该诉讼方可以在 14 天内向高等法院上诉法庭提出上诉许可的进一步申请。[6] 有关上诉通知书须在上诉许可申请被批予的 7 天内送达直接受上诉影响的其他诉讼方。[7]

　　在香港有关条例另有规定的情况下，拟上诉的诉讼方可以无需许可而直

---

〔1〕 香港法例第 336H 章《区域法院规则》第 58 号命令第 2（2）条及第 2（4）（a）条。
〔2〕 香港法例第 336H 章《区域法院规则》第 58 号命令第 2（4A）条。
〔3〕 香港法例第 336H 章《区域法院规则》第 58 号命令第 2（8）条。
〔4〕 香港法例第 336H 章《区域法院规则》第 58 号命令第 2（2A）条。
〔5〕 香港法例第 336 章《区域法院条例》第 63（1）条及香港法例第 336H 章《区域法院规则》第 58 号命令第 2（4）条。
〔6〕 香港法例第 336H 章《区域法院规则》第 58 号命令第 2（4A）条。
〔7〕 香港法例第 336H 章《区域法院规则》第 58 号命令第 2（8）条。

接向高等法院上诉法庭提出上诉。[1]

3. 针对高等法院原讼法庭裁决的上诉

（1）针对高等法院原讼法庭聆案官所作出的判决、命令或决定的上诉。一般而言，针对高等法院原讼法庭聆案官所作出的判决、命令或决定的上诉，须在内庭向高等法院的法官提出。[2] 提出的方式是在有关判决、命令或决定作出后的 14 天内发出通知书，并在发出后 5 天内送达其他诉讼方。[3] 如果没有特别理由，法官在聆讯上诉时，不会收取进一步的证据，除非该证据是关于在上诉所针对的判决、命令或决定作出后所发生的事宜。[4]

针对聆案官聆讯清盘或破产呈请而作出的判决、命令或决定（非正审的除外）的上诉，或是针对聆案官根据《高等法院规则》（香港法例第 4A 章）第 14 号命令第 6（2）条规则（聆案官审讯的简易判决案件）、第 36 条命令第 1 条规则（在诉讼各方同意下由聆案官进行审讯及查询的案件）、第 37 号命令（在判决后进行损害赔偿评估及关于暂定损害赔偿的命令）或在其他情况下评估损害赔偿、第 84A 号命令第 3 条规则（因由租购协议或有条件售卖协议所引起的诉讼中因没有发出拟抗辩通知书或欠缺抗辩书而作出的判决）、第 49B 号命令（以监禁方式执行及强制执行付款判决）所作出的判决、命令或决定（非正审的除外）的上诉，均须直接向高等法院上诉法庭提出。[5] 有关的上诉通知书须在有关判决、命令或决定作出之日起 28 天内送达直接受上诉影响的其他诉讼方。[6]

（2）针对高等法院原讼法庭法官所作出的判决或命令的上诉。一般情况下，针对高等法院原讼法庭法官所作出的判决或命令的上诉可直接向上诉法庭提出，[7] 有关上诉通知书须在有关判决或命令作出之日起 28 天内送达直接受上诉影响的其他诉讼方，但这并不包括非正审的判决或命令。[8] 如拟针

---

〔1〕　香港法例第 336 章《区域法院条例》第 63（3）条。

〔2〕　香港法例第 4A 章《高等法院规则》第 58 号命令第 1（1）条。

〔3〕　香港法例第 4A 章《高等法院规则》第 58 号命令第 1（3）条。

〔4〕　香港法例第 4A 章《高等法院规则》第 58 号命令第 1（5）条。

〔5〕　香港法例第 4A 章《高等法院规则》第 58 号命令第 2 条。

〔6〕　香港法例第 4A 章《高等法院规则》第 55 号命令第 4（2）条。

〔7〕　香港法例第 4 章《高等法院条例》第 14（1）条。

〔8〕　香港法例第 4A 章《高等法院规则》第 59 号命令第 4（1）(c)条。

对非正审的判决或命令提起上诉，须首先在有关非正审的判决或命令作出之日起 14 天内，向作出该判决或命令的法官提出。[1] 如果该法官拒绝批予申请，则上诉许可的进一步申请可以在拒绝之日起的 14 天内，向上诉法庭提出。[2] 有关上诉通知书须在上诉许可批予后的 7 日内送达直接受上诉影响的其他诉讼方。[3]

4. 针对高等法院上诉法庭的判决的上诉

不服高等法院上诉法庭的判决的上诉案件，由终审法院审理。[4] 拟提出上诉的诉讼方须在有关判决作出之日起 28 天内，以动议形式向上诉法庭申请上诉许可。[5] 如果申请被拒绝，则须在拒绝之日起 28 天内，以动议形式向终审法院申请上诉许可，同时申请人亦须于该 28 天内给诉讼对方 7 天时间通知，让对方知道其有意提出上诉申请。[6]

就上诉法庭的最终判决或非正审判决所提起的上诉，如上诉法庭或终审法院认为该上诉所涉及的问题具有重大广泛的或关乎公众的重要性，或因其他理由，以致应交由终审法院裁决，则上诉法庭或终审法院须酌情决定终审法院是否受理该上诉。[7]

如果上诉许可申请被批准，则有关上诉通知书须在批予许可的命令作出后 7 日内送交法院存档，[8] 并在存档后 7 日内将上诉通知书的副本送达有关的其他诉讼方。[9]

5. 高等法院原讼法庭及上诉法庭的上诉管辖权

如上文所述，就有关商事争议的案件而言，高等法院的原讼法庭有权审理来自小额钱债审裁处及原讼法庭的聆案官的上诉案件，而高等法院的上诉法庭有权审理来自小额钱债审裁处、区域法院及高等法院原讼法庭的上诉

〔1〕 香港法例第 4A 章《高等法院规则》第 59 号命令第 2B（1）条。
〔2〕 香港法例第 4A 章《高等法院规则》第 59 号命令第 2B（3）条。
〔3〕 香港法例第 4A 章《高等法院规则》第 59 号命令第 4（4）(a) 条。
〔4〕 香港法例第 484 章《香港终审法院条例》第 22 条。
〔5〕 香港法例第 484 章《香港终审法院条例》第 24（1）、(2) 条。
〔6〕 香港法例第 484 章《香港终审法院条例》第 24（4）条。
〔7〕 香港法例第 484 章《香港终审法院条例》第 22（1）(b) 条。
〔8〕 香港法例第 484A 章《香港终审法院规则》第 14（2）条。
〔9〕 香港法例第 484A 章《香港终审法院规则》第 16 条。

案件。

高等法院原讼法庭在审理有关上诉案件时，有权收取关于事实问题的进一步证据。[1] 该等证据可根据法庭的指示，通过在法庭上进行口头询问、在询问员席前录取书面供词、通过誓章或其他方式提供。[2] 原讼法庭可作出任何本应由有关的法庭或小额钱债审裁处作出的判决、决定或命令，并可根据实际情况作出进一步判决、决定或其他命令。[3] 原讼法庭亦可将有关事宜连同法庭的意见发还有关法庭或小额钱债审裁处以作重新聆讯及裁定。[4]

高等法院上诉法庭审理有关上诉案件的方式是再次聆讯，[5] 即仅考虑已呈交下级法院的证据而不会再要求证人作出口头证供。上诉法庭亦有权收取关于事实问题的进一步证据，但除非有特别理由，否则不得接纳该等进一步证据（在审讯或聆讯日期后发生的事宜的证据除外）。[6] 根据英国权威案例 *Ladd v. Marshall*，上诉人必须满足三项条件才可请求上诉法庭接纳进一步证据：第一，该等证据以前无法在合理努力下获取以应用在审讯中；第二，该等证据对案件的结果具有重要影响；第三，该等证据表面上是可信的。在聆讯上诉案件时，上诉法庭有权进行事实的推论，作出本应作出的判决、命令及作出情况所需的进一步判决或其他命令。[7] 如果上诉法庭认为合适，亦可作出重新审判或将下级法庭的裁决、裁断或判决作废的命令。[8]

6. 终审法院的地位及处理上诉案件的权力

终审法院是香港的最高上诉法院。根据《香港终审法院条例》（香港法例第484章），终审法院可确认、推翻或更改被上诉的法院决定，或将有关事项发还该法院处理并附上终审法院的指引意见，或对有关事项作出其认为适当的其他命令。[9]

---

〔1〕 香港法例第4A章《高等法院规则》第55号命令第7（2）条及第58号命令第1（5）条。

〔2〕 香港法例第4A章《高等法院规则》第55号命令第7（2）条。

〔3〕 香港法例第4A章《高等法院规则》第55号命令第7（5）条。

〔4〕 香港法例第4A章《高等法院规则》第55号命令第7（5）条。

〔5〕 香港法例第4A章《高等法院规则》第59号命令第3（1）条。

〔6〕 香港法例第4A章《高等法院规则》第59号命令第10（2）条。

〔7〕 香港法例第4A章《高等法院规则》第59号命令第10（3）条。

〔8〕 香港法例第4A章《高等法院规则》第59号命令第11（1）条。

〔9〕 香港法例第484章《香港终审法院条例》第17（1）条。

四、资产冻结令（Mareva Injunction）

资产冻结令是法庭颁发的一种非正审强制令，目的是禁止被告人将其在香港的资产转移至香港以外的其他地方或以其他方式处理该资产，避免出现原告人即使日后在有关法律程序中取得胜诉判决亦无从执行的情况。需要指出的是，上述有关法律程序不仅包括在香港进行的法院诉讼、仲裁等程序，亦包括在香港以外地区进行的有关法律程序，只要该法律程序能产生一项可根据任何条例或普通法在香港强制执行的判决。[1]

如果被告人在香港的资产不足，但其在海外有其他资产，原告人亦可向香港法院申请全球资产冻结令（Worldwide Mareva Injunction）以禁止被告人处置其在世界各地的资产；但受限于香港法院的司法管辖权，如果被告人身处香港境外，则即使其违反了全球资产冻结令，香港法院也仅能在其进入香港时才可以藐视法庭的罪名对其进行惩处；对于其他位于香港境外的第三人（如银行等），须直到该第三人所在的司法管辖区的法院宣布香港法院发出的全球资产冻结令可以执行或即时执行时，该全球资产冻结令才会对第三人发生效力。[2]

倘若香港法庭颁发资产冻结令，原告人一般须对法庭作出承诺，如果其在其后未能证明其有权取得相关的资产冻结令，则其将就被告人因该冻结令而蒙受的损失向被告人作出赔偿。[3]

（一）申请非全球资产冻结令须证明的基本要素

申请资产冻结令，原告人须向法庭证明以下几个基本要素：[4]

第一，原告人有好的理由（good arguable case）支持其针对被告人所提出或将提出的申索。"好的理由"必须是多于仅仅能严肃争辩的理由（more than barely capable of serious argument），但也不须达到让法庭相信原告人有超过

---

〔1〕 香港法例第4章《高等法院条例》第21M（1）条。

〔2〕 Dave Lau, *Civil Procedure in Hong Kong-A Guide to the Main Principles*（2nd ed.）, Hong Kong: Sweet & Maxwell, 2012, para 9.133.

〔3〕 《实务指示11.13 单方面、中期及非正审的济助（包括强制性济助）申请》第32（1）段，以及《实务指示11.2 - 资产冻结令（Mareva Injunctions）及容许查察令（Anton Piller Orders）》。

〔4〕 *Hong Kong Civil Procedure*（*Hong Kong White Book*）2016, 第29/1/65 段。

50%的胜诉可能性的程度。[1]

第二，被告人在香港有资产。

第三，有被告人会在法庭作出最后判决前将其资产处置或转移到境外的实际存在的风险，使得原告人即使将来取得胜诉判决亦无从执行。仅有证据证明被告人没有足够资产以支付未来可能的、对其不利的判决并非充分理据，因为资产冻结令的目的并不是旨在让原告人取得一个比其他债权人更有利的位置。[2]

就"实际存在的风险"的要求而言，原告人仅仅是怀疑或猜测并不足够，须有确凿客观事实可以推论出被告人有可能处置其资产或将其资产转移至境外，[3]例如：被告人说的话、其过去或现在的行为、其过去不诚信的证据等。

第四，"适宜性平衡"（Balance of Convenience）（即在法庭颁发与不颁发资产冻结令的两种情况下，原告人及被告人哪一方可能遭受相对更大的损失）考量的结果有利于颁发资产冻结令。法庭首先主要考虑：若原告人在实体审讯后获得胜诉，以金钱赔偿原告人因为不给予资产冻结令而蒙受的损失是否是一个足够的补救？若金钱赔偿是足够的，且被告人有能力支付赔偿，资产冻结令的申请便会遭拒绝。反而言之，若金钱赔偿并非足够的补救，法庭会进一步考虑：原告人对损害赔偿作出承诺，是否足以补偿被告人？若补偿是足够的，且原告人有能力兑现他的承诺，法庭将倾向于原告人的请求；若金钱赔偿是否足够存在疑问，则法庭会进行"适宜性平衡"，主要考虑是颁发还是不颁发资产冻结令的不公平风险比较低。[4]

（二）申请资产冻结令的时间

作为一种非正审强制令，资产冻结令可在法律程序开始后，法庭对案件进行审讯前的任何时候作出。实践中，原告人通常会在发出传讯令状的同时

---

〔1〕 *Hong Kong Civil Procedure*（*Hong Kong White Book*）2016，第29/1/66段。

〔2〕 *Hong Kong Civil Procedure*（*Hong Kong White Book*）2016，第29/1/69段，引用 *Midas Merchant Plc v. Bello*［2002］EWCA Civ 1496 一案。

〔3〕 *Hong Kong Civil Procedure*（*Hong Kong White Book*）2016，第29/1/69段，引用 *O'Regan v. Iambic Productions Ltd*（1989）139 New LJ 1378（DC）一案。

〔4〕 *Hong Kong Civil Procedure*（*Hong Kong White Book*）2016，第29/1/11段。

申请资产冻结令。在案件特别紧急的情况下，申请人亦可以在尚未展开有关法律程序时，先向香港法院申请资产冻结令，但须向法院承诺将在一个确定的期限内展开有关法律程序。[1]

（三）申请资产冻结令的程序

资产冻结令的申请通常须由原告人发出传票（summons）并提交支持传票的誓章。根据高等法院的实务指示，星期五被定为"传票日"（summons day）。所有以传票方式要求法庭发出非正审强制令的申请，包括透过单方面传票已获得法庭批给强制令的提讯，都会在星期五早上 10 时进行。原告人须在该聆讯日期至少 2 个整天（2 clear days）之前将传票及支持誓章送达被告人及其他有关各方（如有）。[2] 法官将在举行聆讯时听取双方陈述，并决定是否颁发资产冻结令。

如果案件情况紧急或属不适宜将申请预先通知被告人的情况，则原告人可以通过提交誓章作出单方面申请（ex parte application）而不事先通知被告人。[3] 就提出该类申请的程序，应先由原告人准备好誓章、论点提要（skeleton argument）和命令草稿等文件后到法院登记处提交，并要求约见当值法官（duty judge），一般情况下，当值法官会即时阅读相关文件，然后即日开庭聆听原告人的陈词，并即时处理有关申请。该类申请可以随时提出，并不局限于星期五；如遇紧急情况，则即使在星期六、星期日或节假日亦可提出。实践中，由于该类申请较为复杂，原告人一般会委托律师和大律师准备文件及代其出庭。

如果法官应原告人的单方面申请颁发资产冻结令，则会同时指定一个提讯日期（return date）（通常在几日后的一个星期五，亦即"传票日"）要求

---

[1] Dave Lau: *Civil Procedure in Hong Kong——A Guide to the Main Principles* (2nd ed.), Hong Kong: Sweet & Maxwell, 2012, 第 9.127 段; 亦见香港法例第 4A 章《高等法院规则》第 29 号命令第 1（3）条及香港法例第 336H 章《区域法院规则》第 29 号命令第 1（3）条。

[2] 香港法例第 4A 章《高等法院规则》第 29 号命令第 1（2）条及香港法例第 336H 章《区域法院规则》第 29 号命令第 1（2）条; 就于高等法院作出的申请而言，亦见《实务指示 5.3-"非正审命令及强制令的传票"的排期及聆讯》第 2.1 段。

[3] 香港法例第 4A 章《高等法院规则》第 29 号命令第 1（2）及（3）条及香港法例第 336H 章《区域法院规则》第 29 号命令第 1（2）及（3）条。

诉讼各方均参加,以重新审核已颁发的资产冻结令。[1] 法官基于原告人的单方面申请而颁发的资产冻结令的有效期从颁发之日起直至法庭指定的诉讼各方均参加的提讯日期为止。[2] 在诉讼各方均参加的聆讯上,法官在听取各方陈述后,将决定继续或撤销资产冻结令。如被告人需要更多时间准备证据,则法官会在提讯日的聆讯上给予双方指示,让双方有足够时间呈交证据,例如命令被告人在 28 天内呈交反对誓章(affirmations in opposition),原告人在其后的 28 天内呈交回应誓章(affirmations in reply),同时定下举行实体聆讯(substantive hearing)的日期。

就原告人尚未展开有关法律程序即向法院申请资产冻结令的情形,通常采用单方面申请的方式,以使得原告人的行动可以暂时不为被告人所知晓,避免被告人因此加快转移或处理其资产的行动。

需要注意的是,在单方面申请中,由于法庭仅能依据原告人的誓章所陈述的事实来考虑是否颁发资产冻结令,因此原告人必须对有关事实情况作出完全坦诚的披露(full and frank disclosure),包括对于原告人不利的事实。[3] 如果原告人没有对有关事实情况作出完全坦诚的披露,则很可能导致法庭之后将已颁发的资产冻结令撤销。实践中,被告人一般会指称原告人在单方面申请资产冻结令时,没有向法官披露一些关键性的事宜(material non-disclosure),当然被告人需提交相关证据。如最后法官认为情况属实,便会撤销资产冻结令,同时命令原告人须负担被告人为了申请撤销资产冻结令而产生的律师费。

(四)资产冻结令的送达及效力

在法庭颁发资产冻结令后,原告人须将资产冻结令送达被告人以及银行等原告人知道或相信持有被告人资产的第三人。如果被告人违反命令转移或处置资产,或被送达资产冻结令的第三人明知有相关命令却协助或容许他人违反命令,即构成藐视法庭的罪行,法庭可对其作出监禁、罚款或扣押资产

---

〔1〕《实务指示 5.3-"非正审命令及强制令的传票"的排期及聆讯》第 2.2 段以及《实务指示 11.1-单方面、中期及非正审的济助(包括强制性济助)申请》第 33(2)段。

〔2〕《实务指示 5.3-"非正审命令及强制令的传票"的排期及聆讯》第 2.2 段以及《实务指示 11.1-单方面、中期及非正审的济助(包括强制性济助)申请》第 33(2)段。

〔3〕 *Hong Kong Civil Procedure*(*Hong Kong White Book*)2016,第 29/1/51 段。

的处罚。[1]

实践中，原告人常会先将资产冻结令送达给相关银行，以便让银行有足够时间采取适当措施先行冻结被告人的账户（如有）；经过 1~2 天，原告人再将资产冻结令送达给被告人。

五、证据

证据在商事诉讼中至关重要。诉讼各方须向法庭提供证据以证明其所主张的事实，法庭也需要通过证据来了解诉讼各方在各自的状书中所列出的有争议的事实，然后根据诉讼各方提供的证据来决定案件的事实问题。[2]

（一）举证责任及证明标准

一般而言，诉讼各方对于各自在状书中主张的事实内容负有举证责任。

在民商事诉讼中，负有举证责任的一方所提供的证据必须可以达到使法官确信其所主张的事实在真实及不真实两种可能性下，真实的可能性高于不真实的可能性，才可解除其相应的举证责任。即对争议事实的证明须达到"可能性的平衡"（Balance of Probabilities）。[3]

（二）证据的种类

根据香港法律，证据主要包括书面证据、实物证据、证人证据及专家证据。

1. 书面证据

书面证据大量使用于商事诉讼中，包括属于公共性质的文件，如出生证、结婚证、死亡证等；以及非公共性质的文件，如正式的合同、委托书及非正式的信件、传真、电邮、手写便条、日记等。

2. 实物证据

实物证据指法官可以看得见的物体，可以是实物本身（例如有瑕疵的工

---

〔1〕 *Hong Kong Civil Procedure*（*Hong Kong White Book*）2016，第 29/1/81 段，引用 *Z Ltd v. A-Z and AA-LL*〔1982〕1 QB 558 一案。

〔2〕 Simon NM Yong：*Hong Kong Evidence Casebook*，Hong Kong：Sweet & Maxwell，2011，para. 1-001.

〔3〕 Simon NM Yong：*Hong Kong Evidence Casebook*，Hong Kong：Sweet & Maxwell，2011，para. 1-012.

程材料），或是实物的模型（例如一座工业大厦的比例模型）。如果诉讼一方拟提交实物的照片作为证据使用，须事先让诉讼另一方检查该照片，并由该诉讼另一方同意该照片可被接纳为证据而无须再加以证明。[1]

3. 证人证据

一般而言，在以令状展开的诉讼中，如需要在审讯时以证人证据证明有关案件事实争论点，则须在公开法庭上通过口头询问证人而予以证明。[2] 证人证据的书面陈述（即证人陈述书）须由作出证言的证人签署并注明日期，然后在审讯前送达其他诉讼方。[3] 有关证人陈述书亦须以属实申述核实，由作出该陈述书的人签署[4]，载明其相信该文件中所述事实属实，而其中所表达的意见属真诚地持有的。[5]

在审讯中，送达了证人书面陈述的诉讼方基于多方面的考虑，可能决定不传召该证人出庭接受口头询问。但是，如果该诉讼方仍然在审讯中援引该证人书面陈述并作为证据使用，则法庭可准许诉讼另一方传召该证人，并就书面陈述的有关内容提出盘问。[6]

4. 专家证据

专家证据是指由合资格人士就某项与案件有关联的事宜提供的专业意见。[7]在内地与香港跨境商事争议案件的审理中，如涉及适用内地法律，则需要聘请内地的律师、学者等专业人士作为专家证人以提供相应的专业意见。

---

〔1〕 香港法例第 4A 章《高等法院规则》第 38 号命令第 5 条及香港法例第 336H 章《区域法院规则》第 38 号命令第 5 条。

〔2〕 香港法例第 4A 章《高等法院规则》第 38 号命令第 1 条及香港法例第 336H 章《区域法院规则》第 38 号命令第 1 条。

〔3〕 香港法例第 4A 章《高等法院规则》第 38 号命令第 2A（4）（a）条及香港法例第 336H 章《区域法院规则》第 38 号命令第 2A（4）（a）条，以及香港法例第 4A 章《高等法院规则》第 38 号命令第 2A（2）条及香港法例第 336H 章《区域法院规则》第 38 号命令第 2A（2）、（2A）条。

〔4〕 香港法例第 4A 章《高等法院规则》第 41A 号命令第 3（1）（a）条及香港法例第 336H 章《区域法院规则》第 41A 号命令第 3（1）（a）条。

〔5〕 香港法例第 4A 章《高等法院规则》第 41A 号命令第 4（1）（b）条及香港法例第 336H 章《区域法院规则》第 41A 号命令第 4（1）（b）条。

〔6〕 香港法例第 4A 章《高等法院规则》第 38 号命令第 21（1）条及香港法例第 336H 章《区域法院规则》第 38 号命令第 21（1）条。

〔7〕 香港法例第 4A 章《高等法院规则》第 38 号命令第 35 条及香港法例第 336H 章《区域法院规则》第 38 号命令第 35 条，以及香港法例第 8 章《证据条例》第 58（1）条。

专家证据一般为书面报告，专家证人可基于该书面报告的内容出庭接受盘问。[1] 拟在法庭审讯中援引专家证据的诉讼一方，须经法庭许可或其他诉讼方的同意，并在法庭指明的期间向其他诉讼方披露专家报告的内容。[2]

诉讼各方可以各自聘请专家证人，而法庭也可命令诉讼各方共同聘请1位专家证人。[3] 即使诉讼各方各自聘请专家证人，法庭亦会在其认为合适的情况下，指示专家证人们举行"无损权利"（without prejudice）的会议，以找出他们的专家证据中有争论的部分，并准备一份联合陈述书，在其中述明他们的专家证据中彼此同意的部分及未能达成同意的部分。[4]

需注意的是，《高等法院规则》（香港法例第4A章）及《区域法院规则》（香港法例第336H章）均明确规定，专家证人有责任就其专长范围内的事宜，协助法庭，而该责任是高于专家证人对聘请他或付费给他的人的任何义务的。[5]

（三）证据法的适用

香港法院在处理内地与香港跨境商事争议的案件时，即使审理争议所适用的实体法律是内地法律，但在涉及证据的问题上，比如某份书面文件是否可被接纳为证据，因其属程序问题，所以，香港法院适用香港法律。

（四）容许查察令（Anton Piller Order）

容许查察令是法庭颁发的一种非正审强制令，用于要求被告人允许原告人及其律师进入被告人所控制下的场所进行搜查或移走与案件有关的文件或其他物件，以保存可能将来被被告人隐藏或销毁的证据。[6] 如果被告人违反

---

〔1〕 香港法例第4A章《高等法院规则》第38号命令第37（1）条及香港法例第336H章《区域法院规则》第38号命令第37（1）条。

〔2〕 香港法例第4A章《高等法院规则》第38号命令第36（1）条及第37（1）条及香港法例第336H章《区域法院规则》第38号命令第36（1）条及第37（1）条。

〔3〕 香港法例第4A章《高等法院规则》第38号命令第4A（1）条及香港法例第336H章《区域法院规则》第38号命令第4A（1）条。

〔4〕 香港法例第4A章《高等法院规则》第38号命令第38条及香港法例第336H章《区域法院规则》第38号命令第38条。

〔5〕 香港法例第4A章《高等法院规则》第38号命令第35A条及香港法例第336H章《区域法院规则》第38号命令第35A条。

〔6〕 *Hong Kong Civil Procedure*（*Hong Kong White Book*）2016，第29/8/20段，亦见香港法例第4A章《高等法院规则》第29号命令第2条及香港法例第336H章《区域法院规则》第29号命令第2条。

容许查察令拒绝原告人及其律师进入其处所，可被裁定为藐视法庭罪。[1] 容许查察令在涉及知识产权的案件中最为常用。[2] 容许查察令英文名称的由来是一宗发生于1975年的英国案例 *Anton Piller KG v. Manufacturing Processes Limited*。

申请容许查察令须向法庭证明的基本要素包括[3]：

第一，就原告人对被告人所作出或将作出的申索而言，须有极强的好的表面证据（prima facie case）支持。

第二，不颁发容许查察令对原告人造成的威胁必须是严重的。凡所寻求的命令是为了阻止证据销毁，则有关的证据即使不是关键证据，也须是重要证据。

第三，有清楚的证据证明存在被告人将销毁或移走有关文件或物品的现实可能。

第四，由于容许查察令是非常严厉的命令，因此原告人所察觉到的威胁（即被告人可能销毁证据）的程度须与容许查察令的严厉程度相称。

原告人可以在法律程序开展的过程中申请容许查察令；在特别紧急的案件中，原告人亦可在展开法律程序前即向法院作出申请。基于容许查察令的目的，有关申请通常由原告人藉誓章单方面提出，而不事先通知被告人。[4] 在法院基于原告人的申请颁发容许查察令的同时，会指定一个由诉讼各方均参加的聆讯日期，被告人可以在该聆讯时申请将容许查察令撤销并取回被移走的文件或物件。[5] 在容许查察令中，法庭通常会要求原告人承诺对该命令或执行该命令对被告人所造成的损害作出赔偿。[6]

原告人须注意，其在作出单方面申请时，有义务对于有关事实情况作出完全坦诚的披露（full and frank disclosure），包括对于原告人不利的事实，否

---

〔1〕 *Hong Kong Civil Procedure*（*Hong Kong White Book*）2016，第29/8/32段，引用 *W. E. A. Records Ltd v. Visions Channel 4 Ltd*〔1983〕1 WLR 721（CA）.

〔2〕 *Hong Kong Civil Procedure*（*Hong Kong White Book*）2016，第29/8/20段。

〔3〕 *Hong Kong Civil Procedure*（*Hong Kong White Book*）2016，第29/8/22段。

〔4〕 *Hong Kong Civil Procedure*（*Hong Kong White Book*）2016，第29/8/1段。

〔5〕 *Hong Kong Civil Procedure*（*Hong Kong White Book*）2016，第29/8/24段。

〔6〕 *Hong Kong Civil Procedure*（*Hong Kong White Book*）2016，第29/8/23段。

则，即使法庭已颁发容许查察令，也可能会因为原告人没有履行完全坦诚披露的义务而被法庭将命令撤销。[1]

六、以附带条款付款（Sanctioned Payment）或附带条款和解提议（Sanctioned Offer）的方式作出的和解

在香港，通过法院诉讼来解决商事争议通常需要花费大量时间和金钱。从发出传讯令状开始直到通过法庭正式审讯并拿到第一审法院最终判决，一般需要 2-3 年的时间，而期间所产生的律师费及大律师费用可能高达数百万元港币。由于商事争议通常涉及金钱纠纷，如果诉讼双方能够就争议尽早达成和解，对双方都十分有利，这也是香港法律及香港司法机构所鼓励的解决有关争议的方式。

在开展诉讼的过程中，诉讼双方可以通过各种形式就争议达成和解。其中，"附带条款付款"（简称"和解付款"）及"附带条款和解提议"（简称"和解提议"）是《高等法院规则》（香港法例第 4A 章）及《区域法院规则》（香港法例第 336H 章）所规定的和解方式。与其他和解方式一样，在诉讼中一方向另一方作出和解付款或和解提议以期达成和解，不得被认为是主动提出和解的一方承认了其在案件纠纷中的法律责任。因此，在案件的审讯结束前，任何一方均不得向法庭披露和解付款或和解提议的作出及内容或以该等事实作为审讯的证据。[2] 违反该等规则可导致严重后果，如须支付所有因为违反规则而需要重新展开审讯所产生的讼费。[3] 在通常情况下，只有到了法庭裁定案件讼费的阶段，才可以将已作出的和解付款或和解提议提交法庭。

和解付款及和解提议与其他和解方式的主要不同是，就和解付款及和解提议而言，如果诉讼一方提出的和解条件被另一方拒绝，但是拒绝方在其后的法院判决中所取得的结果还不如之前对方提出的和解条件，则法庭会就其

---

〔1〕 *Hong Kong Civil Procedure*（*Hong Kong White Book*）2016，第 29/8/31 段，引用 *Thermax v. Schott Industrial Glass Ltd* [1981] FSR 189 及 *Wardle Fabrics Ltd v Myristis*（*G*）*Ltd* [1984] FSR 263.

〔2〕 香港法例第 4A 章《高等法院规则》第 22 号命令第 25 条及香港法例第 336H 章《区域法院规则》第 22 号命令第 25 条。

〔3〕 *Hong Kong Civil Procedure*（*Hong Kong White Book*）2016，第 22/0/2 段。

判定债项的利息及讼费的支付作出对拒绝方不利的命令。[1] 由于存在这样的不利后果，通常收到和解付款或和解提议的诉讼一方会较为谨慎地考虑是否接受和解付款或和解提议。

一般而言，只有被告人可能向原告人作出和解付款，但原告人和被告人都可能向对方作出和解提议；如案件涉及反诉，则原告人亦有可能向被告人就反诉作出和解付款。

下面介绍作出及接受和解付款及和解提议的程序，以及不接受和解付款及和解提议的相关利息及讼费后果。

（一）作出及接受和解付款的程序

如果被告人拟以向原告人支付款项的方式进行和解，则被告人须以和解付款的方式向原告人提出。作出及接受和解付款的程序如下：

（1）被告人须将款项缴存至法院，然后填写法定格式的附带条款付款通知书并送交法院存档。[2] 附带条款付款通知书中须述明该笔付款的金额，拟和解的内容是原告人的整个申索、部分申索、还是申索中的某些争论点，以及该笔付款是否包括利息等。[3]《高等法院规则》（香港法例第4A章）及《区域法院规则》（香港法例第336H章）中明确规定，除非附带条款付款通知书中有相反显示，否则有关付款须被视为包括截至原告人本可无须法庭许可即接受和解付款的最后期限的所有利息。[4]

（2）被告人须安排将附带条款付款通知书送达原告人，并将一份送达证明书送交法院存档。[5] 在将通知书送达原告人时，即视为被告人已经向原告人作出了和解付款。[6] 原告人可以在7天内要求被告人澄清附带条款付款通知

---

〔1〕 *Hong Kong Civil Procedure*（*Hong Kong White Book*）2016，第22/0/2段。

〔2〕 香港法例第4A章《高等法院规则》第22号命令第8（2）条及香港法例第336H章《区域法院规则》第22号命令第8（2）条。

〔3〕 香港法例第4A章《高等法院规则》第22号命令第8（2）条及香港法例第336H章《区域法院规则》第22号命令第8（2）条。

〔4〕 香港法例第4A章《高等法院规则》第22号命令第26（1）条及香港法例第336H章《区域法院规则》第22号命令第26（1）条。

〔5〕 香港法例第4A章《高等法院规则》第22号命令第9条及香港法例第336H章《区域法院规则》第22号命令第9条。

〔6〕 香港法例第4A章《高等法院规则》第22号命令第12（2）条及香港法例第336H章《区域法院规则》第22号命令第12（2）条。

书的内容。[1] 如果被告人对和解付款有任何修订，在修订通知书送达原告人时，视为作出修订。[2] 除非取得法庭许可，否则被告人不得在附带条款付款作出之日起的 28 天内撤回或削减和解付款。[3]

（3）如果和解付款是在正式审讯开始日前的 28 天之前作出，则在该作出之日起的 28 天内，原告人可将书面的接受通知书送交法院存档及送达被告人[4]。在将接受通知书送达被告人时，即视为原告人接受了被告人的和解付款。[5] 如果原告人在上述 28 天期限之后才有意愿接受和解付款，则除非原告人能与被告人就各自讼费的法律责任达成协议，否则须先取得法庭的许可才可接受，而法庭在批予许可时会就讼费作出命令。[6]

（4）如果和解付款是在正式审讯开始日前不足 28 天作出，则除非原告人能与被告人就各自讼费的法律责任达成协议，否则原告人须先取得法庭的许可才可接受和解付款，而法庭在批予许可时会就讼费作出命令。[7]

（5）原告人在接受和解付款后，可填写法定格式的请求支出款项通知书，并将通知书送达被告人及送交法院存档。[8] 高等法院或区域法院会计部在收到填妥的请求支出款项通知书后，即会安排向原告人作出付款。

（6）根据《高等法院规则》（香港法例第 4A 章）及《区域法院规则》（香港法例第 336H 章），在下列情况下，原告人有权获付截至其向被告人送达接受通知书之日的法律程序的讼费：

---

〔1〕 香港法例第 4A 章《高等法院规则》第 22 号命令第 14（1）条及香港法例第 336H 章《区域法院规则》第 22 号命令第 14（1）条。

〔2〕 香港法例第 4A 章《高等法院规则》第 22 号命令第 12（4）条及香港法例第 336H 章《区域法院规则》第 22 号命令第 12（4）条。

〔3〕 香港法例第 4A 章《高等法院规则》第 22 号命令第 10（1）条及香港法例第 336H 章《区域法院规则》第 22 号命令第 10（1）条。

〔4〕 香港法例第 4A 章《高等法院规则》第 22 号命令第 15（1）条及香港法例第 336H 章《区域法院规则》第 22 号命令第 15（1）条。

〔5〕 香港法例第 4A 章《高等法院规则》第 22 号命令第 12（5）条及香港法例第 336H 章《区域法院规则》第 22 号命令第 12（5）条。

〔6〕 香港法例第 4A 章《高等法院规则》第 22 号命令第 15（2）(b)条、第 15（3）条及香港法例第 336H 章《区域法院规则》第 22 号命令第 15（2）(b)条、第 15（3）条。

〔7〕 香港法例第 4A 章《高等法院规则》第 22 号命令第 15（2）(a)条、第 15（3）条及香港法例第 336H 章《区域法院规则》第 22 号命令第 15（2）(a)条、第 15（3）条。

〔8〕 香港法例第 4A 章《高等法院规则》第 22 号命令第 17 条及香港法例第 336H 章《区域法院规则》第 22 号命令第 17 条。

第一，被告人就原告人的整个申索作出和解付款，而原告人在无需法庭许可的情况下接受该付款。[1]

第二，被告人就原告人的申索的一部分或是其中的某个争论点作出和解付款，而原告人在送达接受通知书时，放弃该申索的其他部分或该申索中出现的其他争论点。[2]

（二）作出及接受和解提议的程序

如果被告人拟以支付款项的方式以外的其他方式与原告人进行和解，则被告人可以通过和解提议向原告人提出。而原告人亦可以通过和解提议主动向被告人提出和解。以被告人向原告人提出和解为例，作出及接受和解提议的程序如下：

（1）和解提议必须以书面形式作出，[3] 其中须述明拟和解的内容是原告人的整个申索、该申索的一部分还是其中的某个争论点等。[4] 在被告人将和解提议送达原告人时，即视为已向原告人作出了和解提议。[5] 原告人可以在7天内要求被告人澄清和解提议内容。[6] 如果被告人对和解提议有任何修改，在具体的修改内容被送达原告人时，视为作出修改。[7]

（2）如果和解提议是在正式审讯开始日前的28天之前作出，则在作出和解提议之日起的28天内（第28天简称为"最后日期"），被告人不得在没有法庭许可的情况下自行撤回或削减和解提议。[8] 在该段期限内，如果原告人

---

〔1〕香港法例第4A章《高等法院规则》第22号命令第20（1）条及香港法例第336H章《区域法院规则》第22号命令第20（1）条。

〔2〕香港法例第4A章《高等法院规则》第22号命令第20（2）条及香港法例第336H章《区域法院规则》第22号命令第20（2）条。

〔3〕香港法例第4A章《高等法院规则》第22号命令第5（1）条及香港法例第336H章《区域法院规则》第22号命令第5（1）条。

〔4〕香港法例第4A章《高等法院规则》第22号命令第5（2）条及香港法例第336H章《区域法院规则》第22号命令第5（2）条。

〔5〕香港法例第4A章《高等法院规则》第22号命令第12（1）条及香港法例第336H章《区域法院规则》第22号命令第12（1）条。

〔6〕香港法例第4A章《高等法院规则》第22号命令第14（1）条及香港法例第336H章《区域法院规则》第22号命令第14（1）条。

〔7〕香港法例第4A章《高等法院规则》第22号命令第12（3）条及香港法例第336H章《区域法院规则》第22号命令第12（3）条。

〔8〕香港法例第4A章《高等法院规则》第22号命令第7（1）条及香港法例第336H章《区域法院规则》第22号命令第7（1）条。

有意愿接受和解提议，则可将书面的接受通知书送交法院存档及送达被告人。[1] 在原告人的接受通知书送达被告人时，即视为原告人接受了被告人的和解提议。[2] 如果原告人在最后日期之后才有意愿接受和解提议，则除非原告人能与被告人就各自讼费的法律责任达成协议，否则须先取得法庭的许可才可接受和解提议，而法庭在批予许可时会就讼费作出命令。[3]

（3）如果和解提议是在正式审讯开始日前不足 28 天作出，则被告人可在取得法庭许可的情况下撤回或削减该和解提议。[4] 对于该和解提议，除非能与被告人就各自讼费的法律责任达成协议，否则，原告人须先取得法庭的许可才可接受，而法庭在批予许可时会就讼费作出命令。[5]

（4）根据《高等法院规则》（香港法例第 4A 章）及《区域法院规则》（香港法例第 336H 章），在下列情况下，原告人有权获付截至其向被告人送达接受通知书之日的法律程序的讼费：

第一，被告人就原告人的整个申索作出和解提议，而原告人在无需法庭许可的情况下接受该和解提议。[6]

第二，被告人就原告人的申索的一部分或是其中的某个争论点作出和解提议，而原告人在送达接受通知书时，放弃该申索的其他部分或该申索中出现的其他争论点。[7]

第三，原告人就其整个申索的和解向被告人作出和解提议，而被告人在

---

〔1〕 香港法例第 4A 章《高等法院规则》第 22 号命令第 15（1）条及香港法例第 336H 章《区域法院规则》第 22 号命令第 15（1）条。

〔2〕 香港法例第 4A 章《高等法院规则》第 22 号命令第 12（5）条及香港法例第 336H 章《区域法院规则》第 22 号命令第 12（5）条。

〔3〕 香港法例第 4A 章《高等法院规则》第 22 号命令第 15（2）、（3）条及香港法例第 336H 章《区域法院规则》第 22 号命令第 15（2）、（3）条。

〔4〕 香港法例第 4A 章《高等法院规则》第 22 号命令第 7 条及香港法例第 336H 章《区域法院规则》第 22 号命令第 7 条。

〔5〕 香港法例第 4A 章《高等法院规则》第 22 号命令第 15（2）（a）条、第 15（3）条及香港法例第 336H 章《区域法院规则》第 22 号命令第 15（2）（a）条、第 15（3）条。

〔6〕 香港法例第 4A 章《高等法院规则》第 22 号命令第 20（1）条及香港法例第 336H 章《区域法院规则》第 22 号命令第 20（1）条。

〔7〕 香港法例第 4A 章《高等法院规则》第 22 号命令第 20（2）条及香港法例第 336H 章《区域法院规则》第 22 号命令第 20（2）条。

无需法庭许可的情况下接受该和解提议。[1]

（三）不接受和解付款及和解提议的相关利息及讼费后果

原告人须谨慎考虑是否接受被告人向其作出的和解付款或和解提议，因为如果原告人不予接受，但是其最终取得的法院判决结果对原告人而言还不如被告人所作出的和解付款或和解提议，则除非法庭在考虑案件整体情况后，认为作出如下命令不公正，否则，法庭将会作出如下命令：[2]

（1）不批准原告人就法院判得的全部或部分款项所应产生的全部或部分利息以及某段或整段期间的利息（即原告人本可无需法庭许可而接受有关付款或提议的最后日期以后的期间）。[3]而根据《高等法院条例》（香港法例第4章）第48条（或《区域法院条例》（香港法例第336章）第49条），在法庭进行的追讨债项或损害赔偿的法律程序中，在判令获得的任何款项中可加上按法院认为适合或法院规则订定的利率计算的单利。

（2）原告人须向被告人支付被告人在原告人本可无需法庭许可而接受有关和解付款[4]或和解提议的最后期限后所产生的讼费（按弥偿基准计算）及按不高于判定利率[5]加10%的利率计算讼费的利息。[6]

同样地，被告人亦须谨慎考虑是否接受原告人向其作出的和解提议，因为如果被告人不予接受，但是最终原告人取得的法院判决结果比其向被告人作出的和解提议对原告人更为有利，则除非法庭在考虑案件整体情况后，认为作出以下命令不公正，否则法庭将会作出如下命令：

（1）就法院判决应支付给原告人的款项（不包括其中的利息），命令被告人向原告人支付在被告人本可无需法庭许可而接受有关和解提议的最后期

---

　〔1〕　香港法例第4A章《高等法院规则》第22号命令第21（1）条及香港法例第336H章《区域法院规则》第22号命令第21（1）条。

　〔2〕　香港法例第4A章《高等法院规则》第22号命令第23（5）条及香港法例第336H章《区域法院规则》第22号命令第23（5）条。

　〔3〕　香港法例第4A章《高等法院规则》第22号命令第23（2）条及香港法例第336H章《区域法院规则》第22号命令第23（2）条。

　〔4〕　香港法例第4A章《高等法院规则》第22号命令第23（3）条及香港法例第336H章《区域法院规则》第22号命令第23（3）条。

　〔5〕　2016年香港适用的判定利率为年利率8%。

　〔6〕　香港法例第4A章《高等法院规则》第22号命令第23（4）条及香港法例第336H章《区域法院规则》第22号命令第23（4）条。

限后的期间所产生的有关利息，利率不高于判定利率加 10%。[1]

（2）命令被告人向原告人支付原告人在被告人本可无需法庭许可而接受有关和解提议的最后期限后所产生的讼费（按弥偿基准计算）及按不高于判定利率加 10% 的利率计算讼费的利息。[2]

七、讼费（Costs）

讼费是指诉讼一方在进行诉讼的过程中所产生的费用，包括法庭费用、律师费、大律师费、专家证人费（如有）及律师垫支费用（例如电话费、邮寄费、传真及影印费用等）。整体而言，香港的法庭费用相当低廉，在高等法院的原讼法庭立案目前只收取港币 1045 元，在区域法院立案只需港币 630 元，其后的程序所涉及的法庭费用亦不多，所以讼费的主要组成部分是律师费和大律师费用。

一般而言，所有行使民事司法管辖权的香港高等法院上诉法庭、原讼法庭及区域法院的法律程序的讼费，均由相应的法院酌情决定，法院并有全权决定该等讼费须由何人支付以及须支付讼费的范围。[3] 任何诉讼程序的一方，除非是根据法庭命令，否则无权向诉讼另一方追讨该等法律程序的任何讼费。[4]

（一）讼费由何方支付

一般而言，法庭会命令有关法律程序（非正审程序除外）的讼费须视乎诉讼结果而定，即由败诉方承担胜诉方的讼费，即所谓 "Costs follow the event"（讼费视乎结果）的原则。[5] 但如果诉讼一方在有关法律程序中曾不

---

〔1〕 香港法例第 4A 章《高等法院规则》第 22 号命令第 24（2）条及香港法例第 336H 章《区域法院规则》第 22 号命令第 24（2）条。

〔2〕 香港法例第 4A 章《高等法院规则》第 22 号命令第 24（3）条及香港法例第 336H 章《区域法院规则》第 22 号命令第 24（3）条。

〔3〕 香港法例第 4 章《高等法院条例》第 52A（1）条及香港法例第 336 章《区域法院条例》第 53（1）条。

〔4〕 香港法例第 4A 章《高等法院规则》第 62 号命令第 3（1）条及香港法例第 336H 章《区域法院规则》第 62 号命令第 3（1）条。

〔5〕 香港法例第 4A 章《高等法院规则》第 62 号命令第 3（2）条及香港法例第 336H 章《区域法院规则》第 62 号命令第 3（2）条。

当地或不必要地作出任何事情或造成任何遗漏导致不必要的讼费产生，则法庭可指示不准予该诉讼一方（即使是胜诉方）获付有关的讼费，并指示该诉讼一方支付给其他诉讼方因此而产生的讼费。[1]

对于非正审程序，法庭可以命令讼费须视乎有关法律程序的结果而定，也可以作出法庭认为适合的其他命令。[2]

较常见的讼费命令分为以下七类：

第一类：命令被告人即时支付讼费给原告人（Costs to the Plaintiff payable forthwith）。

第二类：命令原告人即时支付讼费给被告人（Costs to the Defendant payable forthwith）。

第三类：命令被告人不论结果如何均须向原告人支付讼费（Plaintiff's costs in any event），支付时间是在案件完结时。

第四类：命令原告人不论结果如何均须向被告人支付讼费（Defendant's costs in any event），支付时间是在案件完结时。

第五类：诉讼各方各自承担讼费（No order as to costs）。

第六类：由案件最终胜诉方获得该次法律程序的讼费（Costs in the cause）。

第七类：暂时不决定讼费事宜（Costs reserved）。

（二）讼费金额如何确定

1. 通过协议确定

就有关法律程序的讼费而言，如果诉讼各方可就讼费金额达成协议，则可共同签署同意命令（Consent Order）或同意传票（Consent Summons）并提交法院以取得有关讼费金额的法院命令的法院盖印文本。[3]

2. 无法达成协议情况下的确定方法

如果诉讼各方无法就讼费金额达成协议，则需要法院对讼费进行简易程

---

〔1〕　香港法例第 4A 章《高等法院规则》第 62 号命令第 7（1）条及香港法例第 336H 章《区域法院规则》第 62 号命令第 7（1）条。

〔2〕　香港法例第 4A 章《高等法院规则》第 62 号命令第 3（2A）条及香港法例第 336H 章《区域法院规则》第 62 号命令第 3（2A）条。

〔3〕　*Hong Kong Civil Procedure*（*Hong Kong White Book*）2016，第 62/3/3 及 62/9/11 段。

序评估（Summary Assessment），或在讼费评定程序（Taxation Proceedings）中对讼费进行评定。

（1）简易程序评估。处理有关法律程序的法官或聆案官，可以在有关法律程序结束时即作出讼费命令（即由哪一方承担讼费的命令）并通过简易程序评估讼费。[1] 法官或聆案官可根据有权获付讼费的诉讼方提交的"讼费陈述书"（Statement of Costs）就讼费金额作出命令，[2] 亦可不当场作出有关讼费的命令，而是就讼费的处理作出指示，例如，指示诉讼双方在另外的时间在他席前进行进一步聆讯，或不须聆讯而直接通过审阅有关文件及各方提交的陈述书对讼费金额作出命令。[3]

法庭在循简易程序评估讼费时，只会作出粗略的评估而不会进行小型的讼费评定聆讯。[4] 在判定讼费金额时，法庭会尽量确保该金额不会与有关法律程序的性质和情况不相称或不合理。[5]

与讼费评定程序相比，通过简易程序评估讼费是较为迅速及节省费用的方式。

（2）讼费评定。在有关法律程序结束时，法庭亦可命令有关讼费须经讼费评定。

第一，讼费评定的程序。有权获付讼费的一方（"收取方"）可向法院提交展开讼费评定通知书（Notice of Commencement of Taxation）及其讼费单（Bill of Costs），并按规定支付评定费，以此展开讼费评定程序。[6]

在获送达展开讼费评定通知书及讼费单的 28 天内，承担讼费的一方（"支付方"）须针对收取方的讼费单准备反对项目清单（List of Objections），并提交法院及送达收取方，否则，收取方可向讼费评定官申请按照其讼费单

---

〔1〕 香港法例第 4A 章《高等法院规则》第 62 号命令第 9（4）（b）条及第 9A（1）（a）条、香港法例第 336H 章《区域法院规则》第 62 号命令第 9（4）（b）条及第 9A（1）（a）条以及《实务指示 14.3-讼费》第 6 段。

〔2〕《实务指示 14.3-讼费》第 7 段。

〔3〕《实务指示 14.3-讼费》第 11 段。

〔4〕《实务指示 14.3-讼费》第 13 段。

〔5〕《实务指示 14.3-讼费》第 14 段。

〔6〕 香港法例第 4A 章《高等法院规则》第 62 号命令第 21（1）条及香港法例第 336H 章《区域法院规则》第 62 号命令第 21（1）条。

上所列的费用评定讼费。[1]

如果在反对项目清单已送达收取方后 28 天内，双方仍未能就讼费单中的所有项目达成和解，则收取方须向法院提交排期评定讼费单申请书并送达支付方。[2] 根据不同的情况，讼费评定官可通过聆讯，或不经聆讯而对有关讼费单作出讼费评定。

第二，讼费评定的基准。较常见的讼费评定基准包括按诉讼各方对评基准评定（party and party basis）[3] 及按弥偿基准评定（indemnity basis）[4]。

在按诉讼各方对评基准评定时，法庭仅会准予收取方获付进行有关法律程序属必要或恰当的讼费。[5] 实践中，这一评定基准最为常见，而经评定的讼费一般最多只有收取方实际花费的讼费的 6 成至 7 成。

在按弥偿基准评定时，法庭会准予收取方所有的讼费，除非该讼费的金额不合理或该等讼费是不合理地产生的。[6] 但是有关法院规则也规定，在法庭对讼费是否合理地招致或讼费款额是否合理方面有疑问时，须按有利于收取方的准则处理。[7] 实践中，按弥偿基准评定后的讼费一般可达到收取方实际花费的讼费的 8 成至 9 成。该评定基准一般仅在支付方的行为极为不合理或作出不当行为的情况下才会适用。

八、法院判决的强制执行

在内地与香港跨境商事争议的诉讼中，在原告人起诉被告人并获得胜诉判决后，如果被告人没有按照法院判决向原告人支付相应款项，则原告人即

---

〔1〕《实务指示 14.3-讼费》第 21（1）段。

〔2〕《实务指示 14.3-讼费》第 21（2）段。

〔3〕 香港法例第 4A 章《高等法院规则》第 62 号命令第 28（2）条及香港法例第 336H 章《区域法院规则》第 62 号命令第 28（2）条。

〔4〕 香港法例第 4A 章《高等法院规则》第 62 号命令第 28（3）条及香港法例第 336H 章《区域法院规则》第 62 号命令第 28（3）条。

〔5〕 香港法例第 4A 章《高等法院规则》第 62 号命令第 28（2）条及香港法例第 336H 章《区域法院规则》第 62 号命令第 28（2）条。

〔6〕 香港法例第 4A 章《高等法院规则》第 62 号命令第 28（4A）条及香港法例第 336H 章《区域法院规则》第 62 号命令第 28（4A）条。

〔7〕 香港法例第 4A 章《高等法院规则》第 62 号命令第 28（4A）条及香港法例第 336H 章《区域法院规则》第 62 号命令第 28（4A）条。

可以判定债权人（judgment creditor）的身份，针对判定债务人（judgment debtor）（即被告人）在香港的资产，向香港法院申请强制执行判决。[1] 对于两地跨境商事争议主要涉及的有关支付款项的法院判决而言，视乎判定债务人所拥有的资产类型的不同，常见的强制执行程序包括：扣押债务人财产令状（Writ of Fieri Facias）、押记令（Charging Order）及第三债务人的命令（Garnishee Order）。

（一）扣押债务人财产令状

如果判定债务人可供执行的资产为动产，则判定债权人可以向法院申请扣押债务人财产令状，将该动产扣押及出售。

1. 申请程序

一般而言，判定债权人可以根据法定的格式准备好扣押债务人财产令状，连同发出该令状所依据的法院判决及发出该令状的申请书（a praecipe）一并提交法院登记处，并缴付法庭登记费用及用于支付执行扣押过程中所产生的有关费用的按金。[2] 一旦司法常务官审核申请文件后在该令状上盖章，即视为发出扣押债务人财产令状，[3] 该令状的有效期为 12 个月，由其发出的日期起计算，[4] 但法庭可以颁发命令延长有效期，每次延长为期 12 个月，由相关法庭命令作出的日期起计。[5]

如果距有关法院判决作出之日超过 6 年后判定债权人才申请依据该法院判决发出扣押债务人财产令状，则须事先取得法院的许可。[6] 在一般情况

〔1〕香港法例第 4A 章《高等法院规则》第 45 号命令第 1（1）条及香港法例第 336H 章《区域法院规则》第 45 号命令第 1（1）条。

〔2〕香港法例第 4A 章《高等法院规则》第 46 号命令第 6（3）、（4）条及香港法例第 336H 章《区域法院规则》第 46 号命令第 6（3）、（4）条。

〔3〕香港法例第 4A 章《高等法院规则》第 46 号命令第 6（1）条及香港法例第 336H 章《区域法院规则》第 46 号命令第 6（1）条。

〔4〕香港法例第 4A 章《高等法院规则》第 46 号命令第 8（1）条及香港法例第 336H 章《区域法院规则》第 46 号命令第 8（1）条。

〔5〕香港法例第 4A 章《高等法院规则》第 46 号命令第 8（2）条及香港法例第 336H 章《区域法院规则》第 46 号命令第 8（2）条。

〔6〕香港法例第 4A 章《高等法院规则》第 46 号命令第 2（1）（a）条及香港法例第 336H 章《区域法院规则》第 46 号命令第 2（1）（a）条。

下，判定债权人可以单方面向法庭申请许可，并提交支持申请的誓章，[1] 誓章中须述明强制执行该法院判决有所延迟的原因。

2. 扣押债务人财产令状的执行

在取得法院盖章的扣押债务人财产令状后，对于高等法院的案件，判定债权人须将该令状送交高等法院的执达主任办事处；对于其他案件，判定债权人则须将该令状送交有关法院登记处。[2] 经判定债权人申请，法院的执达主任将负责执行对判定债务人的有关资产的扣押及出售。执行的日期及时间将按照申请的先后次序进行。[3]

一般而言，在执达主任成功扣押判定债务人的财产后，判定债务人有 5 个工作日（扣押当日不计在内）的期限向判定债权人支付法院判决判定的债项及预计的执行费用；[4] 如果判定债务人仍不支付前述债项及费用，被扣押的物品将于前述期限过后的首个工作日被公开拍卖。[5] 拍卖所得的款项，在扣除所需的执行费用后，将用来支付判定债务人根据有关法院命令所欠付判定债权人的款项；在拍卖日起计 14 个工作日后，判定债权人即可到法院会计部领取款项。[6]

（二）押记令

如果判定债务人可供执行的资产为土地权益、政府债券、公司的股份或信托安排下的权益，则判定债权人可以向法院申请押记令及将被押记的资产出售。[7]

1. 申请程序

判定债权人须通过提交誓章的方式，单方面向法院提出申请。誓章中须

---

〔1〕 香港法例第 4A 章《高等法院规则》第 46 号命令第 4（1）、（2）条及香港法例第 336H 章《区域法院规则》第 46 号命令第 4（1）、（2）条。

〔2〕 香港司法机构网站，网址：http://www.judiciary.gov.hk/chs/crt_services/pphlt/html/bailiff.htm.

〔3〕 香港司法机构网站，网址：http://www.judiciary.gov.hk/chs/crt_services/pphlt/html/bailiff.htm.

〔4〕 香港司法机构网站，网址：http://www.judiciary.gov.hk/chs/crt_services/pphlt/html/bailiff.htm.

〔5〕 香港司法机构网站，网址：http://www.judiciary.gov.hk/chs/crt_services/pphlt/html/bailiff.htm.

〔6〕 香港司法机构网站，网址：http://www.judiciary.gov.hk/chs/crt_services/pphlt/html/bailiff.htm.

〔7〕 香港法例第 4 章《高等法院条例》第 20A 条及香港法例第 336 章《区域法院条例》第 52AA 条。

述明以下内容[1]:①须予强制执行的判决,及在申请时根据该判决仍未支付的款项;②判定债务人的姓名或名称,及判定债权人所能指明的判定债务人的债权人的姓名或名称;③拟予施加押记的资产的全部详情,包括该等资产的全称、其数额及存于何人名下等;④核实将会被施加押记的权益是由判定债务人实益拥有。

在审阅判定债权人提交的誓章并考虑所有有关情况后,如果法庭认为合适,则会初步作出着令提出反对因由的命令(Order to Show Cause),并在该命令中指明法庭将会进行聆讯以考虑是否正式作出押记令的日期。[2] 判定债权人须在指明的聆讯日期的最少 7 天前将该命令的法院盖印文本连同判定债权人提交的誓章一并送达判定债务人及其他有关人士(例如,股份被申请施加押记的公司等),以使对方有时间考虑是否在法庭考虑正式作出押记令时提出反对。[3] 在该指明的聆讯日期,如果没有人能提出充分的反对理由,则法庭会正式作出押记令;反之,法庭将撤销该着令提出反对因由的命令。

2. 命令的效力

着令提出反对因由的命令作出后,判定债务人就其有关资产作出的任何处置,对于判定债权人而言均属无效。[4] 在该命令被撤销或正式押记令作出前,上述被送达该命令的其他有关人士,在未经法庭批准的情况下,不得准许有关资产(例如,公司的股份)被转让或支付与该资产有关的派息、利息或赎金等;[5] 否则,该其他有关人士须向判定债权人支付被转让资产的价值或支付的款项(如果该价值或款项高于有关法院判决中所判定的债项金额,

---

[1] 香港法例第 4A 章《高等法院规则》第 50 号命令第 1(3)条及香港法例第 336H 章《区域法院规则》第 50 号命令第 1(3)条。

[2] 香港法例第 4A 章《高等法院规则》第 50 号命令第 2(1)条及香港法例第 336H 章《区域法院规则》第 50 号命令第 2(1)条。

[3] 香港法例第 4A 章《高等法院规则》第 50 号命令第 2(3)条及香港法例第 336H 章《区域法院规则》第 50 号命令第 2(3)条。

[4] 香港法例第 4A 章《高等法院规则》第 50 号命令第 5(1)条及香港法例第 336H 章《区域法院规则》第 50 号命令第 5(1)条。

[5] 香港法例第 4A 章《高等法院规则》第 50 号命令第 5(2)条及香港法例第 336H 章《区域法院规则》第 50 号命令第 5(2)条。

则向判定债权人支付判定的债项金额）。[1]

在法院作出正式押记令后，判定债权人应将押记令的法院盖印文本及 1 份停止通知书（stop notice）送达上述其他有关人士。[2] 在收到停止通知书后，该等人士如果拟就有关资产的转让进行登记或采取该停止通知书所禁止的任何行动，则须提前 14 天通知判定债权人；[3] 如果判定债权人拟反对有关转让或有关行动，则须在该 14 天内向法院作出相应申请。

判定债权人须注意，针对被告人的土地权益的着令提出反对因由的命令及押记令均应在香港土地注册处进行登记。

3. 押记令的撤销或更改

在任何时间，法庭均可应判定债务人或在被施加押记的资产中有权益的任何其他人的申请，撤销或更改押记令，并施加其认为公正的有关讼费或其他方面的条款（如有）。[4]

有关撤销或更改押记令的法庭命令一经送达上述获送达停止通知书的人士，该依据原来的押记令有效的停止通知书即被撤销或更改。

4. 申请出售被押记的资产

在判定债权人取得押记令后，即可通过发出原诉传票（Originating Summons）并提交支持誓章的方式向法庭申请出售已被押记的资产。支持誓章中须述明如下内容[5]：①指出申请予以强制执行的押记及被押记的资产；②指明施加押记所针对的款额及在誓章的日期尚欠的余款；③在所知的范围内，核实判定债务人对已予押记的财产的所有权；④指出被押记的资产的任何其他产权负担，并在所知的范围内，述明产权负担持有人的姓名或名称及地址

---

〔1〕 香港法例第 4A 章《高等法院规则》第 50 号命令第 5（2）条及香港法例第 336H 章《区域法院规则》第 50 号命令第 5（2）条。

〔2〕 香港法例第 4A 章《高等法院规则》第 50 号命令第 5（3）条及香港法例第 336H 章《区域法院规则》第 50 号命令第 5（3）条。

〔3〕 香港法例第 4A 章《高等法院规则》第 50 号命令第 12 条及香港法例第 336H 章《区域法院规则》第 50 号命令第 12 条。

〔4〕 香港法例第 4 章《高等法院条例》第 20B（4）条及香港法例第 336 章《区域法院条例》第 52AB（4）条。

〔5〕 香港法例第 4A 章《高等法院规则》第 50 号命令第 9A 条及第 88 号命令第 5A 条、香港法例第 336H 章《区域法院规则》第 50 号命令第 9A 条及第 88 号命令第 5A 条。

以及欠他们的款额；⑤列出判定债权人对售卖被押记的资产的方式所作的建议，以及对按该方式作出售卖所会取得的总价及进行该售卖的费用的估计；⑥（如被押记的资产是由土地组成，而判定债权人就土地的管有的交付提出申索）提供尽判定债权人所知每一名正在管有被押记的资产或其任何部分的人的详情。

（三）第三债务人的命令

如果判定债务人可供执行的资产为其在香港的债权，则判定债权人可向法院申请第三债务人的命令，命令判定债务人的债务人（法律上称为"第三债务人"）将属于判定债务人的款项直接支付给判定债权人。实践中，第三债务人的命令多用于执行判定债务人在香港的银行账户中的款项。需注意的是，该命令不适用于判定债务人与他人的联名银行账户中的款项。[1]

1. 申请程序

判定债权人须通过提交誓章的方式，单方面向法院提出申请。誓章中须述明以下内容[2]：①判定债务人的姓名或名称及最后为人所知的地址；②须予强制执行的法院判决，及申请时根据该法院判决仍未支付的款项；③根据宣誓人（一般为原告人或其代表律师）所取得的资料或所相信的事实，第三债务人（须写明其姓名或名称）身处或位于香港，以及该第三债务人欠付判定债务人债项，并述明宣誓人的上述资料来源或相信有关事实的理由；④（如果第三债务人是1间拥有多于1处营业地点的银行）述明宣誓人相信判定债务人的账户是开在哪一间分行及其地址，或述明宣誓人对此并不知情。

在审阅判定债权人提交的誓章并考虑所有有关情况后，如果法庭认为合适，则会初步作出着令提出反对因由的命令，并在该命令中指明法庭将进行聆讯以考虑是否正式作出第三债务人的命令的日期。[3] 除非法庭另有指示，否则判定债权人须在该指明的聆讯日期的最少15天前将该命令的法院盖印文

---

〔1〕 *Hong Kong Civil Procedure*（*Hong Kong White Book*）2016，第49/1/39段。

〔2〕 香港法例第4A章《高等法院规则》第49号命令第2条及香港法例第336H章《区域法院规则》第49号命令第2条。

〔3〕 香港法例第4A章《高等法院规则》第49号命令第1（2）条及香港法例第336H章《区域法院规则》第49号命令第1（2）条。

本送达第三债务人,[1] 并且在该命令送达第三债务人的最少 7 天后将该命令的法院盖印文本送达判定债务人,而该送达判定债务人的日期须至少是该指明的聆讯日期的最少 7 天前。[2]

在法庭就是否正式作出第三债务人的命令进行聆讯时,如果第三债务人不出庭,或对他欠或被指称欠判定债务人的债项没有争议,则法庭即可作出第三债务人的命令,命令第三债务人将他欠付判定债务人的款额或其中一部分直接支付给判定债权人;[3] 但如果第三债务人就他是否有法律责任向判定债权人支付有关债务的款额提出争议,则法庭会首先就有关争议作出裁定。[4]

2. 命令的效力

一旦着令提出反对因由的命令被送达第三债务人,该命令中指明的有关债项即视为已被扣押,而当第三债务人的命令被作出并送达第三债务人时,第三债务人即有义务将第三债务人的命令中所指定的有关款项直接支付给判定债权人。[5] 以银行账户为例,在银行收到着令提出反对因由的命令后,应冻结判定债务人的有关账户,不得允许判定债务人提取账户中的款项;之后,在银行收到第三债务人的命令后,即应当按照命令,将判定债务人账户中的款项或其中一部分直接支付给判定债权人。

如果第三债务人拒不履行第三债务人的命令,则判定债权人可以通过申请前文所提及的扣押债务人财产令状及/或押记令,以针对第三债务人执行该第三债务人的命令。[6]

---

〔1〕 香港法例第 4A 章《高等法院规则》第 49 号命令第 3（1）(a) 条及香港法例第 336H 章《区域法院规则》第 49 号命令第 3（1）(a) 条。
〔2〕 香港法例第 4A 章《高等法院规则》第 49 号命令第 3（1）(b) 条及香港法例第 336H 章《区域法院规则》第 49 号命令第 3（1）(b) 条。
〔3〕 香港法例第 4A 章《高等法院规则》第 49 号命令第 4（1）条及香港法例第 336H 章《区域法院规则》第 49 号命令第 4（1）条。
〔4〕 香港法例第 4A 章《高等法院规则》第 49 号命令第 5 条及香港法例第 336H 章《区域法院规则》第 49 号命令第 5 条。
〔5〕 香港法例第 4A 章《高等法院规则》第 49 号命令第 3（2）条及香港法例第 336H 章《区域法院规则》第 49 号命令第 3（2）条。
〔6〕 香港法例第 4A 章《高等法院规则》第 49 号命令第 4（2）条及香港法例第 336H 章《区域法院规则》第 49 号命令第 4（2）条。

九、诉讼时效

（一）有关合同的诉讼时效的一般规定

在香港，民商事诉讼应在一定的期限内提出。就内地与香港跨境商事争议案件中主要涉及的合同纠纷（例如借款合同、担保合同及抵押合同等）的诉讼时效，香港法例第 347 章《时效条例》的相关规定如下：

（1）基于简单合约（simple contract）的诉讼，不得在诉讼因由（cause of action）产生的日期起计满 6 年后提出。[1]

（2）基于盖印文据（contract under seal）的诉讼，不得在诉讼因由产生的日期起计满 12 年后提出。[2]

（3）追讨藉按揭（mortgage）财产或其他财产押记（charge）而获得保证的本金的诉讼，不得在收取有关款项的权利产生的日期起计满 12 年后提出。[3]

（4）追讨就藉按揭财产或其他财产押记而获得保证的款项所应缴而欠缴的利息，不得在利息到期应缴的日期起计 6 年届满后提出。[4] 需注意的是，根据香港法律，如果针对贷款本金提起诉讼的诉讼时效已过期，则针对任何相应的利息及罚息提起诉讼的诉讼时效也随之过期。

在香港法律中，"盖印文据"指的是以契据（deed）形式签署的文件，即须以"签字、盖印及交付"的方式签署；而"简单合约"则不需要以契据形式签署，即只需签字即可，其可是口头协议。就合同而言，"诉讼因由产生的日期"，指的是违约行为发生的日期。

（二）诉讼时效的中断或延长

《时效条例》（香港法例第 347 章）载有可中断或延长时效的情形，以下阐述其中的一些规定。

根据《时效条例》（香港法例第 347 章）有关规定，凡有权就追讨任何债

---

[1] 香港法例第 347 章《时效条例》第 4（1）（a）条。
[2] 香港法例第 347 章《时效条例》第 4（3）条。
[3] 香港法例第 347 章《时效条例》第 19（1）条。
[4] 香港法例第 347 章《时效条例》第 19（5）条。

项或其他算定金额的申索提起诉讼，而对此负有法律责任或须负责的人已表明承认该项申索或就此缴付任何款项，则诉讼权须当作在承认申索当日或最后一次缴款的当日产生，而不是在该日期之前产生。[1]

据此，如欲使诉讼时效被重新开始计算，即产生诉讼时效延长的法律效果，有关责任人（如债务人）须"承认"有关债项或偿还有关债项的任何部分，这样诉讼时效将从债务人承认有关债项之日或者最后一次还款之日开始重新计算。该项规定意在使债务人通过承认债项或部分还款的行为，等同于作出一个新的偿还债项的承诺，从而使得诉讼时效基于该新的偿债承诺而重新开始计算。

根据《时效条例》（香港法例第 347 章）有关规定，"承认"须以书面作出，并由作出该项承认的人签署，[2]"承认"可以由债务人的代理人向债权人的代理人作出。[3] 在 *New World Development Co Ltd & Others v. Sun Hung Kai Securities Ltd & Another*（2006）9 *HKCFAR* 一案中，香港终审法院指出：判断一份文件是否足以构成法律所认可的"承认"，应视乎该文件的具体内容并参考与之有关联的文件，以客观判断债务人是否在该份文件中承认了其有法律责任向债权人归还欠款。该文件中并不需要写明欠款金额，只需该金额是可以通过其他方式计算出来，而不需债权人和债务人再商议才可确定。但须留意，如果该文件在载有表示债务人承认债项的内容的同时，又载有足以抵销该承认或对该承认施加限制的内容，则该文件将被认为仍不足以构成法律所认可的"承认"。通常，上述文件可包括书信往来、提交的账目、公司的资产负债表、契据文书中开头的背景陈述（recital）等，但该文件须是由借款人或抵押人签署并提供给贷款人的。

值得注意的是，《时效条例》（香港法例第 347 章）中没有规定仅由债权人单方面向债务人发出要求其偿还有关款项的要求（例如信函等），即可以产生使诉讼时效被重新计算的法律效果。因此，如果债务人在收到债权人的还款要求后，没有按照法律规定作出承认或偿还任何欠付的款项，一般认为不

---

〔1〕 香港法例第 347 章《时效条例》第 23（3）条。
〔2〕 香港法例第 347 章《时效条例》第 24（1）条。
〔3〕 香港法例第 347 章《时效条例》第 24（2）条。

能产生使有关诉讼时效被重新开始计算的效果。

另外,如有关诉讼是基于被告人或其代理人的欺诈行为,蓄意对原告人隐瞒任何有关原告人的诉讼权的事实,或该诉讼是为解除某项错误所致的结果而寻求济助,时效期在原告人发觉,或经合理努力而应可发觉该欺诈行为、隐瞒或错误之前,并不开始计算。[1] 如被告人或其代理人在若干时间内相当可能不被发觉的情况下蓄意地违反责任,即已构成蓄意隐瞒涉及该宗违反责任的事实。[2] 不过,如有关财产在欺诈行为或隐瞒或错误交易进行后已由不知情的第三者[3]以有值代价购买,上述的规定并不代表可以对该第三者提出收回该财产或追讨该财产价值的诉讼或强制执行在该财产上的任何押记的诉讼或将任何影响该财产的交易撤销的诉讼。[4]

(三) 超过诉讼时效后的救济措施

根据《时效条例》(香港法例第 347 章) 有关规定,在超过诉讼时效后,如果有关责任人(如借款人、抵押人或他们的有关法律责任的继承人)承认有关债项或就此归还任何款项,则有关诉讼时效从有关承认或最后一次还款之日起重新计算。[5]

但是,根据《时效条例》(香港法例第 347 章) 的有关规定,超过诉讼时效后,有关承认或最后一次还款将均仅对作出承认或付款的人及其继承人有约束力。[6] 例如,如果仅借款人承认有关债项,则针对借款人提起诉讼的诉讼时效将重新开始计算,而针对有关借款的抵押人提起诉讼的诉讼时效将不会重新开始计算。

(四) 诉讼时效与立案起诉

根据香港法律,诉讼时效是一项抗辩理由,因此,即使有关申索已经超过诉讼时效,原告人仍然可以就有关申索在法院立案;被告人可以将"有关

---

〔1〕 香港法例第 347 章《时效条例》第 26 (1) 条。

〔2〕 香港法例第 347 章《时效条例》第 26 (3) 条。

〔3〕 即就欺诈及隐瞒行为而言,指该第三者并非该项欺诈或隐瞒该项事实的一方,而于购买时并不知悉、亦无理由相信该项欺诈或隐瞒已经发生;或就错误行为而言,指该第三者于购买时并不知悉、亦无理由相信已有该项错误。详见香港法例第 347 章《时效条例》第 26 (5) 条。

〔4〕 香港法例第 347 章《时效条例》第 26 (4) 条。

〔5〕 香港法例第 347 章《时效条例》第 23 条。

〔6〕 香港法例第 347 章《时效条例》第 25 (5)、25 (6) 条。

申索已经超过诉讼时效"作为一个抗辩理由，一旦被告人提出该抗辩理由，原告人的案件就较难继续进行下去。而如果被告人没有提出诉讼时效问题作为抗辩，案件就可以如同其他案件一样继续进行相应的法庭程序。

第三节 内地与香港跨境商事争议诉讼管辖权冲突

内地与香港跨境商事争议的最突出特点是"跨境"因素的存在。对内地而言，如果该争议在内地通过诉讼方式解决，则属于涉港诉讼；对香港而言，如果该争议在香港通过诉讼方式加以解决，则属于涉及内地的诉讼。

香港回归祖国以后，在"一国两制"的方针下，内地与香港作为一个国家之内的两个不同法域，分属不同的法系，实行不同的法律制度，适用不同的司法体系，在两地频繁的交往与互动过程中，两地的区际法律冲突难以回避。

在本章的前两节，我们主要讨论了内地与香港跨境商事争议分别在内地与香港采用诉讼方式解决所涉及的程序法律问题，通过研究，可以发现，一方面，两地的诉讼程序法律制度存在重大差异；而另一方面，两地的实体法律制度也有诸多不同。这些差异和不同是两地分属不同法域的表现，而且这些差异和不同的叠加及相互作用体现在内地与香港跨境商事争议的诉讼中，将会导致同一起内地与香港跨境商事争议，在内地法院或在香港法院诉讼，其诉讼成本、诉讼程序、裁判结果、执行效果可能存在巨大差别。因此，实务中，内地与香港跨境商事争议的诉讼解决所面临的首当其冲的问题就是诉讼管辖权问题，即：这样的跨境争议到底应该由哪一地的法院行使管辖权？还是两地法院均有管辖权或者均无管辖权？如果出现管辖权冲突，应当如何解决？

内地与香港法律制度的不同，也体现在两地有关民商事案件管辖权规定的差异与矛盾上，如果这种差异和矛盾存在于一个具体纠纷之中，就会引发管辖权冲突。例如，就某一内地与香港跨境商事争议，可能出现的一种情况是，根据内地法律规定，内地法院拥有管辖权，根据香港法律规定，香港法院也拥有管辖权；可能出现的另一种情况是，根据内地法律规定，内地法不拥有管辖权，根据香港法律规定，香港法院也不拥有管辖权。上述两种情况均构成管辖权冲突。可以说，诉讼管辖权冲突是内地与香港区际法律冲突的重要方面。而内地与香港跨境商事争议因其固有的"跨境"特点，使得该等争议在以诉讼方式解决时，两地的诉讼管辖权冲突问题表现得尤为明显。

在内地，概括而言，内地并无法律明确规定涉港民商事诉讼的管辖问题。《中华人民共和国民事诉讼法》对于涉外民事诉讼的管辖问题作出了规定，另有《最高人民法院关于涉外民商事案件诉讼管辖若干问题的规定》（法释〔2002〕5号）等司法解释对涉外民事诉讼管辖的细化规定，但因内地与香港属于一国之内的两个法域而并非国与国之间的关系，所以无法直接适用该等涉外民事诉讼管辖的规定。实务中，最高人民法院通过《最高人民法院关于适用〈中华人民共和国民事诉讼法〉的解释》、《最高人民法院关于印发〈全国法院涉港澳商事审判工作座谈会纪要〉的通知》（法发〔2008〕8号）等司法解释及规范性文件以"参照适用"涉外管辖规定的方式解决涉港民商事诉讼的管辖问题。

在香港，根据《中华人民共和国香港特别行政区基本法》，香港特别行政区享有独立的司法权和终审权。香港特别行政区法院除继续保持香港原有法律制度和原则对法院审判权所作的限制外，对香港特别行政区所有的案件均有审判权。但香港特别行政区法院对国防、外交等国家行为无管辖权。

本节对内地和香港有关两地跨境商事争议的诉讼管辖权冲突问题进行研究。

一、对内地有关两地跨境商事争议诉讼管辖权规定的研析

（一）内地关于涉外民事诉讼管辖权的规定

涉外民事诉讼的管辖权不仅决定着涉外民事诉讼应由哪一国（或几国）、哪一地（或几地）法院管辖，而且涉及国家主权问题。《中华人民共和国民事诉讼法》及相关司法解释、规范性文件规定了涉外民事诉讼的管辖。主要内容包括：

1. 一般原则

在中华人民共和国领域内进行涉外民事诉讼，适用《中华人民共和国民

事诉讼法》第 4 编"涉外民事诉讼程序的特别规定"，该编没有规定的，适用《中华人民共和国民事诉讼法》的其他有关规定。中华人民共和国缔结或者参加的国际条约同《中华人民共和国民事诉讼法》有不同规定的，适用该国际条约的规定，但中华人民共和国声明保留的条款除外。

以上规定可概括为：优先适用国际条约及特别规定原则。该原则作为涉外民事诉讼的一般原则，也适用于涉外民事诉讼的管辖规定。

2. 地域管辖

《中华人民共和国民事诉讼法》第 4 编"涉外民事诉讼程序的特别规定"对涉外民事诉讼的地域管辖进行了规定：因合同纠纷或者其他财产权益纠纷，对在中华人民共和国领域内没有住所的被告提起的诉讼，如果合同在中华人民共和国领域内签订或者履行，或者诉讼标的物在中华人民共和国领域内，或者被告在中华人民共和国领域内有可供扣押的财产，或者被告在中华人民共和国领域内设有代表机构，可以由合同签订地、合同履行地、诉讼标的物所在地、可供扣押财产所在地、侵权行为地或者代表机构住所地人民法院管辖。

其中，如果被告在中华人民共和国领域内设有代表机构，其代表机构住所地人民法院具有管辖权。该规定将被告在中华人民共和国领域内设立的代表机构住所地作为确定地域管辖的依据之一，实务中应特别留意。

此外，在符合涉外民事诉讼管辖规定一般原则的前提下，就地域管辖，如果没有其他应适用的规定，适用《中华人民共和国民事诉讼法》对于地域管辖的规定，如"被告住所地法院管辖原则"等。

3. 集中管辖

正如本章第一节所述，涉外民商事案件实行集中管辖，具体内容可参阅本章第一节中"管辖"部分的相关内容。

4. 专属管辖

《中华人民共和国民事诉讼法》第 4 编"涉外民事诉讼程序的特别规定"对涉外民事诉讼的专属管辖也有规定：因在中华人民共和国履行中外合资经营企业合同、中外合作经营企业合同、中外合作勘探开发自然资源合同发生纠纷提起的诉讼，由中华人民共和国人民法院管辖。

以上关于涉外民事诉讼专属管辖的规定是国家主权原则的体现。此外，还需关注《中华人民共和国民事诉讼法》第33条对专属管辖的规定，涉外民事诉讼应适用该规定。《中华人民共和国民事诉讼法》第33条规定，下列案件，由有关人民法院专属管辖：①因不动产纠纷提起的诉讼，由不动产所在地人民法院管辖；②因港口作业中发生纠纷提起的诉讼，由港口所在地人民法院管辖；③因继承遗产纠纷提起的诉讼，由被继承人死亡时住所地或者主要遗产所在地人民法院管辖。

对于上述两段述及的专属管辖规定，《最高人民法院关于适用〈中华人民共和国民事诉讼法〉的解释》明确：属于中华人民共和国法院专属管辖的案件，当事人不得协议选择外国法院管辖，但协议选择仲裁的除外。

5. 协议管辖

《最高人民法院关于适用〈中华人民共和国民事诉讼法〉的解释》对涉外民事诉讼的协议管辖作出了规定，这一规定是尊重当事人意思自治原则的体现。该司法解释规定：涉外合同或者其他财产权益纠纷的当事人，可以书面协议选择被告住所地、合同履行地、合同签订地、原告住所地、标的物所在地、侵权行为地等与争议有实际联系的地点的外国法院管辖。

此外，关于协议管辖，还需关注《中华人民共和国民事诉讼法》第34条对协议管辖的规定（即：合同或者其他财产权益纠纷的当事人可以书面协议选择被告住所地、合同履行地、合同签订地、原告住所地、标的物所在地等与争议有实际联系的地点的人民法院管辖，但不得违反本法对级别管辖和专属管辖的规定）。该规定属于"总则"部分，在符合涉外民事诉讼管辖规定一般原则的前提下，鉴于"涉外民事诉讼程序的特别规定"中就《中华人民共和国民事诉讼法》第34条并无不同规定，因此，在涉外民事诉讼中亦应适用《中华人民共和国民事诉讼法》第34条规定的协议管辖原则。但需注意的是，其适用不得违反《中华人民共和国民事诉讼法》关于级别管辖和专属管辖的规定。

6. 不方便法院原则

《中华人民共和国民事诉讼法》并未对不方便法院原则作出规定。《最高人民法院关于适用〈中华人民共和国民事诉讼法〉的解释》首次以司法解释的形式对不方便法院原则作出了明确具体规定，这一规定对于涉外民事诉讼管辖的理论及实务均具有重要意义。

关于不方便法院原则，《最高人民法院关于适用〈中华人民共和国民事诉讼法〉的解释》第 532 条规定：

涉外民事案件同时符合下列情形的，人民法院可以裁定驳回原告的起诉，告知其向更方便的外国法院提起诉讼：①被告提出案件应由更方便外国法院管辖的请求，或者提出管辖异议；②当事人之间不存在选择中华人民共和国法院管辖的协议；③案件不属于中华人民共和国法院专属管辖；④案件不涉及中华人民共和国国家、公民、法人或者其他组织的利益；⑤案件争议的主要事实不是发生在中华人民共和国境内，且案件不适用中华人民共和国法律，人民法院审理案件在认定事实和适用法律方面存在重大困难；⑥外国法院对案件享有管辖权，且审理该案件更加方便。

不方便法院原则的确立，有助于有效减少涉外民事诉讼的管辖权冲突。

7. 对于平行诉讼的处理原则

对于平行诉讼的妥善处理，是解决涉外民事诉讼管辖权冲突问题的一个重要方面。《最高人民法院关于适用〈中华人民共和国民事诉讼法〉的解释》对平行诉讼的处理确定了相关原则，该司法解释第 533 条规定：

中华人民共和国法院和外国法院都有管辖权的案件，一方当事人向外国法院起诉，而另一方当事人向中华人民共和国法院起诉的，人民法院可予受理。判决后，外国法院申请或者当事人请求人民法院承认和执行外国法院对本案作出的判决、裁定的，不予准许；但双方共同缔结或者参加的国际条约另有规定的除外。

外国法院判决、裁定已经被人民法院承认，当事人就同一争议向人民法院起诉的，人民法院不予受理。

8. 其他管辖规定的适用

在符合涉外民事诉讼管辖规定一般原则的前提下，就涉外民事诉讼的管辖，如果没有其他应适用的规定，适用《中华人民共和国民事诉讼法》有关管辖的其他有关规定。我们在此主要讨论应诉管辖问题。

《中华人民共和国民事诉讼法》第 127 条第 2 款规定：当事人未提出管辖

异议，并应诉答辩的，视为受诉人民法院有管辖权，但违反级别管辖和专属管辖规定的除外。

该规定即是对于应诉管辖原则所作出的规范。应诉管辖原则在原《中华人民共和国民事诉讼法》（2007年10月28日修正）中是在"涉外民事诉讼程序的特别规定"中体现的（第243条规定：涉外民事诉讼的被告对人民法院管辖不提出异议，并应诉答辩的，视为承认该人民法院为有管辖权的法院）。即原《中华人民共和国民事诉讼法》（2007年10月28日修正）将应诉管辖原则作为涉外民事诉讼程序的特别规定，并不具有普遍的适用性；而现行《中华人民共和国民事诉讼法》则在"审判程序"中加以规定，适用于非涉外的民事诉讼程序，而且，在符合涉外民事诉讼管辖规定一般原则的前提下，鉴于涉外民事诉讼程序的特别规定对应诉管辖并无不同规定，因此，在涉外民事诉讼中亦应适用应诉管辖原则，从而使应诉管辖原则具有普遍的适用性。但需注意的是，应诉管辖原则的适用，不得违反级别管辖和专属管辖的规定。

（二）对内地有关两地跨境商事争议诉讼管辖权规定及相关问题的研析

鉴于内地在法律层面上并没有相关法律条文明确规定涉港民商事诉讼的管辖问题，而是在有关司法解释及规范性文件中规定涉港民商事诉讼"参照适用"涉外管辖的规定，以解决涉港民商事诉讼的管辖权问题，因此，在实务中必须明确"参照适用"所应遵循的基本原则，注意尺度的把握，从而准确处理涉港民商事诉讼的管辖权问题。

《最高人民法院关于适用〈中华人民共和国民事诉讼法〉的解释》第522条以列举的方式确定了涉外民事案件的范围[1]，但涉港民商事诉讼与涉外民事案件存在原则差异，即涉外民事案件的定性是由于案件的主体、经常居所地、标的物、法律事实等方面包含外国因素，而涉港民商事诉讼的定性是因为案件的主体、经常居所地、标的物、法律事实等方面含有香港因素，香港

---

〔1〕《最高人民法院关于适用〈中华人民共和国民事诉讼法〉的解释》第522条：有下列情形之一，人民法院可以认定为涉外民事案件：①当事人一方或者双方是外国人、无国籍人、外国企业或者组织的；②当事人一方或者双方的经常居所地在中华人民共和国领域外的；③标的物在中华人民共和国领域外的；④产生、变更或者消灭民事关系的法律事实发生在中华人民共和国领域外的；⑤可以认定为涉外民事案件的其他情形。

作为中华人民共和国的一个特别行政区，并非内国与外国的关系，涉港民商事诉讼的管辖权处理不涉及主权问题。

在处理涉港民商事诉讼管辖权问题时，在没有相关专门规定的情况下，只能采取"参照适用"涉外管辖规定的方式进行处理，但其中必须始终坚持的一个基本原则是"一国两制"原则。前文述及的涉外管辖的一般原则、地域管辖规定、集中管辖规定、专属管辖规定、协议管辖规定、不方便法院原则、平行诉讼的处理原则、其他管辖规定的适用等，在不违背"一国两制"基本原则的前提下，只要不属于仅适用于内国与外国之间管辖权处理的情形，均可在涉港民商事诉讼管辖中予以参照适用，除非另有特别规定。

以下对内地有关涉港民商事诉讼管辖权规定的若干要点及相关问题进行研析。

1. 不方便法院原则

关于不方便法院原则，《中华人民共和国民事诉讼法》没有规定，在《最高人民法院关于适用〈中华人民共和国民事诉讼法〉的解释》出台之前，曾有若干规范性文件作出过相关规定，比如，最高人民法院民事审判第四庭于2004年4月以问题解答的方式[1]以及最高人民法院于2005年12月以会议纪要的方式[2]对不方便法院原则的适用提出指导意见，上述会议纪要还提出，涉及香港特别行政区、澳门特别行政区以及台湾地区的商事海事纠纷案件，

---

[1] 最高人民法院民事审判第四庭2004年4月《涉外商事海事审判实务问题解答（一）》第7个问题：如何理解和掌握"不方便法院原则"？答：我国民事诉讼法没有规定"不方便法院原则"。在审判实践中，一方当事人就其争议向人民法院提起诉讼时，另一方当事人往往以我国法院为不方便法院为由要求我国法院不行使管辖权。如果人民法院依据我国法律规定对某涉外商事案件具有管辖权，但由于双方当事人均为外国当事人，主要案件事实与我国没有任何联系，人民法院在认定案件事实和适用法律方面存在重大困难且需要到外国执行，则人民法院不必一定行使管辖权，可适用"不方便法院原则"放弃行使司法管辖权。

[2] 最高人民法院2005年12月《第二次全国涉外商事海事审判工作会议纪要》（法发〔2005〕26号）第11条：我国法院在审理涉外商事纠纷案件过程中，如发现案件存在不方便管辖的因素，则可以根据"不方便法院原则"裁定驳回原告的起诉。"不方便法院原则"的适用应符合下列条件：①被告提出适用"不方便法院原则"的请求，或者提出管辖异议而受诉法院认为可以考虑适用"不方便法院原则"；②受理案件的我国法院对案件享有管辖权；③当事人之间不存在选择我国法院管辖的协议；④案件不属于我国法院专属管辖；⑤案件不涉及我国公民、法人或者其他组织的利益；⑥案件争议发生的主要事实不在我国境内且不适用我国法律，我国法院若受理案件在认定事实和适用法律方面存在重大困难；⑦外国法院对案件享有管辖权且审理该案件更加方便。

该会议纪要没有特别规定的，参照适用该会议纪要关于涉外商事海事纠纷案件的有关规定（即涉港商事海事纠纷案件，参照适用该会议纪要提出的不方便法院原则）。此外，《最高人民法院关于印发〈全国法院涉港澳商事审判工作座谈会纪要〉的通知》（法发〔2008〕8号）还就涉港澳商事案件适用不方便法院原则的限制专门作出了规定：人民法院受理的涉港澳商事案件，如果被告未到庭应诉，即使案件存在不方便管辖的因素，在被告未提出管辖权异议的情况下，人民法院不应依职权主动适用不方便法院原则放弃对案件的管辖权。

上述三个文件的规定在司法审判实践中对不方便法院原则的理解和适用发挥了重要作用，但共同的问题是文件的效力层级较低，且相关规定存在不一致，不利于不方便法院原则标准的统一和准确适用。

在司法实践中，近年来也相继出现了一些根据不方便法院原则进行处理的案例，其中既有涉外案件，也有涉港纠纷。

《最高人民法院关于适用〈中华人民共和国民事诉讼法〉的解释》第532条对不方便法院原则的规定，在司法解释的层面统一了不方便法院原则的适用标准及处理方式，而且涉港民事诉讼可以参照适用。

据此，就涉港民事诉讼对于《最高人民法院关于适用〈中华人民共和国民事诉讼法〉的解释》第532条关于不方便法院原则之规定的参照适用，可以总结如下：

涉港民事案件如果同时符合下列情形，可以适用不方便法院原则：①被告提出案件应由更方便的香港法院或其他非内地法院管辖的请求，或者提出管辖异议；②当事人之间不存在选择内地法院管辖的协议；③案件不属于内地法院专属管辖；④案件不涉及中华人民共和国国家、内地公民、法人或者其他组织的利益；⑤案件争议的主要事实不是发生在内地，且案件不适用内地法律，人民法院审理案件在认定事实和适用法律方面存在重大困难；⑥香港法院或其他非内地法院对案件享有管辖权，且审理该案件更加方便。

须注意的是，上述6种情形必须同时符合，人民法院才可就涉港民事案件适用不方便法院原则，在此情况下，人民法院可以裁定驳回原告的起诉，告知其向更方便的香港法院或其他非内地法院提起诉讼。

与之前的规定相比，该司法解释对不方便法院原则的规定效力层级大大提高，权威性增强，进一步方便涉外及涉港民事诉讼，对减少涉外及涉港民事诉讼的管辖权冲突问题将起到实质性的推动作用。

2. 平行诉讼

就某一具体的内地与香港跨境商事争议而言，在内地法院与香港法院对该争议均有管辖权的情况下，如果该争议的当事人就该争议既在内地法院进行诉讼，又在香港法院进行诉讼，即构成内地与香港之间的区际平行诉讼。区际平行诉讼既是内地与香港区际管辖权冲突的主要表现形式之一，也是内地与香港区际管辖权冲突所造成的严重后果之一。

《最高人民法院关于适用〈中华人民共和国民事诉讼法〉的解释》第533条规定的对于平行诉讼的处理原则，可以参照适用于涉港民事诉讼。此前，曾有若干司法解释及规范性文件规定了平行诉讼的处理原则，比如，已被废止的《最高人民法院关于适用〈中华人民共和国民事诉讼法〉若干问题的意见》（法发〔1992〕22号）以及效力层级较低的最高人民法院民事审判第四庭2004年4月《涉外商事海事审判实务问题解答（一）》、最高人民法院2005年12月《第二次全国涉外商事海事审判工作会议纪要》（法发〔2005〕26号）（该纪要还提出：涉及香港特别行政区、澳门特别行政区以及台湾地区的商事海事纠纷案件，该会议纪要没有特别规定的，参照适用该会议纪要关于涉外商事海事纠纷案件的有关规定。）。

此外，实务中还需关注有关涉港案件平行诉讼处理的特别规定，比如，《最高人民法院关于印发〈全国法院涉港澳商事审判工作座谈会纪要〉的通知》（法发〔2008〕8号）规定：内地人民法院和香港特别行政区法院或者澳门特别行政区法院都享有管辖权的涉港澳商事案件，一方当事人向香港特别行政区法院或者澳门特别行政区法院起诉被受理后，当事人又向内地人民法院提起相同诉讼，香港特别行政区法院或者澳门特别行政区法院是否已经受理案件或作出判决，不影响内地人民法院行使管辖权，但是否受理由人民法院根据案件具体情况决定。内地人民法院已经受理当事人申请认可或执行香港特别行政区法院或者澳门特别行政区法院就相同诉讼作出的判决的，或者香港特别行政区法院、澳门特别行政区法院的判决已获内地人民法院认可和执行的，内地人民法院不应再受理相同诉讼。

根据上述规定，内地法院对涉港案件平行诉讼的处理所把握的原则与涉外案件平行诉讼的处理原则总体一致，具体而言，对于涉港案件的平行诉讼，坚持内地法院的管辖权，并赋予内地法院一定程度的裁量权，同时明确内地法院不受理涉港案件平行诉讼的两种特定情况（即内地法院已受理当事人申请认可或执行香港法院相同诉讼的判决以及香港法院的相同诉讼判决已获内地法院认可和执行）。

内地与香港跨境商事争议中平行诉讼的大量存在，无助于对商事主体合法权利的实体性保护，极易导致当事人之间的讼争长期难以解决，不利于两地经贸交流的顺畅进行。

需注意的是，在实务中，还有一种特殊的平行诉讼不同于一般意义上的平行诉讼。对于不属于最高人民法院《关于内地与香港特别行政区法院相互认可和执行当事人协议管辖的民商事案件判决的安排》（法释〔2008〕9号）项下的民商事案件，取得了内地或香港法院民商事案件胜诉判决的当事人，因其判决无法获得另一地香港或内地法院的认可和执行，为了实现其在相关判决下的权利，当事人只能展开平行诉讼，即在另一地香港或内地法院就同一争议再次提起诉讼。这种特殊的平行诉讼从维护相关当事人权益的视角而言，在目前的情况下，虽然无奈，却属必要。就此，也促使我们从另一个角度感受到构建制度性安排以最大限度减少内地与香港区际平行诉讼的必要性。

3. 关于约定香港法院享有非排他性管辖权[1]条款的研析

在内地与香港跨境商事活动中，商事主体的权利义务关系主要通过书面合同加以体现，争议解决条款是内地与香港跨境商事合同的必要条款，在以诉讼方式解决争议的框架下，内地法院或香港法院是通常可供选择的争议解决法院。如果当事人协议选择内地法院解决争议，在符合协议管辖原则的情况下，有关内地法院享有管辖权；如果争议解决条款约定"由本合同引起的或与本合同有关的任何纠纷或相关的任何事宜，香港法院有非专属司法管辖权"，在当事人之间发生争议并诉至内地法院时，对于此项约定，内地法院如何判断及处理？

---

〔1〕 内地所称的"排他性管辖权"与香港惯用的"专属管辖权"具有相同含义。

最高人民法院 2005 年 12 月《第二次全国涉外商事海事审判工作会议纪要》（法发［2005］26 号）第 12 条规定：涉外商事纠纷案件的当事人协议约定外国法院对其争议享有非排他性管辖权时，可以认定该协议并没有排除其他国家有管辖权法院的管辖权。如果一方当事人向我国法院提起诉讼，我国法院依照《中华人民共和国民事诉讼法》的有关规定对案件享有管辖权的，可以受理。根据该会议纪要，对于涉及香港特别行政区、澳门特别行政区以及台湾地区的商事海事纠纷案件，该会议纪要没有特别规定的，参照适用该会议纪要关于涉外商事海事纠纷案件的有关规定。

根据上述规定，就涉港商事纠纷案件，如果当事人协议约定香港法院对其争议享有非排他性管辖权，则可以认定该协议并没有排除内地及其他司法管辖权区有管辖权法院的管辖权；在此情况下，如果一方当事人向内地法院提起诉讼，而内地法院依照《中华人民共和国民事诉讼法》的有关规定对案件享有管辖权，则内地法院可以受理。

此外，在实务中，就当事人协议约定诉讼管辖权条款问题，从当事人实体权利最终实现的角度，还需关注最高人民法院《关于内地与香港特别行政区法院相互认可和执行当事人协议管辖的民商事案件判决的安排》（法释〔2008〕9 号）。该安排规定，内地人民法院和香港特别行政区法院在具有书面管辖协议的民商事案件中作出的须支付款项的具有执行力的终审判决，当事人可以根据该安排向内地人民法院或者香港特别行政区法院申请认可和执行。其中，"书面管辖协议"是指当事人为解决与特定法律关系（"特定法律关系"是指当事人之间的民商事合同，不包括雇佣合同以及自然人因个人消费、家庭事宜或者其他非商业目的而作为协议一方的合同。）有关的已经发生或者可能发生的争议，自该安排生效之日起（该安排自 2008 年 8 月 1 日起生效），以书面形式明确约定内地人民法院或者香港特别行政区法院具有唯一管辖权的协议。根据该安排的规定，在符合该安排其他条件的情况下，若内地与香港跨境商事合同约定香港法院对相关争议拥有非排他性管辖权，则香港法院据此作出的判决不能向内地法院申请认可和执行；若内地与香港跨境商事合同约定内地法院对相关争议拥有非排他性管辖权，则内地法院据此作出的判决不能向香港法院申请认可和执行。

因此，就内地与香港跨境商事合同，是否及如何在争议解决条款中约定唯一管辖法院，须根据合同的性质、当事人在合同中的地位、当事人履行义务的顺序、何方违约可能性较大、标的物所在地、当事人财产所在地等因素综合判断、权衡，进而协商达成一致。

二、对香港有关两地跨境商事争议诉讼管辖权规定的研析

内地与香港跨境商事活动涉及内地和香港两地的主体，合同的签订地以及合同的履行地有可能包括两地，标的物及有关法律事实也可能包含两地因素。当事人针对内地与香港跨境商事活动发生争议时，香港法院是否对相关争议有司法管辖权？是否行使司法管辖权？本部分从香港法律角度对此进行研析。

（一）令状

在香港，商事诉讼一般是由原告人在法院发出令状开始。令状由原告人起草及签署，交到法院存档及盖上法院印章，即为发出。发出前法院一般不会审查令状内容，即使原告人、被告人和案件所牵涉的事宜与香港完全无关。比如，原告人是美国人，被告人是日本人，案件是关于一份在澳洲签署、在法国履行的合同；又或是，原告人和被告人均是内地居民，合同在内地签署和履行；就上述两种情形，原告人仍可在香港法院发出令状；不过，被告人在收到令状后可以提出管辖权异议。

在香港，令状能否在司法管辖区范围内（即香港境内）送达被告人，直接影响香港法院是否有司法管辖权。简而言之，如果能够在香港境内送达被告人，香港法院便有司法管辖权；如果不能在香港境内送达被告人，原告人便需要向香港法院申请，说服法院行使酌情权，批准原告人将令状于香港境外送达被告人，要求香港境外的被告人在香港法院应讯。

（二）香港境内送达

在香港境内将令状送达被告人的义务，不是由香港法院承担，而是由原告人安排送达，一般通过原告人的律师进行。

一般而言，只要原告人在香港境内以符合香港法律要求的方式将令状成功送达被告人，原告人便有权在香港法院起诉被告人，香港法院便有司法管

辖权，即使原告人、被告人及案件所牵涉的事宜与香港完全无关，即使被告人可能只是碰巧在香港逗留几小时期间收到令状，亦不影响香港法院的司法管辖权。

但是，被告人仍可根据香港法例第 4A 章《高等法院规则》[1] 第 12 号命令第 8 条规则向香港法院提出管辖权异议，或辩称香港法院不应行使司法管辖权，并申请搁置香港的法律程序。就详细的申请要求，在后文分析。

（三）香港境外送达

如未得到香港法院许可，原告人不得将令状送达身处香港境外的被告人。例如：未经香港法院许可，原告人在香港将令状邮寄到被告人在香港境外的地址，或是原告人在香港境外亲手将令状交给被告人，都不是有效的送达。

如原告人希望将令状送达在香港境外的被告人，须向香港法院申请许可。《高等法院规则》（香港法例第 4A 章）第 11 号命令第 4 条规定，申请：

"（1）……必须由誓章支持，誓章须述明——

（a）提出申请的理由；

（b）宣誓人相信原告人有好的诉讼因由；

（c）被告人身在何地或颇有可能会于何地寻获；及

（d）［如申请是根据第 1（1）（c）条规则提出］宣誓人相信原告人与令状所送达的人之间有实在的争论点的理由，而该争论点是原告人可合理地要求法庭审讯的。

（2）除非有足够理由使法庭觉得就有关案件而言，根据本命令在本司法管辖权范围外送达令状是恰当的，否则不得批予许可。……"

申请的程序，一般是由原告人向香港法院呈交誓章，法院阅读誓章，决定是否批准香港境外送达，决定前法院可能会以书面方式提出问题，原告人需呈交誓章或支持文件回答。整个申请过程原告人不需通知被告人，申请处

---

[1]　香港法例第 4A 章《高等法院规则》，不适用于香港区域法院。适用于香港区域法院的，是香港法例第 336H 章《区域法院规则》。《高等法院规则》（香港法例第 4A 章）和《区域法院规则》（香港法例第 336H 章）中的命令和规则，很多内容相同。本节所提及的《高等法院规则》（香港法例第 4A 章）中的命令和规则，与《区域法院规则》（香港法例第 336H 章）中的命令和规则，内容几乎完全相同。因此，本节所述的法律原则，同时适用于香港高等法院和区域法院，但仍需留意《高等法院规则》（香港法例第 4A 章）和《区域法院规则》（香港法例第 336H 章）中相关命令和规则内容的细微差别。

理程序一般通过书面方式进行，不需口头聆讯。申请时原告人有责任向法院坦白及全面披露与申请相关的事宜，而无论该等事宜对原告人的申请及原告人的案情是有利还是不利。假如原告人没有尽此责任（例如，原告人明知被告人已在其他地方的法院就相同案情提起诉讼，却不向香港法院披露），则即使香港法院批准了香港境外送达，日后被告人仍有权向香港法院指出原告人蓄意隐瞒，香港法院亦有可能因此撤销之前的香港境外送达许可。

如果香港法院批准香港境外送达，而令状亦成功在香港境外送达被告人，被告人仍有权争议香港法院的司法管辖权，届时一般需要举行聆讯，由香港法院重新考虑双方的理据，以决定香港法院是否确实有司法管辖权，以及应否行使司法管辖权或应否搁置香港的法律程序。有关详细程序将在后文分析。

涉及香港境外送达［即《高等法院规则》（香港法例第 4A 章）第 11 号命令］的案件，无论是在原告人单方面书面申请境外送达的阶段，还是在送达后被告人争议香港法院的司法管辖权的阶段，香港法院决定是否批准（或继续批准）境外送达，所采用的准则都是相同的；而说服香港法院有关案件符合准则的责任，由原告人承担[1]。准则分为三部分：

1. 第一部分：《高等法院规则》（香港法例第 4A 章）第 11 号命令第 1 条规则

原告人需要证明有关案件符合《高等法院规则》（香港法例第 4A 章）第 11 号命令第 1 条规则中的至少一项，举证要求是要证明有"good arguable case"（好的因由）案件符合《高等法院规则》（香港法例第 4A 章）第 11 号命令第 1 条规则中的至少一项[2]（即低于香港民事案件审讯的 50% 以上机会胜诉举证要求）。

《高等法院规则》（香港法例第 4A 章）第 11 号命令第 1 条规则第（1）款所述的各项包括（但不限于）：

"（a）济助是针对一名其居籍或本籍是在本司法管辖权范围内或通常在该范围内居住的人而寻求的；

（b）有人寻求授予强制令，以命令被告人在本司法管辖权范围内作出或

---

［1］ *Noble Power Investments Ltd v. Nissei Stomach Tokyo Co Ltd*［2008］5 HKLRD 631，第 641 页第 21 (2) 段。

［2］ *Noble Power Investments Ltd v. Nissei Stomach Tokyo Co Ltd*［2008］5 HKLRD 631，第 641 页第 21 (2) 段及第 640 页第 18 段。

不得作出任何事情（不论是否亦就该事情的作出或没有作出而申索损害赔偿）；

（c）申索是针对一名已在本司法管辖权范围之内或之外获妥为送达法律程序文件的人提出，而一名在本司法管辖权范围外的人是申索的必要的一方或恰当的一方；

（d）提出申索是为了强制执行、撤销、解除、废止或以其他方式影响一份合约，或就一份合约的违反追讨损害赔偿或取得其他济助；而该份合约（在上述任何一种情况中）是 ——

（i）在本司法管辖权范围内订立，或

（ii）由或透过一名在本司法管辖权范围内营商或居住的代理人，代表一名在本司法管辖权范围外营商或居住的委托人订立，或

（iii）因其条款或隐含情况而受香港法律管限，或

（iv）载有一项条款，表明原讼法庭具有司法管辖权聆讯并裁定就该合约进行的任何诉讼；

（e）申索是就在本司法管辖权范围内违反一份在本司法管辖权范围以内或以外订立的合约而提出，即使在该违约事件发生的先前或同时有一项在本司法管辖权范围外作出的违约事件发生，致令该份合约中本应在本司法管辖权范围内履行的部分无法履行（如情况是如此的话）；

（f）申索是基于一项侵权行为而提出，而损害是因一项在本司法管辖权范围内作出的作为而产生或造成；

（g）诉讼的全部标的物，是处于本司法管辖权范围内的土地（不论土地有租金或收益与否），或是关于处于本司法管辖权范围内的土地的证供的继续留存；

（h）提出申索是为了对影响处于本司法管辖权范围内的土地的作为、契据、遗嘱、合约、义务或法律责任作解释、作更正、作废或作强制执行；

（i）提出申索是为了追讨以处于本司法管辖权范围内的不动产作保证的债项，或是为了主张、宣布或决定处于本司法管辖权范围内的动产的所有权或管有权的权利或保证的权利，或是为了取得处置处于本司法管辖权范围内的动产的权能；

（j）提出申索是为了执行某份书面文书的信托，而信托是应按照香港法律执行的，并且有关申索的令状须予送达的人是一名受托人，或提出申索是为了取得可在任何该等诉讼中取得的任何济助或补救；

（k）……

（l）……

（m）提出申索是为了强制执行任何判决或仲裁裁决；

……"

以一份货物买卖合同为例，卖方（内地公司）需将内地生产的货物送达买方（香港公司）在香港的地址，合同在内地签署，未订明是适用内地法律还是适用香港法律，也未订明是内地法院还是香港法院有司法管辖权。香港公司收到货物后，发现货物规格与合同约定不符，为此，香港公司在香港法院起诉内地公司，向香港法院申请批准将令状在内地送达被告人。就原告人的申请誓章，如果能够证明：原告人和被告人曾订立货物买卖合同；根据货物买卖合同条款，被告人有责任将货物送达香港；送达香港的货物规格与合同约定不符，被告人因此违反合同；原告人即可成功证明有"good arguable case"（好的因由）案件符合《高等法院规则》（香港法例第4A章）第11号命令第1条规则第（1）(e)款（违约在香港发生）。

如果原告人不能证明有"good arguable case"（好的因由）案件符合《高等法院规则》（香港法例第4A章）第11号命令第1条规则中的至少一项，香港法院无需考虑准则余下的第二和第三部分，因为香港法院无权就此案批准香港境外送达令状。

2. 第二部分：原告人的案情

原告人须证明，案件是有"serious issue to be tried"（需要审讯的实在争论点）。

在某些情况下，原告人若证明有"good arguable case"（好的因由）案件符合《高等法院规则》（香港法例第4A章）第11号命令第1条规则中的至少一项，便足以证明有"serious issue to be tried"（需要审讯的实在争论点）。仍以上述货物买卖合同为例，如果能证明有"good arguable case"（好的因由）申索是就香港发生的违约提出［《高等法院规则》（香港法例第4A章）第11

号命令第 1 条规则第（1）（e）款〕，则该案件自然是有 "serious issue to be tried"（需要审讯的实在争论点）。

但是，在另外一些情况下，即使案件符合《高等法院规则》（香港法例第 4A 章）第 11 号命令第 1 条规则中的一项，亦可能没有 "serious issue to be tried"（需要审讯的实在争论点）。例如，如果有关诉讼的全部标的物是位于香港境内的土地，则符合《高等法院规则》（香港法例第 4A 章）第 11 号命令第 1 条规则第（1）（g）款；但是，假如原告人的申索所依赖的法律基础明显是错误的，或是提出的证据明显不可信，则原告人便不能证明案件有 "serious issue to be tried"（需要审讯的实在争论点）。

如果原告人不能证明案件有 "serious issue to be tried"（需要审讯的实在争论点），则香港法院无需考虑准则的第三部分，不会批准香港境外送达令状。

3. 第三部分：酌情权

原告人须说服香港法院行使酌情权批准香港境外送达令状。

是否批准香港境外送达令状，要求身处香港境外的人或公司在香港法院应讯，是香港法院酌情权之行使[1]。

《高等法院规则》（香港法例第 4A 章）第 11 号命令第 1 条规则列出了香港法院有权批准香港境外送达的各种情况，至于是否批准，则由香港法院酌情决定。《高等法院规则》（香港法例第 4A 章）第 11 号命令第 4（2）条规则规定："除非有足够理由使法庭觉得就有关案件而言，根据本命令在本司法管辖权范围外送达令状是恰当的，否则不得批予许可。"[2]

因此，即使原告人成功地证明案件符合以上准则第一部分和第二部分，香港法院仍未必一定行使酌情权批准香港境外送达。

根据相关案例，就是否行使酌情权批准香港境外送达，香港法院实质上是在决定：由哪地法院审讯案件比较符合诉讼各方的利益和公义。[3] 就此，

---

〔1〕 *Noble Power Investments Ltd and Nissei Stomach Tokyo Co Ltd*〔2008〕5 HKLRD 631，第 639 页第 16 段。

〔2〕 *Spiliada Maritime Corporation v. Cansulex Ltd*〔1987〕A. C. 460，第 481 页。

〔3〕 *Spiliada Maritime Corporation v. Cansulex Ltd*〔1987〕A. C. 460，第 476 页。

香港法院会考虑三个问题[1]:

问题一:适合审讯有关案件的场所,显然是香港法院还是另有其他地方的法院?(需由原告人来说服法院答案显然是香港法院)[2]

问题二:假如问题一的答案是另有其他地方的法院,那么在该地法院而不在香港法院审讯,原告人会否失去任何个人或法律上的优势?(需由原告人证明答案是会失去有关优势)

问题三:假如问题二的答案是会失去有关优势,香港法院需要平衡在该地法院审讯对本案的好处及对原告人的坏处。

需注意的是,是否批准香港境外送达,始终是酌情权的行使,因此,不能将上述三个问题,视作数学方程式来看待;并非罕见的情况是,香港法院就上述三个问题所考虑的因素是重叠的,不能清楚区分出来。

关于问题一,适合审讯有关案件的场所,明显是香港法院还是另有其他地方的法院,香港法院会衡量有关案件与哪个地方有最真实和实质的关联(most real and substantial connection[3])。衡量时,香港法院会考虑案中所有联系案件与某地的因素,例如,合同的签署地、合同的适用法律、合同的履行地、争议双方住在何地、在何地做生意、大部分证人在何地等(关于合同中的司法管辖权条款之作用,将在后文分析)。同样,需要留意的是,其并非数学方程式,不是单纯地就两个地方比较何地的关联因素较多;视乎案情,某一些关联因素在一案中可能起到了决定性作用,而在另一案中则可能不太重要。

关于问题二,在香港以外的法院而不在香港法院审讯,原告人会否失去任何个人或法律上的优势,就此问题需考量的因素举例如下:

证人:某位不愿出庭的重要证人可能身处香港,如果在香港审讯,香港法院有权命令此人出庭作供,如此人不出庭,可能会被控藐视法庭;在香港以外的法院审讯,可能无法迫使此证人出庭。

---

[1] *The owners of the ship or vessel "Lanka Athula" v. The owners of cargo lately laden on board the ship or vessel "Lanka Muditha"* [1991] 1 HKLR 741, 第 744 页。

[2] *Noble Power Investments Ltd v. Nissei Stomach Tokyo Co Ltd* [2008] 5 HKLRD 631, 第 641 页第 21 (2) 段。

[3] *Spiliada Maritime Corporation v. Cansulex Ltd* [1987] A. C. 460, 第 478 页。

执行：被告人的资产是否在香港？外地法院的判决是否能在香港执行？

诉讼时效：外地的诉讼时效有时比香港的短。由于时效问题，原告人可能已经无法在外地起诉被告人，只能在香港起诉；但是，并非在外地诉讼时效已过，香港法院就一定认为在香港审讯合适；香港法院会考虑原告人当初不及时在外地起诉是否合理；另外，假如被告人愿意承诺，若原告人在外地起诉，被告人不会向当地法院提出诉讼时效已过，而证据又显示当地法律容许被告人放弃提出诉讼时效抗辩，则香港法院即无需考虑诉讼时效的因素。[1]

法律：在香港审讯，需要负责赔偿损失的被告人人数可能比在外地审讯多。例如，根据香港的侵权法，雇主需要承担雇员的疏忽责任，但在外地审讯雇主可能无需承担责任。

赔偿：根据香港法院计算赔偿的准则，原告人所得的赔偿金额会否比根据外地法院采用之准则所获赔偿金额高。

讼费：在香港审讯，若原告人胜诉，被告人一般须向原告人赔偿大部分讼费。在外地审讯，被告人可能无需赔偿讼费。

同样，上述因素亦非数学方程式，不是单纯地在两个地方中比较哪一地对原告人的有利因素较多。视乎案情，某些因素可能在一案发挥决定性作用，但在另一案中却可能不太重要。例如，在一个合同纠纷诉讼案中，原告人要求被告人赔偿港币 200 万元，预计整宗案件原告人要花费港币 100 万元讼费；而在另一个合同纠纷诉讼案中，原告人要求被告人赔偿港币 1,000 万元，预计整宗案件原告人要花费港币 200 万元讼费。就被告人是否须赔偿原告人讼费这一因素而言，其在前案的作用可能比其在后案的作用重要。

很多时候，对原告人有利的因素，即是对被告人不利的因素。关于问题三，法院需平衡所有因素，再决定在哪地法院审讯比较符合诉讼各方的利益和公义。[2] 但无论如何，终究是需由原告人来说服法院：平衡所有因素后适合审讯有关案件的场所显然是香港法院。[3]

---

〔1〕 *Peregrine Fixed Income Ltd v. JP Morgan Chase Bank*〔2005〕3 HKLRD 1，第 7、8 页。

〔2〕 *Spiliada Maritime Corporation v. Cansulex Ltd*〔1987〕A. C. 460，第 476 页。

〔3〕 *Noble Power Investments Ltd v. Nissei Stomach Tokyo Co Ltd*〔2008〕5 HKLRD 631，第 641 页第 21 (2)段。

（四）香港境外送达方式

假设香港法院批准在香港境外送达令状，原告人需要主动安排送达。而实际如何送达，要视乎被告人身处何地，有时可能需要香港本地及外地司法机构协助。

如果要将令状送达位于内地的被告人，根据《高等法院规则》（香港法例第 4A 章）第 11 号命令第 5A 条规则，须通过内地司法机构送达。《高等法院规则》（香港法例第 4A 章）第 11 号命令第 5A 条规则如下：

"（1）凡按照本规则须在中国内地将令状送达须予送达的人，则该令状须透过中国内地的司法机构送达。

（2）任何人如欲根据第（1）款送达令状，必须向登记处递交一份请求作出该项送达的请求书，连同令状的文本两份，并须就须予送达的人额外递交两份令状文本。

（3）根据第（2）款递交的请求书必须载有以下资料 ——

（a）须予送达的人的姓名或名称及地址；

（b）对法律诉讼程序所属性质的描述；及

（c）（如提出请求的人希望中国内地的司法机构采用某一特定的送达方法）示明该送达方法。

（4）每份根据第（2）款递交的令状文本均须以中文写成，或附同中文译本。

（5）每份根据第（4）款递交的译本，均须由拟备该份译本的人核证为正确译本；而核证书并必须载有一项关于该人的姓名或名称、地址及以何种资格拟备该份译本的陈述。

（6）根据第（2）款妥为递交的文件，须由司法常务官送交中国内地的司法机构，并须附同一份请求书，请求中国内地的司法机构安排送达令状，或如已有根据第（3）（c）款示明某一特定的送达方法，则请求以该方法送达令状。"

（五）被告人如何就司法管辖权提出争议

如被告人在香港收到令状，即使原告人是以符合法律要求的方式送达，被告人仍有机会向香港法院申请，要求香港法院行使酌情权，搁置香港的法律程序。

如被告人在香港境外收到令状，即使是经香港法院批准以符合法律要求的方式境外送达，被告人仍有机会争议香港法院的司法管辖权，或要求香港法院行使酌情权搁置香港的法律程序。

以下就被告人如何对香港法院的司法管辖权提出争议进行研析。

1. 被告人提出申请

被告人收到的令状及其所附的表格，会列明被告人须在多少天内向香港法院交回送达认收书，以及在交回了送达认收书后多少天内将抗辩书送达原告人和交到香港法院存档。

即使被告人准备对香港法院的司法管辖权提出争议，或准备辩称香港法院不应行使司法管辖权并要求香港法院搁置香港的法律程序，被告人仍须向香港法院交回送达认收书，在送达认收书中表示拟就有关法律程序提出争议。但是，在此情况下，被告人不应将抗辩书送达原告人及交到香港法院存档，而应在抗辩书送达原告人和交到香港法院存档的期限届满前，向香港法院提出申请，对香港法院的司法管辖权提出争议或辩称香港法院不应行使司法管辖权。

需注意的是，如被告人有意对香港法院的司法管辖权提出争议或辩称香港法院不应行使司法管辖权，便不应作出与此不一致的行动（例如，将抗辩书送达原告人和交到香港法院存档）；如果被告人作出与其意愿相悖的行动，令人以为被告人已自愿接受香港法院有司法管辖权及应行使司法管辖权，被告人将有可能再也无法对香港法院的司法管辖权提出争议或辩称香港法院不应行使司法管辖权。

《高等法院规则》（香港法例第 4A 章）第 12 号命令第 7 条规则规定：

"被告人对令状所作的送达认收，不得视作他对令状或令状的送达的任何不符合规定之处放弃其权利，或视作他对任何给予许可送达令状或为送达令状而延展令状的有效期的命令的任何不符合规定之处放弃其权利。"

因此，被告人向香港法院交回送达认收书并表示拟就有关法律程序提出争议，不被视作已自愿接受香港法院有司法管辖权及应行使司法管辖权。

有关被告人争议香港法院的司法管辖权或要求香港法院搁置香港法律程

序的香港法律条文，主要是《高等法院规则》（香港法例第 4A 章）第 12 号命令第 8 条规则：

"（1）被告人如意欲因第 7 条规则所述的任何不符合规定之处或基于任何其他理由而就法院在法律程序中的司法管辖权提出争议，须就法律程序发出拟抗辩通知书，并须在送达抗辩书的时限内，向法庭申请 ——

（a）一项将令状作废或将令状向被告人的送达作废的命令，或

（b）一项宣布令状未曾妥为送达被告人的命令，或

（c）撤销任何给予许可在本司法管辖权范围外向被告人送达令状的命令，或

（d）撤销任何为送达令状而延展令状有效期的命令，或

（e）保护或发还被告人在法律程序中被检取或受检取威胁的任何财产，或

（f）撤销任何为阻止处理被告人的任何财产而作出的命令，或

（g）宣布在该宗案件的情况下，法院就申索的标的物或在诉讼中所寻求的济助或补救而言，对被告人并无司法管辖权，或

（ga）一项搁置该法律程序的命令，或

（h）适当的其他济助。

（2）如被告人意欲辩称基于第（2A）款指明的一个或多于一个理由或任何其他理由，法院不应在有关法律程序中行使其司法管辖权，被告人亦须就该法律程序发出拟抗辩通知书，并须在送达抗辩书的时限内，向法庭申请 ——

（a）一项宣布，宣布在该宗案件的情况下，法院不应行使所具有的任何司法管辖权，或

（b）一项搁置该法律程序的命令，或

（c）其他适当的济助，包括第（1）（e）或（f）款指明的济助。

（2A）为第（2）款的目的而指明的理由为 ——

（a）考虑到法律程序中的各方及证人的最佳利益及方便，该法律程序应在另一法院进行，

（b）被告人有权倚据原告人属协议方的排除法院的司法管辖权的协

议，及

（c）在关乎该法律程序的同一诉讼因由方面，在另一法院有被告人和原告人之间的待决的其他法律程序。

（3）根据第（1）或（2）款提出的申请必须藉传票提出，而该传票必须述明该申请的理由。

（4）根据第（1）或（2）款提出的申请，必须由一份核实申请所依据事实的誓章支持，而该誓章的一份文本必须与藉以作出申请的传票一并送达。

（5）法庭在聆讯根据第（1）或（2）款提出的申请时，如并无处置有争议的事宜，则可为处置该事宜作出适当指示，包括指示将该事宜作为初步争论点而审讯。

（6）根据第（1）或（2）款提出申请的被告人，不得因其曾就有关诉讼发出拟抗辩通知书而被视作愿受法院的司法管辖权管辖；但如法庭没有应有关申请作出命令，或法庭将该申请驳回，则除非法庭另有指示，否则该通知书须维持有效，而被告人须被视作已就有关诉讼发出拟抗辩通知书。

（6A）如法庭没有应根据第（1）或（2）款提出的申请作出命令，或法庭将该申请驳回，法庭可就送达抗辩书及进一步进行有关法律程序，作出适当指示。

（7）被告人对令状所作的送达认收，除非认收根据第 21 号命令第 1 条规则藉法庭许可而撤回，否则须视作被告人在法律程序中愿受法院的司法管辖权管辖，但如被告人是按照第（1）或（2）款提出申请的，则属例外。"

2. 有关程序

关于争议香港法院的司法管辖权或辩称香港法院不应行使司法管辖权的大致程序，一般如下：

（1）被告人在限期前向香港法院送交送达认收书，在送达认收书中表示拟就有关法律程序提出争议。

（2）被告人在送交抗辩书的期限届满前，向香港法院提出申请和呈交誓章，争议香港法院的司法管辖权或辩称香港法院不应行使司法管辖权。

（3）香港法院举行简短的聆讯，作出程序上的指示，例如定出原告人交反对誓章的限期，安排之后聆讯的日期。

（4）双方依照香港法院所定的时间表交誓章。

（5）香港法院举行聆讯，考虑司法管辖权的争议及/或辩称香港法院不应行使司法管辖权的论点。

此外，根据一些案例[1]，被告人在辩称香港法院不应行使司法管辖权，并申请要求香港法院搁置香港的法律程序时，须指出其抗辩理据，抗辩理据须足够详细，能显示诉讼双方之间有需要审讯的实在争论点，否则，被告人的申请不会成功。

3. 香港境内送达的情况下处理被告人申请的准则

如被告人在香港收到令状，即使原告人是以符合法律要求的方式送达，被告人仍可以根据《高等法院规则》（香港法例第4A章）第12号命令第8条规则向香港法院申请，要求香港法院行使酌情权，搁置香港的法律程序。

香港法院决定是否行使酌情权搁置香港的法律程序的准则，与决定是否根据《高等法院规则》（香港法例第4A章）第11号命令批准原告人在境外送达时的准则相同，即法院实质上是决定：是否有另一地方的法院显然比香港法院更适合审讯有关案件，即在该地法院审讯比较符合诉讼各方的利益和公义。[2] 举证责任由被告人（申请人）承担，即是由被告人说服香港法院，有另一地方的法院显然比香港法院更适合审讯有关案件，而不是由原告人反证香港法院比较适合审讯有关案件。[3] 香港法院就此会考虑三个问题[4]：

问题一：是否香港法院不但不是适合审讯有关案件的场所，而且有另一地方的法院显然比香港法院适合审讯本案？（由被告人来证明）

问题二：假如被告人成功地就问题一说服香港法院，那么，在该地法院而不在香港法院审讯，原告人会否失去任何个人或法律上的优势？（由原告人证明答案是会失去有关优势）

问题三：假如问题二的答案是会失去有关优势，香港法院需要平衡在该

---

［1］ *New Link Consultants Ltd v. Air China & others* ［2005］HKEC 815，及 *Chow Fun Hsien v. K Vision International Investment*（*HK*）*Ltd*［2006］HKEC 2081.

［2］ *Spiliada Maritime Corporation v. Cansulex Ltd*［1987］A. C. 460，第476页。

［3］ *Spiliada Maritime Corporation v. Cansulex Ltd*［1987］A. C. 460，第476页；*Noble Power Investments Ltd v. Nissei Stomach Tokyo Co Ltd*［2008］5 HKLRD 631，第641页第21（1）段。

［4］ *The owners of the ship or vessel "Lanka Athula" v. The owners of cargo lately laden on board the ship or vessel "Lanka Muditha"*［1991］1 HKLR 741，第744页。

地法院审讯对有关案件的好处及对原告人的坏处。

与上述三个问题有关的因素，与原告人根据《高等法院规则》（香港法例第 4A 章）第 11 号命令申请香港境外送达令状时的有关因素相同，在此不再重复。需要留意的是，说服香港法院有另一地方法院显然比香港法院适合审讯有关案件的责任由被告人（申请人）承担。但是，在实际处理申请的过程中，当事人双方均会尝试证明对己方有利的情况去说服香港法院应否搁置香港的法律程序，而证明该等对己方有利的情况的举证责任，由提出该等情况的一方承担。[1]

关于问题一，根据有关案例[2]，被告人须明确指出哪一个法院（例如深圳市中级人民法院）比香港法院适合审讯有关案件，仅仅指出国家或城市似乎并不足够。

另外，根据《高等法院规则》（香港法例第 4A 章）第 12 号命令第 8 (2A)（c）条规则，被告人辩称香港法院不应行使司法管辖权，并提出申请搁置香港的法律程序，其中一个可能的理由是"在关乎该法律程序的同一诉讼因由方面，在另一法院有被告人和原告人之间的待决的其他法律程序"。就同一诉讼因由，诉讼各方可能在不同地方的法院提起诉讼，例如，针对同一货物买卖合同，一方面，甲方在内地法院针对乙方提起诉讼，指称乙方违约，收货后没有付款；另一方面，乙方在香港法院针对甲方提起诉讼，指称甲方违约，提供的货物规格与合同约定不符。就上述两个诉讼（实属区际平行诉讼），假设内地和香港均未判决，在香港法律项下，并没有较早开始的诉讼程序继续进行而较迟开始的诉讼程序应搁置的原则，是否搁置香港的案件，由香港法院酌情决定。根据有关案例[3]，香港法院考虑如何行使酌情权，准则仍是以上三个问题，两地法院同时处理同一诉讼因由可能带来的好处或坏处以及两地程序的进度，是香港法院会考虑的其中一些因素。

---

〔1〕 *Spiliada Maritime Corporation v. Cansulex Ltd* 〔1987〕A. C. 460，第 476 页。

〔2〕 *Greenwood Limited v. Pearl River Container Transportation Limited and another*，香港高等法院上诉法庭民事上诉案 1994 年第 27 宗，判决日期 1994 年 5 月 25 日。

〔3〕 *The Abidin Daver* 〔1984〕AC 398；*Australian Commercial Research & Development Limited v. ANZ Mccaughan Merchant Bank Limited* (*Formerly ANZ Merchant Bank Limited*) Court of Appeal 1990 WL 10630983；*Hing Fat Plastic Manufacturing Co. Ltd. v. Advanced Technology Products* (*HK*) *Ltd* 〔1992〕2 HKLR 350.

如果原告人就同一诉讼因由同时在内地和香港法院起诉被告人，而被告人向香港法院申请搁置香港的法律程序，则除非香港法院认为在两地同时起诉，原告人会享有很重要的个人或法律上的优势，而剥夺此优势并不公义，否则，香港法院一般不会容许原告人在两地同时起诉被告人。[1]

4. 香港境外送达的情况下处理被告人申请的准则

如被告人在香港境外收到令状，即使送达是香港法院根据《高等法院规则》（香港法例第 4A 章）第 11 号命令所批准及送达方式符合法律要求，被告人仍可以根据《高等法院规则》（香港法例第 4A 章）第 12 号命令第 8 条规则向香港法院申请，争议香港法院的司法管辖权或要求香港法院行使酌情权搁置香港的法律程序。

香港法院考虑被告人的申请时所用的准则，与根据《高等法院规则》（香港法例第 4A 章）第 11 号命令考虑是否批准原告人在香港境外送达令状时相同，香港法院会重新考虑双方的理据，在假设被告人同时争议香港法院的司法管辖权及要求法院搁置香港的法律程序的情形下：

（1）原告人须再次证明有"good arguable case"（好的因由）案件符合《高等法院规则》（香港法例第 4A 章）第 11 号命令第 1 条规则中的至少一项[2]（假设被告人争议此点）。

（2）原告人须再次证明，案情是有"serious issue to be tried"（需要审讯的实在争论点）（假设被告人争议此点）。

（3）原告人须再次说服香港法院行使酌情权批准香港境外送达是恰当的，香港法院实质上是在决定：由哪地法院审讯，比较符合诉讼各方的利益和公义。[3] 香港法院会考虑三个问题[4]：

问题一：适合审讯有关案件的场所，显然是香港法院还是另有其他地方

---

〔1〕 *Hing Fat Plastic Manufacturing Co. Ltd. v. Advanced Technology Products（HK）Ltd*〔1992〕2 HKLR 350，第 353 页。

〔2〕 *Noble Power Investments Ltd v. Nissei Stomach Tokyo Co Ltd*〔2008〕5 HKLRD 631，第 640 页第 18 段。

〔3〕 *Spiliada Maritime Corporation v. Cansulex Ltd*〔1987〕A. C. 460，第 476 页。

〔4〕 *The owners of the ship or vessel "Lanka Athula" v. The owners of cargo lately laden on board the ship or vessel "Lanka Muditha"*〔1991〕1 HKLR 741，第 744 页。

的法院？（由原告人来说服法院答案显然是香港法院）[1]

问题二：假如问题一的答案是另有其他地方的法院，那么在该地法院而不在香港法院审讯，原告人会否失去任何个人或法律上的优势？（由原告人证明答案是会失去有关优势）

问题三：假如问题二的答案是会失去有关优势，法院需要平衡，在该地法院审讯，对有关案件的好处及对原告人的坏处。

（六）合同中关于司法管辖权的条款

在商事交易过程中，有关商事合同通常载有司法管辖权的条款，例如，"由本合同引起的或与本合同有关的任何纠纷或相关的任何事宜，香港法院有非专属司法管辖权。"或"由本合同引起的或与本合同有关的任何纠纷或相关的任何事宜，中国广东省深圳市中级人民法院有专属司法管辖权。"

上述条款在香港司法管辖权争议中实际起到了什么作用？香港法院对于非专属管辖权条款和专属管辖权条款的处理方法有无不同？以下，我们进行简要分析。

1. 管辖权条款指明香港法院的情况

对于合同中的管辖权条款指明了香港法院的情况，香港高等法院上诉法庭在 *Noble Power Investments Ltd v. Nissei Stomach Tokyo Co Ltd*[2] 一案中详细考虑了有关问题。

该案中，原告人根据《高等法院规则》（香港法例第 4A 章）第 11 号命令单方面向香港法院申请香港境外送达令状，法院批准申请。被告人在香港境外收到令状后，争议香港法院的司法管辖权，向香港法院申请撤销在香港境外向被告人送达令状的许可，被告人指出案件应由日本东京法院审理。

该案涉及一份合同，合同中有一条款，约定香港法院有非专属司法管辖权。

香港高等法院原讼法庭撤销了该案中在香港境外送达令状的许可，原讼法庭认为，非专属司法管辖权条款，只是衡量哪地更适合审讯该案的其中一

---

〔1〕 *Noble Power Investments Ltd v. Nissei Stomach Tokyo Co Ltd*［2008］5 HKLRD 631，第 641 页第 21（2）段。

〔2〕 ［2008］5 HKLRD 631.

个因素；而在该案的案情中，非专属司法管辖权条款不是一个特别有力的因素。原讼法庭认为根据案情，日本明显是更适合审讯该案的地方；原告人未能显示香港显然是更合适审理该案的地方，特别是，签署合同前的谈判全部以日本语进行，日本是合同的履行地，关于赔偿方面的证据都来自日本，日本法院比香港法院容易衡量这方面的证据。

就香港高等法院原讼法庭的裁定，原告人向香港高等法院上诉法庭上诉。上诉法庭批准上诉，香港高等法院上诉法庭的判词包括以下重点内容：

上诉法庭认为，所有根据《高等法院规则》（香港法例第 4A 章）第 11 号命令的案件，都是由原告人去证明香港显然是合适处理有关案件的场地。[1]

分析管辖权条款时的大前提是：法院会迫使诉讼各方履行合同中的交易条件，但其并非绝对，亦存在罕见的情况，即法院会认为不赋予有关合同条款效力才符合公义。[2]

即使是非专属司法管辖权条款，亦意味着合同双方同意接受条款指定之法院的司法管辖权。[3]

因此，如果合同一方在司法管辖权条款所指定的法院被起诉，不论司法管辖权条款是专属还是非专属，原则上并无分别，因为合同双方均同意，如果在条款所指定的法院被起诉，即接受其司法管辖权。[4]

如原告人在非专属司法管辖权条款中所指定的法院起诉被告人，被告人要求法院搁置法律程序或争议司法管辖权或争议该地是否是合适审理此案的场所，被告人的举证责任十分沉重，这是因为双方已在合同中同意接受该法院的司法管辖权，被告人却尝试避开其在合同中所同意接受的审理场所。[5]

---

〔1〕 *Noble Power Investments Ltd v. Nissei Stomach Tokyo Co Ltd* ［2008］5 HKLRD 631，第 642 页第 23 段。

〔2〕 *Noble Power Investments Ltd v. Nissei Stomach Tokyo Co Ltd* ［2008］5 HKLRD 631，第 643 页第 27 段。

〔3〕 *Noble Power Investments Ltd v. Nissei Stomach Tokyo Co Ltd* ［2008］5 HKLRD 631，第 643 页第 28 段。

〔4〕 *Noble Power Investments Ltd v. Nissei Stomach Tokyo Co Ltd* ［2008］5 HKLRD 631，第 643 页第 29 段。

〔5〕 *Noble Power Investments Ltd v. Nissei Stomach Tokyo Co Ltd* ［2008］5 HKLRD 631，第 644 页第 31 段。

关于被告人的举证责任，被告人需要证明存在很强或压倒性的理由或特殊情况，例如，出现立约时双方无法合理预见的因素，法院才会容许被告人不为合同约定所限。[1]

所以，在此情况下，司法管辖权条款是专属还是非专属，原则上并无分别。被告人申请搁置法律程序时，都需要证明其具备有力的理由。[2]

在该案中，原讼法庭使用了通常考虑是否行使酌情权时所用的方法，衡量案件中的关联因素（例如，合同履行地、证据来源地等），并只将非专属司法管辖权条款当作其中一个因素看待；原讼法庭所用的考虑方法是错误的。[3]

正确的方法是，当存在非专属司法管辖权条款时，如原告人是在条款约定的法院起诉被告人，则被告人需要证明存在强力理由不应执行该条款，其有别于通常考虑是否行使酌情权的案件（衡量案件中关联因素）。在合同有非专属司法管辖权条款的案件中，有无关联因素并不重要，除非其构成不应执行非专属司法管辖权条款的强力理由。所谓"强力理由"，一般是指立约时双方无法合理预见的因素。[4]

如存在非专属司法管辖权条款，且原告人是在非专属司法管辖权条款约定的法院起诉被告人，则处理有关根据《高等法院规则》（香港法例第4A章）第11号命令在香港境外送达的问题时，法院正确的处理方式如下：[5]

由原告人去证明香港显然是合适处理有关案件的场地。原告人指出非专属司法管辖权条款，便能证明香港显然是合适处理有关案件的场地。这是合同约定。

被告人证明存在什么强而有力的原因不应执行此合同约定。法院的处理

---

[1] *Noble Power Investments Ltd v. Nissei Stomach Tokyo Co Ltd* [2008] 5 HKLRD 631，第645页第36段。

[2] *Noble Power Investments Ltd v. Nissei Stomach Tokyo Co Ltd* [2008] 5 HKLRD 631，第646页第37段。

[3] *Noble Power Investments Ltd v. Nissei Stomach Tokyo Co Ltd* [2008] 5 HKLRD 631，第646页第39~40段。

[4] *Noble Power Investments Ltd v. Nissei Stomach Tokyo Co Ltd* [2008] 5 HKLRD 631，第646页至第647页第40段。

[5] *Noble Power Investments Ltd v. Nissei Stomach Tokyo Co Ltd* [2008] 5 HKLRD 631，第647页第41段。

方法，不是衡量关联因素。

2. 管辖权条款指明香港以外法院的情况

如果合同中的管辖权条款指明香港以外的法院（例如，广东省深圳市中级人民法院）有专属/非专属司法管辖权，应如何处理？

假设的一种情况是：合同指明广东省深圳市中级人民法院有专属司法管辖权，而原告人违反专属司法管辖权条款，在香港法院展开法律程序起诉被告人，并在香港境内向被告人成功送达令状，被告人向香港法院申请搁置香港的法律程序。在此情况下，是否搁置香港的法律程序，由香港法院酌情决定。但是，由于合同双方理应遵守合同，除非原告人（违反专属司法管辖权条款的一方）能证明存在有力原因不应搁置香港的法律程序，否则，法院应行使酌情权搁置香港的法律程序。[1]

由此类推，假设合同指明广东省深圳市中级人民法院有专属司法管辖权，如果原告人根据《高等法院规则》（香港法例第 4A 章）第 11 号命令申请香港境外送达令状，在此情况下，是否批准境外送达，由香港法院酌情决定。但是，由于合同双方理应遵守合同，除非原告人（违反专属司法管辖权条款的一方）能证明存在有力原因应批准香港境外送达，否则，香港法院应拒绝批准香港境外送达。

假设的另一种情况是：合同指明广东省深圳市中级人民法院有非专属司法管辖权。而非专属司法管辖权条款并未禁止合同各方在其他法院起诉，因此，在其他法院起诉，没有违反非专属司法管辖权条款。假设合同指明广东省深圳市中级人民法院有非专属司法管辖权，原告人在香港法院展开法律程序起诉被告人，并在香港境内向被告人成功送达令状，而被告人向香港法院申请搁置香港的法律程序；在此情况下，香港法院决定是否行使酌情权搁置香港的法律程序的准则及举证责任由何方承担，与合同中没有司法管辖权条款的案件相同，非专属司法管辖权条款是香港法院决定是否行使酌情权搁置香港的法律程序的其中一个考虑因素；[2] 合同中指明广东省深圳市中级人民法院有非专属司法管辖权的条款，是其中一个显示案件比较适合在广东省深

---

〔1〕 *T & K Electronics Ltd v. Tai Ping Insurance Co Ltd* ［1998］1 HKLRD 172，第 174 页。

〔2〕 *Peregrine Fixed Income Ltd v. JP Morgan Chase Bank* ［2005］3 HKLRD 1.

圳市中级人民法院审讯的关联因素，而且视乎案情，可能是分量不小的关联因素。[1]

由此类推，假设合同指明广东省深圳市中级人民法院有非专属司法管辖权，如果原告人根据《高等法院规则》（香港法例第 4A 章）第 11 号命令申请香港境外送达令状，则香港法院决定是否行使酌情权批准香港境外送达的准则及举证责任由何方承担，与合同中没有司法管辖权条款的案件相同，非专属司法管辖权条款，是香港法院决定是否行使酌情权批准香港境外送达的其中一个考虑因素；合同指明广东省深圳市中级人民法院有非专属司法管辖权的条款，是其中一个显示案件比较适合在广东省深圳市中级人民法院审讯的关联因素，而且视乎案情，可能是分量不小的关联因素。

三、减少内地与香港跨境商事争议诉讼管辖权冲突的展望

根据本节前两部分的分析，可以发现，内地与香港跨境商事争议的诉讼管辖权冲突源于两地法律制度的差异。内地对涉港民商事案件诉讼管辖权的规定在坚持"一国两制"基本原则的前提下，除非另有特别规定，参照适用涉外管辖规定，包括一般原则、地域管辖规定、集中管辖规定、专属管辖规定、协议管辖规定、不方便法院原则、平行诉讼的处理原则、其他管辖规定的适用等。香港处理涉及内地的民商事案件诉讼管辖权在《中华人民共和国香港特别行政区基本法》的框架下，以令状是否依法有效送达被告人及香港法院酌情权的行使作为决定香港法院诉讼管辖权的主要标准。两地民商事诉讼管辖权规定标准所存在的重大差异使得内地与香港区际管辖权冲突无法消除，而且随着两地交流的日益深化有愈演愈烈之势。

内地与香港跨境商事争议诉讼管辖权区际冲突的存在，对于两地跨境商事当事人实体权利的有效保护是重要的消极因素，对于两地跨境商事交易秩序正常稳定的预期是重大的不确定变量，长此以往，不但有损两地的法律权威，而且在某种程度上也会对"一国两制"原则造成负面影响，因此，有必要根据内地与香港的实际情况，依法采取切实可行的方式，尽可能地减少内

---

〔1〕 *Peregrine Fixed Income Ltd v. JP Morgan Chase Bank*〔2005〕3 HKLRD 1，第 10 页第 52 段。

地与香港之间的区际管辖权冲突。

可喜的是，近年来，内地与香港在解决两地跨境商事争议诉讼区际管辖权冲突方面所采取的一些举措有助于实质性地减少两地的区际管辖权冲突。

关于内地法院和香港法院的民商事案件判决的相互认可和执行，经过多年努力，多次磋商，最高人民法院与香港特别行政区政府于 2006 年 7 月 14 日签署《关于内地与香港特别行政区法院相互认可和执行当事人协议管辖的民商事案件判决的安排》。在内地，该项安排以司法解释的形式（法释〔2008〕9 号）加以体现；在香港，为实施该项安排，香港特别行政区制定了《内地判决（交互强制执行）条例》（香港法例第 597 章）。该项安排自 2008 年 8 月 1 日起生效。内地人民法院和香港特别行政区法院在具有书面管辖协议的民商事案件中作出的须支付款项的具有执行力的终审判决，当事人可以根据该项安排向内地人民法院或者香港特别行政区法院申请认可和执行。该项安排的重要意义不仅在于其是内地与香港特别行政区之间第一个相互认可和执行民商事判决的安排，是两地司法协助的重要里程碑，还在于其从两地民商事判决相互认可和执行的角度可以为解决两地跨境商事争议诉讼管辖权冲突发挥实际作用。尽管该项安排所适用的判决范围还较为狭窄、适用条件还有严格限制，但无论如何，这都是可喜的第一步，我们有理由相信，随着时间的推移，两地的相互理解将会更加深入，在该项安排的基础上，两地就民商事判决相互承认和执行所达成的共识将会更加广泛，两地民商事判决相互认可和执行的范围将会逐步扩大，从而对减少两地跨境商事争议诉讼管辖权冲突发挥更大、更积极的作用。

《最高人民法院关于适用〈中华人民共和国民事诉讼法〉的解释》在第 532 条对不方便法院原则的规定，首次在司法解释的层面确立该原则，其对于解决两地跨境商事争议诉讼管辖权冲突将产生深远影响。可以预期，在"一国两制"原则下，在内地以诉讼方式解决内地与香港跨境商事争议时，涉及诉讼管辖权的区际冲突问题将可更方便地参照适用不方便法院原则，随着内地涉港民事诉讼的法官和诉讼参加人对于这一原则的更深入理解和更多实践，该原则对于解决两地民商事争议诉讼管辖权冲突必将产生更重要的正面影响。

虽然两地之间的跨境商事争议诉讼区际管辖权冲突源于两地法律制度的

差异，但是，这种区际管辖权冲突在性质上与国际管辖权冲突具有根本区别，在不损害"一国两制"原则的基础上，两地之间完全有可能通过广泛、深入地沟通和磋商，凝聚共识，就减少两地跨境商事争议诉讼管辖权冲突达成更具基础性的制度性安排，从而最大限度地减少两地跨境商事争议诉讼管辖权冲突。对此，我们充满期待。

第二章

内地与香港跨境商事争议的仲裁

仲裁是内地与香港跨境商事争议的又一重要解决方式。仲裁所固有的高保密性、高效率性、高执行性及高适用性的特点，使其在现代社会，特别是在商事活动中，日益得到当事人的青睐，内地与香港跨境商事争议的当事人也越来越多地选择仲裁作为其争议的解决方式。

本章主要讨论内地与香港跨境商事争议的仲裁解决方式，通过对内地和香港仲裁制度及仲裁程序的研究，展示两地仲裁制度的各自特点以及内地与香港跨境商事争议在两地通过仲裁解决的各自程序。

第一节　内地与香港跨境商事争议仲裁概述

"仲裁是现代社会解决民商事争议的重要手段之一，它是指争议双方在争议发生之前或者争议发生之后自愿达成协议，将争议提交给非司法机关的第三者，由其居中作出裁决，该裁决对双方当事人具有法律约束力的一种解决争议的方式。仲裁裁决尽管不是国家裁判行为，但是同法院的终审判决一样有效。"[1]

在内地，《中华人民共和国仲裁法》是内地规范和调整经济纠纷仲裁活动的基本法律，平等主体的公民、法人和其他组织之间发生的合同纠纷和其他财产权益纠纷可以根据该法进行仲裁。该法确立了自愿仲裁、或裁或审、独立仲裁、一裁终局、保密进行、强制执行等基本仲裁原则，这些基本原则支撑了内地的经济纠纷仲裁制度，也构成了内地经济纠纷仲裁的基本特点。

---

〔1〕　资料来源于中国商事仲裁网，网址：http://www.ccarb.org/WEB＿CN/KnowledgeDetail.aspx? KnowType＝&KeyID＝18_613.

　　在香港，2011 年 6 月 1 日生效的香港《仲裁条例》（香港法例第 609 章）以联合国国际贸易法委员会《贸易法委员会国际商事仲裁示范法》为基础，用以统一香港本地及国际仲裁的法定制度。[1] 在保密性方面，一般而言，香港的仲裁过程和结果皆属保密，无需对外公开，也不会像法院诉讼般有详述案情且对外公开的判决书。除非各方另有协议，否则，在一般情况下，任何一方不得发表、披露或传达任何关乎仲裁协议所指的仲裁程序的资料或任何关乎在该仲裁程序中作出裁决的资料。[2] 即使法院在某些情况下被请求介入仲裁程序（例如一方当事人根据《仲裁条例》（香港法例第 609 章）请求法院对仲裁庭裁定其对当事人的争议拥有管辖权的裁决作出决定），[3] 除非当事人任何一方向法院申请或法院认为有必要，否则，所有相关法律程序的聆讯均以非公开聆讯的形式进行。[4] 因此，除了少数特殊情况外，仲裁能维护当事人之间的争议所涉及的敏感及机密资料。在法院判决及仲裁裁决于域外的承认和执行方面，目前，虽然法院民事诉讼的判决可在与香港有相关协议的国家通过转化为当地的判决执行，但这些国家不足 20 个；而仲裁就此优势明显，截至 2016 年 10 月，在香港取得的仲裁裁决可以通过《承认及执行外国仲裁裁决公约》在多达 156 个国家执行；[5] 这样，来自不同国家的商家（例如，日本和德国）便可通过国际通行的仲裁方式解决争议，而无须诉诸完全陌生的国家的法院。在仲裁裁决的权威性方面，一方面，除非在仲裁过程中出现足以影响裁决的不公平等特定情形，否则，一般情况下不能撤销或拒绝强制执行仲裁裁决，这意味着，即使仲裁员对事实的判断错误，甚至在判决中出现明显的漏洞，当事人也唯有接受；另一方面，由于没有上诉机制［除非当事人约定选用或按照《仲裁条例》（香港法例第 609 章）适用载于《仲裁条例》（香港法例第 609 章）附表 2 的第 5 条，其允许当事人就法律问题而针对仲裁裁决提出上诉］，且可质疑或挑战仲裁裁决的情形较为有限，所以，

---

　　〔1〕　资料来源于香港特别行政区政府律政司网站，略有调整，网址：http://www.doj.gov.hk/chi/public/arbitration.html.

　　〔2〕　《仲裁条例》（香港法例第 609 章）第 18 条。

　　〔3〕　《仲裁条例》（香港法例第 609 章）第 34 条。

　　〔4〕　《仲裁条例》（香港法例第 609 章）第 16 条。

　　〔5〕　参见 http://www.uncitral.org/uncitral/en/uncitral_texts/arbitration/NYConvention_status.html.

一般而言，仲裁比诉讼能更快取得最终裁决。

《仲裁条例》（香港法例第609章）生效后曾作出数次修订，主要是针对其第11部和附表2的有关可以明文选择或自动适用的条文，此外，还增加了第3A部，以规定紧急仲裁员在仲裁庭组成前根据有关仲裁规则批给的任何紧急济助，可犹如具有同等的原讼法庭命令或指示般以同样的方式在香港强制执行。另需关注的是，2015年10月，香港法律改革委员会辖下的第三方资助仲裁小组委员会发表咨询文件，建议修改《仲裁条例》（香港法例第609章），以准许第三方资助在香港进行的仲裁，其后，香港法律改革委员会于2016年10月12日发表报告书，建议应修订法律，述明在符合适当的保障规定下准许第三方资助《仲裁条例》（香港法例第609章）下的仲裁及相关法律程序；2015年12月，香港律政司发表咨询文件，建议修改《仲裁条例》（香港法例第609章），以订明知识产权争议能籍仲裁解决，以及订明强制执行任何仲裁裁决，不会仅仅因该裁决涉及关乎知识产权的争议或事宜而违反公共政策。至2016年10月，上述有关修改建议的法案还未提交香港立法会。

以下，从商事仲裁机构、仲裁规则、仲裁协议及仲裁裁决4个方面对内地与香港跨境商事争议仲裁制度进行概述。

一、商事仲裁机构

内地与香港在各自的法律体系及法律制度的基础上构建了各自的仲裁制度，并据此设立了各自的仲裁机构。

（一）内地仲裁机构

《中华人民共和国仲裁法》仅规定了机构仲裁，并未对临时仲裁作出规定[1]，与香港的仲裁分为临时仲裁与机构仲裁两种形式存在差异。

以下对内地的主要涉外仲裁机构（亦可处理涉港商事争议）进行介绍。

---

〔1〕《最高人民法院关于为自由贸易试验区建设提供司法保障的意见》（法发〔2016〕34号）就人民法院涉自由贸易试验区案件的审判工作中有关仲裁问题，要求人民法院正确认定仲裁协议效力，规范仲裁案件的司法审查，本着自由贸易试验区先行先试的原则，在特定范围内有限度地认可域外仲裁约定及临时仲裁。

1. 内地的主要涉外仲裁机构

（1）中国国际经济贸易仲裁委员会[1]。中国国际经济贸易仲裁委员会（英文名称为 China International Economic and Trade Arbitration Commission，简称"CIETAC"），是中国国际贸易促进委员会根据中央人民政府政务院 1954 年 5 月 6 日的决定，于 1956 年 4 月在北京设立的，当时名称为"对外贸易仲裁委员会"，1980 年改名为"对外经济贸易仲裁委员会"，1988 年改为现名称，于 2000 年同时启用"中国国际商会仲裁院"的名称。中国国际经济贸易仲裁委员会是世界上主要的常设商事仲裁机构之一，其根据当事人的约定受理契约性或非契约性的经济贸易等争议案件，范围包括：国际的或涉外的争议案件，涉及香港特别行政区、澳门特别行政区或台湾地区的争议案件，内地争议案件。

中国国际经济贸易仲裁委员会在广东深圳、上海、天津、重庆、浙江杭州、湖北武汉、福建福州、福建平潭等地设有中国国际经济贸易仲裁委员会华南分会、上海分会、天津国际经济金融仲裁中心（天津分会）、西南分会、浙江分会、湖北分会、福建分会、海峡两岸仲裁中心等；2012 年，中国国际经济贸易仲裁委员会在香港设立香港仲裁中心。中国国际经济贸易仲裁委员会及其分会/仲裁中心是一个统一的仲裁委员会，适用相同的《仲裁规则》和《仲裁员名册》，其《章程》规定，分会/仲裁中心是其派出机构，根据中国国际经济贸易仲裁委员会的授权接受并管理仲裁案件。

根据仲裁业务发展的需要，以及就近为当事人提供仲裁咨询和程序便利的需要，中国国际经济贸易仲裁委员会先后设立了 29 个地方和行业办事处；为满足当事人的行业仲裁需要，其在国内首家推出独具特色的行业争议解决服务，为不同行业的当事人提供适合其行业需要的仲裁法律服务，如粮食行业争议、商业行业争议、工程建设争议、金融争议以及羊毛争议的解决服务等；此外，中国国际经济贸易仲裁委员会还为当事人提供域名争议解决服务，积极探索电子商务的网上争议解决；针对快速解决电子商务纠纷及其他经济贸易争议的需要，其于 2009 年 5 月 1 日推出《网上仲裁规则》。

（2）中国海事仲裁委员会。中国海事仲裁委员会（英文名称为 China

---

〔1〕　本部分资料来源于中国国际经济贸易仲裁委员会网站，网址：http://www.cietac.org/.

Maritime Arbitration Commission，简称"CMAC"），是根据中华人民共和国国务院 1958 年 11 月 21 日的决定，于 1959 年 1 月 22 日设立的专门受理国内外海事争议的常设仲裁机构。[1]

中国海事仲裁委员会设在北京，在上海、天津、重庆设有分会，在香港设有中国海事仲裁委员会香港仲裁中心。中国海事仲裁委员会以仲裁的方式，独立、公正地解决海事、海商、物流争议以及其他契约性或非契约性争议，以保护当事人的合法权益，促进国际国内经济贸易和物流的发展。[2]

（3）华南国际经济贸易仲裁委员会[3]。华南国际经济贸易仲裁委员会（英文名称为 South China International Economic and Trade Arbitration Commission，又称"深圳国际仲裁院"，曾名"中国国际经济贸易仲裁委员会华南分会"、"中国国际经济贸易仲裁委员会深圳分会"，英文简称"SCIA"）是解决境内外自然人、法人和其他组织之间发生的合同纠纷和其他财产权益纠纷的仲裁机构。

华南国际经济贸易仲裁委员会受理当事人之间发生的合同争议和其他财产权益争议仲裁案件，范围包括：国际或涉外仲裁案件，涉及香港特别行政区、澳门特别行政区及台湾地区的仲裁案件，中国内地仲裁案件；此外，还受理一国政府与他国投资者之间的投资争议仲裁案件。

华南国际经济贸易仲裁委员会是中国商事仲裁国际化的探索者，其理事会理事有 1/3 以上来自境外，仲裁员也有 1/3 以上来自境外 49 个国家和地区；当事人遍及中国内地各省、直辖市、自治区、港澳台地区和逾 60 多个国家。

华南国际经济贸易仲裁委员会适应产业发展的需要，根据《国务院关于前海深港现代服务业合作区总体发展规划的批复》和《粤港合作框架协议》，加大粤港合作力度，持续创新，探索符合境内外当事人需求的多元化争议解决机制（ADR），已在粤港地区建立起"商会调解+仲裁"、"展会调解+仲裁"和"香港调解+SCIA 仲裁"的专业化争议解决业务体系，为境内外当事人提

---

〔1〕 资料来源于中国国际贸易促进委员会网站，网址：http://www.ccpit.org/Contents/Channel_3396/2014/0712/399351/content_399351.htm。

〔2〕 资料来源于中国海事仲裁委员会网站，网址：http://www.cmac.org.cn/。

〔3〕 本部分资料来源于华南国际经济贸易仲裁委员会/深圳国际仲裁院网站，网址：http://www.sccietac.org/。

供多元化的争议解决服务。

（4）上海国际经济贸易仲裁委员会[1]。上海国际经济贸易仲裁委员会（英文名称为 Shanghai International Economic and Trade Arbitration Commission，同时启用"上海国际仲裁中心"的名称，原名"中国国际经济贸易仲裁委员会上海分会"，英文简称"SHIAC"）系解决作为平等主体的自然人、法人及其他经济组织之间发生的合同和其他财产权益纠纷的仲裁机构，受理国际的或涉外的争议案件、涉及香港特别行政区、澳门特别行政区或台湾地区的争议案件以及国内的争议案件。

2013 年 10 月，上海国际仲裁中心设立中国（上海）自由贸易试验区仲裁院；2014 年 8 月，上海国际仲裁中心设立了世界首个航空仲裁平台——上海国际航空仲裁院，为解决国际航空纠纷提供了重要途径；2015 年 10 月，上海国际仲裁中心设立了首个金砖国家间争议解决平台——金砖国家争议解决上海中心，为金砖国家之间产生的跨境争议提供解决机制；2015 年 11 月，上海国际仲裁中心设立了首个中非间争议解决平台——中非联合仲裁上海中心，为中非商事主体提供纠纷解决法律服务。

上海国际经济贸易仲裁委员会受理的案件除传统商事争议外，还涉及到私募股权、互联网金融、融资租赁、航空服务、能源与环境权益等新型案件，案件当事人遍及全国各地及世界上 70 余个国家和地区。

（5）根据《中华人民共和国仲裁法》在内地有关城市重新组建的仲裁委员会。根据 1996 年 6 月 8 日《国务院办公厅关于贯彻实施〈中华人民共和国仲裁法〉需要明确的几个问题的通知》（国办发［1996］22 号）的规定，新组建的仲裁委员会的主要职责是受理国内仲裁案件；涉外仲裁案件的当事人自愿选择新组建的仲裁委员会仲裁的，新组建的仲裁委员会可以受理。

2. 中国国际经济贸易仲裁委员会与原中国国际经济贸易仲裁委员会华南分会、原中国国际经济贸易仲裁委员会上海分会之间的纷争

2012 年，中国国际经济贸易仲裁委员会与原中国国际经济贸易仲裁委员会华南分会、原中国国际经济贸易仲裁委员会上海分会之间就仲裁案件的管

---

〔1〕 本部分资料来源于上海国际经济贸易仲裁委员会/上海国际仲裁中心网站，网址：http://www.cietac-sh.org/。

辖、彼此间的关系、机构名称的使用等产生纷争，在境内外造成轩然大波。

中国国际经济贸易仲裁委员会于 2012 年 5 月 1 日施行修订后的仲裁规则。

2012 年 11 月 24 日，深圳市人民政府令（第 245 号）公布，《深圳国际仲裁院管理规定（试行）》开始试行，该试行规定明确，深圳国际仲裁院是深圳市人民政府在其组建的中国国际经济贸易仲裁委员会华南分会的基础上，经依法更名，并同时使用"华南国际经济贸易仲裁委员会"名称的仲裁机构。

2013 年 4 月 8 日，上海市司法局作出决定，准予原中国国际经济贸易仲裁委员会上海分会更名为"上海国际经济贸易仲裁委员会"并增挂"上海国际仲裁中心"牌子。

2014 年 12 月 31 日，中国国际贸易促进委员会（中国国际商会）决定重组中国国际经济贸易仲裁委员会华南分会、中国国际经济贸易仲裁委员会上海分会，重组后的分会名称不变。

2015 年 7 月 15 日，最高人民法院公布《最高人民法院关于对上海市高级人民法院等就涉及中国国际经济贸易仲裁委员会及其原分会等仲裁机构所作仲裁裁决司法审查案件请示问题的批复》（法释〔2015〕15 号），该司法解释自 2015 年 7 月 17 日起施行。

就制定该司法解释的背景，最高人民法院作出了说明：因中国国际经济贸易仲裁委员会于 2012 年 5 月 1 日施行修订后的仲裁规则以及原中国国际经济贸易仲裁委员会华南分会（现已更名为"华南国际经济贸易仲裁委员会"，同时使用"深圳国际仲裁院"的名称）、原中国国际经济贸易仲裁委员会上海分会（现已更名为"上海国际经济贸易仲裁委员会"，同时使用"上海国际仲裁中心"的名称）变更名称并施行新的仲裁规则，致使部分当事人对相关仲裁协议的效力以及上述各仲裁机构受理仲裁案件的权限、仲裁的管辖、仲裁的执行等问题产生争议，向人民法院请求确认仲裁协议效力、申请撤销或者不予执行相关仲裁裁决，引发诸多仲裁司法审查案件。有关高级人民法院就有关问题向最高人民法院请示。

就该司法解释的指导原则，最高人民法院指出：为依法保护仲裁当事人合法权益，充分尊重当事人意思自治，考虑中国国际经济贸易仲裁委员会和华南国际经济贸易仲裁委员会、上海国际经济贸易仲裁委员会的历史关系，从支持和维护仲裁事业健康发展，促进建立多元纠纷解决机制出发，制定该司法解释。

该司法解释的具体内容包括：

（1）当事人在华南国际经济贸易仲裁委员会更名为现名称、上海国际经济贸易仲裁委员会更名为现名称之前签订仲裁协议约定将争议提交"中国国际经济贸易仲裁委员会华南分会"或者"中国国际经济贸易仲裁委员会上海分会"仲裁的，华南国际经济贸易仲裁委员会或者上海国际经济贸易仲裁委员会对案件享有管辖权。当事人以华南国际经济贸易仲裁委员会或者上海国际经济贸易仲裁委员会无权仲裁为由请求人民法院确认仲裁协议无效、申请撤销或者不予执行仲裁裁决的，人民法院不予支持。

当事人在华南国际经济贸易仲裁委员会更名为现名称、上海国际经济贸易仲裁委员会更名为现名称之后（含更名之日）该司法解释施行之前签订仲裁协议约定将争议提交"中国国际经济贸易仲裁委员会华南分会"或者"中国国际经济贸易仲裁委员会上海分会"仲裁的，中国国际经济贸易仲裁委员会对案件享有管辖权。但申请人向华南国际经济贸易仲裁委员会或者上海国际经济贸易仲裁委员会申请仲裁，被申请人对华南国际经济贸易仲裁委员会或者上海国际经济贸易仲裁委员会的管辖权没有提出异议，当事人在仲裁裁决作出后以华南国际经济贸易仲裁委员会或者上海国际经济贸易仲裁委员会无权仲裁为由申请撤销或者不予执行仲裁裁决的，人民法院不予支持。

当事人在该司法解释施行之后（含施行起始之日）签订仲裁协议约定将争议提交"中国国际经济贸易仲裁委员会华南分会"或者"中国国际经济贸易仲裁委员会上海分会"仲裁的，中国国际经济贸易仲裁委员会对案件享有管辖权。

（2）仲裁案件的申请人向仲裁机构申请仲裁的同时请求仲裁机构对案件的管辖权作出决定，仲裁机构作出确认仲裁协议有效、其对案件享有管辖权的决定后，被申请人在仲裁庭首次开庭前向人民法院提起申请确认仲裁协议效力之诉的，人民法院应予受理并作出裁定。申请人或者仲裁机构根据《最高人民法院关于确认仲裁协议效力几个问题的批复》（法释〔1998〕27号）第3条或者《最高人民法院关于适用〈中华人民共和国仲裁法〉若干问题的解释》（法释〔2006〕7号）第13条第2款的规定主张人民法院对被申请人的起诉应当不予受理的，人民法院不予支持。

（3）该司法解释施行之前，中国国际经济贸易仲裁委员会或者华南国际经济贸易仲裁委员会、上海国际经济贸易仲裁委员会已经受理的根据前述第（1）条的规定不应由其受理的案件，当事人在仲裁裁决作出后以仲裁机构无权仲裁为由申请撤销或者不予执行仲裁裁决的，人民法院不予支持。

（4）该司法解释施行之前，中国国际经济贸易仲裁委员会或者华南国际经济贸易仲裁委员会、上海国际经济贸易仲裁委员会受理了同一仲裁案件，当事人在仲裁庭首次开庭前向人民法院申请确认仲裁协议效力的，人民法院应当根据前述第（1）条的规定进行审理并作出裁定。

该司法解释施行之前，中国国际经济贸易仲裁委员会或者华南国际经济贸易仲裁委员会、上海国际经济贸易仲裁委员会受理了同一仲裁案件，当事人并未在仲裁庭首次开庭前向人民法院申请确认仲裁协议效力的，先受理的仲裁机构对案件享有管辖权。

至此，中国国际经济贸易仲裁委员会与华南国际经济贸易仲裁委员会、上海国际经济贸易仲裁委员会之间的纠葛随着该司法解释的施行而画上了句号，而该纠葛也仅仅是内地仲裁事业大发展过程中的一段小插曲，内地多元化的争议解决机制必将迎来更广阔的发展空间。

（二）香港仲裁机构

在香港，仲裁可分为临时仲裁（ad hoc arbitration）和机构仲裁（institutional arbitration）。当事人可在仲裁协议中约定采用哪种仲裁模式。

临时仲裁是指根据当事人的仲裁协议，在争议发生后由双方当事人选任（或按照仲裁协议中或适用仲裁法中规定的程序委任）的仲裁员临时组成仲裁庭，负责裁断当事人之间的争议，并在作出最终裁决后自动解散。临时仲裁中的当事人对仲裁程序的流程及步骤有较大的自主性。因临时仲裁不受仲裁机构管理，当事人不需要向仲裁机构支付仲裁管理费用，仲裁速度亦不会被管理程序拖慢。因此，临时仲裁可能比机构仲裁节省费用而且速度较快。

机构仲裁则是指由仲裁机构管理的仲裁形式。除非当事人另有约定，否则一般采用现成的机构仲裁规则，井然有序，管理常规，并能在一定程度上管控仲裁员的质量和裁决的质量。当仲裁双方继续仲裁有困难时，仲裁机构还可以介入。尤其是当一方或双方当事人拒绝指定仲裁员时，机构仲裁规则一般规定仲裁机构有权指定仲裁员，还可在当事人意见未达成一致的情况下确定仲裁员人数等。

在香港，主要的仲裁机构包括：

1. 香港国际仲裁中心（英文名称为 Hong Kong International Arbitration Centre，简称"HKIAC"）

香港国际仲裁中心于 1985 年由香港主要的商界人士及专业人士组建，目的是为满足亚太地区对仲裁服务日益增长的需求。成立之初，得益于香港商界和香港政府的慷慨资助；香港国际仲裁中心完全独立，不受其他机构和人士的任何影响和控制。[1]

香港国际仲裁中心是香港最主要的仲裁机构，也是主要的国际仲裁机构之一。《仲裁条例》（香港法例第 609 章）赋予了香港国际仲裁中心一定的权力，包括但不限于在当事人未能就仲裁员人数、仲裁员的委任[2]达成一致意见时［且适用于当事人双方的仲裁规则（如有）没有规定如何处理该等"未能"时］，香港国际仲裁中心有权就此作出决定。[3]

2. 国际商会国际仲裁院（英文名称为 The International Court of Arbitration of International Chamber of Commerce，简称"ICC"）

国际商会于 1919 年在法国巴黎成立，其后于 1923 年成立了国际商会国际仲裁院（通常称为"国际商会仲裁院"），目的是为了促进国际商事活动的进行，在国际商事仲裁领域，属具影响力的仲裁机构之一。国际商会仲裁院针对的是在国际领域产生的商业纠纷，管理的仲裁遍布全球，历史悠久，国际知名。

国际商会仲裁院在香港设立秘书局—亚洲事务办公室。

---

〔1〕 参见 http://www.hkiac.org/index.php/sc/hkiac/about-us.
〔2〕 在《仲裁条例》（香港法例第 609 章）下，只要当事人同意，仲裁员可获委任为调解员。
〔3〕《仲裁条例》（香港法例第 609 章）第 13 条。

3. 中国国际经济贸易仲裁委员会香港仲裁中心（英文名称为 China International Economic and Trade Arbitration Commission Hong Kong Arbitration Center）[1]

中国国际经济贸易仲裁委员会香港仲裁中心于 2012 年 9 月 24 日在香港挂牌，是中国国际经济贸易仲裁委员会在中国内地以外设立的第一家分支机构。

除非当事人另有约定，否则，中国国际经济贸易仲裁委员会香港仲裁中心管理的仲裁案件的仲裁地为香港，仲裁程序法应适用《仲裁条例》（香港法例第 609 章），仲裁程序规则统一适用中国国际经济贸易仲裁委员会的《仲裁规则》。该规则专门设立第 6 章"香港仲裁的特别规定"，规范中国国际经济贸易仲裁委员会在香港仲裁的案件。

二、商事仲裁规则

商事仲裁规则是规范商事仲裁活动的程序规则，由有关仲裁机构或组织依法制定。

（一）内地仲裁规则

1. 仲裁规则制定程序

根据《中华人民共和国仲裁法》的规定，中国仲裁协会依照《中华人民共和国仲裁法》和《中华人民共和国民事诉讼法》的有关规定制定仲裁规则。中国仲裁协会制定仲裁规则前，仲裁委员会依照《中华人民共和国仲裁法》和《中华人民共和国民事诉讼法》的有关规定可以制定仲裁暂行规则。

鉴于中国仲裁协会至今尚未成立，因此，目前根据《中华人民共和国仲裁法》在内地有关城市重新组建的仲裁委员会的仲裁规则一般由各仲裁委员会制定。

《中华人民共和国仲裁法》还规定，涉外仲裁规则可以由中国国际商会依照《中华人民共和国仲裁法》和《中华人民共和国民事诉讼法》的有关规定制定。

2. 仲裁规则的主要内容

仲裁作为一种重要的争议解决方式，程序正义的要求贯穿始终。一个好

---

〔1〕 本部分资料来源于中国国际经济贸易仲裁委员会香港仲裁中心网站，网址：http://www.ciet-achk.org/.

的仲裁规则，应当是程序公正、明确具体、操作性强、便利当事人，惟其如此，才会为仲裁裁决的顺利作出和获得执行以及争议的最终解决打下坚实的基础，从而进一步增强仲裁制度的公正性和权威性。

以下简介内地若干仲裁机构仲裁规则的主要内容。

《中国国际经济贸易仲裁委员会仲裁规则（2015 版）》自 2015 年 1 月 1 日起施行，其内容主要包括：第 1 章"总则"（含仲裁委员会、机构及职责、受案范围、规则的适用、仲裁协议、对仲裁协议及/或管辖权的异议、仲裁地、送达及期限、诚实信用、放弃异议等内容）；第 2 章"仲裁程序"（含仲裁申请、答辩、反请求、仲裁员及仲裁庭、审理等内容）；第 3 章"裁决"（含作出裁决的期限、裁决的作出、部分裁决、裁决书草案的核阅、费用承担、裁决书的更正、补充裁决、裁决的履行等内容）；第 4 章"简易程序"（含适用、仲裁通知、仲裁庭的组成、答辩和反请求、审理方式、开庭通知、作出裁决的期限、程序变更、仲裁规则其他条款的适用等内容）；第 5 章"国内仲裁的特别规定"（含适用、案件的受理、仲裁庭的组成、答辩和反请求、开庭通知、庭审笔录、作出裁决的期限、仲裁规则其他条款的适用等内容）；第 6 章"香港仲裁的特别规定"（含适用、仲裁地及程序适用法、管辖权决定的作出、仲裁员的选定或指定、临时措施和紧急救济、裁决书的印章、仲裁收费、仲裁规则其他条款的适用等内容）；第 7 章"附则"（含仲裁语言、仲裁费用及实际费用、仲裁规则的解释、仲裁规则的施行等内容）；附件。[1]

《深圳国际仲裁院仲裁规则》自 2016 年 12 月 1 日起施行，其内容主要包括：第 1 章"总则"（含仲裁机构、受案范围、规则适用、仲裁地、仲裁语言、诚信合作等内容）；第 2 章"仲裁协议和管辖权"（含仲裁协议、仲裁协议的独立性、管辖权异议及管辖权决定等内容）；第 3 章"仲裁程序的开始"（含申请仲裁、受理、仲裁通知、答辩、反请求、变更仲裁请求或反请求、多份合同的单次仲裁、合并仲裁、追加当事人、多方当事人之间的仲裁请求、预缴仲裁费、文件的提交、代理人等内容）；第 4 章"临时措施"（含保全、紧急仲裁员等内容）；第 5 章"仲裁庭"（含独立和公平原则、仲裁员名册、仲裁庭的人数和组成方式、三人仲裁庭的组成、独任仲裁庭的组成、仲裁员

---

〔1〕 资料来源于中国国际经济贸易仲裁委员会网站，网址：http://www.cietac.org/.

信息披露、仲裁员回避、仲裁员替换、多数仲裁员继续仲裁程序等内容）；第6章"审理"（含审理方式、开庭通知、开庭地点、当事人缺席、庭审记录、举证、质证、仲裁庭调查、专家报告、程序中止、撤回申请和撤销案件等内容）；第7章"调解与和解"（含仲裁庭主持的调解以及和解、调解及谈判促进等内容）；第8章"裁决"（含作出终局裁决的期限、裁决的作出、中间裁决、部分裁决、裁决书草案的核阅、裁决书的更正和补充、重新仲裁等内容）；第9章"简易程序"（含简易程序的适用、仲裁庭的组成、答辩和反请求、审理方式、开庭通知、程序变更、其他规定等内容）；第10章"附则"（含仲裁费用、费用承担、期限的计算、送达、保密、异议权的放弃、网上仲裁、规则的解释、规则的施行等内容）；附件。[1]

《上海国际经济贸易仲裁委员会（上海国际仲裁中心）仲裁规则》自2015年1月1日起施行，其内容主要包括：第1章"总则"（含仲裁规则的制定、机构与职能、仲裁规则的适用、案件分类、仲裁协议，对仲裁协议及/或管辖权的异议、仲裁地、诚信合作、放弃异议等内容）；第2章"仲裁程序"（含仲裁申请及反请求、仲裁庭、审理等内容）；第3章"裁决"（含裁决期限、裁决的作出、部分裁决、费用承担、裁决书草案的核阅、裁决书的更正、补充裁决、裁决的履行等内容）；第4章"简易程序"（含简易程序的适用、仲裁庭的组成、答辩和反请求、审理方式、开庭通知、裁决期限、程序变更、仲裁规则其他条款的适用等内容）；第5章"附则"（含仲裁语言、送达、期限、仲裁费用及实际费用、仲裁规则的解释、仲裁规则的正式文本、仲裁规则的施行等内容）；仲裁费用表。[2]

（二）香港仲裁规则

受香港法律规制的香港仲裁，当事人可约定按实际需要自行设计仲裁规则或采纳任何现有的仲裁规则，现有的仲裁规则包括但不限于：①《香港国际仲裁中心机构仲裁规则（2013）》；②《国际商会仲裁规则（2012）》；③《中国国际经济贸易仲裁委员会仲裁规则（2015版）》；④《联合国国际

---

〔1〕 资料来源于华南国际经济贸易仲裁委员会/深圳国际仲裁院网站，网址：http://www.sccietac.org/.

〔2〕 资料来源于上海国际经济贸易仲裁委员会/上海国际仲裁中心网站，网址：http://www.cietac-sh.org/.

贸易法委员会仲裁规则（2010）》（适用于临时仲裁）；⑤《香港国际仲裁中心证券仲裁规则》；⑥《香港国际仲裁中心电子交易仲裁规则》；⑦《香港国际仲裁中心简易形式仲裁规则》。

一般而言，仲裁规则包括仲裁程序的框架和时间表，就仲裁员的人数、仲裁庭的组成、裁决及其他方面作出了限制和规定，同时也提供了机制用以处理当事人未达成共识的事项，例如，仲裁地、仲裁语言、仲裁员的人数、裁决的形式和效力等。

以下简介《香港国际仲裁中心机构仲裁规则（2013）》的主要内容。

《香港国际仲裁中心机构仲裁规则（2013）》于 2013 年 11 月 1 日起生效，其内容主要包括：第 1 节 "总则"（含适用范围、通知和期限的计算、仲裁规则的解释等内容）；第 2 节 "开始仲裁"（含仲裁通知、对仲裁通知的答复等内容）；第 3 节 "仲裁庭"（含仲裁员人数、独任仲裁员的指定、三位仲裁员的指定、仲裁庭的确认、仲裁庭的收费和费用、仲裁员的资格和对仲裁员的质疑、仲裁员的替换等内容）；第 4 节 "仲裁的进行"（含总则、仲裁地和仲裁地点、语言、仲裁申请书、答辩书、对请求或答辩的修改、仲裁庭的管辖权、进一步书面陈述、期限、证据和审理、临时保护措施和紧急救济、费用担保、仲裁庭指定的专家、缺席、新增当事人的追加、仲裁的合并、多份合同单个仲裁、审理终结、弃权等内容）；第 5 节 "仲裁庭的裁决、决定和指令"（含决定、仲裁费用、裁决的形式和效力、适用法律及友好公断人、因和解或其他原因终止仲裁、裁决的更正、裁决的解释、补充裁决、费用预付等内容）；第 6 节 "其他规定"（含简易程序、保密、免责等内容）；附录。[1]

三、商事仲裁协议

有效的商事仲裁协议是商事仲裁的基石。一般而言，只有存在符合管辖法律规定的有效的商事仲裁协议，才能排除有关争议的法院管辖并启动商事

---

〔1〕　资料来源于香港国际仲裁中心网站，网址：http://www.hkiac.org/tc/.

仲裁程序。[1]

商事仲裁协议是当事人在自愿的情况下，经协商一致，同意将当事人之间在特定范围内已经发生或者未来可能发生的商事争议交由特定商事仲裁机构或第三方（即仲裁员）以仲裁方式解决的协议。

以下对于内地及香港的仲裁协议进行研析。

（一）内地仲裁协议

1. 仲裁协议的形式

根据《中华人民共和国仲裁法》第16条第1款的规定，仲裁协议包括两种形式，一种形式是合同中订立的仲裁条款，另一种形式是以其他书面方式在纠纷发生前或者纠纷发生后达成的请求仲裁的协议。

对于"其他书面形式"的仲裁协议，《最高人民法院关于适用〈中华人民共和国仲裁法〉若干问题的解释》（法释〔2006〕7号）第1条作出解释，其包括"以合同书、信件和数据电文（包括电报、电传、传真、电子数据交换和电子邮件）等形式达成的请求仲裁的协议"。

根据上述规定，仲裁协议须为书面形式。就此，《承认及执行外国仲裁裁决公约》从承认及执行外国仲裁裁决的角度亦对仲裁协议的书面形式予以明确要求。

此外，还需关注《最高人民法院关于适用〈中华人民共和国仲裁法〉若干问题的解释》第11条第1款所规定的一种特殊情形，即：合同约定解决争议适用其他合同、文件中的有效仲裁条款的，发生合同争议时，当事人应当按照该仲裁条款提请仲裁。

2. 仲裁协议的内容

（1）有关法律法规的规定。《中华人民共和国仲裁法》第16条第2款对仲裁协议的基本内容作出了规范。根据该款规定，仲裁协议应具有以下内容：

第一，请求仲裁的意思表示。仲裁协议须包含当事人同意将有关争议提交仲裁加以解决的内容，争议通过仲裁解决应是当事人之间的合意并在仲裁

---

〔1〕《最高人民法院关于适用〈中华人民共和国仲裁法〉若干问题的解释》第11条第2款规定了启动仲裁程序的一种特定情况，即：涉外合同应当适用的有关国际条约中有仲裁规定的，发生合同争议时，当事人应当按照国际条约中的仲裁规定提请仲裁。

协议中予以体现，表明仲裁的自愿性特点。

第二，仲裁事项。仲裁协议应就提交仲裁的争议内容和范围作出约定，以明确仲裁的范围界限。就此，需注意《中华人民共和国仲裁法》第 2 条规定的可以仲裁的事项：平等主体的公民、法人和其他组织之间发生的合同纠纷和其他财产权益纠纷，可以仲裁。《中华人民共和国仲裁法》第 3 条则从反向角度列明不得仲裁的纠纷类型：婚姻、收养、监护、扶养、继承纠纷；依法应当由行政机关处理的行政争议。对于当事人概括约定仲裁事项为合同争议的情形如何界定仲裁范围的问题，《最高人民法院关于适用〈中华人民共和国仲裁法〉若干问题的解释》[1] 第 2 条予以释明：当事人概括约定仲裁事项为合同争议的，基于合同成立、效力、变更、转让、履行、违约责任、解释、解除等产生的纠纷都可以认定为仲裁事项。此外，最高人民法院 2005 年 12 月《第二次全国涉外商事海事审判工作会议纪要》（法发〔2005〕26 号）第 7 条规定：涉外商事合同的当事人之间签订的有效仲裁协议约定了因合同发生的或与合同有关的一切争议均应通过仲裁方式解决，原告就当事人在签订和履行合同过程中发生的纠纷以侵权为由向人民法院提起诉讼的，人民法院不享有管辖权。

第三，选定的仲裁委员会。鉴于《中华人民共和国仲裁法》仅规定了机构仲裁，并无临时仲裁的规定，因此，《中华人民共和国仲裁法》仅规定仲裁协议中须选择确定用以解决当事人之间争议的仲裁委员会。这一要求，较为特别，其他国家和地区通常不会以选定的仲裁委员会作为仲裁协议的有效要件之一。

根据《中华人民共和国仲裁法》第 18 条的规定，如果仲裁协议对仲裁事项或者仲裁委员会没有约定或者约定不明确，当事人可以通过补充协议的方式进行约定或加以明确；如果无法达成补充协议，仲裁协议无效。

《最高人民法院关于适用〈中华人民共和国仲裁法〉若干问题的解释》就如何判断对"仲裁机构"的约定问题，作出了进一步阐释：仲裁协议约定

---

〔1〕《最高人民法院关于调整司法解释等文件中引用〈中华人民共和国民事诉讼法〉条文序号的决定》（法释〔2008〕18 号）对该司法解释中涉及的《中华人民共和国民事诉讼法》的相关条文序号予以调整。

的仲裁机构名称不准确，但能够确定具体的仲裁机构的，应当认定选定了仲裁机构。仲裁协议仅约定纠纷适用的仲裁规则的，视为未约定仲裁机构，但当事人达成补充协议或者按照约定的仲裁规则能够确定仲裁机构的除外。仲裁协议约定2个以上仲裁机构的，当事人可以协议选择其中的1个仲裁机构申请仲裁；当事人不能就仲裁机构选择达成一致的，仲裁协议无效。仲裁协议约定由某地的仲裁机构仲裁且该地仅有1个仲裁机构的，该仲裁机构视为约定的仲裁机构；该地有2个以上仲裁机构的，当事人可以协议选择其中的1个仲裁机构申请仲裁；当事人不能就仲裁机构选择达成一致的，仲裁协议无效。当事人约定争议可以向仲裁机构申请仲裁也可以向人民法院起诉的，仲裁协议无效；但一方向仲裁机构申请仲裁，另一方未在仲裁庭首次开庭前提出异议的除外。

（2）示范仲裁条款。除了上述《中华人民共和国仲裁法》第16条第2款对仲裁协议基本内容的规定外，仲裁协议通常还包括以下内容：仲裁地、适用的仲裁规则、仲裁员人数、仲裁语言、仲裁协议的适用法律以及仲裁裁决的效力等。

以下介绍内地若干仲裁机构的示范仲裁条款，实务中，可参考选用。

A. 中国国际经济贸易仲裁委员会的示范仲裁条款[1]

版本一：

"凡因本合同引起的或与本合同有关的任何争议，均应提交中国国际经济贸易仲裁委员会，按照申请仲裁时该会现行有效的仲裁规则进行仲裁。仲裁裁决是终局的，对双方均有约束力。"

版本二：

"凡因本合同引起的或与本合同有关的任何争议，均应提交中国国际经济贸易仲裁委员会＿＿＿＿＿＿分会（仲裁中心），按照仲裁申请时中

---

〔1〕 本部分资料来源于中国国际经济贸易仲裁委员会网站，网址：http://www.cietac.org/。

国国际经济贸易仲裁委员会现行有效的仲裁规则进行仲裁。仲裁裁决是终局的，对双方均有约束力。"

B. 华南国际经济贸易仲裁委员会/深圳国际仲裁院的示范仲裁条款[1]

版本一：

　　"凡因本合同引起的或与本合同有关的任何争议，均应提交华南国际经济贸易仲裁委员会仲裁。"

版本二：

　　"凡因本合同引起的或与本合同有关的任何争议，均应提交深圳国际仲裁院仲裁。"

当事人还可以根据需要在仲裁条款/协议中附加约定下列事项：

第一，费用的承担。比如约定：败诉方应承担为解决本争议而产生的合理费用，包括但不限于仲裁费和律师费。（说明：当事人若要对方承担律师费等合理费用，应在仲裁请求或反请求中列明。）

第二，仲裁地及/或开庭地点。比如约定：开庭地点在_____（深圳、广州、东莞、中山、惠州、珠海、汕头、长沙、南宁、厦门、海口、北京、上海、香港……）。

第三，仲裁语言。比如约定：仲裁语言为英文。

第四，仲裁员人数（通常为1名或3名）。

第五，仲裁员国籍。

第六，适用简易程序等。为加快仲裁程序的进行，可以对适用普通程序的案件约定适用简易程序。

---

〔1〕 本部分资料来源于华南国际经济贸易仲裁委员会/深圳国际仲裁院网站，网址：http://www.sccietac.org/.

C. 上海国际经济贸易仲裁委员会/上海国际仲裁中心的示范仲裁条款[1]

版本一：

　　"凡因本合同引起的或与本合同有关的任何争议，均应提交上海国际经济贸易仲裁委员会进行仲裁。"

版本二：

　　"凡因本合同引起的或与本合同有关的任何争议，均应提交上海国际仲裁中心进行仲裁。"

在上述仲裁条款的基础上，当事人还可以附加约定仲裁地、开庭地、仲裁语言、法律适用、仲裁员国籍、仲裁庭组成方式等。

3. 仲裁协议的适用法律

就涉外仲裁协议的适用法律，根据《中华人民共和国涉外民事关系法律适用法》第 18 条的规定，当事人可以协议选择仲裁协议适用的法律。当事人没有选择的，适用仲裁机构所在地法律或者仲裁地法律。《最高人民法院关于适用〈中华人民共和国涉外民事关系法律适用法〉若干问题的解释（一）》（法释〔2012〕24 号）进一步阐释：当事人没有选择涉外仲裁协议适用的法律，也没有约定仲裁机构或者仲裁地，或者约定不明的，人民法院可以适用中华人民共和国法律认定该仲裁协议的效力。

4. 仲裁协议的效力

就商事争议而言，合法有效的仲裁协议排除了法院的民事司法管辖权。以下从不同角度对仲裁协议的效力进行研究。

（1）仲裁协议无效的情形。根据《中华人民共和国仲裁法》，有以下情形之一的，仲裁协议无效：①约定的仲裁事项超出法律规定的仲裁范围的；②无民事行为能力人或者限制民事行为能力人订立的仲裁协议；③一方采取

---

〔1〕 本部分资料来源于上海国际经济贸易仲裁委员会/上海国际仲裁中心网站，网址：http://www.cietac-sh.org/.

胁迫手段，迫使对方订立仲裁协议的。

此外，根据《中华人民共和国仲裁法》第 18 条的规定，如果仲裁协议对仲裁事项或者仲裁委员会没有约定或者约定不明确，且无法达成补充协议进行约定或加以明确的，仲裁协议无效。《最高人民法院关于适用〈中华人民共和国仲裁法〉若干问题的解释》进一步说明：如果仲裁协议仅约定纠纷适用的仲裁规则，当事人就仲裁机构的确定无法达成补充协议且按照约定的仲裁规则亦不能确定仲裁机构，则视为未约定仲裁机构；如果仲裁协议约定了 2 个以上仲裁机构，而当事人不能协商一致选择确定其中 1 个仲裁机构申请仲裁，则仲裁协议无效；如果仲裁协议约定由某地的仲裁机构仲裁，但该地有 2 个以上仲裁机构，而当事人不能协商一致选择确定其中 1 个仲裁机构申请仲裁，则仲裁协议无效；如果当事人约定争议可以向仲裁机构申请仲裁也可以向人民法院起诉，则仲裁协议无效，但一方向仲裁机构申请仲裁，另一方未在仲裁庭首次开庭前提出异议的除外。

（2）仲裁协议的独立性及承继性。根据《中华人民共和国仲裁法》，仲裁协议独立存在，合同的变更、解除、终止或者无效，不影响仲裁协议的效力。而仲裁庭有权确认合同的效力。这是对于仲裁协议独立性的基本法律规定。

《最高人民法院关于适用〈中华人民共和国仲裁法〉若干问题的解释》就仲裁协议的承继性及独立性予以阐释：当事人订立仲裁协议后合并、分立的，仲裁协议对其权利义务的继受人有效，但当事人订立仲裁协议时另有约定的除外；当事人订立仲裁协议后死亡的，仲裁协议对承继其仲裁事项中的权利义务的继承人有效，但当事人订立仲裁协议时另有约定的除外；债权债务全部或者部分转让的，仲裁协议对受让人有效，但当事人另有约定、在受让债权债务时受让人明确反对或者不知有单独仲裁协议的除外；合同成立后未生效或者被撤销的，仲裁协议效力的认定适用"仲裁协议独立存在，合同的变更、解除、终止或者无效，不影响仲裁协议的效力"之规定；当事人在订立合同时就争议达成仲裁协议的，合同未成立不影响仲裁协议的效力。

（3）仲裁协议效力的体现。根据《中华人民共和国仲裁法》，当事人达成有效的仲裁协议后，即排除了法院的司法管辖权，如一方将争议诉请法院解决，人民法院不予受理。当事人达成有效的仲裁协议后，一方向人民法院起诉但未声明有仲裁协议，人民法院受理后，另一方在首次开庭前提交仲裁协议的，人民法院应当驳回起诉；如果另一方在首次开庭前未对人民法院受理该案提出异议，则视为放弃仲裁协议，人民法院应当继续审理。《中华人民共和国民事诉讼法》及相关司法解释亦有类似规定。

根据《中华人民共和国仲裁法》，如果没有仲裁协议，一方申请仲裁的，仲裁委员会不予受理。

（4）对仲裁协议效力的异议及认定。根据《中华人民共和国仲裁法》，如果当事人对仲裁协议的效力有异议，可以请求仲裁委员会作出决定或者请求人民法院作出裁定。如果一方请求仲裁委员会作出决定，另一方请求人民法院作出裁定，则由人民法院裁定。关于当事人对仲裁协议效力提出异议的时间期限，其应当在仲裁庭首次开庭前提出。《最高人民法院关于适用〈中华人民共和国仲裁法〉若干问题的解释》进一步明确：如果当事人在仲裁庭首次开庭前没有对仲裁协议的效力提出异议，而后向人民法院申请确认仲裁协议无效的，人民法院不予受理；在仲裁机构对仲裁协议的效力作出决定后，当事人向人民法院申请确认仲裁协议效力或者申请撤销仲裁机构的决定的，人民法院不予受理。该解释还规定：如果当事人在仲裁程序中未对仲裁协议的效力提出异议，在仲裁裁决作出后以仲裁协议无效为由主张撤销仲裁裁决或者提出不予执行抗辩的，人民法院不予支持；如果当事人在仲裁程序中对仲裁协议的效力提出异议，在仲裁裁决作出后又以此为由主张撤销仲裁裁决或者提出不予执行抗辩，经审查符合《中华人民共和国仲裁法》规定的撤销非涉外仲裁裁决的情形或者《中华人民共和国民事诉讼法》规定的不予执行非涉外仲裁裁决的情形或撤销、不予执行涉外仲裁裁决的情形，则人民法院应予支持。

对于当事人向人民法院申请确认仲裁协议效力的案件的管辖，《最高人民法院关于适用〈中华人民共和国仲裁法〉若干问题的解释》作出规定：由仲裁协议约定的仲裁机构所在地的中级人民法院管辖；如果仲裁协议约定的仲裁机构不明确，则由仲裁协议签订地或者被申请人住所地的中级人民法院管辖。就申请确认涉外仲裁协议效力的案件，由仲裁协议约定的仲裁机构所在地、仲裁协议签订地、申请人或者被申请人住所地的中级人民法院管辖。就涉及海事海商纠纷仲裁协议效力的案件，由仲裁协议约定的仲裁机构所在地、仲裁协议签订地、申请人或者被申请人住所地的海事法院管辖；如果上述地点没有海事法院，则由就近的海事法院管辖。

此外，就涉外及涉港仲裁案件，在实务中需特别关注 1995 年 8 月 28 日发布的《最高人民法院关于人民法院处理与涉外仲裁及外国仲裁事项有关问题的通知》（法发〔1995〕18 号）等相关文件及司法解释，在该通知中，最高人民法院决定对人民法院受理具有仲裁协议的涉外经济纠纷案件、不予执行涉外仲裁裁决以及拒绝承认和执行外国仲裁裁决等问题建立报告制度，其中规定（包括但不限于）：凡起诉到人民法院的涉外、涉港澳和涉台经济、海事海商纠纷案件，当事人在合同中订有仲裁条款或者事后达成仲裁协议，人民法院认为该仲裁条款或者仲裁协议无效、失效或者内容不明确无法执行的，在决定受理一方当事人起诉之前，必须报请本辖区所属高级人民法院进行审查；如果高级人民法院同意受理，则应将其审查意见报最高人民法院。在最高人民法院未作答复前，可暂不予受理。

（二）香港仲裁协议

1. 仲裁协议的形式

在香港，"仲裁协议"是指当事人同意将他们之间一项确定的契约性或非契约性的法律关系中已经发生或可能发生的一切或某些争议交付仲裁的协议。仲裁协议须为书面形式。[1] 仲裁协议一般在当事人发生争议前便出现在基础合同的条款中，但即使在发生争议后，当事人仍能按一般合同法的规定约定仲裁。

就书面要求而言，仲裁协议可以是一份独立的仲裁协议，也可以以合同中的仲裁条款形式或其他符合法律要求的书面形式约定。无论该仲裁协议或合同是以口头方式、行为方式还是其他方式订立，只要仲裁协议的内容以任何形式记录下来，即为书面形式。电子通信所含信息可以调取以备日后查用

---

〔1〕《仲裁条例》（香港法例第 609 章）第 19（1）条（采纳了联合国国际贸易法委员会《贸易法委员会国际商事仲裁示范法》第 7 条的备选案文一）。

的，即满足了仲裁协议的书面形式要求。[1] 另外，仲裁协议如载于相互往来的索赔声明和抗辩声明中，且一方当事人声称有协议而另一方当事人不予否认的，即为书面协议。再有，在合同中提及载有仲裁条款的任何文件，只要此种提及可使该仲裁条款成为该合同一部分，即构成书面形式的仲裁协议。[2] 同样地，如在协议中提述书面形式的仲裁条款，而该项提述的效果是使该条款成为该协议的一部分，则该项提述即构成仲裁协议。[3]

在不影响上述原则的前提下，仲裁协议如符合以下规定，即属以书面订立：该协议是载于文件之内的，不论该文件是否由该协议的各方签署；或该协议虽然并非以书面订立，但却是在该协议的每一方的授权下，由该协议的其中一方或由第三者记录下来的。[4]

2. 仲裁协议的内容

(1) 基本要求。有效的仲裁协议必须清楚规定当事人同意将争议交付仲裁解决。根据《仲裁条例》（香港法例第 609 章）第 2 条的规定，争议包括分歧。争议必须是关于一项确定的契约性或非契约性的法律关系，如当事人同意将双方签订的合同项下的争议交付仲裁便符合要求，因该等争议是关于双方契约性的法律关系。

实务中，可仲裁的争议范围一般会约定得较为广泛，使之能涵盖任何因某合同而引起或与之相关的任何争议。仲裁协议约定"所有争议交付仲裁"的，当中的"争议"一词曾被法院解释为所有与合同有关或相关的争议。[5] 措辞如"因合同而产生的争议"也有同样的解释。[6] 就某一合同关系的措辞，曾被法院认定为虽不能涵盖有关合同是否存在的争议，但却能涵盖其他

---

〔1〕《仲裁条例》（香港法例第 609 章）第 19（1）条（采纳了联合国国际贸易法委员会《贸易法委员会国际商事仲裁示范法》第 7 条的备选案文一）。

〔2〕《仲裁条例》（香港法例第 609 章）第 19（1）条（采纳了联合国国际贸易法委员会《贸易法委员会国际商事仲裁示范法》第 7 条的备选案文一）。

〔3〕《仲裁条例》（香港法例第 609 章）第 19（3）条（采纳了联合国国际贸易法委员会《贸易法委员会国际商事仲裁示范法》第 7 条的备选案文一）。

〔4〕《仲裁条例》（香港法例第 609 章）第 19（2）条。

〔5〕 Getwick Engineers Limited v. Pilecon Engineering Limited（香港高等法院建筑及仲裁诉讼案 2002 年第 558 号（HCA 558/2002），判决日期为 2002 年 8 月 28 日）。

〔6〕 The Rt Hon. Lord Mustill & Steward Boyd, Mustill & Boyd: Commercial Arbitration (2nd ed.), London: Butterworths, 1989, pp. 118-120.

的合同争议,[1] 以及与合同申索有足够密切联系的侵权申索。[2] 若可仲裁的争议范围约定得过于狭窄，则有可能导致当事人之间的争议不属仲裁协议所述之列。

除了可仲裁的争议范围界定广泛外，有些当事人还会约定必须在进行磋商、谈判甚至调解后，才能申请仲裁。由于仲裁员的权力来自于当事人的仲裁协议，如果触发仲裁的条件未满足，当事人便无协议基础委任仲裁员，而在此情况下委任的任何仲裁员也无权就实体争议作出裁决。[3] 因此，若没有经过磋商、谈判或调解便直接进行仲裁，虽然最终未必影响仲裁裁决的效力，但却可能会构成当事人上诉或申请搁置执行仲裁裁决的理由，从而产生不必要的耽搁。

仲裁仅适用于民事争议，而不适用于刑事控罪、一些关乎知识产权的争议（但针对特定人士寻求强制执行权利的情况则例外）、竞争及反垄断、婚姻及离婚、父母与子女关系、个人地位、针对船舶的对物诉讼（action *in rem*）及限由国家机关及审裁处解决的事宜（例如税务、发展管控、入境事务、国籍及社会福利享用资格等事宜）;[4] 仲裁也不适用于香港法例第 282 章《雇员补偿条例》下的雇员补偿索赔 [第 18A（1）条所述的申索除外][5]、法院决定不转介仲裁的根据香港法例第 25 章《劳资审裁处条例》劳资审裁处有管辖权的申索或其他争议,[6] 以及属小额钱债审裁处管辖的不超过港币 5 万元的申索;[7] 此外，香港法例第 71 章《管制免责条款条例》第 15 条也限制涉及与消费者达成的仲裁协议的适用性。

（2）仲裁协议的其他常见条款。除上述基本要求外，实务中仲裁协议的

---

〔1〕 *HE Daniel Ltd v. Carmel Exporters and Importers Ltd*［1953］2 Lloyd's Rep 103，被引用于香港案例 *VK Holdings（HK）Ltd v. Panasonic Eco Solutions（Hong Kong）Co Ltd*［2015］HKEC 35（香港高等法院建筑及仲裁诉讼案 2014 年第 19 号（HCCT 19/2014），判决日期为 2014 年 12 月 19 日）。

〔2〕 *Xu Yi Hong v. Chen Ming Han*［2006］4 HKC 633。

〔3〕 在此情况下，基于仲裁庭自裁管辖原则，仲裁庭只有权限就仲裁协议的效力及其管辖权作出裁定。

〔4〕 *Halsbury's Laws of Hong Kong*，第 2 版，第 25 卷（Arbitration 仲裁），第 25.003 段。

〔5〕 *Paquito Lima Buton v. Rainbow Joy Shipping Ltd Inc*［2008］HKEC 995（香港终审法院民事上诉案 2007 年第 26 号（FACV 26/2007），判决日期为 2008 年 6 月 16 日）。

〔6〕《仲裁条例》（香港法例第 609 章）第 20（2）条。

〔7〕《小额钱债审裁处条例》（香港法例第 338 章）附表。

其他常见条款还包括仲裁地、仲裁机构、仲裁规则、仲裁员人数、仲裁语言、作出仲裁裁决的期限及仲裁费用的承担等，以下就此进行研析。

第一，仲裁地。仲裁地与仲裁地点不同。仲裁地点指仲裁庭依据仲裁协议、仲裁规则而具体选定的开庭地点；仲裁地可以是一方当事人所在的国家/地区，也可以是其他的国家/地区。

选择仲裁地点时需考虑是否方便证人作证与搬运证物等因素；但在选择仲裁地时，所考虑的因素会有所不同，主要是视乎仲裁地是否为《承认及执行外国仲裁裁决公约》的成员国之一、是否有一个健全、透明度高和支持无论是国内或者是国外仲裁的司法制度。为便利仲裁裁决在《承认及执行外国仲裁裁决公约》的框架下相互执行，当事人应于仲裁协议中明确约定《承认及执行外国仲裁裁决公约》的成员国作为仲裁地。

根据下文 "3. 仲裁协议的适用法律" 所述的 *Sulamerica CIA Nacional de Seguros SA and others v. Enesa Engenharia SA and others*（［2012］EWCA civ 638，16 May 2012）一案，除非当事人另有协议，否则仲裁地可决定仲裁协议的适用法。如果当事人的意图并非如此，便应于仲裁协议中（而非仅仅在基础合同中）明确列出仲裁地并列明仲裁协议所适用的国家/地区法律。

第二，仲裁机构。当事人有权约定进行临时仲裁或机构仲裁。若采用机构仲裁并且该机构只有一套适用于当事人的商业关系的仲裁规则，则当事人只需于仲裁协议中列明仲裁机构的名称即可。但如仲裁协议所列的仲裁机构实际并不存在，应如何处理？就此问题，根据 *Lucky - Goldstar International (HK) Ltd v. Ng Moo Kee Engineering Ltd*（［1993］1 HKC 404）一案的法律原则，可认为法院着重于当事人签立基础合同时的意图，只要当事人当时约定是以仲裁形式解决争议，仲裁协议便不应因所指定的仲裁机构不存在而不生效、不能运作或不能执行。

第三，仲裁规则。如果仲裁协议约定的仲裁规则缺乏可操作性、所指定的仲裁规则并不存在或已不再存在，是否会使仲裁协议不能生效或不能执行？根据 *Lucky - Goldstar International (HK) Ltd v. Ng Moo Kee Engineering Ltd*（［1993］1 HKC 404）一案，香港法院裁定，即使存在上述问题，仲裁协议亦不会因此而不生效、不能运作或不能执行，可置仲裁协议下那些不存在的规则于不理，因为仲裁程序可根据仲裁地的法律进行。法院强调当事人的意图既然明显是以仲裁方式解决合同项下的争议，故即应进行仲裁。

第四，仲裁员人数。根据香港法律，在一般情况下，仲裁裁决可被推翻的情形有限。因此，若仲裁协议只约定委任 1 名仲裁员，则意味着当事人的争议全部由该仲裁员 1 人处理；即使他对事实的判断错误或裁决理由显然有漏洞，当事人也唯有接受。当事人可约定仲裁员由当事人共同选出，如意见不一致，将交由仲裁机构选出仲裁员。在没有约定的情况下，当事人约定的机构仲裁规则一般规定仲裁机构有权为当事人委任仲裁员。若仲裁规则也没有约定或当事人没有约定仲裁规则，则根据《仲裁条例》（香港法例第 609 章）的规定，香港国际仲裁中心将介入为当事人选出仲裁员。

当然，当事人也可选择约定委任 3 名仲裁员共同审理，当事人双方可各推荐 1 名仲裁员，该 2 名仲裁员必须就第 3 名仲裁员的人选达成一致意见，否则仲裁机构将指定该第 3 名仲裁员。[1] 委任 3 名仲裁员的风险明显比仅委任 1 名仲裁员的风险小，但却会产生较高的仲裁费用。所以，在决定委任多少名仲裁员时，当事人必须考虑他们之间可能发生的争议所涉及的金额及重要性。

第五，仲裁语言。不适当的仲裁语言可为不谙该语言的当事人带来不便或产生不必要的翻译费用，为经济和时间便利，当事人宜在仲裁协议中明确所选用的仲裁语言，且尽量只选择 1 种语言。如果当事人约定选择中文及英文 2 种语言作为仲裁语言，则意味着在仲裁程序中提交的文件须以中文及英文书写。可想而知，由此产生的翻译费、校对费等支出将会比较庞大。

此外，在选择仲裁语言时，不仅仅需要考虑当事人的语言能力，还需考虑证人和可供选择的仲裁员的语言能力及所涉及的适用法律和文件的语言等因素。

第六，作出仲裁裁决的期限。如果当事人在仲裁协议中没有约定作出仲裁裁决的期限，则意味着仲裁员可在"合理时间"内作出裁决，至于什么是合理时间则视乎案件的复杂程度，有时可能会远远长于当事人的预期；如果当事人在仲裁协议中约定了作出仲裁裁决的期限，其也可能存在风险，因为

---

〔1〕　根据《仲裁条例》（香港法例第 609 章）第 23 （1）条，当事人可以自由确定仲裁员的人数。所以，如果当事人认为有必要，则可以委任多于 3 名仲裁员。

一旦裁决逾期，则逾期作出的仲裁裁决或会成为败方的借口，从而尝试以未按照约定进行仲裁为由申请撤销或不予执行仲裁裁决。

第七，仲裁费用的承担。根据《仲裁条例》（香港法例第 609 章），当事人在争议发生之前不可约定如何分摊仲裁费用（例如，平均分摊仲裁费用），任何该等约定均属无效。[1] 不论当事人是否在仲裁协议中已赋予仲裁员决定如何分摊仲裁费用的权力，仲裁员均有权对仲裁程序的费用承担作出裁决。[2]

（3）示范仲裁条款。以下介绍香港若干仲裁机构的示范仲裁条款，实务中，可参考选用。

A. 香港国际仲裁中心建议的示范仲裁条款[3]

香港国际仲裁中心在其官方网站提供了示范仲裁条款，并指出"商业合同尤其是涉及国际交易的合同应当包含 1 个经过仔细起草的仲裁条款。当事人可考虑在其合同中使用以下示范条款。当事人在对仲裁条款和适用法律的选择上应当寻求专业的法律意见。"

版本一：适用于《香港国际仲裁中心机构仲裁规则》下的仲裁

"凡因本合同所引起的或与之相关的任何争议、纠纷、歧视或索赔，包括合同的存在、效力、解释、履行、违反或终止，或因本合同引起的或与之相关的任何非合同性争议，均应提交由香港国际仲裁中心管理的机构仲裁，并按照提交仲裁通知时有效的《香港国际仲裁中心机构仲裁规则》最终解决。

*本仲裁条款适用的法律为……（香港法）

仲裁地应为……（香港）

**仲裁员人数为……名（1 名或 3 名）。仲裁程序应按照（选择语言）来进行。"

---

[1] 《仲裁条例》（香港法例第 609 章）第 74（8）条。
[2] 《仲裁条例》（香港法例第 609 章）第 74 条。
[3] 本部分资料来源于香港国际仲裁中心网站，网址：http://www.hkiac.org.

注：

*选择性条款。尤其在主合同实体法和仲裁地法律不同的情况下，当事人应当增加此条款。仲裁条款的准据法可能管辖的事宜包括仲裁条款的形成、存在、范围、有效性、合法性、解释、终止、效力、可执行性以及仲裁条款当事人的资格。其不得取代适用于主合同的实体法律。

**选择性条款，可约定也可不约定。

若争议已发生，而当事人间既无仲裁条款，亦未事先订立仲裁协议，当事人希望依《香港国际仲裁中心机构仲裁规则》通过仲裁解决争议的，可约定如下：

"以下签字各方，同意将因（简单描述已出现或可能引起的争议、纠纷、分歧或索赔的合同）引起的或与之相关的任何争议、纠纷、分歧或索赔（包括任何有关非合同性义务的争议），提交由香港国际仲裁中心，按照《香港国际仲裁中心机构仲裁规则》进行机构仲裁。

*本仲裁协议适用的法律为……（香港法）

仲裁地应为……（香港）

**仲裁员人数为……名（1名或3名）。仲裁程序应按照（选择语言）来进行。

签字：_____（申请人）

签字：_____（被申请人）

日期：_____"

注：

*选择性条款。尤其在主合同实体法和仲裁地法律不同的情况下，当事人应当增加此条款。仲裁协议的准据法可能管辖的事宜包括仲裁条款的形成、存在、范围、有效性、合法性、解释、终止、效力、可执行性以及仲裁协议当事人的资格。其不得取代适用于主合同的实体法律。

**选择性条款，可约定也可不约定。

版本二：适用于由香港国际仲裁中心按照《联合国国际贸易法委员会仲

裁规则》管理的仲裁

"凡因本合同所引起的或与之相关的任何争议、纠纷、分歧或索赔，包括合同的存在、效力、解释、履行、违反或终止，或因本合同引起的或与之相关的任何非合同性争议，均应提交由香港国际仲裁中心管理的机构仲裁，并按照提交仲裁通知时有效的并经《香港国际仲裁中心国际仲裁管理程序》修订的《联合国国际贸易法委员会仲裁规则》最终解决。

　　*本仲裁条款适用的法律为……（香港法）

　　仲裁地应为……（香港）

　　**仲裁员人数为……名（1名或3名）。仲裁程序应按照（选择语言）来进行。"

注：

*选择性条款。尤其在主合同实体法和仲裁地法律不同的情况下，当事人应当增加此条款。仲裁条款的准据法可能管辖的事宜包括仲裁条款的形成、存在、范围、有效性、合法性、解释、终止、效力、可执行性以及仲裁条款当事人的资格。其不得取代适用于主合同的实体法律。

**选择性条款，可约定也可不约定。

版本三：适用于《联合国国际贸易法委员会仲裁规则》下的临时仲裁

"凡因本合同所引起的或与之相关的任何争议、纠纷、分歧或索赔，包括合同的存在、效力、解释、履行、违反或终止，或因本合同引起的或与之相关的任何非合同性争议，均应提交按照提交仲裁通知时有效的《联合国国际贸易法委员会仲裁规则》进行的仲裁最终解决。

　　*本仲裁条款适用的法律为……（香港法）

　　指定仲裁员的机构为……（香港国际仲裁中心）

　　仲裁地应为……（香港）

　　**仲裁员人数为……名（1名或3名）。仲裁程序应按照（选择语言）来进行。"

注：

＊选择性条款。尤其在主合同实体法和仲裁地法律不同的情况下，当事人应当增加此条款。仲裁条款的准据法可能管辖的事宜包括仲裁条款的形成、存在、范围、有效性、合法性、解释、终止、效力、可执行性以及仲裁条款当事人的资格。其不得取代适用于主合同的实体法律。

＊＊选择性条款，可约定也可不约定。

版本四：适用于本地仲裁

"凡因本合同所引起的或与之相关的任何争议或纠纷均应提交香港国际仲裁中心，按照其《本地仲裁规则》进行仲裁。"

B. 国际商会标准仲裁条款[1]

"凡产生于本合同或与本合同相关的一切争议，均应按照国际商会仲裁规则，由依据该规则指定的 1 名或数名仲裁员终局解决。"

为了适应中国法律的规定，建议在以中国大陆为仲裁地的仲裁中，当事人应当将国际商会国际仲裁院写入上述标准条款，具体内容如下：

"凡产生于本合同或与本合同有关的一切争议均应提交国际商会国际仲裁院，按照国际商会仲裁规则由依据该规则指定的 1 名或数名仲裁员终局解决。"

当事人可以自由调整该条款，以适应其具体情况。例如，考虑到国际商会仲裁规则中含有偏好采用独任仲裁员的假设，当事人可能希望约定仲裁员人数。此外，当事人还可能希望约定仲裁地点和仲裁语言以及对于案件实体问题所适用的法律。国际商会仲裁规则并不限制当事人自由选择仲裁地点和仲裁语言或合同所适用的法律。在调整该条款时，务须谨慎避免发生歧义的风险。条款中不明确的措辞会导致不确定性和延误，并且可能妨碍、甚至危

---

〔1〕　本部分资料来源于国际商会网站，网址：http://www.iccwbo.org。

害到争议解决的进程。当事人还应当将可能影响该条款在适用法律下执行力的任何因素考虑在内。这些因素包括在仲裁地点以及预期执行地可能存在的任何强制性要求。

C. 中国国际经济贸易仲裁委员会香港仲裁中心示范仲裁条款[1]

"凡因本合同引起的或与本合同有关的任何争议，均应提交中国国际经济贸易仲裁委员会香港仲裁中心，按照申请仲裁时该会现行有效的仲裁规则进行仲裁。仲裁裁决是终局的，对双方均有约束力。"

除上述外，中国国际经济贸易仲裁委员会香港仲裁中心亦提供以下供参考的仲裁协议增补条款：

仲裁地为……（香港）。

仲裁开庭地为……（选择您合适的开庭地，如香港，北京，东京等）。

组成仲裁庭仲裁员人数为……（1人或3人）。

仲裁程序适用语言为……（选择语言，如中文、英文等）。

3. 仲裁协议的适用法律

仲裁协议所适用的国家/地区法律不一定与基础合同相同。这是因为：在法律上，仲裁协议是一份独立于基础合同的协议，其效力不因基础合同不合法、不存在、无效或无法执行而受到影响。举例而言，即使基础合同受巴西法律规制，当事人仍可自行约定仲裁协议所适用的法律。如果当事人没有约定仲裁协议的适用法律，则可能会产生以下法律问题：

在 *Sulamerica CIA Nacional de Seguros SA and others v. Enesa Engenharia SA and others*（［2012］EWCA civ 638, 16 May 2012）一案中，英国法院裁定，一般而言，若当事人已明示选择基础合同所适用的法律，基础合同的适用法律

---

〔1〕 本部分资料来源于中国国际经济贸易仲裁委员会香港仲裁中心网站，网址：http://www.cietachk.org.

将会是一个强烈的指标，显示当事人拟将仲裁协议所适用的法律与已明示选择的基础合同所适用的法律一致；若当事人没有就基础合同或仲裁协议所适用的法律作出选择，仲裁协议将会受与仲裁协议有最密切及真实联系的国家或地区的法律调整，而双方选择的仲裁地一般会是决定仲裁协议适用法的一项重要因素。但在该案中，基础合同受巴西法律调整并不能作为仲裁协议同受巴西法律调整的充分证据，因为巴西法律于该案中会严重损害仲裁协议当事人的利益，而当事人在签订仲裁协议时不可能知情并同意选择有此损害效果的法律。最终，英国法院裁定与仲裁协议有最密切及最真实联系的法律被认定为仲裁地法律，即英国法律。因此，英国法律被判定为该案仲裁协议所应适用的法律。

4. 仲裁协议的效力

在一般情况下，不论仲裁协议是否在香港订立，只要仲裁地是香港，《仲裁条例》（香港法例第 609 章）都适用于根据该协议进行的仲裁。[1] 香港法院对仲裁持支持态度，除非《仲裁条例》（香港法例第 609 章）有规定，否则香港法院不得对《仲裁条例》（香港法例第 609 章）所管辖的事情进行干预。[2]

若一方当事人未理会仲裁协议而直接将仲裁协议约定的仲裁事项向法院提起诉讼，另一方当事人可向法院申请要求法院命令该一方当事人将仲裁事项进行仲裁。上述申请有时限限制，申请人必须在不迟于其就争议实体提出第 1 次申述时向法院提出申请要求将仲裁事项进行仲裁。除非法院认定仲裁协议无效、不能实行或不能履行，否则，法院应将诉讼各方转介仲裁，并作出命令，搁置该诉讼的法律程序。[3] 任何人不得就法院的转介仲裁决定上诉。[4] 但如法院拒绝将各方转介仲裁，当事人则须获该法院许可，方可就法院拒绝转介仲裁的决定上诉。[5]

---

〔1〕《仲裁条例》（香港法例第 609 章）第 5 条，如果仲裁地是在香港以外其他地方，则只有部分的《仲裁条例》条文适用于有关仲裁。

〔2〕《仲裁条例》（香港法例第 609 章）第 12 条（采纳了联合国国际贸易法委员会《贸易法委员会国际商事仲裁示范法》第 5 条）。

〔3〕《仲裁条例》（香港法例第 609 章）第 20（1）条（采纳了联合国国际贸易法委员会《贸易法委员会国际商事仲裁示范法》第 8 条）和第 20（5）条。

〔4〕《仲裁条例》（香港法例第 609 章）第 20（8）条。

〔5〕《仲裁条例》（香港法例第 609 章）第 20（9）条。

　　法院在处理上述申请时会考虑 4 个主要的问题：第一，按照适用法律，有关条款或协议是否符合仲裁协议的规定；第二，仲裁协议是否无效、不能实行或不能履行；第三，双方是否事实上存在争议或分歧；第四，该等争议或分歧是否为仲裁协议下的仲裁事项。[1]

　　在申请搁置法律程序中，申请人有举证责任确立有好的表面证据或足够的理由，证明双方确实存在仲裁协议。如能够证明此点，且法院没有发现任何情况证明仲裁协议无效、不能实行或不能履行，则当事人便可得到《仲裁条例》（香港法例第 609 章）的保障，将仲裁协议所管辖的争议事项交由仲裁，而非诉讼。[2] 当然，如果已经进入仲裁程序，而当事人认为仲裁庭并无管辖权，则其仍然可以向仲裁庭提出管辖权异议，仲裁庭就此会做出裁决。若仲裁庭裁决其有管辖权，不满仲裁庭裁决的一方可在收到裁决通知后 30 天内请求香港高等法院原讼法庭对管辖权的事项作出决定，该决定不得上诉。但是，若仲裁庭裁决其没有管辖权，则该裁决将是终极的，不满该裁决的当事人无权要求香港法院对此事项再作出决定。[3]

　　与一般协议相同，仲裁协议生效的前提之一是其条款清晰明确。但香港法院对仲裁协议的解读比较宽容，若能满足法院要求的有关条款已清楚表明当事人之间拟将所述争议交付仲裁解决的条件，仲裁条款便会得到认可。[4] 英国法院曾在 *Tritonia Shipping Inc v. South Nelson Forest Products Corp*[5] 一案中裁定，"仲裁在伦敦解决"便足以构成仲裁协议。同样，在 *Lucky-Goldstar International (HK) Ltd v. Ng Moo Kee Engineering Ltd* 一案中，虽所指定的仲裁规则不存在，但是基于没有证据证明当事人只是愿意参与指定仲裁机构管理的仲裁，法院认定当事人仲裁意向明确，裁定仲裁协议有效。

　　在对仲裁协议进行解释时，法院或仲裁庭须将合同作为一个整体，且根据

---

　　〔1〕 *Tommy CP Sze & Co v. Li & Fung (Trading) Ltd*〔2003〕1 H. K. C. 418.

　　〔2〕 *Pacific Crown Engineering v. Hyundai Engineering Ltd & Construction Co Ltd*〔2003〕3 H. K. L. R. D. 440.

　　〔3〕《仲裁条例》（香港法例第 609 章）第 34 条（采纳了联合国国际贸易法委员会《贸易法委员会国际商事仲裁示范法》第 16 条）。

　　〔4〕 *Astro Vencedor Compania Naviera SA of Panama v. Mabanaft GmbH (The Damianos)*〔1970〕2 Lloyd's Rep 267.

　　〔5〕〔1966〕1 Lloyd's Rep 114.

上下文进行解释；视乎交易的性质、仲裁条款在何种情况下产生以及合同的其他条款，某特殊的措辞可有宽泛或狭窄的含义。[1] 法院愿意接受的初步假设是合同的当事人有意图将与某一特定的交易有关的所有争议交由仲裁庭解决。[2]

　　有时，合同各方之间就合同的履行会产生分歧，为解决分歧双方可能签订若干补充或和解协议，但该等补充或和解协议并未包含原合同的仲裁条款。在此情形下，可能出现的问题是原合同的仲裁条款是否已涵盖补充或和解协议项下的争议。当然，在考虑是否涵盖的问题时，首先要研究仲裁条款所述仲裁范围的内容是否表述得足够宽泛，足以延伸至并覆盖协议项下的争议。如在 *Hannice Industries Ltd v. Elite Union（HK）Ltd & Anor*[3] 一案中，当事人于2004年签立了一份股权转让协议，其中包含仲裁条款；其后被告人违反协议，但就此事于2010年与原告人签立了1份和解协议，其中没有仲裁条款；由于被告人违反和解协议，原告人诉诸法院。被告人主张因为和解协议的基础事实与含有仲裁条款的股权转让协议相同，所以应交付仲裁，要求法院搁置诉讼程序。但法院裁定，虽然当初签订和解协议是由于被告人违反股权转让协议，但实际上和解协议和股权转让协议是2份独立的合约，性质不同，条款可以大相径庭，在签立和解协议时当事人不一定有意图通过仲裁解决争议，因此，不能把2004年签立的转让股权协议中的仲裁条款强加于2010年签立的和解协议。由于原告人是控告被告人违反和解协议而非股权转让协议，而和解协议中并没有仲裁条款，所以法院裁定不能藉此搁置诉讼程序。

　　由上述案例可见，即使股权转让协议与和解协议是相关的协议，也并不能因此而将前者的仲裁条款范围强行覆盖后者，亦不能因和解协议与股权转让协议有关联而认为可以将和解协议的争议也交付仲裁。[4]

---

　　〔1〕　The Rt Hon. Lord Mustill & Steward Boyd：*Mustill & Boyd：Commercial Arbitration*（2nd ed.），London：Butterworths，1989，p. 118.

　　〔2〕　*VK Holdings（HK）Ltd v. Panasonic Eco Solutions（Hong Kong）Co Ltd*〔2015〕HKEC 35（香港高等法院建筑及仲裁诉讼案2014年第19号（HCCT 19/2014），判决日期为2014年12月19日）；*Premium Nafta Products Ltd v. Fili Shipping Co Ltd*〔2007〕UKHL 40.

　　〔3〕　香港高等法院民事诉讼案2011年第1876号（HCA 1876/2011），判决日期为2012年3月22日。

　　〔4〕　类似的情况也在 *Michael Alexander Trzecieski & Anor v. Kai Gruenenwald & Anor*〔2011〕HKEC 1606（香港高等法院民事诉讼案2011年第910号（HCA 910/2011），判决日期为2011年12月2日）一案中出现。

实践中，草拟不够清晰明确的仲裁条款可能损害仲裁协议的有效性和导致关于仲裁协议有效性的争议。以下例举仲裁条款草拟时的常见问题：

其一，没有使用强制性词语，例如，使用"可"而不用"应"提交仲裁。[1]

其二，所指定的仲裁机构或仲裁规则不存在，且没有规定仲裁地或仲裁地不明确。[2]

其三，在同一份仲裁协议中指定使用多于1套的机构仲裁规则。

其四，容许通过法庭程序或仲裁程序解决同一争议。[3]

其五，过度规定仲裁员的资格、要求，如要求首席仲裁员应为能操流利汉语的中国人，具备美国法律学位，并有处理与电讯业有关争议的经验。

因此，为避免就仲裁协议的效力存有任何不必要的争议，草拟仲裁条款时应确保仲裁条款清晰明确、不存在内在冲突、可操作，且并不违反适用的强制性规定，这样既能反映当事人的意愿，也能避免在争议发生后当事人因不能就主要的仲裁条款达成一致意见而出现无法执行仲裁条款的局面。

四、商事仲裁裁决

对于当事人根据合法有效的仲裁协议交付仲裁的商事争议事项，仲裁庭按照相关程序进行仲裁，形成裁决结果，由仲裁庭作出书面仲裁裁决。

以下对于内地和香港的仲裁裁决分别进行讨论。

（一）内地的仲裁裁决

1. 仲裁裁决的形式及内容

（1）仲裁裁决的形式。在内地，就仲裁裁决的形式而言，仲裁裁决应当以书面形式作出。

（2）仲裁裁决的内容。关于仲裁裁决的内容，根据《中华人民共和国仲裁法》第54条的规定，裁决书应当写明仲裁请求、争议事实、裁决理由、裁

---

〔1〕 *Grandeur Electrical Co LTd v. Cheung Kee Fung Cheung Construction Co Ltd* 〔2006〕3 HKLRD 535；*Hannice Industries Ltd v. Elite Union（HK）Ltd* 〔2012〕HKEC 419（香港高等法院民事诉讼案2011年第1876号（HCA 1876/2011），判决日期为2012年3月22日）。

〔2〕 *Lucky-Goldstar International（HK）Ltd v. Ng Moo Kee Engineering Ltd* 〔1993〕2 HKLR 73.

〔3〕 *Beyond The Network Ltd v. Vectone Ltd* 〔2012〕HKEC 419（香港高等法院民事诉讼案2004年第2826号（HCA 2826/2004），判决日期为2005年12月13日）。

决结果、仲裁费用的负担和裁决日期。如果当事人协议不愿写明争议事实和裁决理由，可以不写。裁决书由仲裁员签名，加盖仲裁委员会印章。对裁决持不同意见的仲裁员，可以签名，也可以不签名。

2. 仲裁裁决的分类

（1）最终裁决。最终裁决是仲裁庭就仲裁的争议事项作出的终局裁判。此外，缺席裁决属于最终裁决。《中华人民共和国仲裁法》对缺席裁决作出规定，申请人经书面通知，无正当理由不到庭或者未经仲裁庭许可中途退庭的，可以视为撤回仲裁申请；被申请人经书面通知，无正当理由不到庭或者未经仲裁庭许可中途退庭的，可以缺席裁决。

（2）中间裁决。《中华人民共和国仲裁法》对中间裁决并未作出规定。

内地有的仲裁委员会之仲裁规则有关于中间裁决的规定，比如，2016年12月1日起施行的《深圳国际仲裁院仲裁规则》第49条即规定了中间裁决：仲裁庭认为必要或当事人提出请求并经仲裁庭同意的，仲裁庭可以在作出最终裁决之前，就案件的相关程序问题、临时措施或者要释明的问题作出中间裁决。中间裁决的作出和履行与否，不影响仲裁程序的继续进行，也不影响仲裁庭作出最终裁决。

（3）部分裁决。《中华人民共和国仲裁法》第55条规定了部分裁决，"仲裁庭仲裁纠纷时，其中一部分事实已经清楚，可以就该部分先行裁决。"部分裁决是终局的。

（4）和解裁决。《中华人民共和国仲裁法》第49条及第50条规定了和解裁决，当事人申请仲裁后，可以自行和解。达成和解协议的，可以请求仲裁庭根据和解协议作出裁决书，也可以撤回仲裁申请。当事人达成和解协议，撤回仲裁申请后反悔的，可以根据仲裁协议申请仲裁。

（5）调解书及调解裁决。《中华人民共和国仲裁法》第51条及第52条规定了调解书及调解裁决，仲裁庭在作出裁决前，可以先行调解。当事人自愿调解的，仲裁庭应当调解。调解不成的，应当及时作出裁决。调解达成协议的，仲裁庭应当制作调解书或者根据协议的结果制作裁决书。调解书与裁决书具有同等法律效力。调解书应当写明仲裁请求和当事人协议的结果。调解书由仲裁员签名，加盖仲裁委员会印章，送达双方当事人。调解书经双方当事人签收后，即发生法律效力。在调解书签收前当事人反悔的，仲裁庭应当及时作出裁决。

（6）补充裁决。《中华人民共和国仲裁法》就针对漏裁事项的补充裁决并未作出规定。

内地部分仲裁委员会之仲裁规则有关于补充裁决的规定，比如，2016年12月1日起施行的《深圳国际仲裁院仲裁规则》第52条相关内容即规定了补充裁决：任何一方当事人均可以在收到裁决书之日起30日内就裁决书中遗漏的仲裁请求事项，书面申请仲裁庭作出补充裁决。如确有遗漏，仲裁庭应在收到上述书面申请之日起30日内作出补充裁决。仲裁庭可以在作出裁决后的合理时间内自行以书面形式对裁决书作出补充裁决。补充裁决构成裁决书的一部分。

补充裁决不同于裁决书的补正。对于裁决书的补正，《中华人民共和国仲裁法》第56条有相应规定，对裁决书中的文字、计算错误或者仲裁庭已经裁决但在裁决书中遗漏的事项，仲裁庭应当补正；当事人自收到裁决书之日起30日内，可以请求仲裁庭补正。

3. 仲裁裁决的效力

《中华人民共和国仲裁法》规定，仲裁实行一裁终局的制度。裁决作出后，当事人就同一纠纷再申请仲裁或者向人民法院起诉的，仲裁委员会或者人民法院不予受理。仲裁的"一裁终局"制，是仲裁制度的主要特点之一，也是仲裁与诉讼的重大区别之一。

根据《中华人民共和国仲裁法》的规定，仲裁裁决书自作出之日起发生法律效力。当事人应当履行仲裁裁决，如果一方当事人不履行，另一方当事人可以依照《中华人民共和国民事诉讼法》的有关规定向人民法院申请执行，受申请的人民法院应当执行。

在某些特定情况下，仲裁裁决可被撤销或不予执行。如果仲裁裁决被人民法院依法裁定撤销或者不予执行，当事人就该纠纷可以根据双方重新达成的仲裁协议申请仲裁，也可以向人民法院起诉。

（二）香港的仲裁裁决

1. 仲裁裁决的形式及内容

（1）仲裁裁决的形式。在香港，根据《仲裁条例》（香港法例第609章）

第 67 条的规定，裁决应当以书面作出。

（2）仲裁裁决的内容。根据《仲裁条例》（香港法例第 609 章）第 67 条的规定，裁决应由仲裁员签名，在有 1 名以上仲裁员的仲裁程序中，仲裁庭全体成员的多数签名即可，但须说明缺漏任何签名的理由。裁决应说明其所依据的理由，除非当事人约定不需说明理由或该裁决是和解裁决。裁决书应具明其日期和仲裁地点，裁决将视为是在该地点作出的。裁决作出后，经仲裁员签名的裁决书应送达各方当事人各 1 份。

2. 仲裁裁决的分类

（1）最终裁决。仲裁庭就仲裁争议事项作出的终局裁判之书面载体即为最终裁决。

与内地规定类似，在香港，缺席裁决亦属于最终裁决，《仲裁条例》（香港法例第 609 章）有相关规定。[1]

（2）中间裁决。中间裁决是仲裁庭在作出最终裁决之前的任何时候，就案件的某些问题作出的临时性的裁决。目的主要是为了推进仲裁程序的进行，如在有关争议得以裁定之前，维持现状或恢复原状、防止目前或即将对仲裁程序造成的危害或损害、提供一种保全资产以执行后继裁决、保全证据等。[2]

（3）部分裁决。部分裁决是指在仲裁程序进行过程中，仲裁庭就已经查清的部分事实所作出的裁决。部分裁决是终局的。

《仲裁条例》（香港法例第 609 章）第 71 条对部分裁决作出规定，除非各方另有协议，否则仲裁庭可就须裁定的事宜的不同方面，在不同时间，作出多于 1 项的裁决。

（4）和解裁决。关于和解裁决，《仲裁条例》（香港法例第 609 章）第 66（1）条规定，在仲裁程序中，当事人就争议达成和解的，仲裁庭应当终止仲裁程序，经各方当事人提出请求而仲裁庭又无异议的，还应当按和解的条件以仲裁裁决的形式记录和解。该等裁决与根据案情所作出的裁决具有同等的地位和效力。

---

〔1〕《仲裁条例》（香港法例第 609 章）第 53 条。
〔2〕《仲裁条例》（香港法例第 609 章）第 35 条。

此外，若仲裁协议各方就仲裁协议所涵盖的争议达成和解，并签订包含了和解条款的书面和解协议，当一方违反和解协议时，另一方可将和解协议视为仲裁裁决向香港法院申请强制执行和解协议。[1]

（5）补充裁决。《仲裁条例》（香港法例第 609 章）规定了补充裁决，除非当事人另有约定，否则，一方当事人在收到裁决书后 30 天内，可以在通知对方当事人后，请求仲裁庭对已在仲裁程序中提出但在裁决书中遗漏的请求事项作出补充裁决。仲裁庭如果认为此种请求正当合理，即应在 60 天内作出补充裁决。如有必要，仲裁庭可以将作出补充裁决的期限予以延长。[2]

《仲裁条例》（香港法例第 609 章）第 69 条也对裁决书中有关错误的更正以及对裁决书的解释作出规定。

3. 仲裁裁决的效力

《仲裁条例》（香港法例第 609 章）第 73 条体现了仲裁的"一裁终局"制度。除若干特定情况外，当事人不能就仲裁裁决提出质疑。

根据《仲裁条例》（香港法例第 609 章）第 73 条的规定，除非各方另有协议，否则，仲裁庭依据仲裁协议作出的裁决，属最终裁决，对各方及通过或借着任何一方提出申索的任何人均具约束力。但该规定并不影响任何人作出以下作为的权利：按《仲裁条例》（香港法例第 609 章）第 26 条的规定请求香港法院就某仲裁员是否回避作出决定，在待决期间，法院可拒绝批予强制执行相关裁决的许可；按《仲裁条例》（香港法例第 609 章）第 81 条的规定向法院申请撤销裁决；按《仲裁条例》（香港法例第 609 章）附表 2 第 4 条或第 5 条的规定（若该规定适用于有关仲裁裁决）向法院以严重不当事件为理由而质疑仲裁裁决或就法律问题而针对仲裁裁决提出上诉；按《仲裁条例》（香港法例第 609 章）的其他条文的规定质疑裁决，比如，依据《仲裁条例》（香港法例第 609 章）第 86 条要求法院拒绝强制执行仲裁裁决；或在其他情况下，按任何可用的上诉或复核的仲裁程序，质疑裁决。

对于仲裁裁决生效后，当事人不能就同一事项向相同的被告提起相同的诉讼或仲裁的问题，普通法下的已决定事项不再理（*res judicata*）原则有类似

---

〔1〕《仲裁条例》（香港法例第 609 章）第 66（2）条。
〔2〕《仲裁条例》（香港法例第 609 章）第 69 条。

的规定。此外，根据《仲裁条例》（香港法例第 609 章）第 87、92 条和第 98A 条的规定，通过《承认及执行外国仲裁裁决公约》在香港强制执行的裁决、在香港强制执行的内地裁决或在香港强制执行的澳门裁决的任何一方均可在香港进行的任何法律程序中，倚据该等裁决作为抗辩或抵销，或以其他方式倚据该等裁决。

在香港，除了《仲裁条例》（香港法例第 609 章）第 73 条提及的规限，仲裁庭在仲裁程序中所作出的裁决，不论是在香港还是在香港以外地方作出的，均可犹如具有同等效力的原讼法庭判决一般，以同样方式强制执行，但在强制执行前必须向原讼法庭申请并取得许可。许可取得之后，执行方可按有关裁决的条款登记判决。任何一方对原讼法庭决定批予或者决定拒绝批予许可不满的，可针对该决定提出上诉，但在上诉前必须先获取原讼法庭的上诉许可。[1]

第二节　在内地进行商事仲裁的一般程序

商事仲裁作为世界性的解决商事争议的重要方式，其解决争议的过程离不开相关的仲裁程序。从全球范围来看，商事仲裁的仲裁程序因国家、法域及仲裁机构等因素的不同而有所区别。内地与香港作为"一国两制"原则下的两个不同法域，法律体系不同，但仲裁本身又具有超越不同法律体系的共有特点，因此，就仲裁程序而言，内地与香港既有相同点，亦有差异处。

本节研析在内地进行商事仲裁的一般程序，并关注涉外、涉港仲裁程序的特定要求。在内地，《中华人民共和国仲裁法》对仲裁程序作出了一般性规定，各仲裁机构的仲裁规则以此为框架，同时，也在一定程度上展现各自的特点。一般而言，仲裁程序包括仲裁的申请与受理、组成仲裁庭、仲裁案件审理、仲裁裁决作出等。此外，本节也会就仲裁裁决的撤销、仲裁裁决的执行及不予执行等进行研析。

---

[1]《仲裁条例》（香港法例第 609 章）第 84 条（仲裁裁决的强制执行）、第 87 条（公约裁决的强制执行）、第 92 条（内地裁决的强制执行）和第 98A 条（澳门裁决的强制执行）。

一、在内地进行商事仲裁的申请和受理

（一）内地商事仲裁的申请

1. 申请仲裁的条件

根据《中华人民共和国仲裁法》第21条的规定，当事人申请仲裁应当符合下列条件：有仲裁协议；有具体的仲裁请求和事实、理由；属于仲裁委员会的受理范围。

2. 申请仲裁所需提交的材料和预缴的费用

《中华人民共和国仲裁法》第22条规定，当事人申请仲裁，应当向仲裁委员会递交仲裁协议、仲裁申请书及副本。

关于仲裁申请书的内容，其应当载明下列事项：当事人的姓名、性别、年龄、职业、工作单位和住所，法人或者其他组织的名称、住所和法定代表人或者主要负责人的姓名、职务；仲裁请求和所根据的事实、理由；证据和证据来源、证人姓名和住所。[1]

就申请仲裁所需提交的材料和费用的具体要求，有关仲裁机构的仲裁规则有细化规定。以《中国国际经济贸易仲裁委员会仲裁规则（2015版）》为例，其第12条规定：当事人依据该规则申请仲裁时应：第一，提交由申请人或申请人授权的代理人签名及/或盖章的仲裁申请书。仲裁申请书应写明：①申请人和被申请人的名称和住所，包括邮政编码、电话、传真、电子邮件或其他电子通讯方式；②申请仲裁所依据的仲裁协议；③案情和争议要点；④申请人的仲裁请求；⑤仲裁请求所依据的事实和理由。第二，在提交仲裁申请书时，附具申请人请求所依据的证据材料以及其他证明文件。第三，按照仲裁委员会制定的仲裁费用表的规定预缴仲裁费。

（二）对仲裁申请的审查与受理

仲裁委员会收到仲裁申请材料后，会进行审查。根据审查情况，仲裁委员会区别不同情况进行处理：仲裁委员会收到仲裁申请书之日起5日内，认为符合受理条件的，应当受理，并通知当事人；如果仲裁委员会认为不符合

---

[1]《中华人民共和国仲裁法》第23条。

受理条件，应当书面通知当事人不予受理，并说明理由。[1]

如果当事人申请仲裁的手续不完备，《中国国际经济贸易仲裁委员会仲裁规则（2015 版）》第 13 条第 3 款就此作出了规定，仲裁委员会仲裁院经审查认为申请仲裁的手续不完备的，可以要求申请人在一定的期限内予以完备；申请人未能在规定期限内完备申请仲裁手续的，视同申请人未提出仲裁申请。

（三）受理仲裁申请后的文件提交及送达

仲裁委员会受理仲裁申请后，应当在仲裁规则规定的期限内将仲裁规则和仲裁员名册送达申请人，并将仲裁申请书副本和仲裁规则、仲裁员名册送达被申请人。被申请人收到仲裁申请书副本后，应当在仲裁规则规定的期限内向仲裁委员会提交答辩书。仲裁委员会收到答辩书后，应当在仲裁规则规定的期限内将答辩书副本送达申请人。被申请人未提交答辩书的，不影响仲裁程序的进行。[2]

对申请人而言，其可以放弃或者变更仲裁请求；对被申请人而言，其可以承认或者反驳仲裁请求，并有权提出反请求。[3]

（四）代理

在商事仲裁活动中，当事人、法定代理人可以委托律师和其他代理人进行仲裁活动。委托律师和其他代理人进行仲裁活动的，应当向仲裁委员会提交授权委托书。[4] 需注意的是，《中华人民共和国仲裁法》并未对仲裁代理人的人数进行限制，这一点与《中华人民共和国民事诉讼法》"当事人、法定代理人可以委托 1 至 2 人作为诉讼代理人"的规定不同，即在仲裁程序中，每一方当事人、法定代理人可以委托超过 2 人作为其仲裁代理人。

二、商事仲裁庭的组成

仲裁庭由当事人选定及/或仲裁委员会主任指定的仲裁员组成，仲裁庭对当事人申请仲裁的案件依仲裁程序进行审理并作出裁决。关于仲裁员的立场，

---

〔1〕《中华人民共和国仲裁法》第 24 条。
〔2〕《中华人民共和国仲裁法》第 25 条。
〔3〕《中华人民共和国仲裁法》第 27 条。
〔4〕《中华人民共和国仲裁法》第 29 条。

正如《中国国际经济贸易仲裁委员会仲裁规则（2015版）》第24条所述，仲裁员不代表任何一方当事人，应独立于各方当事人，平等地对待各方当事人。

（一）仲裁庭的组成形式

根据《中华人民共和国仲裁法》的规定，仲裁庭可以由3名仲裁员或者1名仲裁员组成。由3名仲裁员组成的，设首席仲裁员。

（二）仲裁庭的组成程序

《中华人民共和国仲裁法》第31条及第32条对仲裁庭的组成程序作出规定：

如果当事人约定由3名仲裁员组成仲裁庭，应当各自选定或者各自委托仲裁委员会主任指定1名仲裁员，第3名仲裁员由当事人共同选定或者共同委托仲裁委员会主任指定。第3名仲裁员是首席仲裁员。

如果当事人约定由1名仲裁员成立仲裁庭，应当由当事人共同选定或者共同委托仲裁委员会主任指定仲裁员。

如果当事人没有在仲裁规则规定的期限内约定仲裁庭的组成方式或者选定仲裁员，则由仲裁委员会主任指定。

内地有关仲裁机构的仲裁规则对于仲裁庭的组成程序有更为具体的规定，比如，《中国国际经济贸易仲裁委员会仲裁规则（2015版）》第29条对多方当事人仲裁庭的组成特别作出规定："①仲裁案件有2个或2个以上申请人及/或被申请人时，申请人方及/或被申请人方应各自协商，各方共同选定或共同委托仲裁委员会主任指定1名仲裁员。②首席仲裁员或独任仲裁员应按照本规则第27条第2、3、4款规定的程序选定或指定。申请人方及/或被申请人方按照本规则第27条第3款的规定选定首席仲裁员或独任仲裁员时，应各方共同协商，提交各方共同选定的候选人名单。③如果申请人方及/或被申请人方未能在收到仲裁通知后15天内各方共同选定或各方共同委托仲裁委员会主任指定1名仲裁员，则由仲裁委员会主任指定仲裁庭3名仲裁员，并从中确定1人担任首席仲裁员。"

（三）仲裁员的回避

1. 回避的事由

根据《中华人民共和国仲裁法》第34条的规定，仲裁员有下列情形之一的，必须回避，当事人也有权提出回避申请：①是本案当事人或者当事人、代理人的近亲属；②与本案有利害关系；③与本案当事人、代理人有其他关系，可能影响公正仲裁的；④私自会见当事人、代理人，或者接受当事人、代理人的请客送礼的。

2. 对于当事人提出回避申请的要求

根据《中华人民共和国仲裁法》第 35 条的规定，当事人提出回避申请，应当说明理由，在首次开庭前提出；回避事由在首次开庭后知道的，可以在最后一次开庭终结前提出。

3. 回避的决定权

《中华人民共和国仲裁法》第 36 条规定，仲裁员是否回避，由仲裁委员会主任决定；仲裁委员会主任担任仲裁员时，由仲裁委员会集体决定。

4. 回避的法律后果

《中华人民共和国仲裁法》第 37 条规定，仲裁员因回避或者其他原因不能履行职责的，应当依照《中华人民共和国仲裁法》规定重新选定或者指定仲裁员。因回避而重新选定或者指定仲裁员后，当事人可以请求已进行的仲裁程序重新进行，是否准许，由仲裁庭决定；仲裁庭也可以自行决定已进行的仲裁程序是否重新进行。

此外，根据《中华人民共和国仲裁法》的规定，如果仲裁员"私自会见当事人、代理人，或者接受当事人、代理人的请客送礼，情节严重的"，或者仲裁员"在仲裁该案时有索贿受贿，徇私舞弊，枉法裁决行为的"，应当依法承担法律责任，仲裁委员会应当将其除名。

三、商事仲裁案件的审理

（一）仲裁案件的审理方式

根据《中华人民共和国仲裁法》的规定，仲裁案件的审理方式分为开庭审理和书面审理两种。

1. 开庭审理

《中华人民共和国仲裁法》第 39 条规定："仲裁应当开庭进行。……"开庭审理是审理仲裁案件的主要方式，即按照仲裁程序的要求，由仲裁庭主持，各方当事人和其他仲裁参与人参加，对仲裁案件进行审理。

此外，就仲裁案件审理的公开性问题，《中华人民共和国仲裁法》第40条规定："仲裁不公开进行。当事人协议公开的，可以公开进行，但涉及国家秘密的除外。"不公开审理作为仲裁案件审理的一般性原则，体现了仲裁的保密性特点，也是仲裁与诉讼的又一主要差异。

2. 书面审理

书面审理是仲裁案件审理的另一种方式。《中华人民共和国仲裁法》第39条规定："……当事人协议不开庭的，仲裁庭可以根据仲裁申请书、答辩书以及其他材料作出裁决。"即根据各方当事人的协议，各方当事人及其他仲裁参与人不到庭参加审理，仲裁庭根据书面材料审理仲裁案件。

（二）仲裁案件开庭审理的一般程序

1. 开庭通知

开庭前，仲裁委员会应当在仲裁规则规定的期限内将开庭日期通知双方当事人。当事人有正当理由的，可以在仲裁规则规定的期限内请求延期开庭。是否延期，由仲裁庭决定。如果申请人经书面通知，无正当理由不到庭可以视为撤回仲裁申请；如果被申请人经书面通知，无正当理由不到庭可以缺席裁决。[1]

2. 宣布开庭

开庭时，一般由首席仲裁员或者独任仲裁员宣布开庭。

3. 当事人陈述

开庭后，按照申请人、被申请人的顺序，由当事人陈述己方的主张和观点。

4. 举证

根据《中华人民共和国仲裁法》第43条第1款的规定，当事人应当对自己的主张提供证据。

此外，《中华人民共和国仲裁法》第43条第2款规定，仲裁庭认为有必要收集的证据，可以自行收集。《中华人民共和国仲裁法》第44条第1款规定，仲裁庭对专门性问题认为需要鉴定的，可以交由当事人约定的鉴定部门

---

〔1〕《中华人民共和国仲裁法》第41条及第42条。

鉴定，也可以由仲裁庭指定的鉴定部门鉴定。

5. 质证

《中华人民共和国仲裁法》第 45 条对质证问题作出了规定，证据应当在开庭时出示，当事人可以质证。

此外，《中华人民共和国仲裁法》第 44 条第 2 款规定，根据当事人的请求或者仲裁庭的要求，鉴定部门应当派鉴定人参加开庭。当事人经仲裁庭许可，可以向鉴定人提问。

关于证据保全问题，实务中需加以留意。《中华人民共和国仲裁法》第 46 条就证据保全作出了一般性规定，在证据可能灭失或者以后难以取得的情况下，当事人可以申请证据保全；如果当事人申请证据保全，仲裁委员会应当将当事人的申请提交证据所在地的基层人民法院。对于涉外仲裁中的证据保全，《中华人民共和国仲裁法》第 68 条规定，涉外仲裁的当事人申请证据保全的，涉外仲裁委员会应当将当事人的申请提交证据所在地的中级人民法院。就该规定，涉港仲裁应参照适用。

6. 辩论

当事人之间就仲裁案件特别是争议焦点展开辩论，是开庭审理的重要环节。《中华人民共和国仲裁法》第 47 条规定，"当事人在仲裁过程中有权进行辩论……。"

7. 当事人发表最后意见

根据《中华人民共和国仲裁法》第 47 条的规定，辩论终结时，首席仲裁员或者独任仲裁员应当征询当事人的最后意见。

此外，实务中需注意的是，在仲裁案件开庭审理过程中，如果当事人未经仲裁庭许可中途退庭，则可能面临不利的法律后果。根据《中华人民共和国仲裁法》第 42 条的规定，如果申请人未经仲裁庭许可中途退庭，可以视为撤回仲裁申请；如果被申请人未经仲裁庭许可中途退庭，可以缺席裁决。

（三）仲裁案件的开庭笔录

《中华人民共和国仲裁法》第 48 条对开庭笔录作出了规定，仲裁庭应当将开庭情况记入笔录。当事人和其他仲裁参与人认为对自己陈述的记录有遗漏或者差错的，有权申请补正。如果不予补正，应当记录该申请。笔录由仲裁员、记录人员、当事人和其他仲裁参与人签名或者盖章。

就涉外仲裁的开庭笔录，《中华人民共和国仲裁法》第 69 条规定："涉外仲裁的仲裁庭可以将开庭情况记入笔录，或者作出笔录要点，笔录要点可以由当事人和其他仲裁参与人签字或者盖章。"就该规定，涉港仲裁应参照适用。

四、商事仲裁涉及的财产保全及行为保全

（一）财产保全

如果一方当事人因另一方当事人的行为或者其他原因，可能使裁决不能执行或者难以执行，则可以申请财产保全。[1] 这是《中华人民共和国仲裁法》对仲裁案件财产保全的原则性规定。

（二）行为保全

除财产保全外，实务中还需对行为保全予以关注。《中华人民共和国仲裁法》并无有关行为保全的概念和规定。2012 年 8 月 31 日修正的《中华人民共和国民事诉讼法》明确规定了行为保全制度，该法第 100 条规定："人民法院对于可能因当事人一方的行为或者其他原因，使判决难以执行或者造成当事人其他损害的案件，根据对方当事人的申请，可以裁定对其财产进行保全、责令其作出一定行为或者禁止其作出一定行为；当事人没有提出申请的，人民法院在必要时也可以裁定采取保全措施。人民法院采取保全措施，可以责令申请人提供担保，申请人不提供担保的，裁定驳回申请。人民法院接受申请后，对情况紧急的，必须在 48 小时内作出裁定；裁定采取保全措施的，应当立即开始执行。"其中，关于责令一方当事人作出一定行为或者禁止作出一定行为的规定，即为行为保全。在商事仲裁领域，行为保全制度应可适用。

（三）仲裁前保全

关于仲裁前的财产保全和仲裁前的行为保全，《中华人民共和国仲裁法》并无明确规定。《中华人民共和国民事诉讼法》对此作出了规定，根据该法第 101 条，利害关系人因情况紧急，不立即申请保全将会使其合法权益受到难以

---

[1] 《中华人民共和国仲裁法》第 28 条第 1 款。

弥补的损害的，可以在申请仲裁前向被保全财产所在地、被申请人住所地人民法院申请采取保全措施。申请人应当提供担保，不提供担保的，裁定驳回申请。人民法院接受申请后，必须在 48 小时内作出裁定；裁定采取保全措施的，应当立即开始执行。申请人在人民法院采取保全措施后 30 日内不依法申请仲裁的，人民法院应当解除保全。为保护当事人合法权益，在商事仲裁实务领域，应留意并妥善运用这一制度。

（四）保全程序

对于保全程序，《中华人民共和国仲裁法》第 28 条第 2 款作出了原则性规定，"当事人申请财产保全的，仲裁委员会应当将当事人的申请依照民事诉讼法的有关规定提交人民法院。"对于国内仲裁案件所涉及的保全，1996 年 6 月 8 日发布的《国务院办公厅关于贯彻实施〈中华人民共和国仲裁法〉需要明确的几个问题的通知》（国办发〔1996〕22 号）规定："国内仲裁案件的当事人依照仲裁法第 28 条的规定申请财产保全的，仲裁委员会应当将当事人的申请依照《中华人民共和国民事诉讼法》的有关规定提交被申请人住所地或者财产所在地的基层人民法院。"对于涉外仲裁的保全问题，《中华人民共和国民事诉讼法》第 272 条规定如下："当事人申请采取保全的，中华人民共和国的涉外仲裁机构应当将当事人的申请，提交被申请人住所地或者财产所在地的中级人民法院裁定。"〔1〕1997 年 3 月 26 日发布的《最高人民法院关于实施〈中华人民共和国仲裁法〉几个问题的通知》（法发〔1997〕4 号）〔2〕对此亦有类似规定。涉港仲裁应参照《中华人民共和国民事诉讼法》第 272 条的规定执行。

（五）保全申请错误的法律后果

如果财产保全申请错误，根据《中华人民共和国仲裁法》第 28 条第 3 款的规定，申请有错误的，申请人应当赔偿被申请人因财产保全所遭受的损失。

---

〔1〕《最高人民法院关于适用〈中华人民共和国民事诉讼法〉的解释》第 542 条对《中华人民共和国民事诉讼法》第 272 条作出进一步解释，其中，第 1 款规定：依照《中华人民共和国民事诉讼法》第 272 条规定，中华人民共和国涉外仲裁机构将当事人的保全申请提交人民法院裁定的，人民法院可以进行审查，裁定是否进行保全。裁定保全的，应当责令申请人提供担保，申请人不提供担保的，裁定驳回申请。

〔2〕《最高人民法院关于调整司法解释等文件中引用〈中华人民共和国民事诉讼法〉条文序号的决定》（法释〔2008〕18 号）对该文件中涉及的《中华人民共和国民事诉讼法》的相关条文序号予以调整。

此外，《中华人民共和国民事诉讼法》第 105 条规定："申请有错误的，申请人应当赔偿被申请人因保全所遭受的损失。"该规定项下的"保全"应包括财产保全、行为保全，证据保全亦应参照适用。

（六）人民法院解除保全的情形

关于保全的解除，根据《中华人民共和国民事诉讼法》第 104 条的规定，就财产纠纷案件，如果被申请人提供担保，人民法院应当裁定解除保全。

《最高人民法院关于适用〈中华人民共和国民事诉讼法〉的解释》第 165 条及第 166 条就保全的解除作出了进一步解释：人民法院裁定采取保全措施后，除作出保全裁定的人民法院自行解除或者其上级人民法院决定解除外，在保全期限内，任何单位不得解除保全措施。裁定采取保全措施后，有下列情形之一的，人民法院应当作出解除保全裁定：①保全错误的；②申请人撤回保全申请的；③申请人的起诉或者诉讼请求被生效裁判驳回的；④人民法院认为应当解除保全的其他情形。解除以登记方式实施的保全措施的，应当向登记机关发出协助执行通知书。

五、商事仲裁中的和解与调解

在商事仲裁中，当事人可以自行和解，也可以通过仲裁庭进行调解，从而使争议得到解决。

（一）和解

为尊重当事人对自身权利的处分，充分体现当事人的意思自治，《中华人民共和国仲裁法》规定了仲裁的和解制度。根据《中华人民共和国仲裁法》第 49 条及第 50 条，在当事人申请仲裁之后，当事人之间可以通过协商等方式，自行进行和解。如果当事人之间协商一致，达成和解协议，可以向仲裁庭请求根据当事人之间的和解协议作出裁决书；当事人也可以不要求仲裁庭作出裁决而直接撤回仲裁申请。针对后一种情形，在当事人达成和解协议，撤回仲裁申请后，其又反悔的，还可以根据仲裁协议申请仲裁，以充分保障当事人的合法权益。

（二）调解

在商事仲裁中，就当事人之间的争议，仲裁庭在作出裁决之前，可以先行调解；如果当事人自愿调解，仲裁庭应当进行调解。如调解不成，仲裁庭应当及时作出裁决；如经过调解达成协议，仲裁庭应当制作调解书或者根据协议的结果制作裁决书，调解书与裁决书具有同等法律效力。调解书经双方当事人签收后，即发生法律效力。如果在调解书签收之前当事人反悔，则仲裁庭应当及时作出裁决。

就《中华人民共和国仲裁法》对仲裁中的调解制度的上述规定（包括但不限于），内地有关仲裁机构的仲裁规则作了进一步的细化规定。以《中国国际经济贸易仲裁委员会仲裁规则（2015 版）》为例，该规则第 47 条"仲裁与调解相结合"规定：①双方当事人有调解愿望的，或一方当事人有调解愿望并经仲裁庭征得另一方当事人同意的，仲裁庭可以在仲裁程序中对案件进行调解。双方当事人也可以自行和解。②仲裁庭在征得双方当事人同意后可以按照其认为适当的方式进行调解。③调解过程中，任何一方当事人提出终止调解或仲裁庭认为已无调解成功的可能时，仲裁庭应终止调解。④双方当事人经仲裁庭调解达成和解或自行和解的，应签订和解协议。⑤当事人经调解达成或自行达成和解协议的，可以撤回仲裁请求或反请求，也可以请求仲裁庭根据当事人和解协议的内容作出裁决书或制作调解书。⑥当事人请求制作调解书的，调解书应当写明仲裁请求和当事人书面和解协议的内容，由仲裁员署名，并加盖"中国国际经济贸易仲裁委员会"印章，送达双方当事人。⑦调解不成功的，仲裁庭应当继续进行仲裁程序并作出裁决。⑧当事人有调解愿望但不愿在仲裁庭主持下进行调解的，经双方当事人同意，仲裁委员会可以协助当事人以适当的方式和程序进行调解。⑨如果调解不成功，任何一方当事人均不得在其后的仲裁程序、司法程序和其他任何程序中援引对方当事人或仲裁庭在调解过程中曾发表的意见、提出的观点、作出的陈述、表示认同或否定的建议或主张作为其请求、答辩或反请求的依据。⑩当事人在仲裁程序开始之前自行达成或经调解达成和解协议的，可以依据由仲裁委员会仲裁的仲裁协议及其和解协议，请求仲裁委员会组成仲裁庭，按照和解协议的内容作出仲裁裁决。除非当事人另有约定，仲裁委员会主任指定 1 名独任仲裁员成立仲裁庭，由仲裁庭按照其认为适当的程序进行审理并作出裁决。具体程序和期限，不受该规则其他条款关于程序和期限的限制。与《中华人民共和国仲裁法》相比，该规则上述规定的内容在调解及和解两方面，均填补了若干空白，展现了新意。

六、商事仲裁裁决的作出

根据《中华人民共和国仲裁法》第53条的规定，裁决应当按照多数仲裁员的意见作出，少数仲裁员的不同意见可以记入笔录。当仲裁庭不能形成多数意见时，裁决应当按照首席仲裁员的意见作出。

对于作出仲裁裁决的期限，《中华人民共和国仲裁法》并没有作出具体规定。内地不同仲裁机构的仲裁规则对作出仲裁裁决期限的规定不尽相同，以下举例说明。

如《中国国际经济贸易仲裁委员会仲裁规则（2015版）》第48条"作出裁决的期限"规定："①仲裁庭应在组庭后6个月内作出裁决书。②经仲裁庭请求，仲裁委员会仲裁院院长认为确有正当理由和必要的，可以延长该期限。③程序中止的期间不计入上述第1款规定的裁决期限。"对于适用简易程序的仲裁案件，仲裁庭应在组庭后3个月内作出裁决书；经仲裁庭请求，仲裁委员会仲裁院院长认为确有正当理由和必要的，可以延长该期限；程序中止的期间不计入上述3个月的裁决期限。[1] 对于不适用简易程序的国内仲裁案件，仲裁庭应在组庭后4个月内作出裁决书；经仲裁庭请求，仲裁委员会仲裁院院长认为确有正当理由和必要的，可以延长该期限；程序中止的期间不计入上述4个月的裁决期限。[2]

如《深圳国际仲裁院仲裁规则》（2016年12月1日起施行）的有关规定。根据该规则第47条"作出终局裁决的期限"等条款规定，就国际或涉外仲裁案件以及涉及香港特别行政区、澳门特别行政区及台湾地区的仲裁案件，仲裁庭应当在组庭之日起6个月内作出裁决；就中国内地仲裁案件，仲裁庭应当在组庭之日起4个月内作出裁决；对于适用简易程序的仲裁案件，仲裁庭应当在组庭之日起3个月内作出裁决；确有特殊情况和正当理由需要延长裁决期限的，由仲裁庭提请深圳国际仲裁院批准，可以适当延长。下列期间

---

〔1〕《中国国际经济贸易仲裁委员会仲裁规则（2015版）》第62条。
〔2〕《中国国际经济贸易仲裁委员会仲裁规则（2015版）》第71条。

不计入上述期限：根据该规则第 42 条进行鉴定、审计、评估、检测、专家咨询等的期间；根据该规则第 45、46 条进行调解和谈判促进的期间；依照法律和该规则规定中止仲裁程序的期间。

如《上海国际经济贸易仲裁委员会（上海国际仲裁中心）仲裁规则》（2015 年 1 月 1 日起施行）的有关规定。根据该规则第 44 条"裁决期限"及其他相关条款的规定，就国际的或涉外的争议案件以及涉及香港特别行政区、澳门特别行政区或台湾地区的争议案件，仲裁庭应在组庭之日起 6 个月内作出裁决书；就国内的争议案件，仲裁庭应在组庭之日起 4 个月内作出裁决书；经仲裁庭请求，仲裁委员会秘书长认为确有正当理由和必要的，可以延长上述期限；根据该规则第 39 条进行咨询或鉴定的期间以及根据法律及/或该规则规定中止仲裁程序的期间不计入上述期限。对于适用简易程序的争议案件，根据该规则第 57 条的规定，仲裁庭应在组庭之日起 3 个月内作出裁决书；经仲裁庭请求，仲裁委员会秘书长认为确有正当理由和必要的，可以延长该期限。

如《北京仲裁委员会仲裁规则》（2015 年 4 月 1 日起施行）第 47 条"裁决作出期限"规定："仲裁庭应当自组庭之日起 4 个月内作出裁决。有特殊情况需要延长的，由首席仲裁员提请秘书长批准，可以适当延长。"对于适用简易程序的仲裁案件，根据该规则第 58 条的规定，仲裁庭应当自组庭之日起 75 日内作出裁决；有特殊情况需要延长的，由独任仲裁员提请秘书长批准，可以适当延长。对于国际商事仲裁（适用于国际商事案件，涉及香港特别行政区、澳门特别行政区及台湾地区的案件参照适用），根据该规则第 68 条"裁决作出期限"的规定，仲裁庭应当自组庭之日起 6 个月内作出裁决；但就其中适用简易程序的案件，仲裁庭应当自组庭之日起 90 日内作出裁决；有特殊情况需要延长的，由首席仲裁员或独任仲裁员提请秘书长批准，可以适当延长。

七、商事仲裁裁决的撤销

仲裁裁决书自作出之日起发生法律效力，这是法律对仲裁裁决效力的一般规定，但"一裁终局"制度的效率优势也存在两面性，即高效的背后是监督复核机制的不足，从而造成仲裁裁决发生错误概率的增加。因此，在制度设计层面，一方面需要充分发挥仲裁制度的特色和优越性，鼓励和支持仲裁，这是立法的基点；但另一方面也需要设立一定的必要监督机制，为确实受到有关错误裁决不利影响的当事人提供相应的救济方式。仲裁裁决的撤销制度即为救济方式之一。

（一）撤销仲裁裁决的情形及管辖法院

1. 撤销非涉外及非涉港澳台仲裁裁决的情形及管辖法院

根据《中华人民共和国仲裁法》第58条的规定，当事人提出证据证明裁决有下列情形之一的，可以向仲裁委员会所在地的中级人民法院申请撤销裁决：①没有仲裁协议的；[1] ②裁决的事项不属于仲裁协议的范围或者仲裁委员会无权仲裁的；[2] ③仲裁庭的组成或者仲裁的程序违反法定程序的；[3] ④裁决所根据的证据是伪造的；⑤对方当事人隐瞒了足以影响公正裁决的证据的；⑥仲裁员在仲裁该案时有索贿受贿，徇私舞弊，枉法裁决行为的。

人民法院经组成合议庭审查核实裁决有上述情形之一的，应当裁定撤销。

此外，如果人民法院认定该裁决违背社会公共利益，应当裁定撤销。

2. 撤销涉外及涉港澳台仲裁裁决的情形及管辖法院

撤销涉外仲裁裁决的情形与非涉外及非涉港澳台仲裁裁决有所不同，根据《中华人民共和国仲裁法》第70条的规定，当事人提出证据证明涉外仲裁裁决有《中华人民共和国民事诉讼法》第274条第1款规定的情形之一的，[4] 经人民法院组成合议庭审查核实，裁定撤销。该等情形包括：①当事人在合同中没有订有仲裁条款或者事后没有达成书面仲裁协议的；②被申请人没有得

---

〔1〕《最高人民法院关于适用〈中华人民共和国仲裁法〉若干问题的解释》第18条对此作出解释：《中华人民共和国仲裁法》第58条第1款第1项规定的"没有仲裁协议"是指当事人没有达成仲裁协议。仲裁协议被认定无效或者被撤销的，视为没有仲裁协议。

〔2〕《最高人民法院关于适用〈中华人民共和国仲裁法〉若干问题的解释》第19条进一步解释：当事人以仲裁裁决事项超出仲裁协议范围为由申请撤销仲裁裁决，经审查属实的，人民法院应当撤销仲裁裁决中的超裁部分。但超裁部分与其他裁决事项不可分的，人民法院应当撤销仲裁裁决。

〔3〕《最高人民法院关于适用〈中华人民共和国仲裁法〉若干问题的解释》第20条规定：《中华人民共和国仲裁法》第58条规定的"违反法定程序"，是指违反仲裁法规定的仲裁程序和当事人选择的仲裁规则可能影响案件正确裁决的情形。

〔4〕1991年4月9日通过的《中华人民共和国民事诉讼法》经过2007年及2012年两次修正后，《中华人民共和国仲裁法》第70条所指的《中华人民共和国民事诉讼法》的相关条文序号应为第274条第1款。

到指定仲裁员或者进行仲裁程序的通知，或者由于其他不属于被申请人负责的原因未能陈述意见的；③仲裁庭的组成或者仲裁的程序与仲裁规则不符的；④裁决的事项不属于仲裁协议的范围或者仲裁机构无权仲裁的。

对于涉外仲裁裁决违背社会公共利益是否应当撤销的问题，相关法律并无明确规定，但实务中确有撤销有关裁决的案例。因此，如果人民法院认定涉外仲裁裁决违背社会公共利益，应当裁定撤销，但适用时，需极为谨慎。就此，需给予充分注意。

根据《中华人民共和国仲裁法》第58条及第65条的规定，当事人可以向仲裁委员会所在地的中级人民法院申请撤销涉外仲裁裁决。最高人民法院2005年12月《第二次全国涉外商事海事审判工作会议纪要》（法发〔2005〕26号）进一步明确，申请撤销我国涉外仲裁裁决的案件，由仲裁机构所在地有权受理涉外商事案件的中级人民法院管辖。

此外，实务中需特别关注关于撤销涉外仲裁裁决的报告制度，根据1998年4月23日《最高人民法院关于人民法院撤销涉外仲裁裁决有关事项的通知》（法〔1998〕40号）[1] 的规定，对人民法院撤销我国涉外仲裁裁决建立报告制度，凡一方当事人按照《中华人民共和国仲裁法》的规定向人民法院申请撤销我国涉外仲裁裁决，人民法院经审查认为涉外仲裁裁决具有《中华人民共和国民事诉讼法》相关条款规定的情形之一的（即上述2012年修正后的《中华人民共和国民事诉讼法》第274条第1款规定的情形之一），在裁定撤销裁决或通知仲裁庭重新仲裁之前，须报请本辖区所属高级人民法院进行审查。如果高级人民法院同意撤销裁决或通知仲裁庭重新仲裁，则应将其审查意见报最高人民法院。待最高人民法院答复后，方可裁定撤销裁决或通知仲裁庭重新仲裁。

就上述规定，涉港澳台仲裁应参照适用。

（二）撤销仲裁裁决的有关期限要求

根据《中华人民共和国仲裁法》第59、60条的规定，当事人申请撤销裁

---

〔1〕《最高人民法院关于调整司法解释等文件中引用〈中华人民共和国民事诉讼法〉条文序号的决定》（法释〔2008〕18号）对该司法解释中涉及的《中华人民共和国民事诉讼法》的相关条文序号予以调整。

决的，应当自收到裁决书之日起 6 个月内提出；人民法院应当在受理撤销裁决申请之日起 2 个月内作出撤销裁决或者驳回申请的裁定。

除《中华人民共和国仲裁法》的以上规定外，就涉外仲裁裁决的撤销，1998 年 4 月 23 日《最高人民法院关于人民法院撤销涉外仲裁裁决有关事项的通知》（法〔1998〕40 号）[1] 明确，受理申请撤销裁决的人民法院认为应予撤销裁决或通知仲裁庭重新仲裁的，应在受理申请后 30 日内报其所属的高级人民法院，该高级人民法院如同意撤销裁决或通知仲裁庭重新仲裁的，应在 15 日内报最高人民法院，以严格执行《中华人民共和国仲裁法》第 60 条的规定。

对于上述相关规定，涉港澳台仲裁应参照适用。

（三）重新仲裁

基于鼓励和支持仲裁的立法取向，在仲裁裁决的撤销制度之下，《中华人民共和国仲裁法》第 61 条规定了重新仲裁的安排，人民法院受理撤销裁决的申请后，认为可以由仲裁庭重新仲裁的，通知仲裁庭在一定期限内重新仲裁，并裁定中止撤销程序。仲裁庭拒绝重新仲裁的，人民法院应当裁定恢复撤销程序。

重新仲裁的适用限于若干特定情形。关于国内仲裁裁决可以重新仲裁的情形，根据《最高人民法院关于适用〈中华人民共和国仲裁法〉若干问题的解释》第 21 条，如果当事人申请撤销国内仲裁裁决的案件属于下列情形之一，人民法院可以依照《中华人民共和国仲裁法》第 61 条的规定通知仲裁庭在一定期限内重新仲裁：仲裁裁决所根据的证据是伪造的；对方当事人隐瞒了足以影响公正裁决的证据。人民法院应当在通知中说明要求重新仲裁的具体理由。

对于涉外仲裁裁决可以重新仲裁的情形，相关法律没有明确规定，司法实践中把握尺度较为严格，一般应仅限于程序事项才可以重新仲裁。

根据《最高人民法院关于适用〈中华人民共和国仲裁法〉若干问题的解

---

〔1〕《最高人民法院关于调整司法解释等文件中引用〈中华人民共和国民事诉讼法〉条文序号的决定》（法释〔2008〕18 号）对该司法解释中涉及的《中华人民共和国民事诉讼法》的相关条文序号予以调整。

释》第22条及第23条，如果仲裁庭在人民法院指定的期限内开始重新仲裁，人民法院应当裁定终结撤销程序；如果仲裁庭在人民法院指定的期限内未开始重新仲裁，人民法院应当裁定恢复撤销程序。如果当事人对重新仲裁裁决不服，可以在重新仲裁裁决书送达之日起6个月内依据《中华人民共和国仲裁法》第58条的规定向人民法院申请撤销。

对于涉外仲裁裁决的重新仲裁，还应关注上文1998年4月23日《最高人民法院关于人民法院撤销涉外仲裁裁决有关事项的通知》（法〔1998〕40号)[1] 的相关规定。

涉港澳台仲裁应参照适用上述关于涉外仲裁的规定。

八、商事仲裁裁决的执行

商事仲裁裁决的执行，关系到仲裁裁决所确定的当事人实体权利义务的实现，是涉及履行问题的商事争议得以解决的重要标志。

（一）关于商事仲裁裁决执行的一般规定

根据《中华人民共和国仲裁法》的有关规定，仲裁裁决书自作出之日起即发生法律效力，当事人应当履行裁决。如果一方当事人不履行裁决，另一方当事人可以依照《中华人民共和国民事诉讼法》的有关规定向人民法院申请执行，受申请的人民法院应当执行。

《中华人民共和国仲裁法》规定，如果出现一方当事人申请执行裁决而另一方当事人申请撤销裁决的情况，则人民法院应当裁定中止执行。如果人民法院裁定撤销裁决，则应当裁定终结执行；如果撤销裁决的申请被人民法院裁定驳回，则人民法院应当裁定恢复执行。

上述一般规定适用于涉港澳台仲裁。

（二）商事仲裁裁决执行的管辖法院

根据《最高人民法院关于适用〈中华人民共和国仲裁法〉若干问题的解释》第29条的规定，当事人申请执行仲裁裁决案件，由被执行人住所地或者

---

〔1〕《最高人民法院关于调整司法解释等文件中引用〈中华人民共和国民事诉讼法〉条文序号的决定》（法释〔2008〕18号）对该司法解释中涉及的《中华人民共和国民事诉讼法》的相关条文序号予以调整。

被执行的财产所在地的中级人民法院管辖。该规定参照适用于涉港澳台仲裁。

此外，根据《中华人民共和国仲裁法》的有关规定，如果当事人请求执行涉外仲裁委员会所作出的发生法律效力的仲裁裁决，而被执行人或者其财产不在中华人民共和国领域内，则应当由当事人直接向有管辖权的外国法院申请承认和执行。

对于内地有关仲裁机构依据《中华人民共和国仲裁法》所作出的裁决需要在香港执行的问题，涉及《关于内地与香港特别行政区相互执行仲裁裁决的安排》的，可参阅本书上编第四章第二节的相关内容。

对于内地有关仲裁机构依据《中华人民共和国仲裁法》所作出的裁决需要在澳门执行的问题，涉及《关于内地与澳门特别行政区相互认可和执行仲裁裁决的安排》的，当事人可根据该安排申请认可和执行。

对于内地有关仲裁机构依据《中华人民共和国仲裁法》所作出的裁决需要在台湾地区执行的问题，当事人可根据台湾地区的有关规定向台湾地区有关法院申请认可和执行。

（三）在内地申请执行商事仲裁裁决的时间期限

根据《中华人民共和国民事诉讼法》的有关规定，申请执行的期间为2年。申请执行时效的中止、中断，适用法律有关诉讼时效中止、中断的规定。前述期间，从法律文书规定履行期间的最后一日起计算；法律文书规定分期履行的，从规定的每次履行期间的最后一日起计算；法律文书未规定履行期间的，从法律文书生效之日起计算。

涉港澳台仲裁适用上述期间。

九、商事仲裁裁决的不予执行

商事仲裁裁决的不予执行制度是在裁决的执行阶段为确实受到有关错误裁决不利影响的当事人提供的又一救济方式。

（一）不予执行仲裁裁决的情形及管辖法院

1. 不予执行非涉外及非涉港澳台仲裁裁决的情形及管辖法院

根据《中华人民共和国仲裁法》第63条的规定，被申请人提出证据证明裁决有《中华人民共和国民事诉讼法》第 237 条第 2 款规定的情形之一的,[1] 经人民法院组成合议庭审查核实,裁定不予执行。该等情形包括:①当事人在合同中没有订有仲裁条款或者事后没有达成书面仲裁协议的;②裁决的事项不属于仲裁协议的范围或者仲裁机构无权仲裁的;③仲裁庭的组成或者仲裁的程序违反法定程序的;④裁决所根据的证据是伪造的;⑤对方当事人向仲裁机构隐瞒了足以影响公正裁决的证据的;⑥仲裁员在仲裁该案时有贪污受贿、徇私舞弊、枉法裁决行为的。

此外,如果人民法院认定执行该裁决违背社会公共利益,则裁定不予执行。

不予执行非涉外及非涉港澳台仲裁裁决的管辖法院为有关裁决的执行法院,即被执行人住所地或者被执行财产所在地的中级人民法院。

2. 不予执行涉外及涉港澳台仲裁裁决的情形及管辖法院

不予执行涉外仲裁裁决的情形与不予执行非涉外及非涉港澳台仲裁裁决有所不同。根据《中华人民共和国仲裁法》第 71 条的规定,被申请人提出证据证明涉外仲裁裁决有《中华人民共和国民事诉讼法》第 274 条第 1 款规定的情形之一的,[2] 经人民法院组成合议庭审查核实,裁定不予执行。该等情形包括:①当事人在合同中没有订有仲裁条款或者事后没有达成书面仲裁协议的;②被申请人没有得到指定仲裁员或者进行仲裁程序的通知,或者由于其他不属于被申请人负责的原因未能陈述意见的;③仲裁庭的组成或者仲裁的程序与仲裁规则不符的;④裁决的事项不属于仲裁协议的范围或者仲裁机构无权仲裁的。

此外,如果人民法院认定执行该裁决违背社会公共利益,则裁定不予执行。

不予执行涉外仲裁裁决的管辖法院为有关裁决的执行法院,即被执行人

---

〔1〕 1991 年 4 月 9 日通过的《中华人民共和国民事诉讼法》经过 2007 年及 2012 年两次修正后,《中华人民共和国仲裁法》第 63 条所指的《中华人民共和国民事诉讼法》的相关条文序号应为第 237 条第 2 款。

〔2〕 1991 年 4 月 9 日通过的《中华人民共和国民事诉讼法》经过 2007 年及 2012 年两次修正后,《中华人民共和国仲裁法》第 71 条所指的《中华人民共和国民事诉讼法》的相关条文序号应为第 274 条第 1 款。

住所地或者被执行财产所在地的中级人民法院。

此外,实务中需特别关注关于不予执行涉外仲裁裁决的报告制度,根据 1995 年 8 月 28 日《最高人民法院关于人民法院处理与涉外仲裁及外国仲裁事项有关问题的通知》(法发〔1995〕18 号)[1] 的规定,凡一方当事人向人民法院申请执行我国涉外仲裁机构裁决,或者向人民法院申请承认和执行外国仲裁机构的裁决,如果人民法院认为我国涉外仲裁机构裁决具有《中华人民共和国民事诉讼法》相关条款(即上述 2012 年 8 月 31 日修正后的《中华人民共和国民事诉讼法》第 274 条)规定的情形之一,或者申请承认和执行的外国仲裁裁决不符合我国参加的国际公约的规定或者不符合互惠原则,则在裁定不予执行或者拒绝承认和执行之前,必须报请本辖区所属高级人民法院进行审查;如果高级人民法院同意不予执行或者拒绝承认和执行,则应将其审查意见报最高人民法院。待最高人民法院答复后,方可裁定不予执行或者拒绝承认和执行。

就上述规定,涉港澳台仲裁应参照适用。

(二)有关司法解释就申请不予执行仲裁裁决的若干规定

根据《最高人民法院关于适用〈中华人民共和国仲裁法〉若干问题的解释》第 26 条的规定,当事人向人民法院申请撤销仲裁裁决被驳回后,又在执行程序中以相同理由提出不予执行抗辩的,人民法院不予支持。

《最高人民法院关于适用〈中华人民共和国仲裁法〉若干问题的解释》第 28 条规定,当事人请求不予执行仲裁调解书或者根据当事人之间的和解协议作出的仲裁裁决书的,人民法院不予支持。

就上述规定,非涉外仲裁及涉外仲裁均应适用,涉港澳台仲裁亦应适用。

(三)仲裁裁决被裁定不予执行后当事人之间争议的解决方式

根据《中华人民共和国民事诉讼法》的有关规定,无论是非涉外仲裁还是涉外仲裁,仲裁裁决被人民法院裁定不予执行的,当事人可以根据双方达成的书面仲裁协议重新申请仲裁,也可以向人民法院起诉。

---

〔1〕《最高人民法院关于调整司法解释等文件中引用〈中华人民共和国民事诉讼法〉条文序号的决定》(法释〔2008〕18 号)对该司法解释中涉及的《中华人民共和国民事诉讼法》的相关条文序号予以调整。

涉港澳台仲裁应参照适用上述规定。

十、商事仲裁时效

对于商事仲裁时效，《中华人民共和国仲裁法》第74条有原则规定：法律对仲裁时效有规定的，适用该规定；法律对仲裁时效没有规定的，适用诉讼时效的规定。

鉴于内地有关法律对商事仲裁时效尚无特别规定，因此，商事仲裁时效应适用诉讼时效的规定。内地民事诉讼时效制度的有关研析载于本书上编第一章第一节，可供参阅。

第三节　在香港进行商事仲裁的一般程序

在香港，商事仲裁的进行通常没有严格的既定程序，仲裁规则相对而言亦非正式。香港法例第609章《仲裁条例》对在香港进行的仲裁规定了基本的法律框架，具体仲裁程序由当事人（通常在仲裁协议中）选择的仲裁程序和仲裁规则调整。香港法例第609章《仲裁条例》和当事人选择的仲裁规则没有规定的，仲裁员有权决定采用适当的程序，以保证仲裁能公正和有效率地进行。

过去，香港原《仲裁条例》（香港法例第341章）对国际仲裁和本地仲裁加以区分，并在某些方面，如能否就仲裁裁决中的法律问题上诉等作出不同规定。2011年6月1日，香港新的《仲裁条例》（香港法例第609章）生效，新的《仲裁条例》（香港法例第609章）不再作出上述区分，根据新的《仲裁条例》（香港法例第609章），香港的所有仲裁都统一适用载于该条例中的联合国国际贸易法委员会《贸易法委员会国际商事仲裁示范法》，但当事人可选用载于《仲裁条例》（香港法例第609章）附表2的下述条文，其中一些条文原适用于本地仲裁：在没有订立协议的情况下，由独任仲裁员仲裁；就仲裁裁决中的法律问题提出上诉的权利；由法院决定是否合并2个或以上的仲裁程序；由原讼法庭对在法律程序中产生的法律问题作出决定；以及就严重不当事件影响仲裁庭、仲裁程序或作出的裁决为理由提出申请，质疑裁决。

在香港展开仲裁须依从的程序通常包含在仲裁协议中。如果仲裁协议规定了适用规则,仲裁员必须遵守。在香港进行的仲裁聆讯没有特定的场地要求,各方可同意在任何方便的地方会面。在海外送达方面,于香港进行的仲裁对于需要送达至海外的仲裁通知,无需任何特别程序,除非仲裁协议另有规定,否则,一方只需以传真发出通知即可;[1] 而在香港的民事诉讼中,向海外送达令状则可能需花费大量金钱和时间。与诉讼相比,简单快捷且无需正式手续是采用仲裁解决争议的两个显著优点。

本节对在香港进行商事仲裁的一般程序(尽管并无严格意义上的既定程序)进行研析,并就对仲裁裁决中的法律问题提出上诉、针对仲裁裁决所提出的质疑及处理以及仲裁裁决的执行一并研究。

一、仲裁的开始阶段

在适用《仲裁条例》(香港法例第 609 章)的香港仲裁中,按照《仲裁条例》(香港法例第 609 章)第 49 条(其采纳了联合国国际贸易法委员会《贸易法委员会国际商事仲裁示范法》第 21 条)的规定,除非当事人另有约定,否则,仲裁以被申请人收到申请人将争议提交仲裁的请求(又称"仲裁通知")之日开始。除非当事人另有约定,否则,仲裁通知须以《仲裁条例》(香港法例第 609 章)第 10 条所提述的书面通讯方式作出。《仲裁条例》(香港法例第 609 章)第 10 条(其采纳了联合国国际贸易法委员会《贸易法委员会国际商事仲裁示范法》第 3 条)还对送达作出了规定,除非当事人另有约定,否则,任何书面通讯,经当面递交收件人,或投递到收件人的营业地点、惯常住所或通信地址的,或经合理查询不能找到上述任一地点而以挂号信或能提供作过投递企图的记录的其他任何方式投递到收件人最后一个为人所知的营业地点、惯常住所或通信地址的,视为已经收到。而通讯视为已于以上述方式投递之日收到。另外,如书面通讯是以能够将数据记录下来并传送给收件人的任何方法发送的,则该通讯视为已在它如此发送当日收到。

在香港,仲裁规则一般也会对仲裁开始日及认可的书面通讯方式作出规

---

〔1〕 被《仲裁条例》(香港法例第 609 章)第 10 条采纳的联合国国际贸易法委员会《贸易法委员会国际商事仲裁示范法》第 3 条。

定。由于《仲裁条例》（香港法例第609章）在上述方面受制于当事人的另行约定，如果《仲裁条例》（香港法例第609章）与仲裁规则不一致，则以仲裁规则为准。确定仲裁开始之日有其重要性，其与争议是否在仲裁时效内提出或仲裁过程是否按约定的仲裁程序进行等问题有紧密关系。例如，在 *Sky Mount Investment Ltd v. East West-Umi Insurance Ltd*（［1995］1 HKC 342）一案中，原告人曾向被告人购买一份保险，根据保单条款，被告人同意就原告人的车辆遗失及损毁作出弥偿；如果被告人卸弃任何（原告人提出）申索之法律责任，而且在卸弃责任之日起12个月内原告人没有将该申索提交仲裁，则视为原告人放弃有关申索。香港原《仲裁条例》（香港法例第341章）第31条列明："仲裁协议的一方向另一方或多于一方送达通知书，要求他或他们委任或赞同委任1名仲裁员时，仲裁即当作展开。"被告人于1992年11月17日拒绝弥偿原告人就车辆遗失之保险申索。之后，原告人通知被告人其将对被告人提起诉讼。1993年8月24日，原告人在香港高等法院发出令状，向被告人索偿。但被告人律师于1993年9月8日通知原告人，被告人已指示其向法庭申请搁置法院程序，并邀请原告人按保单条款将有关保单上的争议转介仲裁处理。原告人律师于1993年9月15日回复，表示其将中止法院程序，并将争议交由仲裁。原告人律师于1993年11月30日再通知被告人其将启动有关仲裁条款。1993年12月8日，被告人律师通知原告人，原告人的申索已过了诉讼/仲裁时效，不能起诉/提起仲裁。原告人在1994年1月5日作出回复，辩称被告人通过原告人发出的日期为1993年9月15日的信函已知悉原告人要求申索交由仲裁处理，而该信函是在时效内发出。依据当时的法律规定，原告人向香港高等法院提出申请，请求法院决定申索是否已过诉讼/仲裁时效；若时效已过，请求法院依据香港原《仲裁条例》（香港法例第341章）第29条将提起仲裁的时效延长14天。案件的争议点是被卸弃的申索是否已经在卸弃之日起12个月内转介仲裁处理。法庭认为，被告人律师于1993年9月8日之通知信函已构成香港原《仲裁条例》（香港法例第341章）第31条中所述的要求原告同意委任1名仲裁员的通知书。该信函清楚表明搁置法院程序的意图，而该行为必须是推向开展仲裁的第一步。该信函要求原告人于限期内中止法庭程序，其唯一目的就是让有关争议转介仲裁。再者，该信函转达一个要求，就是要原告人就转介采取行动。虽然，被告人律师用了"邀请"而不是"要求"的字眼，但是在商事纠纷中，对书信的诠释不应太严格。法院认为该函件隐含了要求原告人同意委任 1 名仲裁员的意思。因此，法庭裁定有关仲裁已在时效终止前开始。

以《香港国际仲裁中心机构仲裁规则（2013）》为例，其第 4.2 款规定，仲裁应视自香港国际仲裁中心收到仲裁通知之日开始。其第 2.1 款和 2.2 款说明在什么情况下通知会视为已送达香港国际仲裁中心或当事人。其第 4.7 款规定，如果递交的仲裁通知不完整或受理费未缴付，香港国际仲裁中心可要求申请人在适当的期限内补正这些缺陷。申请人如在适用的期限内满足了前述要求，仲裁应视为依《香港国际仲裁中心机构仲裁规则（2013）》第 4.2 款在香港国际仲裁中心收到仲裁通知最初版本之日开始；申请人如未能满足前述要求，应视为未有效提交仲裁通知，仲裁尚未依上述第 4.2 款开始。

因此，准备将争议提交仲裁的一方应以书面形式通知对方其要求将争议提交仲裁解决。仲裁通知将成为整个仲裁的主要参考文件，界定申请人提交仲裁的争议事项。

仲裁通知的形式要求取决于仲裁协议和适用的仲裁规则的规定。关于仲裁通知的内容，《仲裁条例》（香港法例第 609 章）并没有特别规定仲裁通知的内容（注：仲裁规则有规定），在该等情形下，参考（当时）马道立法官在 *Linfield Ltd v. Brooke Hillier Parker（A Firm）*[1]一案中就有关依据香港原《仲裁条例》（香港法例第 341 章）发出的仲裁通知所应包含的详情作出的意见，在准备仲裁通知时，争议方必须谨慎地确保仲裁通知对有关之争议有充分的描述，让仲裁员得以拥有管辖权处理各方之间的所有争议，让被申请人有足够的信息考虑承认或否认争议的请求。

根据实务经验，在当事人没有约定仲裁规则的情形下，仲裁通知一般包括下列内容：将争议提交仲裁的要求；争议双方当事人的姓名/名称及其地址、电话、电邮和传真号码，如果申请人聘请了代理人，也要提供其代理人的上述资料；含有仲裁协议或仲裁条款的合同性文件；简要说明争议的性质，并列明索赔请求的要点；如果仲裁协议没有约定仲裁员人数及选择仲裁员的

---

〔1〕 ［2003］2 HKC 624.

方式，应就这些事项提出建议或意见，如果就该等事项已有约定，则按照约定的程序提名或委任仲裁员。

以《香港国际仲裁中心机构仲裁规则（2013）》为例，其第 4.1 款规定，提请仲裁的一方（即申请人）应按香港国际仲裁中心的地址、传真号码或电子邮件地址，向香港国际仲裁中心提交仲裁通知。其第 4.3 款规定，仲裁通知应包含以下内容：将争议提交仲裁的要求；当事各方及其代理人的名称、姓名、（所能知道的）地址、电话和传真号码及电子邮件地址；所援引的 1 个或多个仲裁协议的复本；指明引发争议或与争议有关的 1 份或多份合同或其他法律文件；请求的基本性质的概述及所涉金额（如有）；寻求的救济或补救；若当事人事先未约定仲裁员人数，建议的仲裁员人数（即 1 名或 3 名）；申请人有关提名独任仲裁员的建议，或在有 3 名仲裁员的情况下，提名的 1 位仲裁员，及确认仲裁通知及其附件的复本已经或正在依注明的 1 种或几种方式同时向仲裁所有其他当事人送达。

当然，适用机构仲裁的当事人须依从相应仲裁规则的规定提交仲裁通知，并缴付相关的仲裁机构受理费。至于仲裁机构的受理费是否已包括仲裁员费用，则需视有关仲裁机构规则的规定而确定。

在香港，就仲裁员费用方面，仲裁与诉讼情况不同，香港法院只会就对展开诉讼的传讯令状盖章收取港币 1000 余元，而不会向双方收取法官或法院的服务费用；但仲裁员则会向双方收取费用。临时仲裁的仲裁员费用由当事人与拟委任的仲裁员相互沟通、协商一致，临时仲裁的仲裁员按时间收费是比较常见的做法。如为机构仲裁，则不同的仲裁机构有不同的做法，以《香港国际仲裁中心机构仲裁规则（2013）》为例，仲裁员的收费可以是按时间收费，或以争议金额为基础按仲裁机构的收费表收费；[1] 如按时间收费，有关当事人需与拟委任的仲裁员协商沟通，确定费率。需注意的是，当事人不应在上述沟通期间与仲裁员讨论案件。

就仲裁费用的承担问题，根据《仲裁条例》（香港法例第 609 章）第 78 条，仲裁的当事人对支付仲裁庭的仲裁员收费及开支负有共同及个别的法律责任。如仲裁适用《香港国际仲裁中心机构仲裁规则（2013）》，则仲裁员

---

[1] 《香港国际仲裁中心机构仲裁规则（2013）》第 10 条。

的费用和开支的预付款先由双方各承担一半；若部分预付款未能在限期内缴付，则可由另外一方在仲裁中心指定的期限内缴足；若未能缴足，则仲裁庭可指令中止或终止仲裁，或在其认为恰当的基础上，就其认为适当的请求或反请求继续仲裁。[1]

二、仲裁庭的组成

(一) 仲裁庭的人数及组成

1. 概述

仲裁通知送达后，各方应就仲裁庭的组成进行沟通，并尽量就仲裁员的人数和人选达成一致。如仲裁员的人选为各方所接受，则对各方均有利，便于争议的高效解决。

仲裁庭一般由 1 位或 3 位仲裁员组成，确实的人数及委任方式由仲裁协议（包括任何约定的仲裁规则）决定；如仲裁协议没有约定，则按《仲裁条例》（香港法例第 609 章）的规定执行。在挑选仲裁员时，当事人不一定要从仲裁机构的仲裁员名册中寻找仲裁员，除非各方另有约定（包括仲裁规则中的规定）。

在通常情况下，申请提交仲裁一方应向对方（答辩人）通知其准备选择的独任仲裁员或（就三人仲裁庭而言）首席仲裁员，并获取对方同意。通知形式可以是列载于仲裁通知内或其他独立通知内。答辩人亦可建议其自己所选择的仲裁员。如果双方未能就委任仲裁员达成协议，申请提交仲裁一方可以要求任命机构［在没有约定的情况下，《仲裁条例》（香港法例第 609 章）规定香港国际仲裁中心为任命机构］为双方委任 1 名仲裁员或（就三人仲裁庭而言）首席仲裁员。

有时，仲裁协议可能会特别约定仲裁员必须具备一些特定的专业资格及条件（例如，专业背景、所用语言等）。就仲裁协议的该等特别约定，除非争议各方均同意偏离约定，否则，当事人在委任仲裁员时应确保所委任的仲裁员符合仲裁协议的特别约定，以排除反对方以委任的仲裁员不符合仲裁协议

---

[1] 《香港国际仲裁中心机构仲裁规则（2013）》第 40 条。

特定要求为由挑战日后所作出的仲裁裁决的可能性。

2. 例证

下面以《香港国际仲裁中心机构仲裁规则（2013）》为例，简述仲裁庭人数和仲裁庭组成。

（1）仲裁庭人数。《香港国际仲裁中心机构仲裁规则（2013）》第 6 条规定，若当事人未约定仲裁员人数，香港国际仲裁中心应考虑案件相关因素，决定案件应提交独任仲裁员或 3 位仲裁员。若案件适用该规则第 41 条规定的简易程序,[1] 则除非当事人已约定 3 位仲裁员，且不愿意对此作出更改，否则案件由独任仲裁员审理。[2]

（2）仲裁庭组成。

第一，独任仲裁庭的组成。根据《香港国际仲裁中心机构仲裁规则（2013）》第 7.1 款的规定，除非当事人另有约定，在满足该规则相关条款规定的前提下，若当事人约定将争议提交独任仲裁员，则当事人应在被申请人收到仲裁通知之日起 30 日内共同提名独任仲裁员；若当事人未约定仲裁员人数，而香港国际仲裁中心决定争议应提交独任仲裁员，则当事人应在最后一方收到香港国际仲裁中心的决定之日起 30 日内，共同提名独任仲裁员。根据该规则第 7.2 款的规定，若当事人未在适用的期限内提名独任仲裁员，则由香港国际仲裁中心指定。

第二，三人仲裁庭的组成。根据《香港国际仲裁中心机构仲裁规则（2013）》第 8.1 款的规定，在满足该规则相关条款规定的前提下，若 2 个当事人间的争议提交 3 位仲裁员，则除非当事人另有约定，否则，仲裁庭应按下述方式组成：（a）若当事人约定将争议提交 3 位仲裁员，则双方当事人应各自在仲裁通知和对仲裁通知的答复中提名 1 位仲裁员；若一方未提名，则由香港国际仲裁中心指定；（b）若当事人未约定仲裁员人数，而香港国际仲裁中心决定争议应提交 3 位仲裁员，则申请人应在收到香港国际仲裁中心的决定后 15 日内提名 1 位仲裁员，被申请人应在收到申请人提名仲裁员的通知

---

〔1〕　即争议金额，其包含所有请求和反诉（或任何抵销答辩）金额之和，不超过港币 25 000 000 元，或当事各方同意，或出现极为紧急的情况。

〔2〕　《香港国际仲裁中心机构仲裁规则（2013）》第 41.2 款。

后 15 日内提名 1 位仲裁员；若一方未提名，则由香港国际仲裁中心指定；（c）按上述方式产生的 2 位仲裁员应提名第 3 位仲裁员出任仲裁庭的首席仲裁员；若未能在第 2 位仲裁员被确认后 30 日内提名，则由香港国际仲裁中心指定。

第三，多方当事人仲裁庭的组成。根据《香港国际仲裁中心机构仲裁规则（2013）》第 8.2 款的规定，在满足该规则相关条款规定的前提下，若争议涉及 2 个以上的当事人并应提交 3 位仲裁员，则除非当事人另有约定，否则，仲裁庭应按下述方式组成：（a）申请人或申请人集体和被申请人或被申请人集体，按所适用的该规则第 8.1（a）款或（b）款的程序，各提名 1 位仲裁员；（b）若当事人已按该规则第 8.2（a）款提名了仲裁员，则该规则第 8.1（c）款规定的程序适用于提名首席仲裁员；（c）若当事人未能依该规则第 8.2（a）款提名仲裁员，或未能就提名仲裁员书面约定其分为不同两方（即申请人和被申请人两方），则香港国际仲裁中心可指定仲裁庭的所有成员，而不考虑任何当事人的提名。

（二）仲裁员的回避、回避的决定权和回避的法律后果

《仲裁条例》（香港法例第 609 章）第 25 条［其采纳了联合国国际贸易法委员会《贸易法委员会国际商事仲裁示范法》第 12（2）条］规定，只有存在可导致对仲裁员的公正性或独立性产生合理怀疑的情况，或仲裁员不具备当事人约定的资格，当事人才可以申请仲裁员回避。一方当事人只能依据其作出指定之后知悉的理由，对其所指定的或其所参与指定的仲裁员提出回避。

仲裁员如对任何一方有偏见，便会被视为欠缺公正。根据案例，[1] 如能证明仲裁员对任何当事人有明显的偏见（apparent bias），仲裁员必须回避。在考虑是否存在"明显的偏见"时，法院采取一个客观的标准。正如黄法官在 *Jung Science Information Technology Co Ltd v. ZTE Corporation*[2] 一案中的分析，所考查的是：到底一个客观及不偏不倚的知情旁观者，在考虑过相关事实后，会否作出结论，认为这里确实存在仲裁庭有偏袒一方的真实可能性。

---

［1］ *Jung Science Information Technology Co Ltd v. ZTE Corporation*［2008］4 HKLRD 776；*Gao Haiyan v. Keeneye Holdings Ltd*［2012］1 HKLRD 627.

［2］ ［2008］4 HKLRD 776.

根据《仲裁条例》（香港法例第 609 章）第 27 条（其采纳了联合国国际贸易法委员会《贸易法委员会国际商事仲裁示范法》第 14 条）的规定，仲裁员法律上或事实上不能履行其职责或因其他原因行事过分迟延的，仲裁员可回避或各方当事人可约定终止其委任。

根据《仲裁条例》（香港法例第 609 章）第 27 条（其采纳了联合国国际贸易法委员会《贸易法委员会国际商事仲裁示范法》第 14 条）的规定，任何一方当事人对该条所述的终止委任理由仍有争议的，其可以请求香港高等法院原讼法庭就仲裁员应否终止委任作出最终、不得上诉的决定。

根据《仲裁条例》（香港法例第 609 章）第 26 条（其采纳了联合国国际贸易法委员会《贸易法委员会国际商事仲裁示范法》第 13 条）的规定，仲裁员是否回避将先由仲裁庭决定。该条规定，在当事人没有约定仲裁员回避的程序的情况下，[1] 拟对仲裁员提出回避申请的当事人应在知悉仲裁庭的组成或知悉联合国国际贸易法委员会《贸易法委员会国际商事仲裁示范法》第 12（2）条所指的任何情况后 15 天内向仲裁庭提出书面陈述，说明提出回避申请的理由。除非被申请回避的仲裁员辞职或对方当事人同意所提出的回避，否则，仲裁庭应就是否回避作出决定。

如根据当事人约定的程序或《仲裁条例》（香港法例第 609 章）第 26 条规定的程序而提出的回避申请被驳回，则对驳回决定不服的一方当事人可在收到决定通知后 30 天内，请求香港高等法院原讼法庭就仲裁员应否回避的问题上作出决定。在请求未决期间，仲裁庭包括被申请回避的仲裁员可以继续进行仲裁程序和作出裁决。香港高等法院原讼法庭所作出的决定是最终的，不得上诉。[2] 如香港高等法院原讼法庭判决质疑得值，则香港高等法院原讼法庭可撤销有关裁决。[3]

凡仲裁员的任命是基于上述《仲裁条例》（香港法例第 609 章）第 26 条

---

〔1〕　如《香港国际仲裁中心机构仲裁规则（2013）》适用，将由香港国际仲裁中心决定质疑是否成立。见该规则第 11.8 款。

〔2〕　被《仲裁条例》（香港法例第 609 章）第 26 条采纳的联合国国际贸易法委员会《贸易法委员会国际商事仲裁示范法》第 13（3）条。

〔3〕　被《仲裁条例》（香港法例第 609 章）第 26 条采纳的联合国国际贸易法委员会《贸易法委员会国际商事仲裁示范法》第 13（5）条。

或第 27 条终止的，则香港高等法院原讼法庭应任何一方的申请，在顾及仲裁员的行为举措及任何其他有关情况下，可行使其酌情决定权：命令仲裁员无权收取其全部或部分的收费或开支；及命令仲裁员须退还全部或部分已支付给他的收费或开支。该等命令不得上诉。[1]

仲裁员的委任因回避或其他原因被终止的，应当依照指定所被替换的仲裁员时适用的规则指定替代仲裁员。[2]

三、初步会议及各方陈述等审理前准备工作

仲裁庭组成之后，仲裁庭会组织或者按照任何一方的要求召开首次初步会议，会议可以面对面或通过电话会议或视像会议的设施进行。除非仲裁协议或适用的仲裁规则另有特别规定，否则，在会议之前，当事人各方一般会就仲裁程序以及程序时间表的问题相互沟通，并将沟通的结果报告仲裁庭。

在初步会议上，仲裁庭在听取当事人各方的意见和陈述后会就以下事项作出决定：仲裁所适用的仲裁规则（在此前对适用的仲裁规则未有协议的情况下），各方需提交的仲裁文件（包括申请人的仲裁请求陈述书、被申请人的答辩和反请求陈述书、证人证言、专家意见等），（如案件需开庭审理）实体审理前所需准备的事项，预计实体审理所需时间和暂定实体审理的开庭日期以及相关的程序时间表。此外，仲裁庭也会与当事人各方确定是否有仲裁庭管辖权异议需要处理，争议中是否有一些焦点问题（如合同条款的释义问题）适宜先行审理，是否需要将审理分成责任和赔偿金额两个阶段，是否采用《国际律师协会国际仲裁取证规则》（2010 年版）处理证据事项以及其他需要先行处理的程序问题。通过上述步骤有利于提高经济效益和时间效益。

初步会议结束之后，仲裁庭会（如果适用的仲裁规则要求所有的书信往来需通过仲裁机构发出，则通过仲裁机构）向各方发出 1 号程序令及程序时间表，明确说明适用于仲裁的一些程序细则〔例如，适用的仲裁规则、仲裁地、仲裁语言、文件传递的方式及份数、文件提交的要求（如证据应如何标

---

〔1〕《仲裁条例》（香港法例第 609 章）第 62 条。

〔2〕《仲裁条例》（香港法例第 609 章）第 28 条（其采纳了联合国国际贸易法委员会《贸易法委员会国际商事仲裁示范法》第 15 条）。

号等)、有关证人及证人证言 (如提交了证人证言的当事人一方是否有责任安排证人出席仲裁庭作证等细节)、专家证人及专家意见的要求等] 以及需提交的不同的仲裁文件的相应到期日。在初始阶段即确定程序令及时间表有利于减少当事人之间因程序问题而引发争议。

在仲裁程序的初段,当事人各自以书面形式提出其主张,以确定就有关请求、答辩和反请求有哪些法律问题及事实问题存在分歧需要处理。

《仲裁条例》(香港法例第 609 章) 第 51 条采纳了联合国国际贸易法委员会《贸易法委员会国际商事仲裁示范法》第 23 条,规定在当事人约定的或仲裁庭确定的时间期限内,申请人应当申述支持其请求的各种事实、争议点以及所寻求的救济或补救,被申请人应当逐项作出答辩,除非当事人就这种申述和答辩所要求的内容另有约定。当事人可以随同其陈述提交其认为相关的一切文件,也可以附带述及其将要提交的文件或其他证据。

上述请求陈述书以及答辩书通常不像民事诉讼中提交给香港法院的状书般严格及正式。视乎仲裁庭的决定及适用的仲裁规则的规定,在国际仲裁中,仲裁庭一般都倾向于要求当事人各方将其各自的陈述书连同支持请求、答辩和/或反请求的文件、证人证言、(若合适) 专家意见及其他证据一并提交。陈述书应清楚阐述案情,并载有提出请求或作出对抗所依据的具有关键性的事实。因为需提交的材料比较全面,所以仲裁庭一般都会给予一个较长的时限让各方准备或提交材料。仲裁庭的另一种做法是要求当事人将陈述书、支持文件、证人证言和专家意见等分别按顺序提交。

以《香港国际仲裁中心机构仲裁规则 (2013) 》为例,其第 16 条规定:16.1 除非仲裁申请书载于仲裁通知内 (或申请人选择视仲裁通知为仲裁申请书),申请人应在仲裁庭设定的期限内,将仲裁申请书书面送交所有其他当事人和每位仲裁员。16.2 仲裁申请书应包括下列各项:(a) 当事各方的姓名、名称、地址、电话、传真号码和电子邮件地址;(b) 对请求所依据的事实的陈述;(c) 争议事项;(d) 支持请求的法律论证;和 (e) 寻求的救济或补救。16.3 申请人应将其所依据的所有文件附在仲裁申请书后。16.4 仲裁庭认为适当时,可改变第 16 条中的任何要求。其第 17 条规定:17.1 除非答辩书载于对仲裁通知的答复内 (或被申请人选择视对仲裁通知的答复为答辩书),

被申请人应在仲裁庭设定的期限内，将答辩书书面送交所有其他当事人和每位仲裁员。17.2 答辩书应答复仲裁申请书中的各项［载于第16.2条第（b）、（c）和（d）款］。若被申请人对仲裁庭的管辖权或其组成提出抗辩，答辩书应包含提出抗辩的事实和法律依据。17.3 若提出反诉或主张抵销的答辩，答辩书还应包括下列各项：（a）对反诉或主张抵销的答辩所依据的事实的陈述；（b）争议事项；（c）支持反诉或主张抵销的答辩的法律论证；和（d）寻求的救济或补救。17.4 被申请人应将其所依据的所有文件附在答辩书后。17.5 仲裁庭认为适当时，可改变第17条中的任何要求。

如果申请人（或被申请人）对案情的某些表述不清，且被申请人（或申请人）认为申请人（或被申请人）有必要就不清楚的部分提供澄清，则被申请人（或申请人）应先向对方指出问题，并向对方提出澄清的要求；如果遭到对方反对，则被申请人（或申请人）可向仲裁庭申请，要求仲裁庭命令申请人（或被申请人）对其案情作出澄清。接到该等申请后，仲裁庭一般会以书信或电邮形式邀请双方当事人就申请以及反对意见作出陈述，并在审阅所有陈述之后作出决定。如果仲裁庭需要听取各方口头陈述，则考虑到各方可能身处不同国家/地区，仲裁庭一般会接受以电话会议形式听取陈述。上述程序一般也适用于在仲裁过程中提出的其他申请。

香港仲裁允许各方当事人提交专家意见以支持其主张。仲裁规则通常也给予仲裁庭在与当事人商议后指定专家的权力，以协助证据的审定。例如，《香港国际仲裁中心机构仲裁规则（2013）》即对此作了规定。

关于专家意见，为了避免各方当事人聘用的专家证人所述内容过于分散、欠缺针对性，仲裁庭通常会要求当事人各自聘请的专家证人互相沟通并同意1份列明需要专家证人发表意见的问题清单。这种做法，可以使专家证人针对清单所列问题（而非其他不具关键性的问题）提出专家意见。有时，特别是在案情比较复杂的时候，仲裁庭也会建议不同当事人聘请的专家证人在仲裁庭开庭审理前于"无损权利"的基础上会面，讨论各专家证人所出具的专家意见，并就同意及反对的事项共同出具一份说明书。采取这样的措施后，由于各方无需在仲裁庭开庭审理时重复其已同意的事项，因此，可以节省仲裁庭开庭审理所需的时间。有关专家意见所通常包含的内容，可参考《国际律师协会国际仲裁取证规则》（2010 年版）第 5 条和第 6 条。

四、文件披露

当事人以证据文件清单形式披露和允许对方检查其与争议有关的文件的程序，被称为文件披露。文件披露是香港法院诉讼程序中的一个典型步骤。

与香港法院诉讼不同，在香港进行的涉及跨法系的国际仲裁中，除非案件涉及大量文件，否则，仲裁庭一般在程序上不设交换证据文件清单的披露步骤，而是要求各方将其依赖的文件与陈述书一并提交或在稍后的一段时间内提交。但是，若当事人一方请求另一方出示一些处于另一方的占有、保管或控制下的文件，而另一方拒绝出示，则仲裁庭一般会采用《国际律师协会国际仲裁取证规则》（2010 年版），并依据该规则的相关规定决定是否批准请求。在香港进行的国际仲裁案件中，有关请求通常以雷德芬文件请求表（Redfern Schedule）的形式提交。

一方当事人如欲成功取得批准，则有关请求须符合特定要求，其中包括被请求出示的文件对案件须具有关联性以及对案件结果具有重要性；总而言之，仲裁庭有权指令当事人出示文件，而无论相关文件对其是否有利。

根据香港法律，保密特权原则适用于在香港进行的仲裁。最重要的保密特权是法律专业特权和"无损权利"特权。如果一份文件受保密特权保护，尽管与争议有关，当事人有权拒绝披露或出示。

关于证据的采信，香港仲裁的仲裁庭不受适用于香港法院诉讼的严格的证据规则所约束。仲裁庭有权决定哪些证据可以采信以及证据在认定事实中的关联性、重要性及证明力。

在确定事实的过程中，于香港进行的仲裁的仲裁庭有权主动调查，但通常并不会这样做。究其原因，在于：如果这样做，则仲裁庭应向当事人披露其搜集的证据以供当事人评论；而如果不披露，则仲裁裁决有可能因当事人没有足够的机会陈述其主张而被撤销。[1]

---

〔1〕　参见 *Paklito Investment Ltd. v. Klockner East Asia Ltd.* 〔1993〕HKLR 39.

五、临时性保全措施

仲裁庭是否有权采取临时措施视乎当事人之间的仲裁协议以及适用的仲裁规则和仲裁法是否给予仲裁庭该等权力。根据香港法律，商事仲裁的临时保全措施可分别向法院或仲裁庭申请。《仲裁条例》（香港法例第 609 章）第21 条采纳了联合国国际贸易法委员会《贸易法委员会国际商事仲裁示范法》第 9 条，明确规定在仲裁程序开始前或进行期间，一方当事人请求法院采取临时保全措施和法院准予采取这种措施的行为并不与仲裁协议相抵触。该条规定旨在明确向法院寻求临时措施进行救济并不会被视为放弃或违反仲裁协议。

《仲裁条例》（香港法例第 609 章）第 35 条采纳了联合国国际贸易法委员会《贸易法委员会国际商事仲裁示范法》第 17 条，其规定除非当事人另有约定，否则在最后裁决发出之前的任何时候，仲裁庭经一方当事人请求，可以准予采取临时措施责令一方当事人实施以下任何行为：在争议得以裁定之前维持现状或恢复原状；采取行动防止目前或即将对仲裁程序发生的危害或损害，或不采取可能造成这种危害或损害的行动；提供一种保全资产以执行后继裁决的手段；或保全对解决争议可能具有相关性和重要性的证据。

根据《仲裁条例》（香港法例第 609 章）第 35（3）条，当一方当事人向仲裁庭要求，仲裁庭可应要求作出与临时措施具有同等效力的裁决。需注意的是该等临时措施不包括《仲裁条例》（香港法例第 609 章）第 56 条所指的命令。[1]

《仲裁条例》（香港法例第 609 章）第 36 条（采纳联合国国际贸易法委员会《贸易法委员会国际商事仲裁示范法》第 17A 条）规定，一方当事人请求仲裁庭采取上述相关临时措施（包括：在争议得以裁定之前维持现状或恢复原状；采取行动防止目前或即将对仲裁程序发生的危害或损害，或不采取可能造成这种危害或损害的行动；提供一种保全资产以执行后继裁决的手段）的，应当使仲裁庭确信：不下令采取这种措施可能造成损害，这种损害无法通过判给损害赔偿金而充分补偿申请人，而且对申请人的损害远远大于准予

---

〔1〕《仲裁条例》（香港法例第 609 章）第 35（2）条。

采取这种措施而可能对被申请人造成的损害；以及根据索赔请求所依据的案情，请求方当事人相当有可能胜诉；需注意的是，虽然仲裁庭对可能性作出判定，但这些判定不应影响仲裁庭此后对仲裁案件所作出的任何决定。前述的两项要求仅在仲裁庭认为适当的情况下才适用于临时证据保全措施的请求。

在处理临时措施的申请时，仲裁庭可以要求申请人提供与临时措施有关的适当担保。如临时措施之后被仲裁庭裁定根据情形本不应当准予采取该等临时措施，则仲裁庭可在仲裁程序中的任何时候裁定申请人赔偿被申请人因采取临时措施所招致的任何费用和损害。

虽然香港高等法院原讼法庭有权就在香港（或香港以外地方）展开的仲裁程序批给临时措施，但香港高等法院原讼法庭可基于以下理由拒绝批给临时措施，而让当事人直接向仲裁庭申请临时措施：当事人所寻求的临时措施正是仲裁程序的标的；及香港高等法院原讼法庭认为，由仲裁庭处理所寻求的临时措施，更为适当。[1]

六、仲裁审理阶段

在对仲裁案件进行正式实体审理之前，仲裁庭通常还会召开进一步的程序会议，以确定各方是否已依从仲裁庭的指示和程序时间表的要求推进仲裁，且没有其他的申请需要仲裁庭给予指示或作出决定。同时，仲裁庭也会与当事人确定之前预计的实体审理的开庭日期和天数是否依然适用及是否需要改期。当然，如果当事人各方同意进行书面仲裁，且仲裁庭认为恰当，案件可以书面仲裁的方式进行审理，而无需开庭。在一般情况下，书面仲裁的审理方式适宜当事人各方只对法律论点存在争议而并非对事实存在争议的案件。

在没有将案件分开审理的情况下，仲裁庭通常只会开庭1次进行实体审理。如果一方确实有合理、充分的理由需要仲裁庭再次开庭审理，香港的仲裁庭可能会允许，但同时可能要求申请再次开庭的一方承担因多次开庭所产生的额外仲裁费用及相关的律师费。

如上所述，开庭的天数在较早前即已确定。为确保公平，在时间分配方

---

〔1〕《仲裁条例》（香港法例第609章）第45条。

面，仲裁庭一般倾向于采用国际象棋程序进行，即当事人各方有同等的时间陈述自己的案情，包括询问证人。除非仲裁庭另有决定或各方同意，否则，仲裁庭的发言时间、不因任何一方的过错而浪费的时间以及程序申请或其他申请所花费的时间，由各方平摊。

除非仲裁规则另有规定，否则，简单案件的庭审一般不会录音；如当事人或仲裁庭认为有必要对审理的过程进行记录，则审理的过程可进行录音或同步速记。

关于如何开庭，并没有固定的程序，总的要求是仲裁庭要保证各方有机会陈述其主张。开庭审理伊始，仲裁庭通常会与各方当事人代表确认有无任何的程序问题需要解决。如果没有待决的程序问题，且当事人各方均已提交了书面的开案陈述书，陈述其对案件涉及的不同焦点问题的主张，仲裁庭一般无需各方当事人再做开案陈述，除非案件的性质或涉及的事实或法律问题特别复杂。然后，各方当事人的代表会向仲裁庭简短介绍其将传召的证人的身份和人数，以及他们将会就哪些焦点问题提供证言。

之后，申请人会先传召申请人的事实证人。为节省时间，仲裁庭一般会在第 1 个程序令中定明证人提交的书面证人陈述书经证人在庭审中亲自确认真实无误之后作为该证人的主问证供。经确认，被申请人会继续盘问申请人的证人。盘问之后，申请人可对证人进行复问，但复问的范围是有限制的，其仅限于因盘问所引起的事实事项，通常以澄清盘问中提及的事项为主。仲裁庭对证人也可以提问，实务中，有普通法系背景的仲裁员提问通常会比较少，且倾向于待复问完结后才向证人提问；而具有大陆法系背景的仲裁员提问通常会比较多，倾向于在盘问或复问过程中提问。申请人的事实证人作供完毕后，由被申请人的事实证人作供，程序同上。在通常情况下，在香港仲裁的仲裁庭会要求证人在作供前宣誓其所作之证供将为事实、事实的全部，并无虚言。此外，除非各方另有协议，否则依据《仲裁条例》（香港法例第609章），仲裁庭有权为证人及各方当事人监誓。[1]

如果有专家证人，则在事实证人作供之后由专家证人作供。视乎情况而定，专家证人作供的程序或与上述事实证人作供的程序相同，或采用专家会

---

[1] 《仲裁条例》（香港法例第 609 章）第 56（8）条。

议形式进行，即由各方的专家证人坐在一起提供证词，并可互相挑战和提问，仲裁庭通常会直接向专家发问，而此时当事人代表的角色可能会局限于对提问或答案的反对。

作供完毕后，仲裁庭会与当事人代表讨论，确定是否需要当事人各方作结案陈词。如不需要，则无结案陈词环节；如果需要，则进一步确定是以口头还是书面形式进行，然后按确定的形式进行结案陈词。

如果被申请人不参加仲裁，则仲裁庭仍应审理争议（开庭审理或书面仲裁方式），以审核申请人能否证明其主张。在香港，仲裁庭无权因一方未予答辩，即裁决其败诉，此点是在香港进行仲裁与诉讼的又一差别。

七、裁决阶段

通常情况下，在充分考虑过证据及当事人各方的陈词后，仲裁员便会作出裁决。《仲裁条例》（香港法例第 609 章）第 72 条规定，除非各方另有协议，否则仲裁庭具有权力在任何时间作出裁决。比如《香港国际仲裁中心机构仲裁规则（2013）》第 41.2 条第（f）款对适用简易程序的仲裁案件作出裁决的时间规定是，裁决应在香港国际仲裁中心将案件移交仲裁庭之日起 6 个月内作出，特殊情况下，香港国际仲裁中心可延长此期限。

仲裁裁决是最终的，并且具有约束力。《仲裁条例》（香港法例第 609 章）第 73 条规定，除非各方另有协议，否则，仲裁庭依据仲裁协议作出的裁决，属最终裁决，对各方及透过或藉着任何一方提出申索的任何人均具约束力。除若干特定情况外，当事人不能就仲裁裁决提出质疑。

关于仲裁费用的承担，仲裁员会在双方作出陈词后，在裁决中处理仲裁费用的问题。通常败方要承担胜方所发生的合理费用及仲裁庭的费用，但仲裁庭会考虑案件是否存在适宜以其他基础处理仲裁费的特别情况，比如，仲裁庭会考虑败方是否曾提出任何有效的和解方案。

八、对商事仲裁裁决的质疑及处理

在若干特定情况下，当事人可就仲裁裁决提出质疑，以下就其中的部分情况进行研析。

（一）撤销仲裁裁决的情形

根据《仲裁条例》（香港法例第 609 章）第 81 条（采纳联合国国际贸易法委员会《贸易法委员会国际商事仲裁示范法》第 34 条），有下列情形之一的，在香港作出的仲裁裁决才可以被香港高等法院原讼法庭撤销：

1. 提出申请的当事人提出证据，证明有下列任何情况

（1）仲裁协议的当事人有某种无行为能力情形；或者根据各方当事人所同意遵守的法律或在未指明法律的情况下根据香港法律，该协议是无效的。

（2）未向提出申请的当事人发出指定仲裁员的适当通知或仲裁程序的适当通知，或因他故致使其不能陈述案情。[1]

（3）裁决处理的争议不是提交仲裁意图裁定的事项或不在提交仲裁的范围之列，或者裁决书中内含对提交仲裁的范围以外事项的决定；如果对提交仲裁的事项所作的决定可以与对未提交仲裁的事项所作的决定互为划分，则仅可以撤销含有对未提交仲裁的事项所作的决定的那部分裁决。

（4）仲裁庭的组成或仲裁程序与当事人的约定不一致，除非此种约定与当事人不得背离的本联合国国际贸易法委员会《贸易法委员会国际商事仲裁示范法》规定相抵触；无此种约定时，与本联合国国际贸易法委员会《贸易法委员会国际商事仲裁示范法》不符。

2. 香港高等法院原讼法庭认定有下列任何情形

（1）根据香港法律，争议事项不能通过仲裁解决；

（2）裁决与香港的公共政策相抵触。

撤销裁决的申请须在当事人收到裁决书之日起 3 个月内提出。

法院认定仲裁程序存在严重错误致使正当法律程序受损害之重要前提是涉及上述第 1 项的情形确是"严重的，甚至是极其严重的"[2]。此外，即使

---

〔1〕 *Grand Pacific Holdings Ltd v. Pacific China Holdings Ltd* 〔2012〕4 HKLRD 1（香港高等法院上诉法庭案件）是有关以不能陈述案情及仲裁程序未有遵照仲裁协议为由申请撤销仲裁的案件。在该案中，香港高等法院上诉法庭说明，仲裁庭拥有案件管理权为仲裁程序设计合适的指引，法院基本上不会质疑仲裁庭在行使该等权力时所做出的行为，除非仲裁庭的行为不当且是严重的，甚至是极其严重的不当致使正当法律程序受损害。

〔2〕 *Grand Pacific Holdings Ltd v. Pacific China Holdings Ltd* 〔2012〕4 HKLRD 1（香港高等法院上诉法庭案件），在 *KB v. S* 〔2015〕HKEC 2042（香港高等法院建筑及仲裁诉讼案 2015 年第 13 号（HCCT 13/2015），判决日期为 2015 年 9 月 15 日）一案中被引用。

能够证明上述撤销情形，法院仍有剩余的酌情决定权不允许撤销裁决。[1] 如一方当事人提出请求且法院认为适当，则法院可以命令撤销程序的进行暂时停止一段指定的时间，以便仲裁庭有机会重新进行仲裁程序或采取仲裁庭认为能够消除撤销裁决理由的其他行动。

另外，如香港高等法院原讼法庭判决当事人申请仲裁员回避得直，则香港高等法院原讼法庭可撤销有关裁决。[2]

需要注意的是，即使上述第 1 项情形成立，但若当事人知道或者应当知道适用的《仲裁条例》（香港法例第 609 章）、仲裁规则或仲裁协议的规定未被遵守，却仍参加仲裁程序并且对该不遵守的情形在裁决书作出之前未有及时提出异议的，则可能会被视为放弃异议并不得以此申请撤销或拒绝执行仲裁裁决。[3]

（二）《仲裁条例》（香港法例第 609 章）附表 2 所述的若干情形

如当事人约定选用或按照《仲裁条例》（香港法例第 609 章）适用载于《仲裁条例》（香港法例第 609 章）附表 2 的条文，允许就仲裁裁决中的法律问题提出上诉或就严重不当事件影响仲裁庭、仲裁程序或裁决而提出申请质疑裁决，则有关当事人可就此提出上诉或质疑，但须受该附表 2 第 7 条的限制，且上述申请须在《高等法院规则》（香港法例第 4A 章）第 73 号命令第 5 条规则指定的相关时限内提出。

1. 就仲裁裁决中的法律问题提出上诉

如果当事人就法律问题而针对仲裁裁决提出上诉，则有关仲裁裁决必须是一份给予理由的裁决；如果当事人约定仲裁庭无需就裁决给予理由，则视为当事人约定香港高等法院原讼法庭无权处理有关法律问题的上诉。[4]

当事人就仲裁裁决中的法律问题提起上诉的权利非常有限，只有得到仲

---

〔1〕 *Hebei Import & Export Corp v. Polytek Engineering Co Ltd* (1999) 2 HKCFAR 111，在 *KB v. S*［2015］HKEC 2042（香港高等法院建筑及仲裁诉讼案 2015 年第 13 号（HCCT 13/2015），判决日期为 2015 年 9 月 15 日）一案中被引用。

〔2〕 被《仲裁条例》（香港法例第 609 章）第 26 条采纳的联合国国际贸易法委员会《贸易法委员会国际商事仲裁示范法》第 13（5）条。

〔3〕 被《仲裁条例》（香港法例第 609 章）第 11 条采纳的联合国国际贸易法委员会《贸易法委员会国际商事仲裁示范法》第 4 条；*Gao Haiyan and Another v. Keeneye Holdings Limited and Another*［2012］1 HKC 335.

〔4〕《仲裁条例》（香港法例第 609 章）附表 2 的第 5（2）条。

裁程序的所有其他各方同意，或香港高等法院原讼法庭许可，才可上诉。其中，获得香港高等法院原讼法庭批准上诉许可的条件是香港高等法院原讼法庭认定：①有关问题的决定，会对一方或多于一方的权利，造成重大影响；及②有关问题是仲裁庭被要求决定的问题；及③基于裁决中对事实的裁断：仲裁庭对该问题的决定，是明显错误的；或该问题有广泛的重要性，而仲裁庭的决定最起码令人有重大疑问。[1]

除上述规定外，香港高等法院原讼法庭并无司法管辖权以仲裁裁决表面有事实或法律上的错误为理由而撤销或发还仲裁裁决，因此，针对仲裁裁决之上诉的成功概率偏低。对于香港高等法院原讼法庭批准或拒绝批准上诉许可的决定，只有获得香港高等法院原讼法庭或上诉法庭的许可，才能针对该决定提出上诉。[2]

就上诉聆讯后的结果，香港高等法院原讼法庭可以作出命令：维持裁决；更改裁决；将整项裁决或裁决的某部分，发还给仲裁庭，以供仲裁庭因应香港高等法院原讼法庭的决定重新考虑；或撤销整项裁决或裁决的某部分。[3]对于香港高等法院原讼法庭的上述命令，只有获得香港高等法院原讼法庭或上诉法庭的许可，才能针对该命令提出再上诉。[4]

2. 就严重不当事件提出质疑

严重不当事件，是指香港高等法院原讼法庭认为已对或将会对申请人造成严重不公平的不当事件，其中包括：仲裁庭没有遵守《仲裁条例》（香港法例第609章）第46条，当事人未获平等待遇；仲裁庭以超越其管辖权以外的方式，超越权力；仲裁庭没有按照各方议定的程序进行仲裁程序；仲裁庭没有处理向它提出的所有争论点；获各方就仲裁程序或裁决而赋予权力的任何仲裁或其他机构或人士，超越其权力；仲裁庭没有根据《仲裁条例》（香港法例第609章）第69条，就效力不能确定或含糊的裁决作出解释；有关裁决是以诈骗手段获得的，或有关裁决或获取有关裁决的方法违反公共政策；作出裁决的形式不符合规定；仲裁庭或获各方就仲裁程序或裁决而赋予权力的任何仲裁或其他机构或

---

〔1〕《仲裁条例》（香港法例第609章）附表2的第6（4）条。
〔2〕《仲裁条例》（香港法例第609章）附表2的第6（5）条。
〔3〕《仲裁条例》（香港法例第609章）附表2的第5（5）条。
〔4〕《仲裁条例》（香港法例第609章）附表2的第5（8）条。

人士，承认在进行有关仲裁程序中或在有关裁决中有任何不当事件。[1]

如果证明有严重不当事件影响仲裁庭、有关仲裁程序或裁决，香港高等法院原讼法庭可以命令：将整项裁决或裁决的某部分发还给仲裁庭重新考虑；撤销整项裁决或裁决的某部分；或宣布整项裁决或裁决的某部分无效。[2] 对于香港高等法院原讼法庭的上述命令，只有获得香港高等法院原讼法庭或上诉法庭的许可，才能针对该命令提出上诉。[3]

九、仲裁裁决的执行

(一) 不同情形下仲裁裁决的执行

在香港，除了《仲裁条例》（香港法例第 609 章）第 73 条提及的规限，仲裁庭在仲裁程序中作出的裁决，不论是在香港还是在香港以外地方作出的，均可犹如具有同等效力的原讼法庭判决般，以同样方式强制执行，但在强制执行前必须向香港高等法院原讼法庭申请并取得许可。许可取得之后，执行方可按有关裁决的条款登录判决。任何一方对香港高等法院原讼法庭决定批予或者决定拒绝批予许可不满的，可针对该决定提出上诉，但在上诉前必须先获香港高等法院原讼法庭上诉许可。[4] 根据香港法律，强制执行裁决（其非藉经盖印的文书作出者）的诉讼时效是 6 年。[5]

关于在香港所作的仲裁裁决在外国的执行问题，有关裁决可根据《承认及执行外国仲裁裁决公约》向该公约的缔约国申请承认和执行。

关于在香港按《仲裁条例》（香港法例第 609 章）所作出的裁决在内地的执行问题，涉及《关于内地与香港特别行政区相互执行仲裁裁决的安排》的，可参阅本书上编第四章第二节的相关内容。

关于在香港按《仲裁条例》（香港法例第 609 章）所作出的裁决在澳门的执行问题，涉及《关于香港特别行政区与澳门特别行政区相互认可和执行仲

---

〔1〕《仲裁条例》（香港法例第 609 章）附表 2 的第 4（2）条。

〔2〕《仲裁条例》（香港法例第 609 章）附表 2 的第 4（3）条。

〔3〕《仲裁条例》（香港法例第 609 章）附表 2 的第 4（6）条。

〔4〕《仲裁条例》（香港法例第 609 章）第 84 条（仲裁裁决的强制执行）、第 87 条（公约裁决的强制执行）、第 92 条（内地裁决的强制执行）和第 98A 条（澳门裁决的强制执行）。

〔5〕《时效条例》（香港法例第 347 章）第 4（1）条。

裁裁决的安排》的，可根据该安排申请认可和执行。

关于在香港按《仲裁条例》（香港法例第609章）所作出的裁决在台湾地区的执行问题，可根据台湾地区的有关规定申请认可和执行。

（二）仲裁裁决被拒绝强制执行的情形

根据《仲裁条例》（香港法例第609章）第86条，有下列情形之一的，不论裁决是在香港还是在香港以外地方作出，香港高等法院原讼法庭均可拒绝强制执行裁决：

1. 被强制执行的当事人提出证据，证明有下列任何情况

（1）根据适用于有关仲裁协议的一方的法律，该方缺乏某些行为能力。

（2）有关仲裁协议根据以下法律属无效：（凡各方使该协议受某法律规限）该法律；或（如该协议并无显示规限法律）作出该裁决所在的国家的法律。

（3）该人并没有获得关于委任仲裁员或关于仲裁程序的恰当通知；或因其他理由而未能铺陈其论据。

（4）该裁决所处理的分歧，并非提交仲裁的条款所预期者，或该项分歧并不属该等条款所指者；或该裁决包含对在提交仲裁范围以外事宜的决定；若裁决除包含对已提交仲裁的事宜作出的决定（仲裁决定）外，亦包含对未有提交仲裁的事宜作出的决定（非相关决定），则该裁决只在它关乎能与非相关决定分开的仲裁决定的范围内，可予强制执行。

（5）有关仲裁当局的组成或仲裁的程序，并非按照各方的协议所订者；或并非按照（如没有协议）进行仲裁所在的国家的法律所订者。

（6）该裁决对各方尚未具约束力；或该裁决已遭作出该裁决所在的国家的主管当局撤销或暂时中止，或（如该裁决是根据某国家的法律作出的）已遭该国家的主管当局撤销或暂时中止。

2. 香港高等法院原讼法庭认定有下列任何情形

（1）根据香港法律，该裁决所关乎的事宜是不能藉仲裁解决的。

（2）强制执行该裁决，会违反公共政策。[1]

---

〔1〕 在 *Gao Haiyan v. Keeneye Holdings Ltd* 〔2012〕1 HKLRD 627 一案中，反对内地裁决在香港执行的裁决败诉方尝试以仲裁庭存在偏私属违反公共政策为由，要求香港法院不予执行裁决，但尝试失败。该案在本书下编第二章有详细的分析。

（3）由于任何其他原因，香港高等法院原讼法庭认为拒绝强制执行裁决是公正的。

除"由于任何其他原因，香港高等法院原讼法庭认为拒绝强制执行裁决是公正的"这一情形外，上述其他各种情况/情形经适当调整后也适用于公约裁决、内地裁决和澳门裁决的被拒绝强制执行。[1]

此外，若被强制执行的当事人能依赖国家豁免原则，则香港法院对其并无司法权强制执行有关仲裁裁决。[2]

十、仲裁时效

依据《仲裁条例》（香港法例第609章）第14条，《时效条例》（香港法例第347章）及任何其他关乎诉讼时效的条例（"时效法规"），均适用于仲裁，犹如它们适用于法院的诉讼一样。在时效法规中提述的"提出诉讼"，就仲裁而言，须解释为"展开仲裁程序"。如仲裁协议规定任何事宜须提交仲裁，而该协议有任何条款，表明诉讼因由不可在根据该协议作出裁决前就该项事宜产生，则尽管有该条款，为施行时效法规（不论是在其适用于仲裁或其他法律程序方面），诉讼因由须当作在如非因该条款则本会已就该项事宜产生之时产生。如法院命令撤销某裁决，则在计算时效法规所订明的就提交仲裁的事宜展开法律程序（包括仲裁程序）的时限时，在展开仲裁程序与该法院撤销该裁决的命令的日期之间的期间，不得计算在内。

〔1〕《仲裁条例》（香港法例第609章）第89条（拒绝强制执行公约裁决）、第95条（拒绝强制执行内地裁决）和第98D条（拒绝强制执行澳门裁决）。

〔2〕(2011) 14 HKCFAR 95 & (2011) 14 HKCFAR 395.

第三章

内地与香港关于跨境商事争议的法律适用

从法律的视角观察，中国目前已经呈现出"一国两制三法系四法域"的丰富多彩、生动复杂的局面。对于法学研究而言，这种状态提供了难得的研究课题；对于法律实务而言，这种状态充满挑战，值得积极实践，深入探索。

内地、香港、澳门、台湾作为一国之内的四个法域，分属两种社会制度、三个法系。其中，内地与香港由于社会制度、法律体系、人文观念的巨大差别，堪称一国之内四个法域中差异最大的两个法域，就同一问题，内地与香港法律的规定可能截然不同。在此背景下，内地与香港跨境商事争议根据哪一地的法律加以解决，就尤为重要。解决争议的实体法的选择与确定属于法律适用范畴，本章对此从内地和香港两个角度进行研析。

第一节　内地与香港跨境商事争议法律适用概述

内地与香港跨境商事争议因跨境、跨法域的特点，其解决离不开法律的适用，即就某一两地跨境商事争议，适用何地法律作为确定当事人权利义务的实体法律规范。鉴于两地法律的巨大差异，争议解决所依据的实体法的不同，不仅是单纯的法律适用问题，而且是对当事人的实体权益具有根本影响的重大问题。根据两地不同的实体法进行裁判，其所确定的当事人实体权利义务可能大相径庭。内地与香港跨境商事争议解决的法律适用之重要性，由此可见一斑。

在民商事领域，内地与香港对于有关法律适用问题的冲突规范的规定既有相近之处，亦有显著差异。

一、内地关于内地与香港区际民商事关系法律适用的若干规定

在内地，就内地与香港区际民商事关系的法律适用问题，并无法律进行规制，实践中，采用"参照适用涉外民事关系法律适用规定"的方式加以解决。在司法解释层面，有部分涉外民商事关系法律适用的司法解释明确规定，对于涉港民商事关系的法律适用，参照该等司法解释。

（一）内地关于涉外民事关系法律适用的若干法律规定

关于涉外民事关系的法律适用，内地有若干法律作出了规定，其中专门的冲突法是《中华人民共和国涉外民事关系法律适用法》，其他法律则是部分内容对涉外民事关系法律适用问题有所涉及。

1. 《中华人民共和国涉外民事关系法律适用法》的规定

内地关于涉外民事关系法律适用的第一部单行法律《中华人民共和国涉外民事关系法律适用法》于2011年4月1日起施行。

2. 《中华人民共和国继承法》的规定

《中华人民共和国继承法》第36条涉及法律适用问题："中国公民继承在中华人民共和国境外的遗产或者继承在中华人民共和国境内的外国人的遗产，动产适用被继承人住所地法律，不动产适用不动产所在地法律。外国人继承在中华人民共和国境内的遗产或者继承在中华人民共和国境外的中国公民的遗产，动产适用被继承人住所地法律，不动产适用不动产所在地法律。中华人民共和国与外国订有条约、协定的，按照条约、协定办理。"

根据《中华人民共和国涉外民事关系法律适用法》，《中华人民共和国继承法》的上述规定与《中华人民共和国涉外民事关系法律适用法》的规定不一致的，适用《中华人民共和国涉外民事关系法律适用法》的规定。

3. 《中华人民共和国民法通则》的规定

《中华人民共和国民法通则》第8章"涉外民事关系的法律适用"用了共9条的篇幅（第142~150条）对涉外民事关系的法律适用问题作出规定。

根据《中华人民共和国涉外民事关系法律适用法》，《中华人民共和国民法通则》第146、147条与《中华人民共和国涉外民事关系法律适用法》的规定不一致的，适用《中华人民共和国涉外民事关系法律适用法》的规定。

4. 《中华人民共和国海商法》的规定

《中华人民共和国海商法》第14章"涉外关系的法律运用"用了共9条的篇幅（第268~276条）对涉外关系的法律适用问题进行规定。

5. 《中华人民共和国民用航空法》的规定

《中华人民共和国民用航空法》第14章"涉外关系的法律适用"用了共7条的篇幅（第184~190条）对涉外关系的法律适用问题进行规定。

6. 《中华人民共和国合同法》的规定

《中华人民共和国合同法》第126条对涉外合同的法律适用问题作出了规定："涉外合同的当事人可以选择处理合同争议所适用的法律，但法律另有规定的除外。涉外合同的当事人没有选择的，适用与合同有最密切联系的国家的法律。在中华人民共和国境内履行的中外合资经营企业合同、中外合作经营企业合同、中外合作勘探开发自然资源合同，适用中华人民共和国法律。"

7. 《中华人民共和国票据法》的规定

《中华人民共和国票据法》第5章"涉外票据的法律适用"用了共8条的篇幅（第94~101条）对涉外关系的法律适用问题进行了规定。

（二）内地关于涉外民事关系法律适用的若干司法解释规定

最高人民法院的若干司法解释涉及涉外民事关系的法律适用问题，其中包括（但不限于）：《最高人民法院关于适用〈中华人民共和国涉外民事关系法律适用法〉若干问题的解释（一）》（法释〔2012〕24号）、最高人民法院《关于贯彻执行〈中华人民共和国民法通则〉若干问题的意见（试行）》〔法（办）发〔1988〕6号〕等。

《最高人民法院关于适用〈中华人民共和国涉外民事关系法律适用法〉若干问题的解释（一）》是最高人民法院从民事审判角度对《中华人民共和国涉外民事关系法律适用法》所作的司法解释，其中第19条规定，涉及香港特别行政区、澳门特别行政区的民事关系的法律适用问题，参照适用该司法解释。

最高人民法院《关于贯彻执行〈中华人民共和国民法通则〉若干问题的意见（试行）》对涉外民事关系的法律适用亦作出了解释，但应注意的是，最高人民法院《关于贯彻执行〈中华人民共和国民法通则〉若干问题的意见

（试行）》如与《最高人民法院关于适用〈中华人民共和国涉外民事关系法律适用法〉若干问题的解释（一）》存在不一致，则应以《最高人民法院关于适用〈中华人民共和国涉外民事关系法律适用法〉若干问题的解释（一）》为准；此外，最高人民法院《关于贯彻执行〈中华人民共和国民法通则〉若干问题的意见（试行）》并未规定涉港民事关系的法律适用。

二、香港关于香港与内地区际民商事关系法律适用的基本规范

（一）概览

香港在跨境商事争议方面，沿用普通法系的冲突法。香港的冲突法主要包括三大范畴：一是确定香港法院的司法管辖权，即法院是否有权聆讯及裁决案件；二是确定适用于案件的合适法律制度规则并按该规则裁决案件［管限该确定的规则称为"法律选择"（choice of law）规则］；三是外地法院判决和仲裁裁决的承认和执行。

普通法系采取法律遵循判决先例原则，其冲突法的发展及应用主要受法院判决中所确立的法律原则管限，例如，"最密切及最真实联系原则"及"不方便诉讼地原则"。

除了案例法以外，香港也有成文条例对部分法律关系规定了冲突规范，其中有部分是为了实施国际条约或内地与香港之间的区际民商事司法协助安排而制定的。香港涉及冲突规范的成文条例包括：《汇票条例》（香港法例第19章）、《遗嘱条例》（香港法例第30章）、《信托承认条例》（香港法例第76章）、《赡养令（交互强制执行）条例》（香港法例第188章）、《领养条例》（香港法例第290章）、《外地判决（交互强制执行）条例》（香港法例第319章）、《居籍条例》（香港法例第596章）、《内地判决（交互强制执行）条例》（香港法例第597章）和《仲裁条例》（香港法例第609章）等。

（二）香港成文条例有关冲突规范的若干规定

以下举数例展示香港成文条例中涉及冲突规范的若干规定。

1.《遗嘱条例》（香港法例第30章）

该条例第 III 部有关遗嘱处置的冲突规范：

第 24 条规定：遗嘱的签立如符合该遗嘱签立之地的领域所施行的本土法

律，或符合在该遗嘱签立时或立遗嘱人去世时该立遗嘱人以其为居籍或惯常居住的领域的本土法律，或符合在上述签立时或立遗嘱人去世时立遗嘱人是其国民的国家所施行的本土法律，则即视为正式签立。

第25条规定：

（1）在不影响第24条规定的原则下，以下的遗嘱须视为正式签立——

（a）在任何类别的船只或飞机上签立的遗嘱，但该遗嘱的签立须符合与该船只或飞机关系最密切的领域所施行的本土法律者，而该领域的决定是在顾及该船只或飞机的注册（如有注册的话）及其他情况后而作出；

（b）处置不动产的遗嘱，而该项签立须符合财产所在领域的本土法律；

（c）任何遗嘱而用以撤销根据本部视为正式签立的遗嘱，或用以撤销根据本部视为包括于正式签立的遗嘱内的规定者，该份较后的遗嘱的签立，须符合有关的法律，而根据该有关法律，被撤销的遗嘱或规定须视为正式签立者；

（d）用以行使受益指定权的遗嘱，但该遗嘱的签立是符合规定该项权力基本上有效的法律。

（2）用以行使受益指定权的遗嘱，如仅因为其签立并不按照订立该权力的文书所载的形式上的规定，则不得因此而被视为非正式签立。

第26条规定：在香港以外地方施行的法律如适用于任何遗嘱（不论是否依据本部），而该法律规定某类立遗嘱人须遵循某些特别手续，或规定签立遗嘱时的见证人须具备某些资格，则即使该法律中有任何相反的规则，该等规定亦只视为是形式上的规定而已。

第27条规定：遗嘱的解释不得因立遗嘱人在签立遗嘱后改变居籍而有所更改。

第28条规定：凡根据本部规定，某领域或国家施行的本土法律须应用于某份遗嘱，而该领域或国家对遗嘱形式上的效力施行2种或2种以上的本土法律体系，则所应用的法律体系须确定如下——

（a）如整个领域或国家施行某项规则，指明在该有关情况下能适当应用何种法律体系，即须遵照该规则办理；或

（b）如无此规则，则须应用在有关时间与立遗嘱人关系最密切的法律体

系，而为此目的，凡有待决定的事项是涉及立遗嘱人去世时情况的，则有关时间指立遗嘱人去世时，而在其他情况下则指签立遗嘱的时间。

第 29 条规定：为本部的施行，于决定遗嘱的签立是否符合某条法律的规定时，须顾及遗嘱签立时该条法律对形式上的规定；但如法律有所更改，影响当时签立的遗嘱，而该等更改可使有关遗嘱视为已适当地签立，则此点并不阻止该项法律更改受到考虑。

2.《信托承认条例》（香港法例第 76 章）

该条例将《规定适用于信托的法律及信托的承认的海牙公约》适用于香港，该公约第二章关于适用的法律有下列规定：

第 6 条规定：信托受财产授予人选择的法律所管限。该项选择必须在设立该信托的文书条款中，或在证明该信托的文件中说明或隐含，且在必要时，根据事件的情况予以解释。

根据前段所选择的法律如果没有对信托或有关的信托所属的类别作出规定，该项选择不生效，而本公约第 7 条所指明的法律则适用。

第 7 条规定：如未有选择适用的法律，信托须受与之有最密切联系的法律所管限。确定与信托有最密切联系的法律时，须特别考虑以下事项——

（a）财产授予人指定的信托管理地；

（b）信托资产所在地；

（c）受托人的居住地或营业地；

（d）该信托的目的及实现该等目的的地方。

第 8 条规定：本公约第 6 条及第 7 条指明的法律管限信托的有效性、解释、效力及管理。该法律尤其管限——

（a）受托人的委任、辞职及罢免，担任受托人的资格及受托人职位的转移；

（b）各受托人相互间的权利和职责；

（c）受托人将其职责的履行或权力的行使全部或部分委托他人的权利；

（d）受托人管理信托资产或将它脱手、在信托资产上设立担保权益或取得新资产的权力；

（e）受托人进行投资的权力；

(f) 对信托持续时间的限制，及对累积信托收益的权力的限制；

(g) 受托人和受益人之间的关系，包括受托人对受益人的个人责任；

(h) 信托的变更和终止；

(i) 信托资产的分配；

(j) 受托人交代管理情况的职责。

第9条规定：在应用本章时，信托的某一可分割事项，尤其是管理事项，可受不同法律管限。

第10条规定：适用于决定信托有效性的法律须决定该法律或管限信托某一可分割事项的法律，可否由另一法律代替。

3.《居籍条例》（香港法例第596章）

该条例于2009年3月1日生效，涉及使用居籍法概念的主要法律领域包括：结婚的法律行为能力、不动产的法定继承、签立遗嘱的行为能力、遗嘱的效力以及法院对离婚法律程序的管辖等。

4.《仲裁条例》（香港法例第609章）

该条例第64条（其采纳了联合国国际贸易法委员会《贸易法委员会国际商事仲裁示范法》第28条）对适用于争议实体的规则有以下规定：

(1) 仲裁庭应当依照当事人选择的适用于争议实体的法律规则对争议作出决定。除非另有表明，指定适用某一国家的法律或法律制度应认为是直接指该国的实体法而不是其法律冲突规范。

(2) 当事人没有指定任何适用法律的，仲裁庭应当适用其认为适用的法律冲突规范所确定的法律。

(3) 仲裁庭只有在各方当事人明示授权的情况下，才应当依照公平善意原则或作为友好仲裁员作出决定。

(4) 在任何情况下，仲裁庭都应当按照合同条款并考虑到适用于该项交易的贸易惯例作出决定。

就本部分述及的香港有关法律适用的基本规范，如无特别或排除性规定，则应适用于涉及香港与内地区际民商事关系的法律适用领域；如果就香港与内地区际民商事关系的法律适用另有专门规定，则适用专门规定。

三、内地与香港法律适用规范的比较

在法律适用问题上，内地与香港采用不同的冲突规范。内地的冲突规范建基于成文法；香港的冲突规范建基于普通法，亦体现于部分成文条例。就有关冲突规范的若干基本原则和问题，内地与香港的规定既有相近之处，又有明显的不同。

在识别问题上，内地与香港的规范基本一致。

在反致及转致问题上，内地的冲突法规范排除一切反致及转致；但香港法沿袭英国及其他普通法系国家的原则，在有限的领域内承认反致及转致，在合同关系上，不存在反致或转致。

在公共秩序保留问题上，两地在判断标准等方面存在差异，内地规定，外国法律的适用将损害中华人民共和国社会公共利益的，适用中华人民共和国法律；在香港，公共秩序保留原则被称为"公共政策原则"（public policy），是一项广泛而独立的普通法原则，是指法院于特殊情况下，判断应否基于损害香港公共政策为理由，例如，合同当事人打算在另一友好国家进行依该国法律构成刑事违法的行为，从而拒绝适用冲突法规则指向的有关适用法律。

此外，就域外法律查明、法律规避等问题，两地的规则也存在差异。

随着时代的进步，两地的冲突法也需要不断地发展更新，以更好地适应全球化所带来的变化与挑战。在区际民商事关系的法律适用领域，谁又能肯定待未来条件成熟时我国不会制定一部全面的调整内地、香港、澳门、台湾之间区际民商事关系的法律适用法呢？关于香港冲突法的发展，在法院广泛原则之下，某些领域，例如，产权交易、合同的司法管辖权条款、信托契据等，因应更加注重确切性的需要，亦已作出微调。

以下两节分别就内地与香港有关两地跨境商事争议的法律适用进行细化研析。

第二节　内地关于内地与香港跨境商事争议的法律适用

本节从内地法律角度对内地与香港跨境商事争议的法律适用问题进行研

析，主要围绕《中华人民共和国涉外民事关系法律适用法》、《最高人民法院关于适用〈中华人民共和国涉外民事关系法律适用法〉若干问题的解释（一）》展开讨论。

如本章第一节所述，对于涉港民事关系的法律适用，《中华人民共和国涉外民事关系法律适用法》并未作出规定。在"一国两制"的原则下，涉港民事关系与涉外民事关系存在本质差别；但是，我们也必须看到，涉港民事关系与涉外民事关系又有很多相似之处。在尚无专门的调整包括涉港民事关系在内的我国区际民商事关系法律适用法的情况下，实践中，为了解决涉港民事关系法律适用的法律依据问题，以参照适用《中华人民共和国涉外民事关系法律适用法》的方式为涉港民事关系的法律适用提供法律依据，是必要的，也是可行的，期待尽快出台相关规定予以明确。

至于《最高人民法院关于适用〈中华人民共和国涉外民事关系法律适用法〉若干问题的解释（一）》，则对涉港民事关系法律适用的适用性问题予以了明确，涉港民事关系的法律适用，参照适用该司法解释。

一、内地关于涉外、涉港民事关系法律适用的若干基本原则

（一）当事人意思自治原则

1. 当事人意思自治原则的基本规定

《中华人民共和国涉外民事关系法律适用法》第3条规定的"当事人依照法律规定可以明示选择涉外民事关系适用的法律"，是对当事人意思自治原则的基本规定。根据该规定，当事人行使意思自治原则须依照法律规定，可以采用明示的方式对涉外民事关系所适用的法律进行选择。《最高人民法院关于适用〈中华人民共和国涉外民事关系法律适用法〉若干问题的解释（一）》第6条就此作出进一步解释："中华人民共和国法律没有明确规定当事人可以选择涉外民事关系适用的法律，当事人选择适用法律的，人民法院应认定该选择无效。"

此外，《最高人民法院关于适用〈中华人民共和国涉外民事关系法律适用法〉若干问题的解释（一）》还从民事审判角度对当事人意思自治原则的基本规定进行了细化解释：

在双方当事人已经协议选择适用法律后，一方当事人以双方协议选择的法律与系争的涉外民事关系没有实际联系为由主张选择无效的，人民法院不予支持。

如果当事人在一审法庭辩论终结前协议选择适用的法律或者变更选择适用的法律，则人民法院应予准许。

如果各方当事人援引相同国家的法律且未提出法律适用异议，则人民法院可以认定当事人已经就涉外民事关系适用的法律做出了选择。该规定应被视为是对当事人以明示方式选择适用法律的一种补充。

2. 当事人意思自治原则的具体适用

《中华人民共和国涉外民事关系法律适用法》对不同情形下当事人根据意思自治原则以协议方式选择适用法律作出了规定。

（1）一般情形下适用法律的协议选择。当事人可以协议选择委托代理、信托、仲裁协议、动产物权、运输中动产物权发生变更、合同、不当得利、无因管理、知识产权转让和许可使用所适用的法律。

（2）侵权及产品责任适用法律的协议选择。侵权责任，适用侵权行为地法律，但当事人有共同经常居所地的，适用共同经常居所地法律。侵权行为发生后，当事人协议选择适用法律的，按照其协议。

产品责任，适用被侵权人经常居所地法律；被侵权人选择适用侵权人主营业地法律、损害发生地法律的，或者侵权人在被侵权人经常居所地没有从事相关经营活动的，适用侵权人主营业地法律或者损害发生地法律。

知识产权的侵权责任，适用被请求保护地法律，当事人也可以在侵权行为发生后协议选择适用法院地法律。

（3）消费者合同适用法律的协议选择。消费者合同，适用消费者经常居所地法律；消费者选择适用商品、服务提供地法律或者经营者在消费者经常居所地没有从事相关经营活动的，适用商品、服务提供地法律。

（4）婚姻家庭领域适用法律的协议选择。夫妻财产关系，当事人可以协议选择适用一方当事人经常居所地法律、国籍国法律或者主要财产所在地法律。

协议离婚，当事人可以协议选择适用一方当事人经常居所地法律或者国籍国法律。

（二）最密切联系原则

1. 最密切联系原则的基本规定

《中华人民共和国涉外民事关系法律适用法》在第 1 章"一般规定"的第 2 条第 2 款明确规定："本法和其他法律对涉外民事关系法律适用没有规定的，适用与该涉外民事关系有最密切联系的法律。"该规定的意义在于，最密切联系原则作为该法的"一般规定"的条款普遍适用于涉外民事关系。

《中华人民共和国涉外民事关系法律适用法》在第 1 章"一般规定"的第 6 条进一步明确规定："涉外民事关系适用外国法律，该国不同区域实施不同法律的，适用与该涉外民事关系有最密切联系区域的法律。"该规定针对一国之内存在数个法域的情况，进一步指明了最密切联系原则的适用规范。

2. 最密切联系原则的具体适用

（1）在民事主体方面，《中华人民共和国涉外民事关系法律适用法》第 19 条涉及最密切联系原则的适用。

（2）在物权方面，《中华人民共和国涉外民事关系法律适用法》第 39 条的规定涉及最密切联系原则的适用。

（3）在债权方面，《中华人民共和国涉外民事关系法律适用法》第 41 条对于合同法律适用的规定，体现了最密切联系原则。

（4）在知识产权方面，根据《中华人民共和国涉外民事关系法律适用法》第 49 条之规定，知识产权转让和许可使用的法律适用，也适用最密切联系原则。

最密切联系原则的适用存在前提条件，即只有在有关法律对涉外民事关系的法律适用没有规定，或有关法律明确规定适用最密切联系原则，或当事人没有协议选择合同的适用法律的情况下，才能适用最密切联系原则。

（三）强制性规定直接适用原则

强制性法律，一般是指本国法律中明确规定某类法律关系应直接适用某法律规定，不允许当事人选择，当事人不能通过约定排除适用，法院在审理案件过程中也不必通过本国冲突规则的指引而予以直接适用的法律。强制性法律一定包含了本国社会公共利益的考量。[1]

《中华人民共和国涉外民事关系法律适用法》第4条的规定体现了强制性规定直接适用原则："中华人民共和国法律对涉外民事关系有强制性规定的，直接适用该强制性规定"。

《最高人民法院关于适用〈中华人民共和国涉外民事关系法律适用法〉若干问题的解释（一）》第10条对于"强制性规定"作出了进一步解释："有下列情形之一，涉及中华人民共和国社会公共利益、当事人不能通过约定排除适用、无需通过冲突规范指引而直接适用于涉外民事关系的法律、行政法规的规定，人民法院应当认定为涉外民事关系法律适用法第四条规定的强制性规定：①涉及劳动者权益保护的；②涉及食品或公共卫生安全的；③涉及环境安全的；④涉及外汇管制等金融安全的；⑤涉及反垄断、反倾销的；⑥应当认定为强制性规定的其他情形。"该解释有助于在司法实践中准确界定"强制性规定"的范围，另需留意的是，该解释还明确"强制性规定"不但包括法律，也包括行政法规。

必须强调的是，这里的"强制性规定"，与我国合同法上的效力性或管理性强制性规定不同，一定是适用于涉外民事关系的强制性规定，对此要从立法目的上考察。"强制性规定"的直接适用，与公共秩序保留条款一样，都是能够达到排除外国法适用目的的一项制度。因此，对于"强制性规定"的理解应当严格、谨慎，如果滥用，将会大大折损国际私法的积极作用，甚至带来消极后果。[2]

此外，还需关注《最高人民法院关于适用〈中华人民共和国涉外民事关系法律适用法〉若干问题的解释（一）》第11条的规定："一方当事人故意制造涉外民事关系的连结点，规避中华人民共和国法律、行政法规的强制性规定的，人民法院应认定为不发生适用外国法律的效力。"此条规定既是关于

----

〔1〕摘自最高人民法院民四庭负责人就《关于适用〈中华人民共和国涉外民事关系法律适用法〉若干问题的解释（一）》答记者问的内容，来源于中华人民共和国最高人民法院网站，网址：http://www.court.gov.cn/zixun-xiangqing-4966.html.

〔2〕摘自最高人民法院民四庭负责人就《关于适用〈中华人民共和国涉外民事关系法律适用法〉若干问题的解释（一）》答记者问的内容，来源于中华人民共和国最高人民法院网站，网址：http://www.court.gov.cn/zixun-xiangqing-4966.html.

法律规避的规则，也是对于规避内地法律、行政法规强制性规定所引发法律后果的进一步明确。

（四）公共秩序保留原则

公共秩序保留原则是国际私法的重要基本原则，各国的冲突规范普遍予以适用。《中华人民共和国涉外民事关系法律适用法》对此亦有规定，该法第5条即确立了公共秩序保留原则："外国法律的适用将损害中华人民共和国社会公共利益的，适用中华人民共和国法律。"

二、内地关于涉外、涉港民事关系法律适用的若干基本问题

（一）识别

识别，是在适用冲突规范时，依据一定的法律观念，对有关的事实构成作出"定性"或"分类"，将其归入一定的法律范畴，从而确定应援用哪一冲突规范的认识过程。[1]

《中华人民共和国涉外民事关系法律适用法》第8条是关于识别问题的规定："涉外民事关系的定性，适用法院地法律。"根据该规定，内地法院在处理识别问题上适用且仅适用法院地法。

（二）反致及转致

反致及转致是国际私法中的基本问题。

反致是指甲国法院对某一涉外民事关系案件进行审理，需要甲国法院确定该涉外民事关系的法律适用时，根据甲国冲突法规范，乙国法律应作为该涉外民事关系的准据法；但甲国的冲突法规范规定，作为准据法的乙国法律除包括乙国的实体法之外，还包括乙国的冲突法；而按照乙国冲突法的规定，该涉外民事关系反而应适用甲国的实体法；最终，甲国法院审理该涉外民事关系案件所适用的实体法是甲国的实体法。

转致是指甲国法院对某一涉外民事关系案件进行审理，需要甲国法院确定该涉外民事关系的法律适用时，根据甲国冲突法规范，乙国法律应作为该涉外民事关系的准据法；但甲国的冲突法规范规定，作为准据法的乙国法律

---

〔1〕 摘自韩德培主编：《国际私法新论》，武汉大学出版社2003年版，第126页。

除包括乙国的实体法之外，还包括乙国的冲突法；而按照乙国冲突法的规定，该涉外民事关系却应适用丙国的实体法；最终，甲国法院审理该涉外民事关系案件所适用的实体法是丙国的实体法。

《中华人民共和国涉外民事关系法律适用法》第 9 条规定："涉外民事关系适用的外国法律，不包括该国的法律适用法。"根据该规定，外国的冲突法被排除在涉外民事关系所适用的外国法律之外，因此，在反致和转致问题上，内地的冲突法规范采用了不接受反致及转致的立法取态。

（三）国际条约与国际惯例的适用

就涉外民事关系对于国际条约和国际惯例的适用问题，《中华人民共和国涉外民事关系法律适用法》并无规定，但《最高人民法院关于适用〈中华人民共和国涉外民事关系法律适用法〉若干问题的解释（一）》以司法解释的形式予以了明确。

1. 关于涉外民事关系中国际条约的适用

《最高人民法院关于适用〈中华人民共和国涉外民事关系法律适用法〉若干问题的解释（一）》第 4 条规定："涉外民事关系的法律适用涉及适用国际条约的，人民法院应当根据《中华人民共和国民法通则》第 142 条第 2 款以及《中华人民共和国票据法》第 95 条第 1 款、《中华人民共和国海商法》第 268 条第 1 款、《中华人民共和国民用航空法》第 184 条第 1 款等法律规定予以适用，但知识产权领域的国际条约已经转化或者需要转化为国内法律的除外。"上述该司法解释第 4 条所指的 4 部法律的相关条款的规定基本一致，即：就涉外民事关系的法律适用，中华人民共和国缔结或者参加的国际条约同中华人民共和国的有关法律有不同规定的，适用国际条约的规定，但中华人民共和国声明保留的条款除外。例外情况是知识产权领域的国际条约适用问题。

关于尚未对中华人民共和国生效的国际条约的适用，《最高人民法院关于适用〈中华人民共和国涉外民事关系法律适用法〉若干问题的解释（一）》第 9 条规定："当事人在合同中援引尚未对中华人民共和国生效的国际条约的，人民法院可以根据该国际条约的内容确定当事人之间的权利义务，但违反中华人民共和国社会公共利益或中华人民共和国法律、行政法规强制性规定的除外。"

2. 关于涉外民事关系中国际惯例的适用

《最高人民法院关于适用〈中华人民共和国涉外民事关系法律适用法〉若干问题的解释（一）》第5条规定："涉外民事关系的法律适用涉及适用国际惯例的，人民法院应当根据《中华人民共和国民法通则》第142条第3款以及《中华人民共和国票据法》第95条第2款、《中华人民共和国海商法》第268条第2款、《中华人民共和国民用航空法》第184条第2款等法律规定予以适用。"上述该司法解释第5条所指的4部法律的相关条款的规定基本一致，即：就涉外民事关系的法律适用，中华人民共和国法律和中华人民共和国缔结或者参加的国际条约没有规定的，可以适用国际惯例。

（四）法律规避

就涉外民事关系法律适用涉及的法律规避问题，《最高人民法院关于适用〈中华人民共和国涉外民事关系法律适用法〉若干问题的解释（一）》第11条予以了明确："一方当事人故意制造涉外民事关系的连结点，规避中华人民共和国法律、行政法规的强制性规定的，人民法院应认定为不发生适用外国法律的效力。"

（五）域外法律查明

《中华人民共和国涉外民事关系法律适用法》第10条对外国法律查明问题作出了基本规定："涉外民事关系适用的外国法律，由人民法院、仲裁机构或者行政机关查明。当事人选择适用外国法律的，应当提供该国法律。不能查明外国法律或者该国法律没有规定的，适用中华人民共和国法律。"

《最高人民法院关于适用〈中华人民共和国涉外民事关系法律适用法〉若干问题的解释（一）》第17条和第18条对外国法律查明问题作出了进一步阐释。第17条规定："人民法院通过由当事人提供、已对中华人民共和国生效的国际条约规定的途径、中外法律专家提供等合理途径仍不能获得外国法律的，可以认定为不能查明外国法律。根据涉外民事关系法律适用法第10条第1款的规定，当事人应当提供外国法律，其在人民法院指定的合理期限内无正当理由未提供该外国法律的，可以认定为不能查明外国法律。"第18条规定："人民法院应当听取各方当事人对应当适用的外国法律的内容及其理解与适用的意见，当事人对该外国法律的内容及其理解与适用均无异议的，人民法院可以予以确认；当事人有异议的，由人民法院审查认定。"

在内地的司法实践中，如果当事人选择适用香港法律，法院通常会要求当事人就有关香港法律问题提供香港律师出具的法律意见书，对有关香港法律进行说明，以帮助法院查明所适用的香港法律。

在外国法律查明以及港澳台法律查明的域外法律查明实践领域，2015 年发生的一件事值得特别关注。2015 年 9 月 20 日，中国港澳台和外国法律查明研究中心、最高人民法院港澳台和外国法律查明基地以及研究基地在广东深圳前海揭牌。中心和基地的设立意义重大，其不但能有效缓解外国法律、港澳台法律查明过程中所遇到的难题，而且对于内地与香港跨境商事争议解决的法律适用也有重要的实务价值，有助于提高内地与香港跨境商事争议解决过程中的法律查明效率。

除上述若干基本问题外，《中华人民共和国涉外民事关系法律适用法》第 2~7 章分别从民事主体、婚姻家庭、继承、物权、债权、知识产权的角度对涉外民事关系的法律适用进行具体规定。《最高人民法院关于适用〈中华人民共和国涉外民事关系法律适用法〉若干问题的解释（一）》就《中华人民共和国涉外民事关系法律适用法》中冲突规范的若干问题作出了进一步解释。

三、《中华人民共和国涉外民事关系法律适用法》与内地其他法律的关系

《中华人民共和国涉外民事关系法律适用法》就该法与内地其他法律的关系有原则性规定，主要体现在第 2 条第 1 款 "涉外民事关系适用的法律，依照本法确定。其他法律对涉外民事关系法律适用另有特别规定的，依照其规定" 以及第 51 条 "《中华人民共和国民法通则》第 146 条、第 147 条，《中华人民共和国继承法》第 36 条，与本法的规定不一致的，适用本法"。

《最高人民法院关于适用〈中华人民共和国涉外民事关系法律适用法〉若干问题的解释（一）》第 3 条对于《中华人民共和国涉外民事关系法律适用法》与内地其他法律的关系作出了进一步阐释：如果《中华人民共和国涉外

民事关系法律适用法》与内地其他法律对同一涉外民事关系法律适用规定不一致，则适用《中华人民共和国涉外民事关系法律适用法》的规定。上述是一般性的适用原则，须特别留意的是其后的"但书条款"，即《中华人民共和国票据法》、《中华人民共和国海商法》、《中华人民共和国民用航空法》等商事领域法律的特别规定以及知识产权领域法律的特别规定如果与《中华人民共和国涉外民事关系法律适用法》对同一涉外民事关系法律适用的规定不一致，应适用《中华人民共和国票据法》、《中华人民共和国海商法》、《中华人民共和国民用航空法》等商事领域法律的特别规定以及知识产权领域法律的特别规定。此外，如果《中华人民共和国涉外民事关系法律适用法》对涉外民事关系的法律适用没有规定而内地其他法律有规定，则适用内地其他法律的规定。

第三节　香港关于香港与内地跨境商事争议的法律适用

本节从香港法律角度对香港与内地跨境商事争议的法律适用问题进行研析，主要包括香港关于涉及域外（外国、外地区、内地）民事关系法律适用的若干基本问题以及有关法律适用的基本程序及相关原则。

一、香港关于涉及域外（外国、外地区、内地）民事关系法律适用的若干基本问题

（一）识别

就识别问题，香港法院根据香港的冲突法进行识别分类，即香港法院适用法院地法处理识别问题。

（二）反致及转致

香港沿袭英国及其他普通法系国家的原则，在有限的领域内承认反致及转致，但反致及转致不适用于合同法律关系，且在实务中缺乏对反致及转致问题进行详细讨论的香港案例。在英国，应用反致及转致的案件也不多，主要围绕遗嘱、继承和婚姻领域。

（三）国际条约与国际惯例的适用

1. 关于国际条约的适用

香港缔结或参加的国际公约或双边协定或者适用于香港的由中国缔结或参加的国际条约（统称"国际条约"）对香港有约束力。但是，仅仅缔结或加入国际条约并不会赋予或强加于在香港的居民或实体以任何国际条约项下的权利或义务。要实施该等赋予或强加，有关国际条约必须在香港通过立法程序转为香港本土法例。除非香港本土法例另有规定，否则，香港法院没有责任须顾及或引用国际法院对有关国际条约所作出的诠释（尽管受国际法的约束香港作为国际条约的参与者须这样做），原因在于香港法院须进行诠释的是（由国际条约转化的）香港本土法例的条文，而不是国际条约的条款；与此相关的是，根据香港法律的有关法条诠释规则，当香港本土法例的条文存在歧义，出现多于 1 个法律解释的可能性时，香港法院将假定立法机关的立法意图是让香港遵守国际条约责任，而不是违反国际条约责任；但是，若香港本土法例条文清楚，则无论是否会导致违反国际条约责任，香港法院亦必须依循香港本土法例的条文审理案件。[1]

2. 关于国际惯例的适用

在香港，仅有极少的法院案件涉及国际惯例的讨论，且其一般不涉及商事争议案件，因此，关于国际惯例在香港的适用规范，有赖于实务中相关案例的进一步积累。

（四）法律规避

在香港，法院尊重当事人明示选择的适用法律，但该等选择必须是真诚及合法的，并且不能违反香港公共政策。如何判断有关选择是否真诚，可从有关合同与选择的适用法律之间的关联入手，若合同与选择的适用法律之间存在真实的联系，即可证明当事人没有规避法律的意图。但是，没有联系并不一定就等于缺乏真诚，香港法院会考虑当事人是否有合理的依据选择有关法律。当然，若选择的目的是为了使在根据相关冲突规范确定的适用法律项下是不合法的合同通过选用另一法域的法律而变为合法，这样的选择不应被视为真诚的意思表示。在举证方面，主张法律选择无效的一方承担举证责任，

---

[1] *Ubamaka v. Secretary for Security* (2012) 15 HKCFAR 743.

证明选择缺乏真诚。[1]

（五）域外法律查明

涉及香港域外法律适用的争议，香港法院视之为事实问题，但属于特定类型，因此，适用特别的规则加以处理。除非香港法院指令或当事人各方同意共同委任域外法律专家证人（该等情况罕见），否则，各方当事人会各自聘请域外法律专家，向法院提供以下信息及意见：

一是告知法院与争议事项有关的域外法律内容，指出相关法律规定，并在有需要时，解释域外法院诠释法律条文的做法。

二是指出相关案例或有权威性的法律书籍或文章，并解释其在域外法律体系中的法律渊源和地位。

三是在没有可直接适用于争议点的案例或权威文书的情形下，协助香港法官就域外法院将如何裁定有关争议点做出决定。[2]

香港法院的法官在查明域外法律的过程中有权并须运用其所受的普通法、香港法的训练和所具备的经验来判断和决定域外法律的内容。因此，除了衡量域外法律专家证据的比重以外，香港法院法官还要对域外法律进行法律分析并提供意见。在适当情况下，该等意见可与域外法律专家的意见不同。例如，对有关法律条文的诠释，在没有证据证明应以其他不同的规则管限域外法院对法律条文的诠释以及有关法律条文的字词在域外法中具有与一般含义不同的特别含义的情形下，香港法院可依据香港法律中的诠释规则诠释域外法律条文。[3] 此外，在研究域外法律的有效性时，香港法院不会不经思索即随意接受域外法律专家的论断，即使该等证据未受相反证据的驳斥。香港法院在决定给予域外法律专家的意见多少比重时，有权并必须独立探究域外法律条文以及法律推断的依据。如果域外法律专家的意见仅有结论而缺乏任何法律分析，则香港法院有权拒纳该等证据。[4]

对于域外法律专家的资格要求，香港法院采取比较宽松的态度。《证据条

---

〔1〕 *Vita Food Products Incorporated v. Urus Shipping Co. Ltd.* 〔1939〕AC 277，其被援引于香港案例。

〔2〕 *Hong Jing Co Ltd v. Zhuhai Kwok Yuen Investment Co. Ltd.* 〔2013〕1 HKLRD 441.

〔3〕 *Hong Jing Co Ltd v. Zhuhai Kwok Yuen Investment Co Ltd.* 〔2013〕1 HKLRD 441.

〔4〕 *Traffic Stream Infrastructure Co Ltd & Others v. Full Wisdom Holdings Ltd and Others* （2004）7 HKC-FAR 442.

例》（香港法例第8章）第59（1）条规定："任何人因其知识或经验而适当地合资格在民事法律程序中就香港以外任何国家或地区的法律提供专家证据，则不论他是否曾在该国家或地区以法律执业者的身份行事或是否有权如此行事，亦有资格在该法律程序中提供上述专家证据。"

提出或依赖域外法律的当事人需提供域外法律专家的证据以证明域外法律的内容；如未提供证明，依据缺省规则，香港法院会假定域外法律的内容与香港法律的内容相同进而适用香港法律（不含冲突法规则）判决案件。另外，如当事人没有特别提出或依赖域外法律，缺省规则将不适用，在此情况下，涉及香港域外的案件将会如一个纯粹香港本地案件般被加以处理，即适用香港法律（不含冲突法规则）判决案件。但是，考虑到香港法律中的成文法未必是普遍适用的法律规则，在该等情形下，香港法院将不会适用有关的成文法，而是会依据冲突法规则确定适用法律。[1]

二、香港关于涉及域外（外国、外地区、内地）民事关系法律适用的基本程序及相关原则

（一）基本程序

在处理涉及域外因素的案件时，如果当事人不能就案件的法律适用达成共识，则香港法院会通过以下3个步骤确定法律适用：[2]

第一，香港法院对有关的事实构成作出法律分类，也称"识别过程"。例如，有关案件是否关于婚姻的效力，还是不动产的法定继承，抑或是合同的诠释等。

第二，根据香港法，查明有关将法律分类与一定地域的法律连结起来的冲突法规则。有关冲突法规则的例证包括（但不限于）：婚姻的效力大多依婚姻缔结地法确定、不动产的法定继承适用不动产所在地法等。

第三，根据在第二个步骤中查明的冲突法规则识别适用法律。例如，根据香港冲突法，假如婚姻缔结地在有关案情中应被认定为法国，则香港法院

---

〔1〕 *Caspian Resources Development Pte Ltd v. Fortune Oil Plc* 〔2015〕5 HKLRD 836.

〔2〕 *First Laser Ltd v. Fujian Enterprises*（*Holdings*）*Co Ltd* 〔2011〕2 HKLRD 45（香港高等法院上诉法庭案件），该案上诉至香港终审法院，香港终审法院驳回上诉，维持原判。

便会适用法国法律判断该婚姻的效力。

（二）相关原则

香港普通法冲突规范的一般原则数量不多，以下举例说明。

第一，合同关系的法律适用。首先考虑合同当事人对于适用法律的明示或默示选择；如果对选择无法判断，则采用最密切及最真实联系原则。

第二，侵权行为的法律适用。香港法院采用双重可诉性原则（double actionability rule），按照该原则，如果侵权行为发生在香港以外地方，受害者可在香港以香港法为适用法律进行诉讼，但前提是：一是香港法律必须认为该行为若在香港发生将具有可诉性；二是该行为在侵权行为地可以提起民事诉讼。但该原则亦有例外。[1]

第三，财产关系的法律适用。财产的权益问题一般受财产所在地法支配。[2] 比如，就公司股份所有权的确定，适用股份所在地法。一般而言，该地是公司的注册地；但在某些情况下，该地是股份登记册的所在地；或者，如果股份是可转让的，有英国法院意见认为该地应是可流转票据在被转让时的所在地。

第四，继承关系的法律适用。关于法定继承，不动产的继承适用不动产所在地法；动产的继承适用被继承人死亡时的居籍地法。

三、香港关于涉及域外（外国、外地区、内地）合同关系的法律适用

在内地与香港跨境商事争议中，合同纠纷占相当比例，因此，本部分讨论香港关于涉及域外（外国、外地区、内地）合同关系的法律适用问题。

（一）香港法院如何判断合同关系的法律适用

根据香港冲突法，1份合同的效力、诠释和解除由适用于该合同的法律决定。香港法院一般采用以下原则确定1份合同的适用法律：

第一，香港法院一般会尊重合同当事人的明示法律选择，即使所选择的

---

[1]　*Red Sea Insurance Company Limited v. Bouygues S. A. & Others* [1995] 1 HKLR 224（英国枢密院案件）。

[2]　*Tripole Trading Ltd v. Prosperfield Ventures Ltd*（2006）9 HKCFAR 1，[2006] 1 HKLRD 200，第86段；*Re Harvard Securities Ltd* [1998] BCC 567；*Macmillan Inc v. Bishopsgate Investment Trust Plc*（*No. 3*）[1996] BCC 453。

国家或地区之法律与合同（的订立、履行等）没有关联；但其选择必须是真诚及合法的，且不与香港的公共政策相违背。实务中，香港法院以缺乏真诚为由推翻当事人法律选择的案件极为罕见。虽然香港法律并未清晰界定何谓"缺乏真诚"，但从仅有的案例中可以看出，若选择是为了使一份根据与合同有最密切联系的法律应属无效的合同变为有效，则该选择可被认定为不真诚。[1]

第二，如果合同当事人没有作出明示法律选择，香港法院会考虑相关情况（例如，合同中是否采用某一国家或地区法律的术语），并从一般合理的商人（ordinary reasonable businessmen）的角度推断合同当事人拟选择适用于合同的法律（默示选择）。[2] 若当事人的隐含意图无法推断，香港法院会考虑与案件相关的不同因素，进而决定哪一国家或地区的法律与涉案合同存在"最密切及最真实的联系"。需要注意的是，该原则可能不适用于特定类别的合同关系，例如，有关不动产和汇票等的合同。[3]

第三，实践中，在当事人没有明确法律选择的情况下，香港法院一般会略过默示选择的阶段，而直接根据最密切及最真实联系原则确定合同的适用法律。[4]

（1）香港法院适用最密切及最真实联系原则确定合同适用法律时可考虑的因素包括：[5] ①合同签订地；②拟履行合同的地点；③合同各方的居住地或营业地点；④合同的性质和标的物；⑤合同约定的争议解决的地点；⑥其他相关的交易中所选择的法律；⑦合同中有否采用某一国家或地区法律的术

---

〔1〕　*Vita Food Products Incorporated v. Urus Shipping Co. Ltd.*〔1939〕AC 277，其被援引于香港案例。

〔2〕　*Century Yachts Ltd v. Xiamen Celestial Yacht Ltd*〔1994〕1 HKLR 385.

〔3〕　更多的例证请参考 Graeme Johnston，*The Conflict of Laws in Hong Kong*（2nd ed.），Hong Kong：Sweet & Maxwell，2012，该书的中文译名为《香港冲突法律》，详见其第 5.041 至 5.074 段。

〔4〕　参见香港终审法院在 *First Laser Ltd v. Fujian Enterprises（Holdings）Co Ltd*（2012）15 HKCFAR 569 案中的意见；相关案例见 *Hong Jing Co Ltd v. Zhuhai Kwok Yuen Investment Co Ltd*〔2013〕1 HKLRD 441.

〔5〕　参见 *First Laser Ltd v. Fujian Enterprises（Holdings）Co Ltd*（2012）15 HKCFAR 569；*The First National Bank of Chicago v. Carroway Enterprises Ltd and Others*〔1990〕2 HKLR 10；*CIM Co Ltd and Others v. Koo Chi Yun and Another*（香港高等法院民事诉讼案 1999 年第 14293 号（HCA 14293/1999），判决日期为 2001 年 12 月 6 日）；*York Airconditioning & Refrigeration Inc. v. Lam Kwai - hung trading as North Sea A/C E-lect. Eng. Co.*〔1995〕2 HKLR 256；*Hung Fung Enterprises Holdings Ltd v. Agricultural Bank of China*〔2012〕3 HKLRD 679；以及 *Waxman v. Li Fei Yu*〔2013〕3 HKLRD 711.

语；⑧合同语言；⑨可能适用的法律是否会支持合同的有效性；及⑩合同中约定的交易币种。

（2）相关案例。

The First National Bank of Chicago v. Carroway Enterprises Ltd. and Others 案[1]

该案中，被告人是一家在内地成立的公司，系主债务人的担保人；主债务人是一家香港公司，到期不能清偿债务，且担保人没有履行担保责任，债权人经催要未果，向香港法院提起诉讼。被告人以香港法院并非适当的诉讼法院，内地法院才是适当的审理该案的法院为由，向香港法院申请将香港法院的程序搁置。为处理该申请，法院须考虑案中担保合同的适用法律；如担保合同的适用法律是香港法律，香港法院将对案件具有管辖权。

案中的担保合同没有约定准据法。香港法院认为以下 3 个因素指向香港法律是与案中担保合同有"最密切和最真实的联系"的法律，因此，担保合同适用香港法律而非内地法律。

第一个因素是合同的履行地。法院认定合同履行地是香港。香港是债权人放债的地方，显然，香港也是债权人有权收取所偿还贷款的地方，因此，债务人应在香港偿还债务；同样，因保证债务人按照其与债权人的合同安排如期清偿债务是担保人所保证的事宜，所以，担保人应在香港履行担保责任。基于香港法院倾向于将合同付款地的法律视为与合同有最密切和最真实的联系，因此，合同履行地因素指向香港法律。

第二个因素是相关交易。担保人承认债权人和债务人之间合同关系的适用法律是香港法律。在通常情况下，因担保合同和贷款协议是相关交易，所以关于适用法律极可能的含义就是担保合同的适用法律应与适用于主合同贷款协议的法律相同，本案即属于该情况。

第三个因素是担保合同的法律术语和语言。本案中担保合同所使用的法律术语与香港法律的一致性多于内地法律，且该担保合同是以英语书写而非中文。

---

〔1〕 〔1990〕2 HKLR 10.

York Airconditioning & Refrigeration Inc. v. Lam Kwai－hung trading as North Sea A/C Elect. Eng. Co. 案[1]

该案中，原告人向被告人出售 4 台冷却机器，合同订明如双方发生争议，应交由中国国际经济贸易仲裁委员会进行仲裁，但该合同没有约定适用法律。

双方产生争议后，原告人在香港展开诉讼程序，被告人提出暂缓程序的申请，并提出合同的适用法律为内地法律，因为合同在内地签署，以中文书写，合同的履行地、合同标的物的性质、合同约定的币种亦都支持适用内地法律，被告人并指出有关仲裁条款强烈显示内地法律为适用法律，因此与该合同有最密切及最真实关系的地方为中国内地。

原告人反驳，指出合同虽然在内地签署，但却是在香港谈判及达成；合同虽以中文书写，但中文合同在香港亦经常出现。原告人又指出原告人与被告人的居所都在香港，而且在香港从事业务，货物在香港交收，费用在香港支付，因此主张香港法律为适用法律。

香港法院法官认为上述仲裁条款是一个强有力的因素支持该合同的适用法律为内地法律，因此，判定内地法律为该合同的适用法律。

Hong Jing Co. Ltd. v. Zhuhai Kwok Yuen Investment Co. Ltd. 案[2]

被告人拖欠一家在香港注册的银行巨额债务，该债务有资产抵押，被告人拟与银行协商重组债务。原告人欲收购该银行债权及抵押资产，为此，原告人与被告人签订谅解备忘录，约定：如果被告人与银行在 2 周多的排他期内协商成功，则原告人将以双方已约定的价格收购该等债权及资产；在排他期内被告人不得与第三方进行关于上述债权及资产的讨论、协商或订立合约，被告人并须向原告人提供所有合理及必要的信息和协助。原告人与被告人未能在排他期内完成交易，有关债权及资产在 1 个月后由第三方收购。

原告人在香港向被告人提起诉讼，其中声称被告人违反了谅解备忘录的默示条款，其内容是为了使与银行的协商取得成功，被告人有责任采取真诚及合理的努力与银行进行交涉。鉴于谅解备忘录没有明示法律选择条款，因

---

〔1〕 [1995] 2 HKLR 256.

〔2〕 [2013] 1 HKLRD 441. 申请人向香港终审法院提出的关于适用法律的上诉许可申请于 2013 年 4 月 12 日被驳回，终审法院在同日允许被告人申请延期提出（与适用法律无关的）上诉许可的部分申请。

此，香港高等法院上诉法庭须决定谅解备忘录的适用法律应是被告人所主张的内地法律还是原告人所主张的香港法律。

香港高等法院上诉法庭引用香港终审法院在 *First Laser Ltd v. Fujian Enterprises（Holdings）Co. Ltd.* 一案[1]中所确立的有关判断合同适用法律的冲突法规则，与审理本案的香港高等法院原讼法庭一样，审理本案的香港高等法院上诉法庭认为，在谅解备忘录没有明示法律选择条款的情形下，谅解备忘录的适用法律应是与谅解备忘录存在最密切及最真实联系的法律。

香港高等法院上诉法庭认为原讼法庭裁断香港法律为谅解备忘录的适用法律是正确的。虽然原告人是一家在澳门成立的公司，被告人是一家在内地成立的公司，但这单一因素并不足以决定谅解备忘录的适用法律；谅解备忘录的协商及签署在内地进行，虽然协商及签署地是一项相关的考量，但从全盘考虑，其对识别适用法律而言并不重要；法庭认为，较为重要的考虑因素应是谅解备忘录的标的事项及标的事项的履行地点。谅解备忘录项下的标的事项是收购由 2 家分别在香港和广东省珠海市注册的公司所欠银行的债务及抵押资产。该等债务及抵押资产属据法权产[2]，其产生于相关的贷款协议及抵押文件，而该等协议及文件明确约定香港法律为适用法律；因为抵押的资产包含 2 个位于内地的房地产及 1 个价值最大的位于澳门的房地产，所以，抵押的房地产所在地不能结论性地指向内地法律为适用法律。此外，谅解备忘录的履行地是香港；原告人依据谅解备忘录的约定在签订谅解备忘录后不久所支付的诚意金系由在香港的香港律师事务所保存；原告人的律师是香港律师；如果交易成功，该等诚意金将成为收购对价的定金；交易的成交地点预计在香港。基于上述，上诉法庭认为香港与谅解备忘录存在最密切及最真实的关系，因此，香港法律是谅解备忘录的适用法律。

（二）香港法院如何处理根据合同的适用法律（非香港法律）或合同履行地法律（非香港法律）属于非法的合同

Graeme Johnston 先生在其著作《香港冲突法律》[3] 中的第 5.012 段，对

[1] (2012) 15 HKCFAR 569.
[2] 据法权产是一种无体财产权，属于须经诉讼才能取得的财产权。
[3] Graeme Johnston, *The Conflict of Laws in Hong Kong* (2nd ed.), Hong Kong: Sweet & Maxwell, 2012, 该书的中文译名为《香港冲突法律》。

法律冲突中有关"不合法"的基本原则进行了总结，指出其背后理念建基于国际礼让原则（international comity）及香港公共政策。该总结亦被香港终审法院于有关案件的判决中援引，该总结及相关案例载于本书下编第二章案例六，可供参考。

此外，香港法院亦可就1份合同在内地法律下是否违法的问题作出裁决。简而言之，1份合同是否违反内地法律对香港法院而言，是一项有关事实的争议，香港法院会要求与讼双方提交相关内地法律的专家意见，以供香港法院考虑。

第四章

内地与香港跨境商事争议解决的区际司法协助

内地与香港跨境商事争议的圆满、妥善解决，在很大程度上离不开两地之间的区际民商事司法协助。在"一国两制"的架构下，内地与香港作为一国之内的两个不同法域，其相互之间的民商事司法协助属于区际司法协助，不同于国家之间的国际司法协助。

本章对内地与香港跨境商事争议解决过程中的区际司法协助制度进行研析。

第一节 内地与香港区际民商事司法协助概述

本节从内地与香港两地视角简述内地国际民商事司法协助、香港与外国民商事司法互助以及内地与香港区际民商事司法协助的概况。

一、内地进行国际民商事司法协助的概况

《中华人民共和国民事诉讼法》在第 4 编"涉外民事诉讼程序的特别规定"中以专章（第 27 章）对于国际民商事司法协助作出了规定[1]。《最高人

---

[1] 《中华人民共和国民事诉讼法》第 276 条：根据中华人民共和国缔结或者参加的国际条约，或者按照互惠原则，人民法院和外国法院可以相互请求，代为送达文书、调查取证以及进行其他诉讼行为。

外国法院请求协助的事项有损于中华人民共和国的主权、安全或者社会公共利益的，人民法院不予执行。

第 277 条：请求和提供司法协助，应当依照中华人民共和国缔结或者参加的国际条约所规定的途径进行；没有条约关系的，通过外交途径进行。外国驻中华人民共和国的使领馆可以向该国公民送达文书和调查取证，但不得违反中华人民共和国的法律，并不得采取强制措施。

除前款规定的情况外，未经中华人民共和国主管机关准许，任何外国机关或者个人不得在中华人民共和国领域内送达文书、调查取证。

民法院关于适用〈中华人民共和国民事诉讼法〉的解释》及相关规定也载有对国际民商事司法协助若干问题的规范。

在内地缔结或参加的有关国际民商事司法协助的国际条约、公约方面：截至 2015 年 3 月，中国已与 64 个国家缔结司法协助条约、引渡条约和移管被判刑人条约共 122 项，104 项已生效，其中，民（商）事司法协助条约 19 项，17 项生效；民（商）刑事司法协助条约 19 项，全部生效；[1] 截至 2014 年 7 月，中国参加的海牙国际私法会议相关公约和仅适用于香港特别行政区、澳门特别行政区的海牙公约共 11 项，其中，《关于向国外送达民事或商事司法文书和司法外文书的公约》、《关于从国外调取民事或商事证据的公约》、《跨国收养方面保护儿童及合作公约》的适用范围包括内地、香港特别行政区、

第 278 条：外国法院请求人民法院提供司法协助的请求书及其所附文件，应当附有中文译本或者国际条约规定的其他文字文本。

人民法院请求外国法院提供司法协助的请求书及其所附文件，应当附有该国文字译本或者国际条约规定的其他文字文本。

第 279 条：人民法院提供司法协助，依照中华人民共和国法律规定的程序进行。外国法院请求采用特殊方式的，也可以按照其请求的特殊方式进行，但请求采用的特殊方式不得违反中华人民共和国法律。

第 280 条：人民法院作出的发生法律效力的判决、裁定，如果被执行人或者其财产不在中华人民共和国领域内，当事人请求执行的，可以由当事人直接向有管辖权的外国法院申请承认和执行，也可以由人民法院依照中华人民共和国缔结或者参加的国际条约的规定，或者按照互惠原则，请求外国法院承认和执行。

中华人民共和国涉外仲裁机构作出的发生法律效力的仲裁裁决，当事人请求执行的，如果被执行人或者其财产不在中华人民共和国领域内，应当由当事人直接向有管辖权的外国法院申请承认和执行。

第 281 条：外国法院作出的发生法律效力的判决、裁定，需要中华人民共和国人民法院承认和执行的，可以由当事人直接向中华人民共和国有管辖权的中级人民法院申请承认和执行，也可以由外国法院依照该国与中华人民共和国缔结或者参加的国际条约的规定，或者按照互惠原则，请求人民法院承认和执行。

第 282 条：人民法院对申请或者请求承认和执行的外国法院作出的发生法律效力的判决、裁定，依照中华人民共和国缔结或者参加的国际条约，或者按照互惠原则进行审查后，认为不违反中华人民共和国法律的基本原则或者国家主权、安全、社会公共利益的，裁定承认其效力，需要执行的，发出执行令，依照本法的有关规定执行。违反中华人民共和国法律的基本原则或者国家主权、安全、社会公共利益的，不予承认和执行。

第 283 条：国外仲裁机构的裁决，需要中华人民共和国人民法院承认和执行的，应当由当事人直接向被执行人住所地或者其财产所在地的中级人民法院申请，人民法院应当依照中华人民共和国缔结或者参加的国际条约，或者按照互惠原则办理。

〔1〕　资料来源于中华人民共和国外交部网站，网址：http://www.fmprc.gov.cn/mfa_chn/ziliao_611306/tytj_611312/wgdwdjdsfhzty/.

澳门特别行政区;〔1〕就《承认及执行外国仲裁裁决公约》,中国于 1987 年 1 月 22 日交存加入书,1987 年 4 月 22 日该公约对中国生效。〔2〕

目前内地与外国在海牙公约及双边条约框架下开展的民商事司法协助主要包括以下内容:送达司法文书,送达司法文书是内地国际民商事司法协助工作中请求数量最大的一部分内容;调查取证;外国法院民事判决和仲裁机构仲裁裁决的承认与执行,中国目前还没有加入含有法院裁决的承认及执行内容的海牙公约,因此,这一项合作主要是根据双边司法协助条约进行的,而对于仲裁裁决的承认与执行主要是根据《承认及执行外国仲裁裁决公约》的规定进行的;提供相关国内法律咨询及交流法律信息,这项合作也是根据一些双边司法协助条约的规定进行的。〔3〕

根据中华人民共和国司法部于 2014 年 12 月 17 日在其网站发布的信息,依据中华人民共和国司法部掌握的资料,近 5 年来中央机关每年平均处理的各类司法协助请求总数在 3100 件以上。其中,中国接收外国提出的司法协助请求每年约 2000 件,中国向各国中央机关提出的司法协助请求每年约为 700 件,另外,每年通过中国驻外使领馆执行的司法协助请求约 400 件。在这 3100 余件司法协助请求中,约 98% 的请求为文书送达请求,调查取证请求平均 50 件左右,判决承认与执行请求每年 5 件左右。司法协助请求涉及的国家包括海牙公约中《关于向国外送达民事或商事司法文书和司法外文书的公约》、《关于从国外调取民事或商事证据的公约》的各成员国以及与中国签订双边司法协助条约的各国,合作比较多的对象国包括美国、德国、俄罗斯、法国、意大利、日本、韩国等。〔4〕

最高人民法院院长周强于 2015 年 3 月 12 日在第十二届全国人民代表大会第三次会议上所作的《最高人民法院工作报告》中提供了内地法院系统办理

---

〔1〕 资料来源于中华人民共和国外交部网站,网址: http://www.fmprc.gov.cn/mfa_chn/ziliao_611306/tytj_611312/tyfg_611314/t1201153.shtml.

〔2〕 资料来源于中华人民共和国外交部网站,网址: http://www.fmprc.gov.cn/mfa_chn/ziliao_611306/tytj_611312/tyfg_611314/t4985.shtml.

〔3〕 资料来源于中华人民共和国司法部网站,略有调整,网址: http://www.moj.gov.cn/sfxzjlzx/content/2014-12/17/content_5890548.htm.

〔4〕 资料来源于中华人民共和国司法部网站,略有调整,网址: http://www.moj.gov.cn/sfxzjlzx/content/2014-12/17/content_5890548.htm.

国际司法协助案件的数字：2014 年，内地各级法院办理国际司法协助案件 6014 件。

二、香港与外国之间民商事司法互助的概况

就香港特别行政区与外国之间的民商事司法互助，《中华人民共和国香港特别行政区基本法》确立了基本原则。其中包括：

《中华人民共和国香港特别行政区基本法》第 96 条规定，在中央人民政府协助或授权下，香港特别行政区政府可与外国就司法互助关系作出适当安排。

《中华人民共和国香港特别行政区基本法》第 151 条规定，香港特别行政区可在经济、贸易、金融、航运、通讯、旅游、文化、体育等领域以"中国香港"的名义，单独地同世界各国、各地区及有关国际组织保持和发展关系，签订和履行有关协议。

《中华人民共和国香港特别行政区基本法》第 153 条规定，中华人民共和国缔结的国际协议，中央人民政府可根据香港特别行政区的情况和需要，在征询香港特别行政区政府的意见后，决定是否适用于香港特别行政区。中华人民共和国尚未参加但已适用于香港的国际协议仍可继续适用。中央人民政府根据需要授权或协助香港特别行政区政府作出适当安排，使其他有关国际协议适用于香港特别行政区。

香港回归祖国之后，在《中华人民共和国香港特别行政区基本法》上述基本原则的框架下，香港特别行政区与外国之间进行民商事司法互助。

香港高等法院或以上级别法院的判决和裁决，可在大部分普通法适用地区强制执行，并可通过国际协议和安排，在法国、德国、意大利等多个国家强制执行。根据交互强制执行判决协定强制执行香港法院判决的国家，其高级法院作出的判决，香港也会强制执行。婚姻法律程序中作出的赡养令，同样可按交互强制执行原则在海外多个国家强制执行。[1]

香港可根据法定登记制度或普通法，执行有关民商事的外地判决。[2]

---

〔1〕 GovHK 香港政府一站通网站，网址：http://www.doj.gov.hk/chi/legal/index.html.

〔2〕 GovHK 香港政府一站通网站，网址：http://www.doj.gov.hk/chi/public/foreign.html.

香港法例第319章《外地判决（交互强制执行）条例》就外地判决设定法定登记制度，以便基于互惠原则，利便交互承认和强制执行判决。凡取得该条例所指定司法管辖区的判决的判定债权人，如符合该条例所列明的相关规定，可单方面向原讼法庭申请登记判决；判决登记完成后，判定债务人在这阶段方获通知登记一事；判定债务人可根据该条例的相关条文，在期限内以多项理由向法庭申请将登记作废。[1]

对于未能根据香港法例第319章《外地判决（交互强制执行）条例》登记的外地判决，可根据普通法予以执行。普通法容许对外地判决提出诉讼，即由于外地判决可被视作在诉讼双方之间设定一项债项，因此，外地判决本身可构成诉讼因由的依据。在有关执行外地判决的普通法诉讼中，判定债权人须证明该外地判决是对具体申索具有最终且不可推翻的判决。该判决必须涉及一笔定额款项，以及必须由"具管辖权的"法院作出（根据香港法院应用的国际私法规则决定）。在依据外地判决而提出的普通法诉讼中，被告人可提出的辩护理由包括不具司法管辖权、违反自然公正、欺诈及违反公共政策。应注意的是，外地判决无需源自普通法司法管辖区才可引用普通法规则，普通法亦不要求双方可交互执行判决。因此，只要符合普通法的所有相关要求，源自不承认香港判决的司法管辖区的判决，仍可获香港法院承认和执行。[2]

就仲裁裁决，在香港所作的仲裁裁决可在所有签订《承认及执行外国仲裁裁决公约》的缔约国执行。[3]

三、内地与香港区际民商事司法协助概况

随着香港回归祖国，根据"一国两制"的原则，内地与香港分属于同一国家之内的两个法域，内地与香港之间的民商事司法协助并非国际司法协助，因此，对于属于国际民商事司法协助范畴的中国缔结或参加的国际条约、公约，或者适用于香港的国际条约、公约，无法适用于内地与香港之间的一国之内的区际民商事司法协助。比如，虽然中国内地和香港均加入了多项海牙

〔1〕 GovHK 香港政府一站通网站，网址：http://www.doj.gov.hk/chi/public/foreign.html.
〔2〕 GovHK 香港政府一站通网站，网址：http://www.doj.gov.hk/chi/public/foreign.html.
〔3〕 GovHK 香港政府一站通网站，网址：http://www.doj.gov.hk/chi/public/arbitration.html.

公约，但内地和香港无法根据公约的有关条款互相提供司法协助；又如，虽然中国内地和香港均加入了《承认及执行外国仲裁裁决公约》，但内地和香港之间不能依据该公约条款互相承认及执行仲裁裁决。

《中华人民共和国香港特别行政区基本法》第95条就内地与香港之间的区际司法协助确立了基本原则：香港特别行政区可与全国其他地区的司法机关通过协商依法进行司法方面的联系和相互提供协助。

《中华人民共和国香港特别行政区基本法》所确立的香港与内地之间进行司法方面的联系和相互提供协助的基本原则的进一步具体化和操作性规定，包括两地之间进行司法方面联系和司法协助的具体形式和范围，有赖于香港与全国其他地区的司法机关通过深入地沟通、协商进而达成一致。

一般而言，一国之内的区际民商事司法协助与国际间的民商事司法协助相比，其范围相近，甚至在某种程度上，区际民商事司法协助的内容可能会更加丰富。区际民商事司法协助的范围通常包括：民商事司法文书的委托送达、委托进行民商事调查取证、委托进行民商事财产保全及行为保全、民商事仲裁裁决的执行、法院民商事判决的相互认可与执行等。

香港回归后，内地和香港经过协商，在民商事领域已经达成并实施的两地区际司法协助安排包括以下三项：

1999年1月14日，最高人民法院与香港特别行政区高等法院签署《关于内地与香港特别行政区法院相互委托送达民商事司法文书的安排》。为使该项安排得以在内地与香港同时实施，最高人民法院以司法解释的形式公布该项安排（法释〔1999〕9号）并于1999年3月30日在内地施行；同日，有关该项安排的香港《高等法院规则（修订）规则》在香港实施。

1999年6月21日，最高人民法院与香港特别行政区政府签署《关于内地与香港特别行政区相互执行仲裁裁决的安排》。根据两地代表协商所达成的一致意见，该项安排在内地由最高人民法院通过司法解释的形式公布（法释〔2000〕3号），自2000年2月1日起施行；在香港，就该项安排的实施，修订了当时适用的《仲裁条例》（香港法例第341章），并自2000年2月1日起生效。

2006年7月14日，最高人民法院与香港特别行政区政府签署《关于内地与香港特别行政区法院相互认可和执行当事人协议管辖的民商事案件判决的安排》。就该项安排的执行，在内地，2008 年 7 月 3 日最高人民法院发布司法解释（法释〔2008〕9 号）并于 2008 年 8 月 1 日起实施；在香港，2008 年 4 月香港特别行政区立法会通过《内地判决（交互强制执行）条例》（香港法例第 597 章）并于 2008 年 8 月 1 日起生效。

除上述三项安排外，关于内地人民法院与香港特别行政区法院就民商事案件相互委托调查取证事宜，2016 年 12 月 29 日，最高人民法院常务副院长沈德咏和香港特别行政区政府律政司司长袁国强分别代表两地在深圳签署了《关于内地与香港特别行政区法院就民商事案件相互委托提取证据的安排》，该项安排签署后尚未生效，其将在内地由最高人民法院发布司法解释和香港特别行政区完成有关内部程序后，由双方公布生效日期。

此外，针对内地人民法院审理涉及香港特别行政区、澳门特别行政区民商事案件时向住所地在香港特别行政区、澳门特别行政区的受送达人送达司法文书的有关问题，最高人民法院于 2009 年制定了《最高人民法院关于涉港澳民商事案件司法文书送达问题若干规定》（法释〔2009〕2 号）（此前的《最高人民法院关于印发〈全国法院涉港澳商事审判工作座谈会纪要〉的通知》（法发〔2008〕8 号）亦有相关规定）；针对在香港特别行政区作出的临时仲裁裁决、国际商会仲裁院等国外仲裁机构在香港特别行政区作出的仲裁裁决在内地申请执行的有关问题，最高人民法院于 2009 年 12 月 30 日发布《最高人民法院关于香港仲裁裁决在内地执行的有关问题的通知》（法〔2009〕415 号），予以明确。

有关内地与香港区际民商事司法协助的执行情况，以下进行简要介绍。

在内地，根据最高人民法院发布的《人民法院工作年度报告（2014）》（白皮书），2014 年，内地人民法院认可港澳台地区民事判决、裁定、调解书 333 件；办理涉港澳台送达文书、调查取证、裁判认可、罪赃移交等司法协助案件 12 863 件。而且，特别值得关注的是，自香港回归以来首次出现内地法院请求香港法院调查取证民事案件并获受理 3 件的情形。[1]

在香港，两地于区际民商事司法协助领域已经达成并实施的相互委托送

---

〔1〕 资料来源于最高人民法院网，网址：http://www.court.gov.cn/fabu-xiangqing-13848.html.

达民商事司法文书、相互执行仲裁裁决、相互认可和执行当事人协议管辖的民商事案件判决的 3 项安排运作良好。就司法文书相互送达的安排而言，两地法院在 2013 年相互委托送达文书共约 1800 宗，同比增长 21%。上述数字由香港司法机构提供，与最高人民法院提供的数字有不一致的地方。根据最高人民法院的统计，2013 年两地法院委托送达文书的案件数量约 1500 宗，同比增长 30%。造成两地统计数字不一致的原因是两地文件往来时间以及在统计方面存在误差。[1]

　　内地与香港之间的区际民商事司法协助制度，在"一国两制"原则的框架下，根据《中华人民共和国香港特别行政区基本法》的规定，自香港回归以来，从无到有，逐步建立，并不断拓展，对于我国作为多法域国家内部区际民商事司法协助体系的建立和完善具有开创性的意义。

　　从实务的角度而言，内地与香港之间的区际民商事司法协助制度对两地跨境商事争议的顺畅解决，具有重要的保障性作用。同时，内地与香港之间频密的民事往来、经贸活动也对两地之间区际民商事司法协助的进一步发展和深化提出了更高的要求、赋予了更多的期待，这种要求和期待指向更高水平、更深层次的两地区际民商事司法协助。比如，《关于内地与香港特别行政区法院就民商事案件相互委托提取证据的安排》尚待生效，两地相互委托进行民商事财产保全及行为保全的安排有待磋商和建立，既有的两地相互委托送达民商事司法文书的安排、相互执行仲裁裁决的安排、相互认可和执行当事人协议管辖的民商事案件判决的安排有待进一步拓展和丰富。

第二节　内地与香港跨境商事争议解决区际司法协助若干问题研析

　　随着香港回归祖国，内地与香港作为中华人民共和国的两个法域，其相互之间的司法协助就性质而言属于一国之内的区际司法协助。本节主要从内

─────────

〔1〕　资料来源于 GovHK 香港政府一站通网站登载的香港特别行政区法律政策专员潘英光先生就第六届粤港澳法学论坛的致辞，网址：http://www.doj.gov.hk/chi/public/pdf/2014/lo20141220c.pdf.

地与香港跨境商事争议解决的视角研究两地之间已经达成的区际民商事司法协助安排，并对两地之间尚未协商一致的区际民商事财产保全及行为保全方面的司法协助进行讨论。

一、内地与香港相互委托送达民商事司法文书

根据《关于内地与香港特别行政区法院相互委托送达民商事司法文书的安排》，内地法院和香港特别行政区法院可以相互委托送达民商事司法文书。

此外，《最高人民法院关于涉港澳民商事案件司法文书送达问题若干规定》（法释〔2009〕2号）就内地人民法院在审理涉及香港、澳门的民商事案件时向住所地在香港、澳门的受送达人送达司法文书的有关问题，作出了进一步规定，《最高人民法院关于印发〈全国法院涉港澳商事审判工作座谈会纪要〉的通知》（法发〔2008〕8号）对此亦有相关规定。在实务中，对于内地法院向涉港澳民商事案件的港澳受送达人送达司法文书的问题，还需关注最高人民法院的上述规定。

本部分对《关于内地与香港特别行政区法院相互委托送达民商事司法文书的安排》及《最高人民法院关于涉港澳民商事案件司法文书送达问题若干规定》加以研析。

（一）《关于内地与香港特别行政区法院相互委托送达民商事司法文书的安排》

最高人民法院与香港特别行政区高等法院于1999年1月14日签署的《关于内地与香港特别行政区法院相互委托送达民商事司法文书的安排》是香港回归后两地在区际民商事司法协助领域所达成的第一个安排，具有里程碑式的重要意义。为了落实该项安排，两地分别对其本地化：在内地，最高人民法院发布司法解释《最高人民法院关于内地与香港特别行政区法院相互委托送达民商事司法文书的安排》（法释〔1999〕9号）；在香港，《高等法院规则》被相应修订。1999年3月30日在内地与香港同时实施该项安排。

1. 《关于内地与香港特别行政区法院相互委托送达民商事司法文书的安排》的主要内容

（1）法律依据。《关于内地与香港特别行政区法院相互委托送达民商事司

法文书的安排》的法律依据是《中华人民共和国香港特别行政区基本法》第95条的规定，即香港特别行政区可与全国其他地区的司法机关通过协商依法进行司法方面的联系和相互提供协助。

（2）核心内容。《关于内地与香港特别行政区法院相互委托送达民商事司法文书的安排》明确：内地法院和香港特别行政区法院可以相互委托送达民商事司法文书。

就此核心内容，需关注两点：一是，《关于内地与香港特别行政区法院相互委托送达民商事司法文书的安排》以两地法院相互委托送达民商事司法文书为主题；二是，两地法院相互委托送达民商事司法文书并非两地向对方当事人送达民商事司法文书的唯一途径，而是选择性安排（即，如果两地法院采用相互委托的方式向对方当事人送达民商事司法文书，则须遵守该项安排；而如果两地法院不以相互委托的方式向对方当事人送达民商事司法文书，则无需适用该项安排）。

（3）委托送达的司法文书的种类。①委托送达的司法文书在内地包括：起诉状副本、上诉状副本、授权委托书、传票、判决书、调解书、裁定书、决定书、通知书、证明书、送达回证；②委托送达的司法文书在香港特别行政区包括：起诉状副本、上诉状副本、传票、状词、誓章、判案书、判决书、裁决书、通知书、法庭命令、送达证明。

上述委托送达的司法文书以互换司法文书样本为准。

（4）委托送达的途径。双方委托送达司法文书，均须通过内地的各高级人民法院和香港特别行政区高等法院进行；但最高人民法院的司法文书可以直接委托香港特别行政区高等法院送达。

（5）委托送达司法文书的具体要求。

第一，委托书的内容。委托方请求送达司法文书，须出具盖有其印章的委托书，并须在委托书中说明委托机关的名称、受送达人的姓名或者名称、详细地址及案件的性质。

第二，文本要求。委托书应当以中文文本提出，如果所附司法文书没有中文文本，则应当提供中文译本。以上文件一式两份；受送达人为2人以上的，每人一式两份。

第三，委托书异议的提出。受委托方如果认为委托书与该项安排的规定不符，应当通知委托方，并说明对委托书的异议，必要时可以要求委托方补充材料。

第四，送达义务及期限。不论司法文书中确定的出庭日期或者期限是否已过，受委托方均应送达；委托方应当尽量在合理期限内提出委托请求。

受委托方接到委托书后，应当及时完成送达，最迟不得超过自收到委托书之日起2个月。

第五，送达证明。送达司法文书后，内地人民法院应当出具送达回证；香港特别行政区法院应当出具送达证明书。就出具的送达回证和证明书，应当加盖法院印章。

受委托方如果无法送达，应当在送达回证或者证明书上注明妨碍送达的原因、拒收事由和日期，并及时退回委托书及所附全部文书。

第六，送达适用的程序。送达司法文书，应当依照受委托方所在地法律规定的程序进行。

第七，受委托方的法律责任。受委托方对委托方委托送达的司法文书的内容和后果不负法律责任。

第八，送达费用。委托送达司法文书费用互免。但委托方在委托书中请求以特定送达方式送达所产生的费用，由委托方负担。

（6）问题解决及修改。该项安排在执行过程中遇有问题和修改，应当通过最高人民法院与香港特别行政区高等法院协商解决。

2. 对《关于内地与香港特别行政区法院相互委托送达民商事司法文书的安排》的评析

从区际民商事司法协助的各项内容来看，民商事司法文书的相互委托送达较之相互委托进行民商事调查取证、相互委托进行民商事保全、相互执行仲裁裁决、相互认可和执行民商事案件判决，其涉及的问题相对较少，较易达成一致，相对简便易行。以此为起点，开启内地与香港区际民商事司法协助制度构建的大门，无疑是既有前瞻性又谨慎务实的选择。

《关于内地与香港特别行政区法院相互委托送达民商事司法文书的安排》的签署及在两地的实施，开创了内地与香港区际民商事司法协助制度性安排的先河，对于我国区际民商事司法协助体系的建立和完善具有重要的历史意义。

（二）《最高人民法院关于涉港澳民商事案件司法文书送达问题若干规定》

2009 年 2 月 16 日，最高人民法院审判委员会第 1463 次会议通过了《最高人民法院关于涉港澳民商事案件司法文书送达问题若干规定》，自 2009 年 3 月 16 日起施行。该规定是从内地法律的视角，着力解决内地人民法院在审理涉及香港、澳门的民商事案件时，向住所地在香港、澳门的受送达人送达司法文书的问题。

1. 《最高人民法院关于涉港澳民商事案件司法文书送达问题若干规定》的主要内容

（1）法律依据。该规定作为最高人民法院的司法解释，其法律依据是《中华人民共和国民事诉讼法》。

（2）适用范围。该规定适用于内地人民法院在审理涉及香港、澳门的民商事案件时，遇有需向住所地在香港、澳门的受送达人送达司法文书的情况。

（3）送达的司法文书的种类。根据该规定送达的司法文书，包括起诉状副本、上诉状副本、反诉状副本、答辩状副本、传票、判决书、调解书、裁定书、支付令、决定书、通知书、证明书、送达回证等与诉讼相关的文书。

（4）可以在内地直接送达的情形。

第一，如果作为受送达人的自然人或者企业、其他组织的法定代表人、主要负责人在内地，则人民法院可以直接向该自然人或者法定代表人、主要负责人送达。

第二，如果受送达人在内地设立有代表机构，则人民法院可以直接向该代表机构送达。

第三，如果受送达人在内地设立有分支机构或者业务代办人并授权其接受送达，则人民法院可以直接向该分支机构或者业务代办人送达。

（5）可以向诉讼代理人送达的情形。除受送达人在授权委托书中明确表明其诉讼代理人无权代为接收有关司法文书外，其委托的诉讼代理人为有权代其接受送达的诉讼代理人，人民法院可以向该诉讼代理人送达。

（6）送达方式。

第一，委托送达。人民法院向在内地没有住所的受送达人送达司法文书，可以按照《最高人民法院关于内地与香港特别行政区法院相互委托送达民商事司法文书的安排》或者《最高人民法院关于内地与澳门特别行政区法院就民商事案件相互委托送达司法文书和调取证据的安排》（法释〔2001〕26号）送达。

按照上述方式送达的，自内地的高级人民法院或者最高人民法院将有关司法文书递送香港特别行政区高等法院或者澳门特别行政区终审法院之日起满3个月，如果未能收到送达与否的证明文件且不存在下述（7）所述视为送达的情形，则视为不能适用上述方式送达。

第二，邮寄送达。人民法院向受送达人送达司法文书，可以邮寄送达。

邮寄送达时应附有送达回证。受送达人未在送达回证上签收但在邮件回执上签收的，视为送达，签收日期为送达日期。

自邮寄之日起满3个月，虽未收到送达与否的证明文件，但存在下述（7）所述视为送达的情形，期间届满之日视为送达。

自邮寄之日起满3个月，如果未能收到送达与否的证明文件，且不存在下述（7）所述视为送达的情形，则视为未送达。

第三，其他适当方式送达。人民法院可以通过传真、电子邮件等能够确认收悉的其他适当方式向受送达人送达。

第四，公告送达。如果人民法院不能依照上述方式送达，可以公告送达。公告内容应当在内地和受送达人住所地公开发行的报刊上刊登，自公告之日起满3个月即视为送达。

值得注意的是，与上述其他送达方式相比，公告送达方式顺序置后，只有在不能依照上述方式送达的情况下，才可以采用公告送达的方式。

第五，同时采取多种法定方式送达。除公告送达方式外，人民法院可以同时采取多种法定方式向受送达人送达。

采取多种方式送达的，应当根据最先实现送达的方式确定送达日期。

同时采取多种法定方式送达的规定，有助于提高送达效率，在实务中需充分关注。

第六，留置送达。人民法院向在内地的受送达人或者受送达人的法定代表人、主要负责人、诉讼代理人、代表机构以及有权接受送达的分支机构、业务代办人送达司法文书，可以适用留置送达的方式。

对于留置送达方式，需注意其适用范围，即其仅适用于在内地的送达。

（7）视为送达的情形。受送达人未对人民法院送达的司法文书履行签收手续，但存在以下情形之一的，视为送达：①受送达人向人民法院提及了所送达司法文书的内容；②受送达人已经按照所送达司法文书的内容履行；③其他可以确认已经送达的情形。

（8）转递规定。①下级人民法院送达司法文书，根据有关规定需要通过上级人民法院转递的，应当附申请转递函；②上级人民法院收到下级人民法院申请转递的司法文书，应当在 7 个工作日内予以转递；③上级人民法院认为下级人民法院申请转递的司法文书不符合有关规定需要补正的，应当在 7 个工作日内退回申请转递的人民法院。

2. 对《最高人民法院关于涉港澳民商事案件司法文书送达问题若干规定》的评析

《最高人民法院关于涉港澳民商事案件司法文书送达问题若干规定》是最高人民法院根据《中华人民共和国民事诉讼法》所作出的司法解释，仅适用于内地人民法院在审理涉及香港、澳门的民商事案件时，向住所地在香港、澳门的受送达人送达司法文书的情况，是内地对香港、澳门送达的单向性规定，而非内地与香港、澳门之间送达的双向性安排。就性质而言，其不属于区际民商事司法协助的范畴，亦非根据《中华人民共和国香港特别行政区基本法》第 95 条的规定作出。

本部分将《最高人民法院关于涉港澳民商事案件司法文书送达问题若干规定》与《关于内地与香港特别行政区法院相互委托送达民商事司法文书的安排》一并讨论，主要目的是明确两者之间法律性质的不同，界定两者之间适用范围的差别，厘清两者之间法律依据的相异。

《最高人民法院关于涉港澳民商事案件司法文书送达问题若干规定》对内地人民法院在审理涉港澳民商事案件时向住所地在香港、澳门的受送达人送达司法文书的各种送达方式及其他相关的规定，可以提高司法文书的送达效率，从而相应地提高内地人民法院审理涉港澳民商事案件的审判效率，具有极大的实务意义。

此外，在《最高人民法院关于涉港澳民商事案件司法文书送达问题若干规定》出台之前，最高人民法院 2005 年 12 月发布的《第二次全国涉外商事海事审判工作会议纪要》（法发〔2005〕26 号）就涉港澳台案件司法文书的送达已有规定，实务中应予关注。

二、内地与香港相互执行仲裁裁决

随着香港回归祖国，内地与香港仲裁裁决的相互执行问题无法再在《承认及执行外国仲裁裁决公约》框架之下加以解决。

香港回归之后，两地的商贸往来、人员交流更加频密，跨境的民商事争议也日益增多，在大量争议通过仲裁解决的情况下，内地与香港之间的仲裁裁决相互执行问题亟待解决。

最高人民法院与香港特别行政区政府经过协商于 1999 年 6 月 21 日签署《关于内地与香港特别行政区相互执行仲裁裁决的安排》后，两地分别对其本地化，并于 2000 年 2 月 1 日起在内地与香港同时施行。

根据《关于内地与香港特别行政区相互执行仲裁裁决的安排》，两地法院可以执行对方的相关仲裁裁决。

本部分对《关于内地与香港特别行政区相互执行仲裁裁决的安排》进行研析。

（一）《关于内地与香港特别行政区相互执行仲裁裁决的安排》的主要内容

1. 法律依据

与《关于内地与香港特别行政区法院相互委托送达民商事司法文书的安排》相同，《关于内地与香港特别行政区相互执行仲裁裁决的安排》的法律依据也是《中华人民共和国香港特别行政区基本法》第 95 条的规定，即香港特别行政区可与全国其他地区的司法机关通过协商依法进行司法方面的联系和相互提供协助。

2. 核心内容

香港法院同意执行内地仲裁机构（名单由国务院法制办公室经国务院港澳事务办公室提供）依据《中华人民共和国仲裁法》所作出的裁决，内地人民法院同意执行在香港按香港《仲裁条例》所作出的裁决。

此外，根据最高人民法院于 2009 年 12 月 30 日发布的《最高人民法院关于香港仲裁裁决在内地执行的有关问题的通知》（法〔2009〕415 号），当事人向人民法院申请执行在香港特别行政区作出的临时仲裁裁决、国际商会仲裁院等国外仲裁机构在香港特别行政区作出的仲裁裁决的，人民法院应当按照《关于内地与香港特别行政区相互执行仲裁裁决的安排》的规定进行审查。不存在《关于内地与香港特别行政区相互执行仲裁裁决的安排》第 7 条规定的情形的（即下述"7. 不予执行的情形"），该仲裁裁决可以在内地得到执行。

3. 管辖法院

在内地或者香港特区作出的仲裁裁决，一方当事人不履行仲裁裁决的，另一方当事人可以向被申请人住所地或者财产所在地的有关法院申请执行。上述的有关法院，在内地指被申请人住所地或者财产所在地的中级人民法院，在香港指香港特别行政区高等法院。

如果被申请人住所地或者财产所在地在内地不同的中级人民法院辖区内，则申请人可以选择其中一个人民法院申请执行裁决，不得分别向 2 个或者 2 个以上人民法院提出申请。

如果被申请人的住所地或者财产所在地既在内地又在香港，申请人不得同时分别向两地有关法院提出申请。只有在一地法院执行不足以偿还其债务时，才可就不足部分向另一地法院申请执行。两地法院先后执行仲裁裁决的总额，不得超过裁决数额。

4. 申请执行仲裁裁决的文书要求

（1）申请人向有关法院申请执行在内地或者香港作出的仲裁裁决的，应当提交以下文书：①执行申请书；②仲裁裁决书；③仲裁协议。

（2）执行申请书应载明下列事项：①申请人的基本信息；②被申请人的基本信息；③如果申请人是法人或者其他组织，应当提交企业注册登记的副本；如果申请人是外国籍法人或者其他组织，应当提交相应的公证和认证材料；④申请执行的理由与请求的内容，被申请人的财产所在地及财产状况。

（3）文本要求。执行申请书在内地应当以中文文本提出；如果裁决书或者仲裁协议没有中文文本，申请人应当提交正式证明的中文译本。

5. 申请执行仲裁裁决的期限

申请人向有关法院申请执行内地或者香港仲裁裁决的期限，依据执行地法律有关时限的规定。

如执行地在内地，根据《中华人民共和国民事诉讼法》第 239 条的规定，申请执行的期间为 2 年；申请执行时效的中止、中断，适用法律有关诉讼时效中止、中断的规定。前述规定的期间，从法律文书规定履行期间的最后一日起计算；法律文书规定分期履行的，从规定的每次履行期间的最后一日起计算；法律文书未规定履行期间的，从法律文书生效之日起计算。

如执行地在香港，根据香港法例第 347 章《时效条例》第 4 条的有关规定，强制执行某项裁决的诉讼（如有关的原受仲裁协议并非藉经盖印的文书作出者），于诉讼因由产生的日期起计满 6 年后，不得提出。

在实务中，需要特别关注内地与香港两地法律对申请执行仲裁裁决时限的不同规定。

6. 对于执行申请的处理程序

有关法院接到申请人申请后，应当按执行地法律程序处理及执行。如由内地法院处理执行申请，则按照内地法律程序处理及执行；如由香港法院处理执行申请，则按照香港法律程序处理及执行。

7. 不予执行的情形

（1）被申请人提出证据证明有下列情形之一，并经审查核实，有关法院可裁定不予执行：①仲裁协议当事人依对其适用的法律属于某种无行为能力的情形；或者该项仲裁协议依约定的准据法无效；或者未指明以何种法律为准时，依仲裁裁决地的法律是无效的；②被申请人未接到指派仲裁员的适当通知，或者因他故未能陈述意见的；③裁决所处理的争议不是交付仲裁的标的或者不在仲裁协议条款之内，或者裁决载有关于交付仲裁范围以外事项的决定的；但交付仲裁事项的决定可与未交付仲裁的事项划分时，裁决中关于交付仲裁事项的决定部分应当予以执行；④仲裁庭的组成或者仲裁庭程序与当事人之间的协议不符，或者在有关当事人没有这种协议时与仲裁地的法律不符的；⑤裁决对当事人尚无约束力，或者业经仲裁地的法院或者按仲裁地的法律撤销或者停止执行的。

（2）争议事项不能以仲裁解决。有关法院认定依执行地法律，争议事项不能以仲裁解决的，可不予执行该裁决。

（3）公共秩序保留。①如果内地法院认定在内地执行该仲裁裁决违反内地社会公共利益，则内地法院可不予执行该裁决；②如果香港法院决定在香港执行该仲裁裁决违反香港的公共政策，则香港法院可不予执行该裁决。

8. 执行费用

申请人向有关法院申请执行在内地或者香港作出的仲裁裁决，应当根据执行地法院有关诉讼收费的办法交纳执行费用。

9. 溯及力

（1）1997年7月1日以后申请执行在内地或者香港作出的仲裁裁决，按该项安排执行。

（2）对1997年7月1日至该项安排生效之日（即2000年2月1日）的裁决申请问题，1997年7月1日至该项安排生效之日（即2000年2月1日）因故未能向内地或者香港法院申请执行，申请人为法人或者其他组织的，可以在该项安排生效后6个月内提出；如申请人为自然人的，可以在该项安排生效后1年内提出。

（3）对于内地或香港法院在1997年7月1日至该项安排生效之日（即2000年2月1日）拒绝受理或者拒绝执行仲裁裁决的案件，应允许当事人重新申请。

10. 问题解决及修改

该项安排在执行过程中如果遇有问题和修改，应当通过最高人民法院和香港特区政府协商解决。

（二）对《关于内地与香港特别行政区相互执行仲裁裁决的安排》的评析

《关于内地与香港特别行政区相互执行仲裁裁决的安排》的实施，解决了香港回归祖国后两地相互执行仲裁裁决所遇到的难题，填补了空白。该项安排是内地与香港区际民商事司法协助制度的重要组成部分，对于内地与香港跨境商事争议的仲裁解决具有重要的实务价值。

对于内地与香港跨境商事争议而言，如果选择仲裁方式解决争议，裁决的作出往往并不意味着争议的最终解决。许多裁决都涉及执行的内容，除主动履行的情形外，只有裁决获得全面、适当的执行，争议才告终结。因此，内地与香港相互执行仲裁裁决对于两地跨境商事争议的终局性解决，对于相关当事人权益的最终落实，对于有关商事法律关系的确认和稳定，都具有重大意义。

在实务中，对于《关于内地与香港特别行政区相互执行仲裁裁决的安排》，应注意把握以下几点：

第一，关于适用范围。内地和香港可以根据该项安排相互执行的仲裁裁决的范围包括：

就内地仲裁裁决而言，限于内地仲裁机构依据《中华人民共和国仲裁法》所作出的裁决。其中，内地仲裁机构的名单由国务院法制办公室经国务院港澳事务办公室提供；而有关纠纷须属于根据《中华人民共和国仲裁法》可以仲裁的平等主体的公民、法人和其他组织之间发生的合同纠纷和其他财产权益纠纷。

就香港仲裁裁决而言，限于在香港按香港《仲裁条例》所作出的裁决。其中的核心要素是：裁决在香港、按香港《仲裁条例》作出，而有关仲裁机构是否为香港本地仲裁机构并非决定因素。

第二，《关于内地与香港特别行政区相互执行仲裁裁决的安排》并不包括两地相互认可仲裁裁决的内容。与《关于内地与澳门特别行政区相互认可和执行仲裁裁决的安排》（2008年1月1日起实施）相比，除了缺乏相互认可仲裁裁决的内容外，《关于内地与香港特别行政区相互执行仲裁裁决的安排》的其他相关内容，也有进一步发展和完善的较大空间。

第三，公共秩序保留原则的适用。《关于内地与香港特别行政区相互执行仲裁裁决的安排》在不予执行仲裁裁决的情形中规定了公共秩序保留原则。内地与香港作为一国之内的两个法域，法律体系不同，社会制度相异，对公共秩序的概念和理解也存在差异：内地称之为"社会公共利益"，香港称之为"公共政策"。鉴于《关于内地与香港特别行政区相互执行仲裁裁决的安排》并未定义"社会公共利益"及"公共政策"的具体含义，因此，对于公共秩序保留原则如何适用于不予执行仲裁裁决的情形，存在一定的自由裁量空间和不确定性。

三、内地与香港相互认可和执行当事人协议管辖的民商事案件判决

继内地和香港相继达成相互委托送达民商事司法文书、相互执行仲裁裁决两项区际民商事司法协助安排后，经过多年协商，两地就特定民商事案件判决的相互认可和执行达成一致，2006 年 7 月 14 日，《关于内地与香港特别行政区法院相互认可和执行当事人协议管辖的民商事案件判决的安排》由最高人民法院代表与香港特别行政区政府代表签署。2008 年 2 月 29 日，为了体现内地修改后的《中华人民共和国民事诉讼法》中关于申请执行期限的新规定[1]，最高人民法院与香港特别行政区政府签署《关于修改〈关于内地与香港特别行政区法院相互认可和执行当事人协议管辖的民商事案件判决的安排〉第 8 条的纪要》，双方同意将该纪要作为《关于内地与香港特别行政区法院相互认可和执行当事人协议管辖的民商事案件判决的安排》的附件，与《关于内地与香港特别行政区法院相互认可和执行当事人协议管辖的民商事案件判决的安排》具有同等效力。

《关于内地与香港特别行政区法院相互认可和执行当事人协议管辖的民商事案件判决的安排》在内地由最高人民法院发布司法解释（法释〔2008〕9号）以及在香港由香港特别行政区立法会通过《内地判决（交互强制执行）条例》（香港法例第 597 章）后，于 2008 年 8 月 1 日生效并予以执行。

《关于内地与香港特别行政区法院相互认可和执行当事人协议管辖的民商事案件判决的安排》得以达成并落实，殊为不易，尽管其有待进一步丰富和完善，但无论如何，该项安排都是两地民商事判决相互认可和执行领域的重要的第一步。

本部分对《关于内地与香港特别行政区法院相互认可和执行当事人协议管辖的民商事案件判决的安排》进行研析。

---

〔1〕 2007 年 10 月 28 日修改的《中华人民共和国民事诉讼法》将申请执行的期限由"双方或者一方当事人是公民的为 1 年，双方是法人或者其他组织的为 6 个月"修改为"申请执行的期间为 2 年"。

（一）《关于内地与香港特别行政区法院相互认可和执行当事人协议管辖的民商事案件判决的安排》的主要内容

1. 法律依据

《关于内地与香港特别行政区法院相互认可和执行当事人协议管辖的民商事案件判决的安排》的法律依据是《中华人民共和国香港特别行政区基本法》第95条的规定，即香港特别行政区可与全国其他地区的司法机关通过协商依法进行司法方面的联系和相互提供协助。

2. 核心内容

内地人民法院和香港特别行政区法院在具有书面管辖协议的民商事案件中作出的须支付款项的具有执行力的终审判决，当事人可以根据该项安排向内地人民法院或者香港特别行政区法院申请认可和执行。

实务中须留意，就该项安排的适用，关键词是："书面管辖协议"、"民商事案件"、"支付款项"、"具有执行力的终审判决"，缺一不可。

（1）书面管辖协议。该项安排所称的"书面管辖协议"，是指当事人为解决与特定法律关系有关的已经发生或者可能发生的争议，自该项安排生效之日（2008年8月1日）起，以书面形式明确约定内地人民法院或者香港特别行政区法院具有唯一管辖权的协议。

上述"特定法律关系"是指当事人之间的民商事合同，不包括雇佣合同以及自然人因个人消费、家庭事宜或者其他非商业目的而作为协议一方的合同。

上述"书面形式"是指合同书、信件和数据电文（包括电报、电传、传真、电子数据交换和电子邮件）等可以有形地表现所载内容、可以调取以备日后查用的形式。

关于书面管辖协议的形式，其可以由1份或者多份书面形式组成。

关于管辖协议条款的效力，该项安排明确：除非合同另有规定，合同中的管辖协议条款独立存在，合同的变更、解除、终止或者无效，不影响管辖协议条款的效力。

关于书面管辖协议的内容，在书面管辖协议中必须明确约定内地人民法院或者香港特别行政区法院具有唯一管辖权，二者只可选一，并须载明所选择管辖法院的唯一性。

关于书面管辖协议的签署时间，必须在该项安排生效之日起，即 2008 年 8 月 1 日或之后签署书面管辖协议。

（2）民商事案件。该项安排仅针对民商事案件作出，且仅限于与民商事合同有关的争议，不包括雇佣合同以及自然人因个人消费、家庭事宜或者其他非商业目的而作为协议一方的合同。

（3）支付款项。可以适用该项安排的判决必须是支付款项的判决，不是须支付款项的判决不能适用该项安排。

（4）具有执行力的终审判决。

第一，该项安排所称"具有执行力的终审判决"在内地是指：最高人民法院的判决；高级人民法院、中级人民法院以及经授权管辖第一审涉外、涉港澳台民商事案件的基层人民法院[1]依法不准上诉或者已经超过法定期限没有上诉的第一审判决，第二审判决和依照审判监督程序由上一级人民法院提审后作出的生效判决。

第二，该项安排所称"具有执行力的终审判决"在香港是指：终审法院、高等法院上诉法庭及原讼法庭和区域法院所作出的生效判决。

此外，该项安排对"判决"的范围进行了界定，该项安排所称"判决"，在内地包括判决书、裁定书、调解书、支付令；在香港包括判决书、命令和诉讼费评定证明书。

内地与香港特别行政区法院相互认可和执行的标的范围，除判决确定的数额外，还包括根据该判决须支付的利息、经法院核定的律师费以及诉讼费，但不包括税收和罚款。

在香港特别行政区诉讼费是指经法官或者司法常务官在诉讼费评定证明书中核定或者命令支付的诉讼费用。

---

〔1〕《关于内地与香港特别行政区法院相互认可和执行当事人协议管辖的民商事案件判决的安排》附有截至 2006 年 5 月 31 日止内地经授权管辖第一审涉外、涉港澳台民商事案件的基层人民法院名单，共 47 家基层人民法院；根据香港政府一站通网站资料，此后，最高人民法院更新了内地经授权管辖第一审涉外、涉港澳台民商事案件的基层人民法院名单，有关更新后的名单已列入《关于内地与香港特别行政区法院相互认可和执行当事人协议管辖的民商事案件判决的安排》附件，香港特别行政区律政司司长于 2014 年 7 月 25 日根据《内地判决（交互强制执行）条例》（香港法例第 597 章）第 25（1）条在宪报公布经更新的认可基层人民法院清单（第 4289 号公告），共 192 家基层人民法院。

另需注意的是，当事人向香港法院申请认可和执行判决后，如果内地人民法院对该案件依法再审，由作出生效判决的上一级人民法院提审。

3. 管辖法院

如需申请认可和执行符合该项安排规定的民商事判决，就管辖而言，在内地向被申请人住所地、经常居住地或者财产所在地的中级人民法院提出，在香港向香港特别行政区高等法院提出。

如果被申请人住所地、经常居住地或者财产所在地在内地不同的中级人民法院辖区，则申请人应当选择向其中 1 个人民法院提出认可和执行的申请，不得分别向 2 个或者 2 个以上人民法院提出申请。

如果被申请人的住所地、经常居住地或者财产所在地，既在内地又在香港，则申请人可以同时分别向两地法院提出申请，但两地法院分别执行判决的总额，不得超过判决确定的数额。已经部分或者全部执行判决的法院应当根据对方法院的要求提供已执行判决的情况。

4. 申请认可和执行判决的文书要求

（1）申请人向有关法院申请认可和执行判决的，应当提交以下文件：①请求认可和执行的申请书；②经作出终审判决的法院盖章的判决书副本；③作出终审判决的法院出具的证明书，证明该判决属于该项安排第 2 条所指的终审判决，在判决作出地可以执行（执行地法院对于前述作出终审判决的法院出具的证明书，无需另行要求公证）；④身份证明材料：如果申请人为自然人，则应当提交身份证或者经公证的身份证复印件；如果申请人为法人或者其他组织，则应当提交经公证的法人或者其他组织注册登记证书的复印件；如果申请人是外国籍法人或者其他组织的，则应当提交相应的公证和认证材料。

（2）请求认可和执行申请书应当载明下列事项：①当事人的基本信息；②申请执行的理由与请求的内容，被申请人的财产所在地以及财产状况；③判决是否在原审法院地申请执行以及已执行的情况。

（3）文本要求。向内地人民法院提交的申请认可和执行判决的文件如果没有中文文本，则申请人应当提交证明无误的中文译本。

5. 申请认可和执行判决的程序

申请人申请认可和执行内地人民法院或者香港特别行政区法院判决的程

序，依据执行地法律的规定，但该项安排另有规定的除外。

6. 申请认可和执行的期间

申请人申请认可和执行的期间为 2 年。

前述期间，内地判决到香港申请执行的，从判决规定履行期间的最后一日起计算，判决规定分期履行的，从规定的每次履行期间的最后一日起计算，判决未规定履行期间的，从判决生效之日起计算；香港判决到内地申请执行的，从判决可强制执行之日起计算，该日为判决上注明的判决日期，判决对履行期间另有规定的，从规定的履行期间届满后开始计算。

7. 不予认可和执行的情形

（1）对申请认可和执行的判决，原审判决中的债务人提供证据证明有下列情形之一的，受理申请的法院经审查核实，应当裁定不予认可和执行：①根据当事人协议选择的原审法院地的法律，管辖协议属于无效。但选择法院已经判定该管辖协议为有效的除外；②判决已获完全履行；③根据执行地的法律，执行地法院对该案享有专属管辖权；④根据原审法院地的法律，未曾出庭的败诉一方当事人未经合法传唤或者虽经合法传唤但未获依法律规定的答辩时间。但原审法院根据其法律或者有关规定公告送达的，不属于上述情形；⑤判决是以欺诈方法取得的；⑥执行地法院就相同诉讼请求作出判决，或者外国、境外地区法院就相同诉讼请求作出判决，或者有关仲裁机构作出仲裁裁决，已经为执行地法院所认可或者执行的。

（2）公共秩序保留。①如果内地人民法院认为在内地执行香港特别行政区法院判决违反内地社会公共利益，则不予认可和执行该判决；②如果香港特别行政区法院认为在香港特别行政区执行内地人民法院判决违反香港特别行政区公共政策，则不予认可和执行该判决。

8. 认可和执行程序的中止、恢复及终止

（1）对于香港特别行政区法院作出的判决，如果判决确定的债务人已经提出上诉，或者上诉程序尚未完结，则内地人民法院审查核实后，可以中止认可和执行程序。如果经上诉，维持全部或者部分原判决，则恢复认可和执行程序；如果经上诉，完全改变原判决，则终止认可和执行程序。

（2）如果内地地方人民法院就已经作出的判决按照审判监督程序作出提

审裁定，或者最高人民法院作出提起再审裁定，则香港特别行政区法院审查核实后，可以中止认可和执行程序。如果再审判决维持全部或者部分原判决，则恢复认可和执行程序；如果再审判决完全改变原判决，则终止认可和执行程序。

9. 获认可的判决效力

根据该项安排而获认可的判决与执行地法院的判决效力相同。

10. 救济程序

（1）如果当事人对认可和执行与否的裁定不服，则在内地可以向上一级人民法院申请复议。

（2）如果当事人对认可和执行与否的裁定不服，则在香港特别行政区可以根据其法律规定提出上诉。

11. "一事不再理"原则的适用

（1）在法院受理当事人申请认可和执行判决期间，如果当事人依相同事实再行提起诉讼，则法院不予受理。

（2）对于已获认可和执行的判决，如果当事人依相同事实再行提起诉讼，则法院不予受理。

（3）对于根据前述"7. 不予认可和执行的情形"不予认可和执行的判决，申请人不得再行提起认可和执行的申请，但是可以按照执行地的法律依相同案件事实向执行地法院提起诉讼。

12. 财产保全或强制措施

法院受理认可和执行判决的申请之前或者之后，可以按照执行地法律关于财产保全或者禁制资产转移的规定，根据申请人的申请，对被申请人的财产采取保全或强制措施。

13. 费用

当事人向有关法院申请执行判决，应当根据执行地有关诉讼收费的法律和规定交纳执行费或者法院费用。

14. 溯及力

内地与香港特别行政区法院自该项安排生效之日（含本日）（即 2008 年 8 月 1 日）起所作出的判决，适用该项安排，即该项安排不具有溯及力。

15. 问题解决及修改程序

该项安排在执行过程中如果遇有问题或者需要修改，则由最高人民法院和香港特别行政区政府协商解决。

（二）对《关于内地与香港特别行政区法院相互认可和执行当事人协议管辖的民商事案件判决的安排》的评析

该项安排是内地与香港特别行政区之间第一个相互认可和执行民商事判决的安排，填补了香港回归后两地民商事判决长期缺乏相互认可和执行制度性安排的巨大空白，其核心意义在于解决了两地民商事判决相互认可和执行制度的"有无"问题，在一定程度上，也有助于减少两地跨境商事争议的诉讼管辖权冲突。

在该项安排生效前，内地与香港的民商事判决无法相互认可及执行。在内地与香港跨境商事争议的诉讼解决过程中，许多当事人都无奈地面对一地的生效判决无法得到另一地认可和执行的窘境。因此，实务中出现了大量被迫再次诉讼的情况：一方当事人取得一地的生效判决后，因对方当事人可供执行的财产在另一地，为实现一方当事人的实体权利，其只能选择在另一地再次起诉，如果取得了另一地的胜诉生效判决，则方可在另一地申请执行。这种情况的出现，不但增加了当事人的成本，延长了当事人实体权利的实现时间，而且大大增加了当事人权利得到保护的不确定性，与两地高频率、高密度商事往来的现状不相吻合，无法满足两地日益紧密的经贸关系对于权利确认和维护时间性的迫切需求。

《关于内地与香港特别行政区法院相互认可和执行当事人协议管辖的民商事案件判决的安排》在一定程度上缓解了上述窘境，符合该项安排的民商事判决可以根据该项安排申请认可和执行。但是，不符合该项安排的民商事判决无法适用该项安排的机制，在另一地的再次起诉恐难以避免。

虽然该项安排的适用范围、适用条件还受到很多局限，比如，须在2008年8月1日及之后，须有书面管辖协议，须明确约定其中一地法院的唯一管辖权，须为支付款项的民商事案件判决，须属于具有执行力的终审判决，不溯及1997年7月1日至2008年8月1日前的期间，等等。但是，毕竟因为有了该项安排，以此为契机，进一步深入和拓展的基础已经建立，内地与香港通过协商增进理解，凝聚共识，两地民商事案件判决相互认可和执行的适用范围的扩展可期。2016 年 3 月，最高人民法院常务副院长沈德咏访问香港期间，与律政司司长袁国强资深大律师会面，双方就内地与香港之间的民商事司法协助进行讨论，认为两地民商事司法协助仍有很大的发展需要和空间，由于香港与内地居民在香港登记结婚的数目一直增加，社会上有声音建议加快订立两地相互认可和执行婚姻及相关事宜判决安排；就如何处理非当事人协议管辖的民商事案件，双方亦同意应同步进行探讨及推进相关工作。[1]

四、内地与香港就民商事案件相互委托提取证据的安排

在"一国两制"的框架下，公平、高效地解决内地与香港的跨境民商事争议，有助于两地人员交流、经贸合作更加顺畅、深入，而在民商事案件相互委托提取证据方面构建两地区际司法协助意义上的制度性安排，无疑是其中的重要一环。早在 2001 年 8 月，内地与澳门就达成了《关于内地与澳门特别行政区法院对民商事案件相互委托送达司法文书及调取证据的安排》，15 年后，内地与香港就民商事案件相互委托提取证据建立两地区际司法协助意义上的制度性安排终于达成一致，2016 年 12 月 29 日，最高人民法院常务副院长沈德咏和香港特别行政区政府律政司司长袁国强分别代表两地在深圳签署了《关于内地与香港特别行政区法院就民商事案件相互委托提取证据的安排》，该项安排的签署距《关于内地与香港特别行政区法院相互认可和执行当事人协议管辖的民商事案件判决的安排》的签署已达 10 年之久，实属不易。

本部分对《关于内地与香港特别行政区法院就民商事案件相互委托提取证据的安排》进行研析。

（一）《关于内地与香港特别行政区法院就民商事案件相互委托提取证据的安排》的主要内容

1. 法律依据

《关于内地与香港特别行政区法院就民商事案件相互委托提取证据的安排》的法律依据是《中华人民共和国香港特别行政区基本法》第 95 条的规

---

〔1〕 摘自香港特别行政区政府律政司网站"新闻及演辞"中《律政司司长与最高人民法院常务副院长会面》一文，有调整，网址：http://www.doj.gov.hk/sc/public/pr/20160321_pr1.html.

定，即香港特别行政区可与全国其他地区的司法机关通过协商依法进行司法方面的联系和相互提供协助。

2. 核心内容

内地人民法院与香港特别行政区法院就民商事案件相互委托提取证据，适用该项安排。

3. 委托途径

如果内地人民法院与香港特别行政区法院相互委托提取证据，则须通过各自指定的联络机关进行。内地指定各高级人民法院为联络机关，香港特别行政区指定香港特别行政区政府政务司司长办公室辖下行政署为联络机关，最高人民法院则可以直接通过香港特别行政区指定的联络机关委托提取证据。

4. 一般安排

受委托方的联络机关收到对方的委托书后，应当及时将委托书及所附相关材料转送相关法院或者其他机关办理，或者自行办理。如果受委托方认为委托材料不符合本辖区相关法律规定，影响其完成受托事项，应当及时通知委托方修改、补充。委托方应当按照受委托方的要求予以修改、补充，或者重新出具委托书。如果受委托方认为受托事项不属于该项安排所规定的委托事项范围，可予以退回并说明原因。

5. 委托书文本要求

如果内地人民法院委托香港特别行政区法院提取证据，则应当提供加盖最高人民法院或者高级人民法院印章的委托书。如果香港特别行政区法院委托内地人民法院提取证据，则应当提供加盖香港特别行政区高等法院印章的委托书。委托书及所附相关材料应当以中文文本提出，如果没有中文文本，则应当提供中文译本。

委托书或者所附相关材料应当写明：

（1）出具委托书的法院名称和审理相关案件的法院名称。

（2）与委托事项有关的当事人或者证人的姓名或者名称、地址及其他一切有助于联络及辨别其身份的信息。

（3）要求提供的协助详情，包括但不限于：与委托事项有关的案件基本情况（包括案情摘要、涉及诉讼的性质及正在进行的审理程序等）；需向当事人或者证人取得的指明文件、物品及询（讯）问的事项或问题清单；需要委托提取有关证据的原因等；必要时，需陈明有关证据对诉讼的重要性及用来证实的事实及论点等。

（4）是否需要采用特殊方式提取证据以及具体要求。

（5）委托方的联络人及其联络信息。

（6）有助执行委托事项的其他一切信息。

6. 证据材料用途

委托方获得的证据材料只能用于委托书所述的相关诉讼。

7. 请求协助范围

（1）如果内地人民法院根据该项安排委托香港特别行政区法院提取证据，其请求协助的范围包括：①讯问证人；②取得文件；③检查、拍摄、保存、保管或扣留财产；④取得财产样品或对财产进行试验；⑤对人进行身体检验。

（2）如果香港特别行政区法院根据该项安排委托内地人民法院提取证据，其请求协助的范围包括：①取得当事人的陈述及证人证言；②提供书证、物证、视听资料及电子数据；③勘验、鉴定。

就上述请求协助范围，实务中需留意，两地的范围存在差异，在该项安排生效后，提出协助请求时，不能超出相关范围。

8. 取证要求

受委托方应当根据本辖区的法律规定安排取证。如果委托方请求按照特殊方式提取证据，在受委托方认为不违反本辖区的法律规定的情况下，可以按照委托方请求的方式执行。如果委托方请求其司法人员、有关当事人及其诉讼代理人（法律代表）在受委托方取证时到场，以及参与录取证言的程序，受委托方可以按照其辖区内相关法律规定予以考虑批准。如果批准同意，则受委托方应当将取证时间、地点通知委托方联络机关。

9. 办理期限

受委托方应当尽量自收到委托书之日起 6 个月内完成受托事项。受委托方完成受托事项后，应当及时书面回复委托方。如果受委托方未能按委托方的请求完成受托事项，或者只能部分完成受托事项，则应当向委托方书面说明原因，并按委托方指示及时退回委托书所附全部或者部分材料。如果证人根据受委托方的法律规定，拒绝提供证言，则受委托方应当以书面通知委托方，并按委托方指示退回委托书所附全部材料。

就上述 6 个月的期限，需注意的是，该期限并非严格的规定，而是属于倡导性质。

10. 开支承担

受委托方因执行受托事项产生的一般性开支，由受委托方承担。受委托方因执行受托事项产生的翻译费用、专家费用、鉴定费用、应委托方要求的特殊方式取证所产生的额外费用等非一般性开支，由委托方承担。如果受委托方认为执行受托事项有可能会产生非一般性开支，应先与委托方协商，以决定是否继续执行受托事项。

11. 问题解决及修改程序

如果该项安排在执行过程中遇有问题，或者该项安排需要修改，应当通过最高人民法院与香港特别行政区政府协商解决。

12. 生效

该项安排在内地由最高人民法院发布司法解释和香港特别行政区完成有关内部程序后，由双方公布生效日期。

虽然该项安排已经签署，但是，其尚未生效。该项安排的生效需要两地分别对其本地化，并由双方公布生效日期。根据过往经验，两地于 1999 年 1 月 14 日签署《关于内地与香港特别行政区法院相互委托送达民商事司法文书的安排》，1999 年 3 月 30 日起在两地同时施行；两地于 1999 年 6 月 21 日签署《关于内地与香港特别行政区相互执行仲裁裁决的安排》，2000 年 2 月 1 日起在两地同时施行；两地于 2006 年 7 月 14 日签署《关于内地与香港特别行政区法院相互认可和执行当事人协议管辖的民商事案件判决的安排》，2008 年 8 月 1 日起在两地同时施行；就该项安排，期待可以尽快完成两地的各自程序，尽快生效以发挥其作用。

13. 溯及力

该项安排适用于受委托方在该项安排生效后收到的委托事项，但不影响双方根据现行法律考虑及执行在该项安排生效前收到的委托事项。

（二）对《关于内地与香港特别行政区法院就民商事案件相互委托提取证据的安排》的评析

《关于内地与香港特别行政区法院就民商事案件相互委托提取证据的安排》是两地在区际民商事司法协助领域达成的第 4 项制度性安排，是两地区际民商事司法协助的又一重大进展，有利于内地与香港跨境民商事争议的及时解决。

在该项安排实施前，内地与香港特别行政区法院之间就民商事案件取证方面的互助状况是：两地互相发出的取证请求书须经过中间机关送递，然后才可到达执行机关，不够明确，欠缺效率；此外，诉讼当事人并不完全清楚内地和香港特别行政区根据各自的法律可提供何等协助以及请求书需要包含的具体内容，诉讼当事人可能需要等候相当长的时间，才收到对其请求结果的回应。鉴于上述状况，最高人民法院与香港特别行政区于 2016 年年初开始进行磋商，根据两地民商事案件审判的实际需要，于同年年底订立该项安排。[1]

该项安排的签署，使内地与香港特别行政区法院就民商事案件相互委托提取证据建立了区际司法协助意义上的制度性安排；可以预计，在该项安排实施后，必将实质性地提升两地跨境民商事争议的解决效率。

五、内地与香港在民商事财产保全及行为保全方面的司法协助

内地与香港在区际民商事司法协助领域除了已经达成并实施的相互委托送达民商事司法文书、相互执行仲裁裁决、相互认可和执行当事人协议管辖的民商事案件判决三项安排以及两地已经达成但尚待生效的就民商事案件相互委托提取证据的安排外，在民商事案件的财产保全及行为保全方面，尚待取得突破。本部分就此进行研析。

内地与香港尚未就两地间相互委托进行民商事案件的财产保全及行为保全建立全面的区际民商事司法协助意义上的制度性安排。

《关于内地与香港特别行政区法院相互认可和执行当事人协议管辖的民商事案件判决的安排》从两地民商事案件判决的相互认可和执行层面对财产保

---

〔1〕 摘自香港特别行政区政府律政司网站"新闻及演辞"中《香港与内地签订就民商事案件相互委托提取证据安排》一文，有调整，网址：http://www.doj.gov.hk/sc/public/pr/20161229_pr1.html.

全有所规定（即法院受理认可和执行判决的申请之前或者之后，可以按照执行地法律关于财产保全或者禁制资产转移的规定，根据申请人的申请，对被申请人的财产采取保全或强制措施），但其并非完整意义的财产保全及行为保全安排。

在内地，关于民事诉讼中的财产保全及行为保全制度，主要载于《中华人民共和国民事诉讼法》第 9 章以及相关司法解释，本书上编第一章已进行讨论，在此不再赘述。

在香港，根据《高等法院条例》（香港法例第 4 章）第 21M 条，原讼法庭可就已在或将会在香港以外地方展开，而且能产生可根据任何条例或普通法在香港强制执行的判决的法律程序，藉命令委任接管人或批予临时济助。根据《高等法院条例》（香港法例第 4 章）第 21L 条，此临时济助命令可包括禁制任何法律程序的一方将位于司法管辖权范围内的资产由该司法管辖范围内移走或以其他方式处理的权力，不论在该一方是否居于或身在该司法管辖权范围内的个案中，抑或在该一方的居籍或本籍是否在该司法管辖权范围内的个案中。

财产保全及行为保全制度是民事诉讼法律体系的重要一环，直接关系到裁判文书的落实和实体权益的维护。衷心期待内地和香港尽快通过协商，达成两地在民商事财产保全及行为保全领域进行司法协助的安排，以拓展两地区际民商事司法协助的范围，提升两地区际民商事司法协助的水平，进一步便利内地与香港跨境商事争议的解决，更好地保护当事人的合法权益。

下 编

案例研析

X

法律植根于生活，规范人的行为，调整社会关系，具有极强的实务性。内地与香港跨境商事争议解决的法律实务研究，离不开案例分析。本编从内地与香港两个视角对有关案例进行研析。

本编所选取的案例，包括内地和香港两个部分，其中部分案例属于内地与香港跨境商事争议范畴，另有部分案例虽然不是内地与香港跨境商事争议，但对于两地跨境商事争议的研究与解决具有借鉴意义，因此，一并研析。

第一章

内地有关案例研析

本章选择了内地的 8 个案例进行剖析，涉及程序及实体法两方面内容，期待通过对相关案例的分析，对内地与香港跨境商事争议的热点与难点问题进行探讨，从而进一步深化内地与香港跨境商事争议解决的法律实务研析。

案例一　涉港股权转让纠纷诉讼管辖权异议案

本部分对一起涉港股权转让纠纷诉讼的管辖权异议案进行研析。本案例并不涉及当事人之间实体法律关系的审理和认定。通过本案例，主要研究涉港商事争议在内地以诉讼方式解决时有关民事诉讼管辖权的若干法律问题。

本案例的基本案情及裁判结果引自中国裁判文书网[1]，有调整。

一、基本案情

2014 年 6 月 10 日，自然人甲向内地 A 省高级人民法院提起诉讼，主张自然人乙应按照双方签订的《股权转让协议书》的约定，偿付其尚欠的股权转让款人民币 23 600 万元及逾期付款违约金（暂计至 2014 年 6 月 10 日），共计人民币 23 979.08 万元；香港居民自然人丙对上述债务承担连带担保责任；诉讼费用和财产保全费用由自然人乙、自然人丙负担。

自然人乙在答辩期间向内地 A 省高级人民法院提出管辖权异议称，案涉《股权转让协议书》已明确约定由 A 省 B 市有管辖权的法院管辖，依据《中华人民共和国民事诉讼法》第 34 条的规定，该案的管辖法院应为 A 省 B 市中

---

〔1〕　网址：http://wenshu.court.gov.cn/.

级人民法院，请求将该案移送 A 省 B 市中级人民法院审理。

二、裁判结果

（一）一审法院裁定

1. 一审法院认定

本案的一审法院 A 省高级人民法院认为，自然人丙为香港居民，故本案系涉港股权转让纠纷。依据《最高人民法院关于审理民事级别管辖异议案件若干问题的规定》（法释〔2009〕17 号）第 10 条、参照《最高人民法院关于涉外民商事案件诉讼管辖若干问题的规定》（法释〔2002〕5 号）第 1、3、5条并根据 A 省高级人民法院《关于调整我省第一审知识产权、涉外、涉港澳台民商事纠纷案件区域管辖和级别管辖等事项的通知》〔A 高法发（2008）28号〕第 7 条的规定，A 省高级人民法院管辖该辖区内标的金额为人民币 2 亿元以上的第一审涉外、涉港澳台民商事纠纷案件。本案自然人甲起诉主张自然人乙、自然人丙连带清偿股权转让款及逾期付款违约金共计人民币 23 979.08 万元，已达到 A 省高级人民法院一审案件级别管辖的标的额标准。自然人乙的住所地在 A 省高级人民法院管辖区内，依照《中华人民共和国民事诉讼法》第 23 条的规定，A 省高级人民法院对本案具有管辖权。同时，根据《中华人民共和国民事诉讼法》第 34 条的规定，自然人甲与自然人乙关于本案管辖权的约定不得违反级别管辖的规定，不影响 A 省高级人民法院对本案行使一审管辖权。

2. 一审法院裁定

鉴于自然人乙的管辖权异议理由不成立，A 省高级人民法院依照《中华人民共和国民事诉讼法》第 127 条第 1 款的规定，裁定驳回自然人乙对该案管辖权提出的异议。

（二）二审法院裁定

自然人乙不服 A 省高级人民法院上述民事裁定，向最高人民法院提起上诉称：A 省高级人民法院认为《股权转让协议书》中关于管辖权的约定违反了级别管辖的规定，与事实相悖，且属适用法律错误。自然人乙与自然人甲签订《股权转让协议书》时，协议所涉及的标的金额为人民币 6,420 万元，根据 A 省高级人民法院《关于调整我省第一审知识产权、涉外、涉港澳台民商事纠纷案件区域管辖和级别管辖等事项的通知》[A 高法发（2008）28 号]第 6、7 条的规定，标的金额为人民币 2 亿元以下由 A 省 B 市中级人民法院管辖。自然人乙与自然人甲在《股权转让协议书》中关于管辖权的约定并未违反级别管辖的规定，应为合法有效。根据《中华人民共和国民事诉讼法》第 34 条的规定，该案应由 A 省 B 市中级人民法院管辖。综上，请求撤销 A 省高级人民法院上述民事裁定，依法裁定该案移送 A 省 B 市中级人民法院审理。

最高人民法院作为二审法院，经审理，作出终审裁定。

1. 二审法院认定

人民法院确定第一审民商事案件级别管辖的诉讼标的额的依据，是一审原告向人民法院提起诉讼时请求人民法院予以保护的金额，即应以一审原告向人民法院提交的民事起诉书中所载明的诉讼请求金额为准。本案自然人甲向 A 省高级人民法院提起诉讼，主张自然人乙和自然人丙应向其偿付股权转让款及逾期付款违约金共计人民币 23 979.08 万元，故应以此数额确定 A 省高级人民法院对本案是否具有管辖权。自然人乙上诉主张应按《股权转让协议书》所涉及的标的金额人民币 6 420 万元确定级别管辖，于法无据，二审法院不予支持。本案系涉港股权转让纠纷，A 省高级人民法院认定本案已达到其一审案件级别管辖的标的额标准，符合《最高人民法院关于审理民事级别管辖异议案件若干问题的规定》（法释〔2009〕17 号）、《最高人民法院关于涉外民商事案件诉讼管辖若干问题的规定》（法释〔2002〕5 号）、《关于调整高级人民法院和中级人民法院管辖第一审民商事案件标准的通知》以及《全国各省、自治区、直辖市高级人民法院和中级人民法院管辖第一审民商事案件标准》的规定，A 省高级人民法院确定其对该案具有管辖权，并无不当。

另，关于自然人乙主张其与自然人甲在《股权转让协议书》中有关管辖权的约定并未违反级别管辖规定的上诉理由，二审法院认为，一是案涉《股权转让协议书》在"七、争议的解决方式"中仅约定"双方在履行本协议过程中，如有任何争议，双方应友好协议解决；协商不成的，任何一方均有权向法院起诉"，并无有关管辖权的特别安排；二是即使如自然人乙主张案涉《股权转让协议书》已明确约定由 A 省 B 市有管辖权的法院管辖，该约定亦与前述相关级别管辖的规定不一致。因此,A省高级人民法院依据《中华人民共和国民事诉讼法》第34条的规定,以约定管辖不得违反级别管辖的规定为由,裁定驳回自然人乙对本案管辖权提出的异议,并无不当。

2. 二审法院裁定

综上,上诉人自然人乙的上诉理由不能成立,原裁定适用法律正确,应予维持。二审法院依照《中华人民共和国民事诉讼法》第170条第1款第1项、第171条、第175条的规定,裁定如下:驳回上诉,维持原裁定。本裁定为终审裁定。

三、案例评析

内地与香港跨境商事争议在内地通过诉讼方式加以解决时,地域管辖、级别管辖、专属管辖、约定管辖等管辖事宜是当事人必须直面、无法回避的问题。案件管辖权虽属程序范畴,但也可能影响当事人的实体权利。因此,对于管辖权问题切不可掉以轻心。实务中,许多案件刚刚展开诉讼程序,由哪一地、哪一级法院行使一审管辖权即成为当事人激烈交锋的第一个争议焦点。

本案作为涉港股权转让纠纷诉讼所引发的管辖权异议案,包括管辖权异议的提出、一审裁定、上诉及终审裁定的作出等诉讼程序环节,涉及地域管辖、级别管辖、协议管辖等多方面的规定。以下,结合本案案情、法庭的认定以及裁定对本案进行评析。

(一)提起管辖权异议的时间期限

《中华人民共和国民事诉讼法》第127条规定,人民法院受理案件后,当事人对管辖权有异议的,应当在提交答辩状期间提出。人民法院对当事人提出的异议,应当审查。异议成立的,裁定将案件移送有管辖权的人民法院;异议不成立的,裁定驳回。当事人未提出管辖异议,并应诉答辩的,视为受诉人民法院有管辖权,但违反级别管辖和专属管辖规定的除外。

关于提交答辩状期间,根据《中华人民共和国民事诉讼法》第125条的规定,被告应当在收到起诉状副本之日起15日内提出答辩状。如果属于涉外民事诉讼,《中华人民共和国民事诉讼法》第268条规定,被告在中华人民共和国领域内没有住所的，人民法院应当将起诉状副本送达被告，并通知被告在收到起诉状副本后 30 日内提出答辩状；被告申请延期的，是否准许，由人民法院决定。

根据上述规定，被告如果对管辖权有异议，应当在收到起诉状副本之日起 15 日内提出；如果属于涉外民事诉讼，被告在中华人民共和国领域内没有住所，则应当在收到起诉状副本后 30 日内提出管辖权异议。如果被告申请延期提出答辩状，则由人民法院决定是否准许，在人民法院准许延期提出答辩状的情况下，被告可在人民法院准许延长的答辩状提出期间提出管辖权异议。

本案中，自然人乙在答辩期间向 A 省高级人民法院提出管辖权异议，符合法律规定。

（二）关于管辖权异议裁定的相关程序性要求

有关管辖权异议裁定的相关程序性要求主要包括：

根据《中华人民共和国民事诉讼法》的规定，如果当事人提出的管辖权异议成立的，人民法院以裁定的方式将案件移送有管辖权的人民法院；异议不成立的，裁定驳回。

就当事人提出的管辖权异议，《最高人民法院关于审理民事级别管辖异议案件若干问题的规定》（法释〔2009〕17 号）明确了受诉人民法院作出裁定的期限，即受诉人民法院应当在受理管辖权异议之日起 15 日内作出裁定。

根据《中华人民共和国民事诉讼法》的规定，对于人民法院作出的关于管辖权异议的裁定，可以上诉。关于上诉期限，当事人不服地方人民法院第一审裁定的，有权在裁定书送达之日起 10 日内向上一级人民法院提起上诉。如果属于涉外民事诉讼，在中华人民共和国领域内没有住所的当事人如果不服第一审人民法院裁定，则有权在裁定书送达之日起 30 日内提起上诉；如果当事人不能在法定期间提起上诉而申请延期，则由人民法院决定是否准许。

《中华人民共和国民事诉讼法》规定，人民法院审理对裁定的上诉案件，应当在第二审立案之日起 30 日内作出终审裁定。《最高人民法院关于适用〈中华人民共和国民事诉讼法〉的解释》（法释〔2015〕5 号）进一步规定，有特殊情况需要延长上述审限的，由本院院长批准。

（三）关于地域管辖

本案中，作为被告之一的自然人乙的住所地在 A 省高级人民法院管辖区内，根据地域管辖的一般原则"被告住所地法院管辖原则"，在暂不考虑级别管辖因素的情形下，由 A 省高级人民法院作为本案第一审的管辖法院，符合法律规定。

就本案而言，需着重考虑的是在 A 省高级人民法院管辖区内究竟应由 A 省高级人民法院还是应由 A 省 B 市中级人民法院作为本案的第一审法院这一级别管辖问题。

（四）关于级别管辖

本案属于涉港股权转让纠纷，参照《最高人民法院关于涉外民商事案件诉讼管辖若干问题的规定》（法释〔2002〕5 号），对本案应采取集中管辖。

根据 A 省高级人民法院管辖第一审民商事案件的标的额标准，本案的诉讼请求金额已经达到 A 省高级人民法院作为第一审法院的管辖标准。在不违反集中管辖要求的前提下，从级别管辖的角度而言，A 省高级人民法院作为本案的第一审法院，符合相关规定。

针对自然人乙的上诉，最高人民法院在终审裁定中明确，人民法院确定第一审民商事案件级别管辖的诉讼标的额的依据，是一审原告在向人民法院提起诉讼时请求人民法院予以保护的金额，即应以一审原告向人民法院提交的民事起诉书中所载明的诉讼请求金额为准。这一认定，与最高人民法院等机构的相关规定中的口径实质相同。

（五）关于协议管辖

根据《中华人民共和国民事诉讼法》第 34 条，就特定民商事争议，当事人可以书面方式协议约定管辖法院。即合同或者其他财产权益纠纷的当事人可以书面协议选择被告住所地、合同履行地、合同签订地、原告住所地、标的物所在地等与争议有实际联系的地点的人民法院管辖。但是，协议管辖不得违反《中华人民共和国民事诉讼法》对级别管辖和专属管辖的规定。

本案中，自然人乙提出，其与自然人甲在《股权转让协议书》中关于管辖权已有约定且并未违反级别管辖的规定。最高人民法院认为，案涉《股权转让协议书》并无有关管辖权的特别安排；而且，即使案涉《股权转让协议书》已明确约定由 A 省 B 市有管辖权的法院管辖本案争议，该约定亦违反了上文述及的协议管辖不得违反《中华人民共和国民事诉讼法》对级别管辖和专属管辖的规定。

因此，在实务中需注意，商事合同当事人如果准备通过协商一致的方式，书面约定解决争议的管辖法院，不能违反《中华人民共和国民事诉讼法》对级别管辖和专属管辖的规定，否则，会导致约定的协议管辖条款无效。

（六）关于《最高人民法院关于审理民事级别管辖异议案件若干问题的规定》（法释〔2009〕17号）

《最高人民法院关于审理民事级别管辖异议案件若干问题的规定》（法释〔2009〕17号）于2009年7月20日由最高人民法院审判委员会第1471次会议通过，自2010年1月1日起施行。该规定对司法实践中审理民事级别管辖异议案件所涉及的若干问题进行了具体规定，具有很强的实务性，在处理涉及民事级别管辖异议的案件时，应当予以充分关注。其中需要特别留意的是，该规定明确：经最高人民法院批准的第一审民事案件级别管辖标准的规定，应当作为审理民事级别管辖异议案件的依据。从而确定了经最高人民法院批准的第一审民事案件级别管辖标准规定的性质及其在民事司法审判中作为裁判依据的地位。

案例二　涉港委托投资纠纷诉讼案

本部分对香港某金融服务有限公司（以下简称"服务公司"）与内地某投资有限公司（以下简称"投资公司"）之间的委托投资纠纷诉讼案进行研析。本案不但诉讼时间漫长，而且涉案金额巨大，本案终审判决后，社会广泛关注，特别是适用"以合法形式掩盖非法目的"条款认定合同无效在内地与香港的投资界造成了极大震动，并引发了对内地企业通过协议控制方式在境外间接上市模式的热烈讨论。

本案例的基本案情及判决结果引自互联网相关资料，有调整。

一、基本案情

1995年9月23日，服务公司与投资公司签订1份《委托书》，其中约定：委托人服务公司委托受托人投资公司为全权代表，作为内地某银行（以下简称"某银行")的责任董事,全权管理和行使服务公司在某银行中的900万美元资本金的各项权益;投资公司承诺全力维护服务公司在某银行的权益。

1995年9月25日,服务公司与投资公司又签订了1份《借款协议》,其中约定:贷款方服务公司同意向借款方投资公司提供909万美元的借款;借款方式为现金划拨,时限为不限期长期借款;借款用途为入股某银行的资本金,其中股本金共900万美元,另9万美元为筹备费用。

1995年9月26日,服务公司将909万美元汇入投资公司账户。

1995年9月27日,服务公司与投资公司签订1份《补充委托书》,其中约定:服务公司决定在《委托书》的基础上,追加委托责任185万美元,其委托的授权、时效与《委托书》一致;投资公司决定接受委托。

1995年9月27日,服务公司与投资公司签订1份《补充借款协议》,其中约定:贷款方服务公司再向借款方投资公司追加借款185万美元,作为入股某银行的股本。

1995年9月28日,服务公司将185万美元汇入投资公司账户。

此后,投资公司向某银行入资1094万美元(包括资本金及筹备费)。1995年12月4日,投资公司致函服务公司,称:投资公司所代缴股本计人民币9008万元,为9008万股,约占某银行总股本的6.53%。

自1997年开始,服务公司及投资公司就某银行财务报告的提供、某银行股权的质押、委托款项在某银行的股票、股息及财务状况的通报等事项发生争议。

双方为解决争议,曾于2001年1月5日签订1份协议书,约定:①投资公司同意将服务公司1995年委托其投资(现登记在投资公司名下)的9008万股及其自己投资的1000万法人股转让给服务公司指定的上海某公司;②上海某公司用1.1亿元人民币从投资公司购进1.08亿某银行的法人股;③在完成股权转让交割手续后,自上海某公司在法律上拥有1.08亿某银行的法人股权起,服务公司同意放弃1995年委托投资公司投资某银行9008万法人股时而注入的1080万美元及1995年至今某银行分配给股东的红利等。

2001年2月18日,投资公司作为出让方与作为受让方的上海某公司签订了《股权转让协议》及《股权转让价款支付与监管协议》。

上述两份协议签订后，各方均未履行。

2001 年 7 月，投资公司以服务公司为被告，向本案一审法院（某高级人民法院）提起诉讼，请求确认投资公司与服务公司之间所形成的是借款合同关系，相关的《借款协议》和《补充借款协议》无效，由投资公司应向服务公司返还借款本息共计 12 872.69 万元人民币。服务公司亦提出反诉，请求确认服务公司与投资公司之间的关系是委托投资关系而非借款关系，判令解除其与投资公司的委托投资关系，由投资公司返还服务公司委托其持有的全部某银行股份及其所分得的红利。

二、判决结果

（一）一审法院判决

1. 一审法院认定

（1）服务公司与投资公司之间设立的是以借款为表现形式的委托投资法律关系。

（2）就本案委托关系的效力及其财产后果的处理，鉴于服务公司故意规避法律以借款名义将其资金委托投资公司投资入股某银行，双方的行为违反了金融法规的强制性规定，因此，应当认定投资公司与服务公司所签委托协议无效，对此，双方均有过错。按照无效合同引起的财产后果处理原则，投资公司应当将其以自己名义投入某银行的本金返还给服务公司，同时，还应将其在某银行分得的红利一并返还。

（3）关于投资公司在某银行股权的处置。本案在以借款为表现形式的委托法律关系被确认违法无效的前提下，有关协议对双方不具有法律约束力。服务公司不能依据无效的法律关系取得某银行的股权。投资公司虽系依无效的委托关系而取得某银行股东地位，但其是依法定程序注册而取得的，且其股权的转让及股东的变更涉及到某银行及其他股东的利益，因此，服务公司要求投资公司将因其委托所取得的某银行股权交回给服务公司或其指定的第三人的主张，于法无据，该院不予支持。

2. 一审法院判决

一审法院依照《中华人民共和国合同法》第 52 条第 3 项、第 5 项和第 58

条之规定，判决：①投资公司与服务公司签订的《借款协议》和《补充借款协议》、《委托书》和《补充委托书》无效；②投资公司于判决生效后 10 日内，偿还服务公司本金 1094 万美元；③投资公司于判决生效后 10 日内，赔偿服务公司 45 814 912 元人民币；④驳回投资公司、服务公司的其他诉讼请求。

案件受理费由投资公司负担，反诉案件受理费由投资公司负担，财产保全费由投资公司和服务公司各负担 1/2。

（二）二审法院判决

服务公司不服一审法院的判决，向最高人民法院提起上诉。最高人民法院作为二审法院，经审理，作出终审判决。

1. 二审法院认定

（1）就本案性质及法律适用，本案为发生在内地的涉港委托投资纠纷案，一审法院适用内地法律审理本案是正确的，双方当事人对于具体适用《中华人民共和国合同法》处理本案亦无异议，二审法院予以确认。

（2）本案当事人的争议焦点是对于双方之间所形成的法律关系的性质和效力应当如何认定以及相关财产后果应当如何处理问题。

第一，关于本案双方当事人之间法律关系的性质。根据一、二审查明的事实，应当认为双方一致的真实意思是由服务公司出资入股某银行，由投资公司出面作为某银行名义上的股东受托代表服务公司享有和行使股东权。原审认定本案双方之间法律关系的性质为委托关系是正确的，应予维持。

第二，关于本案委托关系的效力。本案当事人一方服务公司为香港金融服务公司，在经济贸易活动中应当作为境外机构实施管理；其委托内地企业投资公司投资入股的某银行为内地金融机构。内地现行的金融法规对于境外公司向内地金融机构投资作出了明确的规定。中国人民银行 1994 年 9 月颁布的《关于向金融机构投资入股的暂行规定》第 12 条规定："外资、中外合资金融机构和企业均不得向中资金融机构投资。"中国银行业监督管理委员会 2003 年 12 月颁布的《境外金融机构投资入股中资金融机构管理办法》第 4 条规定："境外金融机构投资入股中资金融机构，应当经中国银行业监督管理委员会批准。"服务公司委托投资公司投资入股某银行的行为，显然违反了内地金融管理制度的强制性规定。从双方签订和履行合同的整个过程可以看出，当事人对于法律法规的强制性规定是明知的，双方正是为了规避法律规定，采取"委托投资"的方式，使得服务公司的投资行为表面上合法化。双方的行为属于《中华人民共和国民法通则》和《中华人民共和国合同法》规定的"以合法形式掩盖非法目的"的行为。因此，双方签订的《委托书》、《补充委托书》、《借款协议》和《补充借款协议》均应认定无效。对此原审判决认定正确，应予维持。

第三，关于本案合同无效的财产后果。《中华人民共和国合同法》第58条规定，"合同无效或者被撤销后，因该合同取得的财产，应当予以返还；不能返还或者没有必要返还的，应当折价补偿。有过错的一方应当赔偿对方因此所受到的损失，双方都有过错的，应当各自承担相应的责任。"首先，投资公司在认购和持有某银行股份的民事关系中，并不存在违反法律规定等足以导致其行为无效的情况，故对于投资公司合法持有某银行股份的事实依法应予确认。其次，本案所涉某银行的股份，是投资公司基于其与其他股东的发起人协议而取得，投资公司依据本案有关合同所取得的财产是服务公司所支付的1094万美元。根据《中华人民共和国合同法》的上述规定，本案有关合同被确认无效后，投资公司应当将该1094万美元返还给服务公司。该项财产作为金钱，不存在法律上不能返还或不必要返还的问题，亦不存在《中华人民共和国合同法》第58条所指的"折价补偿"的可能。服务公司关于投资公司应当返还某银行的股权或者按照某银行的净资产值折价予以补偿的主张，缺乏事实和法律依据，二审法院不予支持。

根据《中华人民共和国合同法》第58条的规定，因无效合同所形成的损失，应当由当事人根据其过错承担相应的赔偿责任。本案中，案涉合同的履行及其被确认无效，并未给双方当事人造成实际损失，相反，投资公司成为某银行的合法股东后，因股份价值增值、分配红利等因素而将获得利益。虽然该部分增值利益系基于股东身份所产生，且本案双方之间的委托关系被确认无效，但合同无效的法律后果只是依法对委托关系的内容亦即双方关于由服务公司享有某银行股东地位和权利的约定不予认可，而当时认购股份的资金确由服务公司所支付的事实是客观存在的，服务公司的实际出资行为与该部分利益的产生具有客观实在的关联。根据公平原则和上述法律规定的基本精神，在承认投资公司享有某银行该部分股权的同时，应当判令投资公司向服务公司支付合理数额的补偿金。根据本案实际情况，该部分补偿金应当以投资公司持有的诉争股份市值及其全部红利之和的40%确定。原审仅以投资公司实际取得的红利为标准确定投资公司应当向服务公司支付赔偿金的数额，有悖本案实际情况和公平原则，应当予以纠正。

综上，原审认定事实清楚，适用法律基本正确，但关于合同无效后果的处理适用法律不当，应予纠正。

2. 二审法院判决

（1）维持一审判决主文第1、2、4项，撤销一审判决主文第3项。

（2）投资公司于收到本判决之次日起30日内，向服务公司支付补偿金（补偿金具体数额为：就讼争737 101 904 股某银行的股份按本判决之日前20个交易日的平均收盘价所计算的股份市值的40%的价款，加之该部分股份已产生的594 910 597.4 元人民币分红的40%的价款之和）。

一审诉讼费按一审判决执行；二审案件受理费由投资公司和服务公司各负担1/2。

本判决为终审判决。

三、执行情况

最高人民法院于2012年10月29日作出上述终审判决后，该案在北京市第一中级人民法院经审查立案执行，被执行人投资公司持有的某银行约7.3亿余股股票被法院查封。

因对查封股票短时间内以拍卖或者大宗交易的方式变现，可能会给某银行的股价甚至金融市场带来较大的风险，为了避免这种后果，北京市第一中级人民法院执行局主持当事人双方就案件执行进行多轮协商，双方最终于2014年10月31日就案件执行达成和解意见，被执行人主动交付案款共计人民币20.1668亿元。2015年6月2日，北京市第一中级人民法院举行情况通报会，现场向服务公司代表发还人民币20.1668亿元的执行案款，案件顺利执行完毕，双方当事人均向法院赠送了锦旗。[1]

四、案例评析

在内地改革开放的过程中，外商在内地的投资领域受外商投资产业政策的调整，有的领域鼓励外商投资，有的领域允许外商投资，有的领域限制外商投资，也有的领域禁止外商投资。总体而言，外商投资产业政策根据内地社会经济的发展及国际经济环境的变化，处于动态调整状态。一般情况下，境外主体对内地进行投资，需要根据内地有关法律法规的规定，履行相应的审批登记程序。

本案涉及的境外投资者对内地金融领域进行投资，在内地有严格的监管要求。在此背景下，双方当事人基于有关合同，产生了长达十几年的争议，而判决所引发的冲击波又远远超过了案件本身。以下，结合本案案情、法庭的认定、判决以及本案所带来的深远影响对本案进行评析。

（一）关于本案所体现的审级制度

本案一审由内地某高级人民法院审理，一审判决作出后，一方当事人不服，向最高人民法院提起上诉。最高人民法院作为二审法院，经审理后作出二审判决。最高人民法院的判决为终审判决，发生法律效力。

本案的上述程序符合内地民事诉讼"两审终审制"的审级制度原则以及最高人民法院的判决是发生法律效力的判决之规定。

（二）关于本案的审理期限

本案从一方当事人提起诉讼，展开一审诉讼程序，到二审判决作出，经历了十余年的时间。

根据内地法律规定，人民法院审理涉外民事案件的期间，不受适用普通程序审理非涉外一审民事案件及二审民事案件审理时限规定的限制。就人民法院对涉港澳台民事案件的审理期限，参照涉外审理民事案件的规定办理，也不受上述审理时限规定的限制。即人民法院适用普通程序审理涉外及涉港澳台一审、二审民事案件，并无审理时限要求。

---

〔1〕　执行情况摘自北京市第一中级人民法院网所载文章《我院召开执行工作阶段成果情况通报会现场发还 20 亿元》（作者：常鸣），网址：http://bj1zy.chinacourt.org/article/detail/2015/06/id/1640554.shtml.

因此，虽然本案经历了漫长的诉讼过程，但从审限角度而言，并未违反法律规定。

（三）关于本案的法律适用

本案作为发生在内地的涉港委托投资纠纷案，一审法院适用内地法律审理本案，双方当事人对于具体适用《中华人民共和国合同法》处理本案亦无异议，二审法院对于上述法律适用予以确认。

一审法院及二审法院对于本案的法律适用所作的认定，符合法律适用原则，根据内地法律处理本案，于法有据。

（四）关于适用"以合法形式掩盖非法目的"原则认定合同无效

本案当事人双方之间法律关系的性质及效力如何认定是本案当事人的争议焦点之一。法院认定本案双方当事人之间法律关系的性质为委托关系。就该委托关系的效力，法院认定，服务公司委托投资公司投资入股某银行的行为，违反内地金融管理制度的强制性规定，当事人双方为了规避法律规定，采取"委托投资"的方式，使得服务公司的投资行为表面上合法化。双方的行为属于《中华人民共和国民法通则》和《中华人民共和国合同法》规定的"以合法形式掩盖非法目的"的行为。因此，双方签订的《委托书》、《补充委托书》、《借款协议》和《补充借款协议》均应被认定无效。

根据《中华人民共和国民法通则》第 58 条第 1 款的有关规定，以合法形式掩盖非法目的的民事行为无效。根据《中华人民共和国合同法》第 52 条第 3 项的规定，以合法形式掩盖非法目的的合同无效。

在本案中，双方当事人以"委托投资"的合法形式掩盖境外公司未经审批投资于内地金融机构的非法目的，有关合同依法应认定为无效。

值得关注的是，在"以合法形式掩盖非法目的"这一法律原则性规定在司法实践中尚无具体判断标准、认定规则和适用范围的情况下，对于该原则的适用，赋予了法院以较大的自由裁量权。实践中，如何把握、判断和适用"以合法形式掩盖非法目的"原则，进而准确认定实务中的特定合同的法律效力，是需要倍加留意的。

此外，根据《中华人民共和国合同法》第 52 条，属于合同无效的情形，除了"以合法形式掩盖非法目的"以外，还包括：一方以欺诈、胁迫的手段订立合同，损害国家利益；恶意串通，损害国家、集体或者第三人利益；损害社会公共利益；违反法律、行政法规的强制性规定。

关于"违反法律、行政法规的强制性规定"而导致合同无效的情形，需关注最高人民法院的相关司法解释。

《最高人民法院关于适用〈中华人民共和国合同法〉若干问题的解释（一）》（法释〔1999〕19号）第4条规定，《中华人民共和国合同法》实施以后，人民法院确认合同无效，应当以全国人大及其常委会制定的法律和国务院制定的行政法规为依据，不得以地方性法规、行政规章为依据。《最高人民法院关于适用〈中华人民共和国合同法〉若干问题的解释（二）》（法释〔2009〕5号）第14条规定，《中华人民共和国合同法》第52条第5项规定的"强制性规定"，是指效力性强制性规定。

根据上述司法解释，地方性法规、行政规章不是合同无效的确认依据；而在违反法律、行政法规的强制性规定导致合同无效的情形下，该等"强制性规定"是指"效力性强制性规定"。强制性规定包括效力性强制性规定和管理性强制性规定，即只有违反法律、行政法规的效力性强制性规定才产生合同无效的法律后果，而违反法律、行政法规的管理性强制性规定并不当然引致合同无效。在司法实践中如何理解、判断和把握效力性强制性规定和管理性强制性规定的界限及范围，是重要的实务问题，也是重要的理论问题，有进一步研究、探讨的必要。

（五）关于适用"公平原则"对合同无效后有关财产的处理

涉案金额巨大是本案的特点之一，本案双方当事人之间的有关合同被认定为无效后相关财产如何处理是本案当事人的又一争议焦点。

在本案双方当事人之间的《委托书》、《补充委托书》、《借款协议》和《补充借款协议》均被认定为无效后，如何根据本案的具体情况，依法妥善处理相关财产，使双方当事人真正息讼服判，是一个高度复杂且敏感的问题。

《中华人民共和国合同法》第58条对合同无效或被撤销后的财产处理、损失赔偿作出了规定："合同无效或者被撤销后，因该合同取得的财产，应当予以返还；不能返还或者没有必要返还的，应当折价补偿。有过错的一方应当赔偿对方因此所受到的损失，双方都有过错的，应当各自承担相应的责任。"

根据本案判决，可以归纳出法院对于本案财产处理所作判决兼顾到的两个方面：一方面，法院根据《中华人民共和国合同法》第58条的规定，判决投资公司偿还服务公司本金1094万美元；另一方面，在对投资公司合法持有某银行股份的事实予以确认的基础上，充分考虑当时认购某银行股份的资金系由服务公司所支付的事实以及服务公司的实际出资行为与投资公司获得的利益具有客观实在的关联，根据公平原则和《中华人民共和国合同法》第58条规定的基本精神，判令投资公司向服务公司支付合理数额的补偿金（该部分补偿金以投资公司持有的诉争股份市值及其全部红利之和的40%确定）。

公平原则是包括《中华人民共和国合同法》在内的内地民事法律制度的基本原则。《中华人民共和国民法通则》第4条规定，民事活动应当遵循自愿、公平、等价有偿、诚实信用的原则。《中华人民共和国合同法》第5条规定，当事人应当遵循公平原则确定各方的权利和义务。

社会经济生活复杂多变，特别是在发展、创新、变革的时代中，新生事物层出不穷，其中许多可能并无相应的具体法律规定可以适用。在此情况下，司法机关根据基本法律原则确定民事主体的权利、义务，从而解决争议，化解矛盾，不但必要，而且重要。在本案涉及的增值财产处理问题并无法律明确规定的情况下，最高人民法院根据本案具体情况，准确适用公平原则，依法行使自由裁量权，妥善平衡各方利益，有理有据，值得称道。

（六）关于本案的执行

最高人民法院作出的本案生效判决的标的金额巨大，超过人民币20亿元，且涉及上市公司股份，如果处理不当，可能会对第三方权益造成负面影响，进而可能会给金融市场带来风险。基于此，在负责本案执行的法院执行局的主持下，双方当事人经过多轮协商，最终就案件执行达成和解，被执行人主动交付案款，案件顺利执行完毕。

就执行效果而言，本案的执行可圈可点。通过和解，完成执行，既保护了申请执行人的合法权益，使其最终收到执行款项；也维护了被执行人的合法权益，并未使其招致额外损失；同时，某银行的股价亦未因案件执行产生波动，金融市场运行正常。最终，生效判决圆满执行，法律尊严得以维护，各方权益妥为保障，真正做到了定分止争。

（七）本案的深远影响

作为内地与香港跨境商事争议，本案具有典型性，对于其涉及的相关程序问题及实体问题，皆有探讨评析之必要；但仅就法律关系而言，本案所涉及的法律关系并不复杂，尽管本案标的金额巨大，审理时间漫长。然而，令人始料未及的是，本案的终审判决所造成的影响力远远超过了案件本身。

本案终审判决作出后，给内地与香港的投资界带来了极大震动，导致了对内地企业以协议控制方式在境外间接上市模式的反思和持续热议。

内地企业以协议控制［亦称"合约安排"或"VIE 结构"，"VIE"是"Variable Interest Entities"（可变利益实体）的缩写］方式在境外间接上市，是指从事某些特定业务的内地企业受到内地外商投资产业政策对于境外投资者持股比例、资质等的限制，无法通过直接持股关系成为境外拟上市公司的附属公司，但为了达到其在境外证券市场上市的目的所采用的　种重组上市方式。新浪公司在美国上市时囿于内地对电信领域外商投资产业政策的限制，首次采用协议控制方式完成上市，因此，该方式又被称为"新浪模式"。

在协议控制方式下，作为股东的境内居民拥有内地运营公司，内地运营公司从事的业务存在外商投资产业政策限制（不允许境外投资者拥有控股股权），股东（境内居民）在境外设立特殊目的公司，搭建境外架构，然后在内地设立内地附属公司。内地附属公司并不持有内地运营公司的股权，内地附属公司与内地运营公司以及内地运营公司股东（境内居民）之间签订系列协议，包括：内地附属公司与内地运营公司之间的排他性管理、顾问服务协议（内地附属公司为内地运营公司提供管理、顾问服务，收取内地运营公司的绝大部分以至全部净利润作为服务费用），内地附属公司与内地运营公司股东（境内居民）之间有条件的股权转让协议［在内地法律法规允许时，内地运营公司的股东（境内居民）将其持有的内地运营公司股权转让给内地附属公司］，内地附属公司与内地运营公司股东（境内居民）之间的借款协议（内地附属公司提供借款给内地运营公司股东），内地附属公司与内地运营公司股东（境内居民）之间的股权质押协议［内地运营公司股东（境内居民）将其持有的内地运营公司股权质押给内地附属公司]，内地附属公司与内地运营公司以及内地运营公司股东（境内居民）之间关于内地运营公司表决权、管理权、资产处置权的协议（内地运营公司股东的表决权、内地运营公司的管理权、内地运营公司资产处置权由内地附属公司行使）等。通过上述协议，内地运营公司被上市公司纳入并表范围。

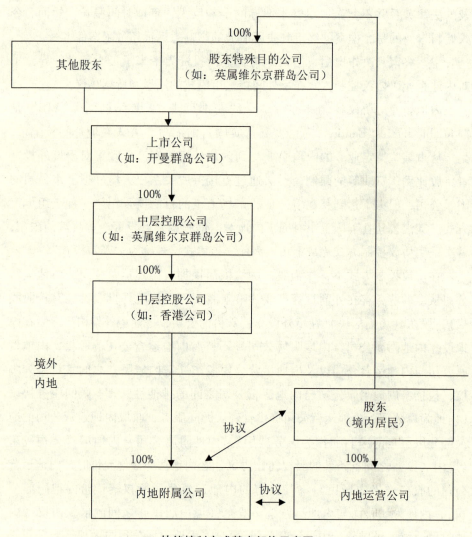

协议控制方式基本架构示意图

近十几年来，大量互联网、教育等存在外商投资产业政策限制的内地企业通过协议控制方式在境外资本市场上市；与之相伴的，是对协议控制方式存在的风险的担忧、疑虑以及对该方式本身的质疑。可以说，协议控制方式是在风雨中一路前行。

本案终审判决认定涉案有关合同无效，导致合同无效的理由是"以合法形式掩盖非法目的"。这一认定依据引发内地和香港投资界的高度关注，对协议控制方式造成了极大冲击，业界人士热议纷纷：本案中的委托投资与协议控制方式仅是表面相似还是实质相同？以协议控制方式进行境外上市是否属于"以合法形式掩盖非法目的"？协议控制方式下的有关合约一旦引发争议，会否被法院或仲裁机构适用"以合法形式掩盖非法目的"原则而认定为无效？本案判决是否意味着内地政策导向的变化，会否引发连锁反应，增加内地企业以协议控制方式在境外间接上市的法律风险，对协议控制方式造成重大不利影响，甚至导致协议控制方式的终结？

无独有偶，内地仲裁机构对于其他案件作出的仲裁裁决也适用了"以合法形式掩盖非法目的"原则而认定合同无效。

虽然内地并不实行判例制度，但无疑，本案判决及有关仲裁裁决加深了有关方面及人士对协议控制方式前景的忧虑。

香港交易所针对合约安排的上市决策 HKEx-LD43-3[1] 于 2013 年 11 月更新，更新的内容包括（但不限于）：若 OPCO（指内地运营公司）的营运在中国境内，申请人须披露由中国法律顾问作出的正面确认，确定有关结构性合约不会在中国合同法下被视为"以合法形式掩盖非法目的"而定作无效。上述内容虽只寥寥数语，但担忧之情可见一斑。

本案终审判决带给协议控制方式的震荡还未远去，协议控制方式何去何从，我们拭目以待。

可作为题外话的是，香港交易所的上述上市决策在 2015 年 8 月再度更新，其中包括（但不限于）：商务部于 2015 年 1 月就《中华人民共和国外国投资法》公布草案征求意见稿后，市场对结构性合约持有受外资拥有权规限

---

〔1〕 资料来源于香港交易所网站，网址：http://cn-rules.hkex.com.hk/tr/chi/browse.php? type = 0&id = 11126，包括本案例述及的香港交易所该上市决策的有关更新内容。

的内地业务权益是否合法及有效，疑虑或有所增加。申请人如使用结构性合约持有内地业务权益，宜尽早联络香港联合交易所有限公司寻求非正式及保密指引。

香港交易所上市决策的上述再度更新，更增添了协议控制方式前景的变数，我们期待有关法律法规的明确规定，对协议控制方式予以清晰定位，以消除市场疑虑。

案例三　涉港保证合同纠纷诉讼案

本部分对香港某银行（以下简称"香港 A 银行"）与内地某省人民政府（以下简称"某省政府"）、内地某工厂（以下简称"B 工厂"）之间的保证合同纠纷诉讼案进行研析。在内地与香港紧密的经贸关系中，两地间的银行信贷业务是非常活跃的一个领域，贷款的安全在很大程度上离不开担保。多年来，两地间的跨境借贷融资及担保业务产生了"内保外贷"、"外保内贷"及其他类型的跨境借贷融资和担保方式。通过对本案例的研析，可以进一步了解内地对外担保的相关规定及法院对相关争议的裁判要旨；此外，一并介绍内地跨境担保管理制度的新近变化。

本案例的基本案情及判决结果引自中国裁判文书网[1]，有调整。

一、基本案情

1996 年 2 月 9 日，某省政府向原 C 银行香港分行（以下简称"香港 C 分行"）出具一份《承诺函》，内容为："我省人民政府知悉贵行同意向我驻港附属机构香港 D 有限公司（以下简称'借款人'）提供及/或继续提供银行便利/贷款（以下简称'银行便利/贷款'）：一般开出信用证额度共港币5000 万元整；包括其项下之信托提货额度共港币 5000 万元整；我省人民政府在此承诺以下事项：①我省人民政府同意贵行向借款人提供及/或继续提供上述的融资安排；②我省人民政府将尽力维持借款人的存在及如常营运；③我

---

[1] 网址：http://wenshu.court.gov.cn/.

省人民政府将竭尽所能，确使借款人履行其在贵行所使用的银行便利/贷款的责任及义务；④如借款人不能按贵行要求偿还就上述银行便利/贷款下产生的任何债务时，我省人民政府将协助解决借款人拖欠贵行的债务，不让贵行在经济上蒙受任何损失。"

同年2月14日，B工厂向香港C分行出具一份《不可撤销担保书》，内容为：

"承贵行同意向香港D有限公司（以下简称'借款人'）提供及/或继续提供下列银行便利：一般开出信用证额度共5000万港币；及其项下的信托提货共5000万港币。

我单位（以下简称'担保人'）现在此无条件及不可撤销地向贵行提供一持续的不可撤销担保，保证借款人按贵行之要求偿还一切因上述银行便利而引致之全部应偿还款项，包括本金、利息、费用及其他应付款项，并同意：

（1）如借款人未能按贵行之规定按时偿还任何或一切因上述银行便利而引致之到期应偿还款项包括本金、利息、费用或其他应付款项，担保人须在贵行书面要求15天内以贵行规定的货币，将借款人欠款金额电汇至贵行所指定的银行账户内，担保人同意贵行在提出上述书面要求前，无须采取任何行动要求或强制借款人履行其在上述银行便利项下的义务。

（2）担保人在本担保书项下的一切应付款项，必须全数清付，不得有任何抵销、扣减或预扣。若因法律规定或其他原因，担保人不得不在其应付款项预扣或扣减任何税项或其他款项，担保人须另付额外金额，以确保贵行实收金额与预扣或扣减前的应收金额相同。

（3）担保人同意本担保书和其在本担保书项下的一切义务，均不会因下述情况而解除或受到影响：①贵行在任何时间给予借款人的任何时间或宽容；或放弃、撤销或延迟行使对借款人的任何权利；②借款人的法人组织或股东的任何变更或人事变动；③担保人的内部改组或人事变动；④任何经担保人同意有关于上述银行便利的有关文件之修改或变动；⑤贵行现时或今后持有借款人的任何其他担保、留置权、汇票、票据抵押、存款或者其他抵押品。

（4）贵行给予担保人的任何通知或要求，当以书面形式按下述地址或电传号码发送：（略）

（5）担保人特此向贵行陈述及保证：①担保人乃完全根据中华人民共和国有关法律而成立并存在之公司。②担保人具有充分合法权利签署本担保书及履行本担保书所规定之一切义务。③本担保书构成担保人之合法、有效及有约束力之义务。④担保人已采取一切适当而必要之内部措施以受权签署本担保书。⑤担保人已从政府有关部门取得一切中华人民共和国法律及规定所需有关签署、履行或执行本担保书之认可、执照、批复及委任，包括本文件所需任何以外币付款之批准。⑥本担保书之签署与执行属民间商业活动而非政府或官方活动；担保人不得以国家主权或任何中华人民共和国法律为理由在法律诉讼、终审裁决以前之法律行为及有关担保人本身或其财产之终审裁决之执行及其附属法律行为中享有豁免权。担保人明确放弃所有现在或将来可能得到之法律豁免权。

（6）此担保书与担保书中所提及之所有权利、义务及责任均受香港法律管辖。

（7）本担保书有效期自签署日起正式生效直到上述银行便利下所有应偿还款项包括全部本息费用及其他应付款项全部清还为止。"

该《不可撤销担保书》未经国家有关主管部门批准或登记。

1999 年 5 月 13 日、14 日，香港 C 分行根据香港 D 有限公司申请分别开具金额为 360 万美元及金额为 285 万美元的不可撤销跟单信用证。其后，受益人向香港 C 分行申请对上述 2 份信用证付款。香港 D 有限公司向香港 C 分行分别出具了收到上述 2 份信用证项下货物所有权单据的 2 份《信托收据》，2 份收据上付款日期和签署日期均为空白。

此后，香港 C 分行并入香港 A 银行。

香港特别行政区高等法院于 2002 年 11 月 6 日对香港 D 有限公司发布清盘令，香港 A 银行在香港 D 有限公司破产程序中申报了本案涉及的债权，但未获清偿。

2003 年及 2004 年，内地 E 律师事务所深圳分所受香港 A 银行委托，向某省政府发出律师函，要求某省政府对香港 D 有限公司欠付本金 6 967 153.28 港元、12 093 281.63 美元及利息、费用等履行承诺，不让香港 A 银行受到经济上的损失。

2003 年及 2004 年，内地 E 律师事务所深圳分所受香港 A 银行委托，向 B 工厂发出律师函，要求 B 工厂在接到律师函之日起 15 日内，对香港 D 有限公司欠付本金 6 967 153.28 港元、12 093 281.63 美元及利息、费用等承担连带清偿责任，向香港 A 银行还清欠款。

2008 年 4 月 24 日，香港特别行政区高等法院根据清盘人提交的解除清盘人职务及解散公司的申请作出命令，免除清盘人的职务，清盘人在被免除职务后可以自由销毁香港 D 有限公司的账簿及文件。

2011 年，香港 A 银行以某省政府及 B 工厂为被告向某省高级人民法院（以下简称"一审法院"）提起诉讼，主张在香港 D 有限公司已被清盘的情况下，某省政府及 B 工厂未履行其各自承诺向香港 C 分行负有的义务，应承担相应民事责任。请求判令：某省政府及 B 工厂向原告清偿香港 D 有限公司所欠原告的债务本金 6 442 500 美元及其利息（暂计至 2008 年 4 月 30 日，利息为 6 501 484.74 美元），本息合计 12 943 987.74 美元；两被告承担本案的全部诉讼费用。一审法院庭审期间，香港 A 银行变更诉讼请求为要求某省政府承担保证责任、B 工厂承担担保无效的过错责任，判令两被告清偿香港 D 有限公司所欠的债务本金 6 442 500 美元及其利息（暂计至 2008 年 4 月 30 日，利息为 6 501 484.74 美元），本息合计 12 943 987.74 美元；判令两被告承担本案的全部诉讼费用。

二、判决结果

（一）一审法院判决

1. 一审法院认定

（1）本案系涉港保证合同纠纷案件。某省政府出具《承诺函》、B 工厂出具《不可撤销担保书》的时间均为 1996 年，故应当按照当时施行的法律确定本案应当适用的法律。《承诺函》未明确该承诺函所适用的法律，根据当时施行的《中华人民共和国民法通则》第 145 条第 2 款、《中华人民共和国涉外经济合同法》第 5 条、最高人民法院《关于适用〈涉外经济合同法〉若干问题的解答》第 2 条第 1 项和第 4 项的规定，应当适用与争议有最密切联系地的法律。因出具《承诺函》的某省政府住所地某省是与本案有最密切联系的地点，故香港 A 银行与某省政府之间的纠纷应适用中华人民共和国内地法律。虽然 B 工厂出具的《不可撤销担保书》第 6 条载明该担保书受香港法律管辖，但因中国内地实行外汇管制制度，国家关于对外担保有强制性规定，如果适用香港法律，则规避了我国内地法律的强制性规定。根据最高人民法院《关于贯彻执行〈中华人民共和国民法通则〉若干问题的意见（试行）》第 194 条的规定，当事人规避我国内地强制性或者禁止性法律规范的行为，不发生适用域外法律的效力。故对香港 A 银行与 B 工厂之间的争议亦应适用中华人民共和国内地法律。另外，在本案庭审过程中，原、被告均同意适用中国内地法律解决本案纠纷，故本案适用中华人民共和国内地的法律。

（2）关于某省政府出具的《承诺函》是否构成我国担保法规定的保证合同问题。一审法院认为，从《承诺函》的名称来看，不能体现出提供担保的意思表示；从《承诺函》的内容来看，并无明确的承担保证责任或者代为还款的意思表示。内地 E 律师事务所深圳分所代表香港 A 银行寄送给某省政府的 2 份律师函亦仅要求某省政府履行承诺，不让香港 A 银行受到经济上的损失，并未要求某省政府代为清偿香港 D 有限公司的债务，某省政府也未作出过承担保证责任或代替香港 D 有限公司还款的意思表示。另外，根据《中华人民共和国担保法》第 8 条的规定，除经国务院批准为使用外国政府或者国际经济组织贷款进行转贷的情形外，国家机关不得为保证人，故某省政府亦不具备成为本案保证人的民事行为能力。可见，香港 A 银行在向内地法院提起诉讼之前，仅要求某省政府协助解决香港 D 有限公司拖欠债务问题，并未要求某省政府承担保证责任或代替香港 D 有限公司还款。综上，某省政府向香港 A 银行出具的《承诺函》并不构成我国担保法规定的保证担保，香港 A 银行与某省政府之间不存在担保合同关系。

（3）关于 B 工厂出具的《不可撤销担保书》的性质及效力问题。一审法院认为，B 工厂出具的《不可撤销担保书》明确承诺，其对香港 C 分行一般开出信用证额度（包括其项下之信托提货额度）共计港币 5000 万元范围内，无条件及不可撤销地向香港 A 银行提供持续的担保，直到上述银行便利下所有应偿还款项全部付清为止。如借款人未能按香港 C 分行的规定按时偿还任何或一切因上述银行便利而引致之到期应偿还款项，B 工厂须在银行书面要求 15 天内以规定的货币，将借款人欠款金额电汇至银行指定的账户内。根据最高人民法院《关于适用〈中华人民共和国担保法〉若干问题的解释》第 22 条的规定，第三人单方以书面形式向债权人出具担保书，债权人接受且未提出异议的，保证合同成立。因此，该《不可撤销担保书》构成我国担保法所规定的连带保证。

但是，根据国家外汇管理局发布的《境内机构对外提供外汇担保管理办法》第 7 条第 2 项的规定，非金融性质的企业法人对外提供的外汇担保属于外汇担保的审批范围。根据《最高人民法院关于适用〈中华人民共和国担保法〉若干问题的解释》第 6 条第 1 项的规定，未经国家有关主管部门批准或者登记的对外担保合同无效。B 工厂出具的《不可撤销担保书》并未经过国家外汇管理机关审批或登记，因此该《不可撤销担保书》为无效担保合同。《中华人民共和国担保法》第 5 条第 2 款规定："担保合同被确认无效后，债务人、担保人、债权人有过错的，应当根据其过错各自承担相应的民事责任。"《最高人民法院关于适用〈中华人民共和国担保法〉若干问题的解释》第 7 条规定："主合同有效而担保合同无效，债权人无过错的，担保人与债务人对主合同债权人的经济损失，承担连带赔偿责任；债权人、担保人有过错的，担保人承担民事责任的部分，不应超过债务人不能清偿部分的 1/2。"本案 B 工厂未按规定办理对外担保批准或者登记手续，导致担保合同无效，应当对债权人的经济损失承担责任；而香港 C 分行作为中国内地银行在香港投资设立的分支机构应知晓内地关于对外担保的相关规定，却未要求 B 工厂办理审批手续，对《不可撤销担保书》无效亦存在过错。因此，B 工厂承担的民事责任不应超过其担保债权未能清偿部分的 1/2。

中华人民共和国内地现行法律对无效合同的诉讼时效没有具体规定，从本案具体情况看，原告香港 A 银行以合同有效提起诉讼，经一审法院释明后方变更诉讼请求要求 B 工厂承担担保合同无效的赔偿责任，故香港 A 银行主张 B 工厂担保无效损害赔偿请求的诉讼时效应考虑从保证合同被确认无效之日起算。但是，根据《中华人民共和国担保法》第 26 条的规定，在连带责任保证合同约定的保证期间和法律规定的保证期间，债权人未要求保证人承担保证责任的，保证人免除保证责任。《最高人民法院关于适用〈中华人民共和国担保法〉若干问题的解释》第44条规定："保证期间，人民法院受理债务人破产案件的，债权人既可以向人民法院申报债权，也可以向保证人主张权利"，"债权人申报债权后在破产程序中未受清偿的部分，保证人仍应当承担保证责任。债权人要求保证人承担保证责任的，应当在破产程序终结后6个月内提出。"香港A银行在香港D有限公司破产程序中申报了债权，对于其在破产程序中未受清偿的部分，应当在破产程序终结后6个月内向保证人提出。

香港D有限公司破产程序终结于2008年4月26日，香港A银行要求B工厂承担保证责任应当在破产程序终结后的6个月内，即自2008年4月27日至2008年10月26日期间提出。而香港A银行未能提供其曾在此期间要求B工厂承担保证责任的证据。虽然香港A银行要求B工厂承担保证合同无效赔偿责任的请求未超过诉讼时效，但因其未能在法律规定的保证期间内向B工厂主张权利，故对其要求B工厂承担保证合同无效责任的诉讼请求，无法支持。

2. 一审法院判决

一审法院依据《中华人民共和国民法通则》第145条第2款、《中华人民共和国涉外经济合同法》第5条，最高人民法院《关于贯彻执行〈中华人民共和国民法通则〉若干问题的意见（试行）》第194条，《中华人民共和国担保法》第6、8、26条，《最高人民法院关于适用〈中华人民共和国担保法〉若干问题的解释》第22条、第6条第1项、第7条、第44条之规定，判决驳回香港A银行的诉讼请求。案件受理费490 671.61元人民币，由香港A银行负担。

（二）二审法院判决

上诉人香港A银行不服一审判决，向最高人民法院提起上诉，称：一审判决被上诉人B工厂免予承担保证合同无效责任缺乏事实依据，适用法律错误。一审判决认定某省政府出具的《承诺函》不构成我国担保法规定保证担保属认定事实不清，双方已成立保证合同关系。请求撤销一审判决，改判支持上诉人的诉讼请求并由被上诉人承担本案全部诉讼费用。

被上诉人某省政府及 B 工厂进行答辩。最高人民法院作为二审法院，经审理，作出终审判决。

1. 二审法院认定

（1）关于某省政府出具的《承诺函》是否构成保证担保的问题。《承诺函》是否构成保证担保应当依据其名称和内容确定。从本案《承诺函》的名称与内容看，某省政府仅承诺"协助解决"，没有对香港 D 有限公司的债务作出代为清偿责任的意思表示，《承诺函》不符合《中华人民共和国担保法》第 6 条有关"保证"的规定，不能构成法律意义上的保证。《承诺函》所涉某省政府与香港 A 银行双方对案涉债务并未达成保证担保的合意，不能在双方之间形成保证合同关系。香港 A 银行依据《承诺函》要求某省政府承担保证责任于法无据，二审法院不予支持。

（2）关于在债务人香港 D 有限公司破产终结后，香港 A 银行向担保人 B 工厂主张权利是否超过了法定的保证期间的问题。本案各方当事人对 B 工厂出具的《不可撤销担保函》构成担保、该保函因未办理批准或者登记手续而无效以及 B 工厂对担保无效应承担不超过债务人不能清偿部分 1/2 的赔偿责任均无异议，一审判决对上述问题的认定亦无不当，二审法院予以确认。香港 A 银行与 B 工厂的分歧点在于：在《不可撤销担保函》无效的情况下，应否适用《最高人民法院关于适用〈中华人民共和国担保法〉若干问题的解释》第 44 条第 2 款以及如果适用的话，香港 A 银行的主张是否超过了法定的保证期间。二审法院认为，该款规定专门适用于债务人破产终结后债权人对其未受清偿的债权向担保人主张权利的情形，并非以担保合同是否有效为前提。换言之，不论担保合同是否有效，只要存在破产程序中未受清偿的债权，债权人在向担保人主张债权时，均应以在债务人破产程序终结后 6 个月内提出为限。超出期间主张的，担保人不再承担担保责任。本案中，香港 D 有限公司的破产程序终结于 2008 年 4 月 26 日，依据上述规定，香港 A 银行对申报债权后在破产程序中未受清偿的部分，应当在自同年 4 月 27 日至同年 10 月 26 日的期间内主张。香港 A 银行并未举证证明其在上述期间内向 B 工厂主张过权利或者向人民法院提起过诉讼，故应认定香港 A 银行未在法定保证期间内向担保人主张权利，原审判决未支持香港 A 银行要求 B 工厂承担无效担保赔偿责任的诉请并无不当。

2. 二审法院判决

原审判决认定事实清楚，适用法律正确。上诉人香港 A 银行的上诉缺乏事实和法律依据，依法应不予支持。依照《最高人民法院关于适用〈中华人民共和国担保法〉若干问题的解释》第 44 条第 2 款、《中华人民共和国民事诉讼法》第 170 条第 1 款第 1 项之规定，判决如下：

驳回上诉，维持原判。

一审案件受理费 490 671.61 元，按一审判决承担。二审案件受理费 490 671.61 元，由上诉人香港 A 银行负担。

本判决为终审判决。

三、案例评析

在内地与香港跨境商事争议中，两地的跨境借贷担保纠纷占据了相当比例。

在内地的担保法律制度中，保证担保是一种重要的担保方式。本案作为涉港保证合同纠纷诉讼，所涉及的法律问题具有典型性。以下，结合本案案情、法庭的认定、判决，围绕本案的法律适用、保证人的资格、对外担保合同无效的情形、担保合同无效后的民事责任、在债务人破产背景下债权人向保证人主张权利的时间期限等对本案作出评析，并就近期内地跨境担保管理制度的发展进行简介。

（一）关于本案的法律适用

基于以下三点，法院认定本案应适用内地法律。

第一，关于《承诺函》的法律适用。某省政府出具的《承诺函》并未明确该函的适用法律，根据最密切联系原则，《承诺函》应适用中华人民共和国内地法律。

第二，关于《不可撤销担保书》的法律适用。B 工厂出具的《不可撤销担保书》虽载明该担保书受香港法律管辖，但在内地外汇管制制度之下，对外担保存在强制性规定，当事人规避内地强制性或者禁止性法律规范的行为，不发生适用域外法律的效力。因此，《不可撤销担保书》应适用中华人民共和国内地法律。

第三，在本案庭审过程中，原、被告均同意适用中国内地法律解决本案纠纷，故本案适用中华人民共和国内地的法律。

法院的认定理据清楚，符合法律规定。

关于法律适用问题，在内地与香港跨境商事交往中，亦需加以关注。有的跨境商事合同当事人明知其合同约定的内容涉及内地法律、行政法规的强制性规定，但为规避该等强制性规定，所以在合同所适用法律的选择上，约定以域外法律作为合同的适用法律。然而，事与愿违，根据内地法律法规的相关规定，这种规避内地法律、行政法规强制性规定的做法，并不会发生适用域外法律的效力。就此，需留意以下规定：

最高人民法院《关于贯彻执行〈中华人民共和国民法通则〉若干问题的意见（试行）》第194条规定："当事人规避我国强制或者禁止性法律规范的行为，不发生适用外国法律的效力。"

《中华人民共和国涉外民事关系法律适用法》第4条规定："中华人民共和国法律对涉外民事关系有强制性规定的，直接适用该强制性规定。"

《最高人民法院关于适用〈中华人民共和国涉外民事关系法律适用法〉若干问题的解释（一）》第10条规定："有下列情形之一，涉及中华人民共和国社会公共利益、当事人不能通过约定排除适用、无需通过冲突规范指引而直接适用于涉外民事关系的法律、行政法规的规定，人民法院应当认定为涉外民事关系法律适用法第4条规定的强制性规定：①涉及劳动者权益保护的；②涉及食品或公共卫生安全的；③涉及环境安全的；④涉及外汇管制等金融安全的；⑤涉及反垄断、反倾销的；⑥应当认定为强制性规定的其他情形。"第11条规定："一方当事人故意制造涉外民事关系的连结点，规避中华人民共和国法律、行政法规的强制性规定的，人民法院应认定为不发生适用外国法律的效力。"第19条规定："涉及香港特别行政区、澳门特别行政区的民事关系的法律适用问题，参照适用本规定。"

（二）保证人的资格

本案涉及保证人的资格问题。内地相关法律法规对此有相应规定。

《中华人民共和国担保法》第7条规定："具有代为清偿债务能力的法人、

其他组织或者公民，可以作保证人。"该条对于保证人的范围作出了列举式的规定。《最高人民法院关于适用〈中华人民共和国担保法〉若干问题的解释》（法释〔2000〕44号）第14条对于上述规定作出了解释："不具有完全代偿能力的法人、其他组织或者自然人，以保证人身份订立保证合同后，又以自己没有代偿能力要求免除保证责任的，人民法院不予支持。"《最高人民法院关于适用〈中华人民共和国担保法〉若干问题的解释》第15条明确，《中华人民共和国担保法》第7条所称的"其他组织"主要包括："①依法登记领取营业执照的独资企业、合伙企业；②依法登记领取营业执照的联营企业；③依法登记领取营业执照的中外合作经营企业；④经民政部门核准登记的社会团体；⑤经核准登记领取营业执照的乡镇、街道、村办企业。"

《中华人民共和国担保法》还对不得作为保证人的情形予以明确。第8条规定："国家机关不得为保证人，但经国务院批准为使用外国政府或者国际经济组织贷款进行转贷的除外。"第9条规定："学校、幼儿园、医院等以公益为目的的事业单位、社会团体不得为保证人。"第10条规定："企业法人的分支机构、职能部门不得为保证人。企业法人的分支机构有法人书面授权的，可以在授权范围内提供保证。"上述规定中的但书条款作为例外情况，须加留意。此外，《最高人民法院关于适用〈中华人民共和国担保法〉若干问题的解释》第3、16、17、18条的部分内容从司法实践的角度进一步解释：国家机关和以公益为目的的事业单位、社会团体违反法律规定提供担保的，担保合同无效。从事经营活动的事业单位、社会团体为保证人的，如无其他导致保证合同无效的情况，则其所签订的保证合同应当认定为有效。企业法人的分支机构未经法人书面授权提供保证的，保证合同无效。企业法人的职能部门提供保证的，保证合同无效。

实务中，作为债权人应充分关注上述规定，以避免出现保证人不适格导致保证合同无效从而损害债权人利益的情况。

就本案某省政府出具的《承诺函》，因其名称和内容并无提供保证担保的意思表示，法院认定其不构成法律意义上的保证。在商事活动中，类似的"承诺函"、"安慰函"时有出现，在对该等文件的性质进行判断时，有必要考虑法院就本案《承诺函》性质所作的分析和认定，以准确把握该等文件将会引致的法律后果。

（三）对外担保合同无效的情形

《中华人民共和国担保法》第 5 条第 1 款对担保合同的效力作出了原则性规定，即：担保合同是主合同的从合同，主合同无效，担保合同无效。担保合同另有约定的，按照约定。本案中，B 工厂出具的《不可撤销担保函》属于对外担保。关于对外担保合同的效力认定，除了依据包括（但不限于）上述规定在内的适用的法律法规之一般规定外，《最高人民法院关于适用〈中华人民共和国担保法〉若干问题的解释》第 6 条还作出了专门规定，根据该条规定，有下列情形之一的，对外担保合同无效：①未经国家有关主管部门批准或者登记对外担保的；②未经国家有关主管部门批准或者登记，为境外机构向境内债权人提供担保的；③为外商投资企业注册资本、外商投资企业中的外方投资部分的对外债务提供担保的；④无权经营外汇担保业务的金融机构、无外汇收入的非金融性质的企业法人提供外汇担保的；⑤主合同变更或者债权人将对外担保合同项下的权利转让，未经担保人同意和国家有关主管部门批准的，担保人不再承担担保责任。但法律、法规另有规定的除外。

（四）担保合同无效后的民事责任

《中华人民共和国担保法》第 5 条第 2 款对担保合同无效后民事责任的承担规定了过错责任原则，即：担保合同被确认无效后，债务人、担保人、债权人有过错的，应当根据其过错各自承担相应的民事责任。

《最高人民法院关于适用〈中华人民共和国担保法〉若干问题的解释》就以上原则性规定进一步细化，其中包括（但不限于）：

第 4 条规定，董事、经理违反《中华人民共和国公司法》第 60 条的规定，以公司资产为本公司的股东或者其他个人债务提供担保的，担保合同无效。除债权人知道或者应当知道的外，债务人、担保人应当对债权人的损失承担连带赔偿责任。

第 7 条规定，主合同有效而担保合同无效，债权人无过错的，担保人与债务人对主合同债权人的经济损失，承担连带赔偿责任；债权人、担保人有过错的，担保人承担民事责任的部分，不应超过债务人不能清偿部分的 1/2。

第 8 条规定，主合同无效而导致担保合同无效，担保人无过错的，担保人不承担民事责任；担保人有过错的，担保人承担民事责任的部分，不应超过债务人不能清偿部分的 1/3。

第 9 条规定，担保人因无效担保合同向债权人承担赔偿责任后，可以向债务人追偿，或者在承担赔偿责任的范围内，要求有过错的反担保人承担赔偿责任。担保人可以根据承担赔偿责任的事实对债务人或者反担保人另行提起诉讼。

就《最高人民法院关于适用〈中华人民共和国担保法〉若干问题的解释》的上述规定，有必要研究如下问题：

关于第 4 条，该条规定的法律基础是 1993 年 12 月 29 日通过的《中华人民共和国公司法》第 60 条第 3 款"董事、经理不得以公司资产为本公司的股东或者其他个人债务提供担保"。此后，《中华人民共和国公司法》又进行了数次修改或修订，1993 年 12 月 29 日通过的《中华人民共和国公司法》第 60 条第 3 款的内容与现行的《中华人民共和国公司法》的相关条款[1]相比，已经发生了重大变化。因此，《最高人民法院关于适用〈中华人民共和国担保法〉若干问题的解释》第 4 条已经失去了继续适用的法律基础。

关于第 7 条所述的主合同有效而担保合同无效的情形下，债权人、担保人有过错的，担保人承担民事责任的部分，不应超过债务人不能清偿部分的 1/2 的规定。需注意，担保人民事责任的承担，就时间而言，应是在债务人不能清偿所欠债权人债务之后；就范围而言，应是债务人就其所欠债权人债务的不能清偿的部分；就幅度而言，不应超过债务人不能清偿部分的 1/2，且该 1/2 为上限规定，在司法实践中，需根据案件具体情况，特别是过错程度，在该上限内，确定适当的幅度。

关于第 8 条所述的主合同无效而导致担保合同无效的情形，担保人有过错的，担保人承担民事责任的部分，不应超过债务人不能清偿部分的 1/3 的规定。相关分析可参照上文，不再赘述。

---

〔1〕 2013 年 12 月 28 日修改的现行《中华人民共和国公司法》第 16 条规定：公司向其他企业投资或者为他人提供担保，依照公司章程的规定，由董事会或者股东会、股东大会决议；公司章程对投资或者担保的总额及单项投资或者担保的数额有限额规定的，不得超过规定的限额。公司为公司股东或者实际控制人提供担保的，必须经股东会或者股东大会决议。前款规定的股东或者受前款规定的实际控制人支配的股东，不得参加前款规定事项的表决。该项表决由出席会议的其他股东所持表决权的过半数通过。

（五）债务人破产背景下债权人向保证人主张权利的时间期限

在保证担保方式下，就保证期间，《中华人民共和国担保法》规定如下：

第25条规定，一般保证的保证人与债权人未约定保证期间的，保证期间为主债务履行期届满之日起6个月。

在合同约定的保证期间和前款规定的保证期间，债权人未对债务人提起诉讼或者申请仲裁的，保证人免除保证责任；债权人已提起诉讼或者申请仲裁的，保证期间适用诉讼时效中断的规定。

第26条规定，连带责任保证的保证人与债权人未约定保证期间的，债权人有权自主债务履行期届满之日起6个月内要求保证人承担保证责任。

在合同约定的保证期间和前款规定的保证期间，债权人未要求保证人承担保证责任的，保证人免除保证责任。

第27条规定，保证人依照《中华人民共和国担保法》第14条规定[1]就连续发生的债权作保证，未约定保证期间的，保证人可以随时书面通知债权人终止保证合同，但保证人对于通知到债权人前所发生的债权，承担保证责任。

根据上述规定，保证期间可分为约定保证期间和法定保证期间，约定保证期间优先，如未约定保证期间，适用法定保证期间。

《最高人民法院关于适用〈中华人民共和国担保法〉若干问题的解释》对保证期间进行了更明确、具体的规定，其中，第44条规定：

"保证期间，人民法院受理债务人破产案件的，债权人既可以向人民法院申报债权，也可以向保证人主张权利。

债权人申报债权后在破产程序中未受清偿的部分，保证人仍应当承担保证责任。债权人要求保证人承担保证责任的，应当在破产程序终结后6个月内提出。"

根据上述规定的第2款，最高人民法院在本案终审判决中认为，该款规定专门适用于债务人破产终结后债权人对其未受清偿的债权向担保人主张权

---

〔1〕《中华人民共和国担保法》第14条规定：保证人与债权人可以就单个主合同分别订立保证合同，也可以协议在最高债权额限度内就一定期间连续发生的借款合同或者某项商品交易合同订立一个保证合同。

利的情形，并非以担保合同是否有效为前提。不论担保合同是否有效，只要存在破产程序中未受清偿的债权，债权人在向担保人主张债权时，均应以在债务人破产程序终结后 6 个月内提出为限。超出期间主张的，担保人不再承担担保责任。本案中，香港 A 银行未在债务人破产程序终结后 6 个月内的法定保证期间内向担保人主张权利，因此，香港 A 银行要求 B 工厂承担无效担保赔偿责任的诉请不被支持。

就最高人民法院的以上认定，特别是在本案中债务人香港 D 有限公司的破产程序是在香港根据香港法律进行的情况下，《最高人民法院关于适用〈中华人民共和国担保法〉若干问题的解释》第 44 条第 2 款规定仍得以在本案中适用，在内地与香港跨境担保实务中需给予特别关注。

（六）近期内地跨境担保管理制度的发展

《中华人民共和国外汇管理条例》（中华人民共和国国务院令第 532 号）作为行政法规，就对外担保进行了原则性规定。其第 19 条规定：

"提供对外担保，应当向外汇管理机关提出申请，由外汇管理机关根据申请人的资产负债等情况作出批准或者不批准的决定；国家规定其经营范围需经有关主管部门批准的，应当在向外汇管理机关提出申请前办理批准手续。申请人签订对外担保合同后，应当到外汇管理机关办理对外担保登记。

经国务院批准为使用外国政府或者国际金融组织贷款进行转贷提供对外担保的，不适用前款规定。"

此外，中国人民银行、国家外汇管理局等部门还发布了有关跨境担保的部门规章及规范性文件。

2014 年 6 月 1 日起实施的《国家外汇管理局关于发布〈跨境担保外汇管理规定〉的通知》（汇发〔2014〕29 号）从外汇监管的角度对跨境担保管理方式作出了重大改革。[1] 主要内容包括（但不限于）：

该规定将跨境担保分为内保外贷、外保内贷和其他形式跨境担保。

国家外汇管理局及其分支局对内保外贷和外保内贷实行登记管理；境内

---

[1]《国家外汇管理局关于进一步推进外汇管理改革完善真实合规性审核的通知》（汇发〔2017〕3号）允许内保外贷项下资金调回境内使用，与《国家外汇管理局关于发布〈跨境担保外汇管理规定〉的通知》的相关规定有所不同。

机构提供或接受除内保外贷和外保内贷以外的其他形式跨境担保，在符合境内外法律法规和该规定的前提下，可自行签订跨境担保合同，除国家外汇管理局及其分支局另有明确规定外，担保人、债务人不需要就其他形式跨境担保到国家外汇管理局及其分支局办理登记或备案。

国家外汇管理局及其分支局对跨境担保合同的核准、登记或备案情况以及该规定明确的其他管理事项与管理要求，不构成跨境担保合同的生效要件。

之前相关规定与该规定内容不一致的，以该规定为准。该规定实施后，即行废止相关法规[1]。

《国家外汇管理局关于发布〈跨境担保外汇管理规定〉的通知》与之前的有关规章及规范性文件相比，存在重大变化，尤其是相关核准、登记、备案等外汇管理要求不再作为跨境担保合同生效要件的规定，影响深远。

另需留意的是，《最高人民法院关于适用〈中华人民共和国担保法〉若干问题的解释》第6条所规定的对外担保合同无效的相关情形与上述规定存在明显不一致，并由此造成了实务中的一些困惑。在内地的外汇管理制度正在发生深刻变化的大背景下，如何协调、统一不同部门的相关规定，澄清对外担保合同效力的认定标准，从而使既有规定之间的矛盾之处得到有效解决，已经成为当务之急。

---

[1]《国家外汇管理局关于发布〈跨境担保外汇管理规定〉的通知》附件三为《废止法规目录》，包括：①《境内机构对外担保管理办法实施细则》（［97］汇政发字第10号）；②《国家外汇管理局关于境内机构对外担保管理问题的通知》（汇发［2010］39号）；③《国家外汇管理局关于在部分地区试行小额外保内贷业务有关外汇管理问题的通知》（汇发［2013］40号）；④《国家外汇管理局关于外汇担保项下人民币贷款有关问题的补充通知》（汇发［2005］26号）；⑤《国家外汇管理局关于核定部分分局2013年度中资企业外保内贷额度有关问题的通知》（汇发［2013］23号）；⑥《国家外汇管理局关于外债、对外担保补登记有关问题的通知》（汇资函［1999］77号）；⑦《国家外汇管理局关于规范对外担保履约审批权限的通知》（汇发［2000］84号）；⑧《国家外汇管理局关于如何界定擅自以外汇作质押的函》（［97］汇政法字第2号）；⑨《国家外汇管理局关于金融机构外汇担保项下人民币贷款有关问题的复函》（汇复［1999］56号）；⑩《国家外汇管理局关于保险权益质押登记问题的批复》（汇复［2001］144号）；⑪《国家外汇管理局关于核定境内银行2011年度融资性对外担保余额指标有关问题的通知》（汇发［2011］30号）；⑫《国家外汇管理局关于转发和执行〈最高人民法院关于适用《中华人民共和国担保法》若干问题的解释〉的通知》（汇发［2001］6号）。

案例四　涉港购销合同纠纷诉讼案

本部分对一起涉港购销合同纠纷诉讼案进行研析。在本案例中，当事人之间对法律适用以及法院管辖权并无争议，通过本案例，主要研究买卖合同涉及的若干法律问题以及民事诉讼程序中的反诉问题。

本案例的基本案情及判决结果引自中国裁判文书网[1]，有调整。

一、基本案情

香港甲公司于 2010 年 10 月 12 日向内地 A 省的 B 市 C 区人民法院提起一审诉讼，称：

香港甲公司、B 市乙公司于 2010 年 3 月 13 日签订了 1 份《设备合同书》，该合同约定：B 市乙公司向香港甲公司订购按双方协议决定的"产品规格"为标准生产的自动组合机 2 台，货款总金额 160 000 美元，合同签订后 3 日内支付 30%，即 48 000 美元；中途金 50%（80 000 美元），产品到达香港后 1 周内支付；余额 20%（32 000 美元），香港甲公司调试、培训完毕，机器正常后 3 个月内支付。交货地点在香港机场或码头。出现纠纷经双方协议未能解决纠纷的情况时，各方可向中华人民共和国 B 市中级人民法院提出诉讼。

该合同签订后，B 市乙公司于 2010 年 3 月 20 日支付了 48 000 美元，香港甲公司即将自动组合机在香港交给了 B 市乙公司，但 B 市乙公司未按合同约定支付中途金 80 000 美元。对此，香港甲公司一方面催要货款，另一方面积极对机器进行调试，又对 B 市乙公司人员进行培训。现已培训完毕，机器已正常生产，但 B 市乙公司不但不支付欠款，反而借口要求退还机器。

鉴于 B 市乙公司拒绝履行付款义务的行为，已给香港甲公司造成声誉和经济上的损失。请求判令：B 市乙公司立即支付货款 112 000 美元并承担自 2010 年 10 月 9 日至付清款之日的利息暂计 2000 美元（按中国人民银行同期贷款利率计算）；B 市乙公司承担本案的全部诉讼费用。

B市乙公司向B市C区人民法院提起反诉，称：

香港甲公司、B市乙公司于2010年3月13日签订了《设备合同书》，约定香港甲公司向B市乙公司提供自动组合机。合同签订后，香港甲公司交付的自动组合机却是严重生锈、电脑界面失效的旧机器。同时，香港甲公司未交付机器设备应附有的资料，更别说使用说明书和操作手册了。为此，B市乙公司当场向香港甲公司提出异议，要求香港甲公司进行说明并退货。香港甲公司说一切资料完备，机器能使用并能提供售后维修服务。时至今日，香港甲公司仍未能提交机器设备的附属资料；机器也未能调试合格；更甚者，B市乙公司发现香港甲公司原来提供售后维修服务的位于D市的办事处和维修点已撤销，B市乙公司无法联系香港甲公司，香港甲公司与实际的机器生产商也撤销了代理关系，根本没有能力提供售后维修服务。香港甲公司的行为严重违约，并没有能力继续履行合同，故为维护自身合法权益，请求判令：解除B市乙公司与香港甲公司签订的《设备合同书》，香港甲公司返还B市乙公司款项美元48 000元、港币17 345.4元及机器从香港到B市乙公司工厂的相关费用人民币76 688元，并赔偿以上所有款项的利息（按中国人民银行同期贷款利率计，自2010年3月20日起计至实际还款日止）；香港甲公司承担本案的一切诉讼费用。

B市C区人民法院作为一审法院，经审理查明：

2010年3月13日，香港甲公司与B市乙公司签订1份《设备合同书》，约定：香港甲公司向B市乙公司供应自动组合机2台；交货地点为香港机场或码头；货到B市乙公司工厂经香港甲公司安装调试完毕之日起10天内进行产品检查；货款总金额160 000美元，签订合同3日内付订金30%即48 000美元，产品到达香港后1周内付中途金50%即80 000美元，香港甲公司调试培训完毕机器正常后3个月内付余额20%即32 000美元；产品质量保证期是通过基本检测合格之后的第1天开始12个月。

2010年3月20日，香港甲公司向B市乙公司出具1份《领收证》，确认已收到订金48 000美元。2010年5月，B市乙公司在香港提取了合同约定的2台机器，并将2台机器运回B市乙公司在B市的厂房。B市乙公司未向香港甲公司支付约定的其余货款。

香港甲公司称 2 台机器已安装调试完毕，已向 B 市乙公司人员进行培训，B 市乙公司对此予以否认。2010 年 7 月 30 日，B 市乙公司以电子邮件方式通知香港甲公司称，因机器刚进工厂时生锈严重，及售后服务没办法保证，同时没有 1 份正式的使用说明书和操作手册，请速来办理退机手续及赔偿。

经 B 市乙公司申请，一审法院委托 B 市质量技术监督评鉴事务所对 2 台机器进行鉴定，鉴定结论为：①两台自动组合机经调试后均可正常运行，其中 1 台存在部分零件表面有锈蚀，可通过适当的维护保养消除；②造成显示界面紊乱，机器无法运行的原因与 B 市乙公司缺少相关技术文件及其工作人员未得到相应培训有关。

另查，鉴定人员现场检查机器时发现，2 台机器中，1 台操作屏工作数量为 3636，另 1 台屏幕显示上月工作量 18 703，当月工作量 339。

诉讼中，香港甲公司明确其诉讼请求中的货款 112 000 美元按照起诉日 2010 年 10 月 12 日人民币对美元汇率中间价 1 美元对人民币 6.6775 元，折合人民币为 747 880 元，利息为以人民币 747 880 元为本金，从 2010 年 10 月 12 日起至付清之日止，按中国人民银行同期贷款利率计算。B 市乙公司于 2011 年 9 月 16 日在第 2 次庭审时当庭提出增加反诉请求的申请，香港甲公司有异议，认为已超过举证期限。

二、判决结果

（一）一审法院判决

1. 一审法院认定

本案是涉港商事合同纠纷，B 市乙公司住所地在 B 市 C 区，一审法院依法享有管辖权。双方未明确约定适用的法律，按照最密切联系原则，本案适用内地法律。

香港甲公司、B 市乙公司双方签订的买卖合同是双方真实意思表示，不[违]反法律、行政法规的强制性规定，双方应各自履行约定的义务。本案争议[焦点]是：香港甲公司供应的机器是否存在严重质量问题，是否构成根本

[公]司认为机器不合格的理由是，1 台零件有锈蚀，1 台界面紊乱无

法正常运转，且未进行培训和验收。一审法院认为，首先，根据鉴定结论，涉案的2台自动组合机经调试后均可正常运行；部分零件表面锈蚀问题，可通过适当维护保养消除；界面紊乱问题是工作人员操作不熟练所致，经香港甲公司调试可正常使用。因此，涉案机器并没有严重质量问题。其次，根据《中华人民共和国合同法》的规定，当事人收到标的物时，应当在约定的检验期内检验，没有约定检验期间的，应当及时检验。当事人约定检验期间的，买受人应当在检验期间内将标的物的数量或者质量不符合约定的情形通知出卖人。买受人怠于通知的，视为标的物的数量或者质量符合约定。本案中，机器零件表面锈蚀问题，属于显性瑕疵，B市乙公司在收到货物时可以立即发现，并应及时提出异议。结合2台机器操作屏的显示内容，1台工作数量为3636，另1台工作数量为19 042，可以认定，B市乙公司在接收机器后已经进行了相当时间的运行。B市乙公司在未经验收的情况下，擅自将涉案机器投入使用，应当视为机器合格。

综合上述理由，B市乙公司称香港甲公司货物存在质量问题，没有事实依据。香港甲公司要求B市乙公司给付货款人民币747 880元，并从起诉之日起按中国人民银行同期贷款利率计算利息，一审法院予以支持。B市乙公司主张解除合同、返还已付货款和费用及赔偿利息损失等，一审法院均不予支持。

关于B市乙公司于2011年9月16日提出的增加反诉请求的申请，一审法院认为已超过举证期限，不予准许，B市乙公司可另行起诉。

2. 一审法院判决

一审法院依照《中华人民共和国合同法》第107条、第108条、第157条、第158条第1款、《中华人民共和国民事诉讼法》第64条第1款之规定，经合议庭评议，判决：①B市乙公司于判决生效后10日内给付香港甲公司货款人民币747 880元及利息（以人民币747 880元为本金，从2010年10月12日起算，至判决限定履行期限届满之日止，按中国人民银行同期贷款利率计算）。②驳回B市乙公司的全部诉讼请求。如果B市乙公司未按判决指定的期间履行给付金钱义务，应当按照《中华人民共和国民事诉讼法》第229条之规定，加倍支付迟延履行期间的债务利息。一审本诉案件受理费人民币11

430元，反诉案件受理费人民币3489元，鉴定费人民币53694元，均由B市乙公司负担。

（二）二审法院判决

B市乙公司不服一审判决，向B市中级人民法院提出上诉，请求判令：解除B市乙公司与香港甲公司签订的《设备合同书》，香港甲公司返还B市乙公司款项美元48000元、港币17345.4元及机器从香港到B市乙公司工厂的相关费用人民币16688元，并赔偿以上所有款项的利息（按中国人民银行同期贷款利率计，自2010年3月20日起计至实际还款日止）；香港甲公司承担本案一切诉讼费用。B市乙公司就此提出的事实和理由包括：一审判决认定事实错误，一审判决将涉案设备的验收责任归责于B市乙公司显属适用法律错误，B市乙公司的反诉请求应得以支持。

被上诉人香港甲公司答辩称：一审判决认定事实清楚，程序合法，适用法律正确，请求二审法院依法驳回上诉，维持原判；B市乙公司的上诉理由均不成立；B市乙公司的反诉不成立。

B市中级人民法院作为二审法院，经审理查明，一审法院查明事实属实，二审法院依法予以确认。

1. 二审法院认定

B市乙公司和香港甲公司对一审法院行使管辖权和适用法律均无异议，对一审法院对本案行使管辖权和适用中国内地法律处理本案纠纷，二审法院予以照准。

本案的争议焦点为：香港甲公司向B市乙公司供应的机器设备是否存在质量问题；香港甲公司是否构成严重违约，B市乙公司反诉主张能否成立。

（1）一审法院根据B市乙公司的申请，对涉案机器设备进行了鉴定，鉴定结论为：2台自动组合机经调试后均可正常运行，其中1台存在部分零件表面有锈蚀，可通过适当的维护保养消除；造成显示界面紊乱，机器无法运行的原因与B市乙公司缺少相关技术文件及其工作人员未得到相应培训有关。

　　定人员在现场检查机器时发现，2台机器中，1台操作屏工作数量为　　　屏幕显示上月工作量18703，当月工作量339。根据鉴定结论，　　　机器除部分零件锈蚀，没有严重的质量问题，不影响机器的正常运行。香港甲公司认可鉴定报告的结论，B 市乙公司不认可鉴定报告的结论，但是：第一，鉴定系依据 B 市乙公司的申请作出；第二，B 市乙公司没有充分证据证明鉴定报告结论有误，或者鉴定程序不符合法律规定；第三，在鉴定机构对 B 市乙公司异议的答复中，专家组对 B 市乙公司的异议作出了答复，并维持了原鉴定报告结论。因此，鉴定报告的结论应当作为定案的依据。另外，双方签订的《设备合同书》第 2 条之 4 约定，涉案机器到 B 市乙公司工厂拆掉包装后检测设备，产品没有本身异常时，则视（为）机器合格。B 市乙公司承认其已经在 2010 年 5 月底将涉案机器运到其公司，但是在 2010 年 7 月 30 日才提出机器存在"生锈严重"、"售后服务没办法保证"、"没有 1 份正式的使用说明书和操作手册"，要求退机及赔偿。B 市乙公司的有关异议，除了提出机器存在"生锈严重"问题属于与质量有关的问题外，其余均不属于合同约定的"产品本身异常"。此外，B 市乙公司的异议已经超过了《中华人民共和国合同法》规定的提出产品质量问题的合理期限，根据法律的规定和合同的约定，应当认定香港甲公司提供的产品符合质量要求。因此，B 市乙公司应当按照合同约定支付货款。

（2）根据鉴定结论和双方合同约定，应当认定香港甲公司的产品没有质量问题。B 市乙公司称涉案机器显示的工作量可能是香港甲公司在鉴定调试时改动的，没有证据支持，应认定 B 市乙公司已经使用了涉案的机器。因此，香港甲公司在本案中没有违约行为，B 市乙公司解除合同没有事实和法律依据，其要求解除合同、由香港甲公司返还货款和赔偿损失的请求，二审法院不予支持。

2. 二审法院判决

鉴于一审判决认定事实清楚，适用法律正确，程序合法，二审法院根据《中华人民共和国民事诉讼法》第 153 条第 1 款第 1 项、第 158 条的规定，判决驳回上诉，维持原判。

二审案件受理费人民币 3489 元，由上诉人 B 市乙公司负担。

本判决为终审判决。

三、案例评析

在内地与香港的跨境商事活动中，买卖行为极为常见，因买卖合同产生的纠纷亦处于高发状态，因此，对于买卖合同法律关系有必要进行深入研究。以下，根据本案案情以及法庭的认定、判决，就本案的管辖、法律适用、买卖合同的若干法律问题进行研析；此外，亦就本案涉及的证据及反诉问题作出评析。

（一）关于本案管辖权

在本案中，一方当事人香港甲公司为在香港注册的有限公司，本案属于涉港商事合同纠纷。双方就管辖问题已在《设备合同书》中约定：当出现纠纷经双方协议未能解决纠纷的情况时，各方可向中华人民共和国 B 市中级人民法院提出诉讼。

当时适用的《中华人民共和国民事诉讼法》第 25 条规定："合同的双方当事人可以在书面合同中协议选择被告住所地、合同履行地、合同签订地、原告住所地、标的物所在地人民法院管辖，但不得违反本法对级别管辖和专属管辖的规定。"本案中，被告 B 市乙公司的住所地在 B 市 C 区，双方就管辖问题约定的是向 B 市中级人民法院提出诉讼，该约定不符合最高人民法院及 A 省高级人民法院第一审民商事案件级别管辖标准的规定。根据最高人民法院及 A 省高级人民法院第一审民商事案件级别管辖标准的规定，本案的诉讼标的金额属于 B 市 C 区人民法院的管辖范围。

香港甲公司作为原告并未按照双方的上述约定向 B 市中级人民法院提起诉讼，而是以 B 市乙公司为被告向 B 市乙公司住所地的 B 市 C 区人民法院提起诉讼，符合《中华人民共和国民事诉讼法》第 24 条"因合同纠纷提起的诉讼，由被告住所地或者合同履行地人民法院管辖"之规定，也满足了最高人民法院及 A 省高级人民法院第一审民商事案件级别管辖标准；且 B 市乙公司并无异议，应诉答辩。因此，B 市 C 区人民法院就本案行使一审管辖权，符合法律规定。

此外，B 市中级人民法院系 B 市 C 区人民法院的上一级人民法院，B 市乙公司不服 B 市 C 区人民法院的一审判决，向 B 市中级人民法院提出上诉，B 市中级人民法院对本案进行二审，于法有据。

（二）关于本案的法律适用

本案属涉港商事合同纠纷，双方当事人并未明确约定适用的法律；就本案适用内地法律，双方当事人均无异议；因此，本案以内地法律作为适用法律。

（三）关于买卖合同的若干法律问题

本案审理过程中所依据的实体法是《中华人民共和国合同法》，自1999年10月1日起施行。该法调整、规范市场主体之间的交易行为，是市场经济的基本法律之一。该法包括总则、分则和附则三部分，总则规范合同的共性和基本问题，包括一般规定、合同的订立、合同的效力、合同的履行、合同的变更和转让、合同的权利义务终止、违约责任及其他规定；分则对不同类型的合同进行具体规定，包括买卖合同、供用电、水、气、热力合同、赠与合同、借款合同、租赁合同、融资租赁合同、承揽合同、建设工程合同、运输合同、技术合同、保管合同、仓储合同、委托合同、行纪合同、居间合同；附则规定该法的施行日期，并明确《中华人民共和国经济合同法》、《中华人民共和国涉外经济合同法》、《中华人民共和国技术合同法》自该法施行之日同时废止。

为了正确审理合同纠纷案件，准确适用《中华人民共和国合同法》，最高人民法院先后制定了若干司法解释。该法及相关司法解释对于当事人合法权益的维护、正常交易秩序的保障均有重要意义，实务中作用巨大。

内地与香港跨境商事活动离不开合同，买卖合同更是其中最为常见的基础性的合同类型。以下，根据上述相关规定并结合本案，对买卖合同的若干问题进行研究。

1. 买卖合同的一般条款

买卖合同是出卖人转移标的物的所有权于买受人，买受人支付价款的合同。根据《中华人民共和国合同法》，买卖合同一般包括以下条款：①当事人的名称或者姓名和住所；②标的；③数量；④质量；⑤包装方式；⑥检验标准和方法；⑦价款或者报酬；⑧结算方式；⑨履行期限、地点和方式；⑩违约责任；⑪解决争议的方法；⑫合同使用的文字及其效力。

在实务中，除上述条款外，当事人还应根据交易的具体情况，对需要特别约定的内容协商一致后，体现于合同之中。比如，在内地与香港跨境买卖合同中，当事人可能需要额外约定合同价款的币种及汇率、合同所适用的法律等。总之，合同条款应尽可能详细、具体，避免出现模棱两可、易引发歧义的表述方式，从而使当事人的权利、义务边界清晰、明了，最大限度地避免出现争议的可能。只有合同条款的完备，各方当事人行使权利、履行义务才有确定的基础，交易的顺畅进行才有牢固的依据。本案中，双方当事人对合同有关条款的约定不够明确、具体，不能不说，这是双方发生争议、引致诉讼的重要原因。而诉讼的发生，极大地增加了双方的交易成本，有违交易初衷，当引以为戒。

2. 关于买卖合同标的物的检验期间

本案的双方当事人就《设备合同书》项下的机器检验期间问题分歧严重，争议极大。就此，可以得到的启示是，在涉及买卖合同的商务实践中，为有效避免该等争议，买卖合同当事人应在公平的基础上，协商一致，对检验期间作出具体约定，以便于执行。

根据《中华人民共和国合同法》，在买卖合同项下，买受人收到标的物时应当在合同约定的检验期间内进行检验。如果买卖合同没有约定检验期间，则应当及时检验。这是关于检验期间的原则性法律规定，体现了尊重当事人意思自治、约定期间优先的立法取向。

《中华人民共和国合同法》进一步规定，如果当事人已经约定检验期间，买受人应当在检验期间内将标的物的数量或者质量不符合约定的情形通知出卖人；如果买受人怠于通知，则视为标的物的数量或者质量符合约定。

对于当事人没有约定检验期间的情形，《中华人民共和国合同法》规定，买受人应当在发现或者应当发现标的物的数量或者质量不符合约定的合理期间内通知出卖人。买受人在合理期间内未通知或者自标的物收到之日起 2 年内未通知出卖人的，视为标的物的数量或者质量符合约定，但如标的物有质量保证期，则适用质量保证期，不适用该 2 年的规定。

就以上两段述及的通知时间，《中华人民共和国合同法》规定了例外情形，即，如果出卖人知道或者应当知道其提供的标的物不符合约定，则买受人不受该等通知时间的限制。

本案终审判决后，《最高人民法院关于审理买卖合同纠纷案件适用法律问题的解释》（法释〔2012〕8 号）于 2012 年 7 月 1 日起施行。该司法解释主要内容包括：买卖合同的成立及效力、标的物交付和所有权转移、标的物风险负担、标的物检验、违约责任、所有权保留、特种买卖及其他问题。其中，就标的物的检验，该司法解释作出了详细规定，并明确了在当事人没有约定检验期间的情况下，人民法院在司法审判过程中如何认定和判断《中华人民共和国合同法》所规定的"合理期间"，即，应当综合当事人之间的交易性质、交易目的、交易方式、交易习惯、标的物的种类、数量、性质、安装和使用情况、瑕疵的性质、买受人应尽的合理注意义务、检验方法和难易程度、买受人或者检验人所处的具体环境、自身技能以及其他合理因素，依据诚实信用原则进行判断。

3. 关于违约责任

如果买卖合同的标的物不符合质量要求，则作为出卖人，应当承担违约责任。就本案而言，如果法院的生效判决认定香港甲公司的产品不符合质量要求，则香港甲公司应承担违约责任。

根据《中华人民共和国合同法》，如果当事人就违约责任已有约定，则应当按照当事人的约定承担违约责任；如果当事人对违约责任没有约定或者约定不明确，亦不能就此达成补充协议，且按照合同有关条款或者交易习惯亦无法确定违约责任，则受损害方根据标的的性质以及损失的大小，可以合理选择要求对方承担修理、更换、重作、退货、减少价款或者报酬等违约责任。

（四）关于本案涉及的反诉问题

本案中，香港甲公司起诉后，B 市乙公司提起反诉并在一审阶段第二次庭审时当庭提出增加反诉请求的申请。

关于反诉，根据当时适用的《中华人民共和国民事诉讼法》，被告有权提起反诉；被告提出反诉，可以与本诉合并审理。根据《最高人民法院关于民事诉讼证据的若干规定》（法释〔2001〕33 号），当事人增加、变更诉讼请求或者提起反诉的，应当在举证期限届满前提出。举证期限可以由当事人协商一致，并经人民法院认可；如果由人民法院指定举证期限，则指定的期限不得少于 30 日，自当事人收到案件受理通知书和应诉通知书的次日起计算。

需注意的是，《最高人民法院关于适用〈关于民事诉讼证据的若干规定〉中有关举证时限规定的通知》（法发〔2008〕42 号）对举证时限根据不同情况作出了细化及进一步的规定。

而自 2015 年 2 月 4 日起施行的《最高人民法院关于适用〈中华人民共和国民事诉讼法〉的解释》对举证期限作出了新的规定（包括但不限于）：人民法院应当在审理前的准备阶段确定当事人的举证期限。举证期限可以由当事人协商，并经人民法院准许。人民法院确定举证期限，第一审普通程序案件不得少于 15 日，当事人提供新的证据的第二审案件不得少于 10 日。举证期限届满后，当事人对已经提供的证据，申请提供反驳证据或者对证据来源、形式等方面的瑕疵进行补正的，人民法院可以酌情再次确定举证期限，该期限不受前述规定的限制。

（五）关于本案的证据

本案中，B 市乙公司提起反诉，认为香港甲公司严重违约，要求解除《设备合同书》，由香港甲公司返还 B 市乙公司款项，赔偿利息，并由香港甲公司承担本案的一切诉讼费用。如从证据的角度分析本案，则可以看出，就 B 市乙公司的主张，由于其缺乏证据支持，所以不被法院认可，从而再次印证了"当事人对自己提出的主张，有责任提供证据"，"没有证据或者证据不足以证明当事人的事实主张的，由负有举证责任的当事人承担不利后果"的法律原则。

案例五　合资及承包合同争议仲裁案

本部分对合资双方为设立合营公司而订立的合资合同以及有关合营公司的承包合同争议所引发的仲裁案进行研析。通过本案例，可以更直观地了解以仲裁方式解决商事争议的主要环节，可以近距离体会仲裁庭对有关问题分析和认定的尺度，可以在中外合资经营企业合资合同的法律适用、争议管辖、中外合资经营企业承包合同效力、中外合资经营企业出资、清算制度以及仲裁时效等方面获得启示。而且，基于法律法规随着社会发展相应变化的特点，对有关法律法规的动态变化需给予持续关注，比如，中外合资经营企业承包合同的行政监管制度、外商投资企业的资本制度、外商投资企业的清算制度等。只有及时了解和掌握有关法律法规的发展和演变，才能在实务中准确把握，进而有效预防和减少争议的发生。

本案例的基本案情及裁决结果引自中国国际经济贸易仲裁委员会网站[1]，有调整。

一、基本案情

（一）背景情况

申请人与被申请人于 1994 年 7 月 19 日签订了合资合同和合资公司章程，约定：双方合资在内地设立 AB 有限公司（以下简称"合营公司"）。合营公司投资总额及注册资本均为 40 万元人民币。其中，申请人现金出资 9 万元港币，占注册资本的 25%；被申请人以机械设备、厂房出资 30 万元人民币，占注册资本的 75%。合营期限为 10 年，合营期满或提前终止合营，合营公司应依法进行清算，清算后的财产，根据双方投资比例进行分配。当由于一方的过失，造成合同及其附件不能履行或不能完全履行时，由过失的一方承担违约责任，如属双方的过失，则根据实际情况，由双方分别承担各自应负的违约责任。

此前，申请人与被申请人于 1994 年 7 月 18 日签订了《承包合同》，约定将双方组建的合营公司承包给被申请人经营管理。《承包合同》约定，被申请人承包期间，合营公司的一切人、财、物及经营管理权力为被申请人所有，实行独立经营，自负盈亏；承包期限为 2 年；承包期内被申请人每年向申请人缴纳净利润 5 万元人民币，剩余利润为被申请人所有。《承包合同》为合资合同附件，是不可分割的有效的法律文件，"与原'合资合同'具有同等法律效力"，"在合资企业依法成立之日起生效"。

（二）申请人的主张

申请人诉称：被申请人在订立上述合同后，以某探矿工程顶付第 1 年的承包金，后又背着申请人将探矿工程发包给别人。由于被申请人在承包经营合营公司期间未能及时年检，导致合营公司于 1996 年被吊销营业执照。此后，被申请人在未告知申请人的情况下，于 1998 年 12 月将合营公司的办公

---

〔1〕 网址：http://www.cietac.org.cn/index.php? m=Article&a=show&id=227.

室用房出售给他人，且从其承包的一开始就将合营公司的门面房出租给他人使用，将实物投资抽回。2004年合营到期后，双方欲清算而未果。

为此，申请人依据本案合同中的约定，向中国国际经济贸易仲裁委员会提起仲裁申请。

申请人的仲裁请求如下：被申请人向申请人支付承包金100 000元人民币、赔偿申请人的投资人民币103 889元和八年的可得利益损失人民币400 000元，并承担合营公司清算后的一切法律责任。

（三）被申请人的答辩

针对申请人的仲裁请求，被申请人提出如下答辩意见：

（1）双方的承包合同无效。首先，此合同系保底条款，违背了共负盈亏、共担风险的原则。根据《最高人民法院关于审理联营合同纠纷案件若干问题的解答》第4条第1项的规定，保底条款为无效条款。根据《中华人民共和国合同法》第52条第5项之规定，该合同为无效合同。其次，双方无权签订该承包合同，因为双方投资的合营公司是独立承担民事责任的法人，是独立于股东的第三人，股东无权未经董事会处置和经营有限责任公司的资财。再次，根据《中华人民共和国中外合资经营企业法》第3条的规定，合营各方签订的合营协议、合同、章程，应报国家对外经济贸易主管部门审查批准。根据《中华人民共和国合同法》第44条之规定，法律法规规定应当办理批准手续生效的，依照其规定。根据承包合同第4条之约定，该承包合同为合资合同的附件，但未经政府批准，故该承包合同为无效合同。所以申请人依据该合同主张承包款于法无据。

（2）申请人提出的某探矿工程，独立于合资合同，该合同的有关争议的解决并未约定仲裁。此外，此探矿工程系甲地质勘查队（以下简称"地勘队"）与乙冶炼厂签订的，与争议双方无关，申请人无权主张权利。而且该合同的终止，是因为某黄金公司的介入阻止了该合同的履行，不存在被申请人另将工程发包给别人的事实。

（3）申请人认为被申请人未参加年检导致合营公司营业执照被吊销与事实不符。因为合营公司已于1996年2月参加了年检，但由于长期未开业而被工商局吊销营业执照，所以申请人以此为由要求被申请人赔偿，无事实依据。

（4）被申请人于 2003 年将合营公司的办公室出售他人并无不妥。因为 1996 年合营公司的营业执照已被吊销，1995 年 7 月发大水后，合营公司损失严重，被申请人与申请人多次联系下一步的经营问题，申请人未来人处理，被申请人为减少损失，处理闲置资产，并无不当，同时也未影响合营公司的正常经营和企业清算。

（5）申请人称门面房从一开始出租给他人使用，被申请人将其收回与事实不符。第一次董事会决议，因原地勘队门前的门市房地点偏僻，所以决定由被申请人出资购买地勘队门市房。1994 年 12 月初，被申请人交了第 1 笔购房款后，就拥有了该房的实际使用权，但由于合营公司无产品可销售，致使该房一直空闲。因为该房基建手续不全，无法办理产权，至今产权证也未办下来。该房直到 1997 年末才开始出租。所以被申请人不存在将门面房一开始出租给他人使用，将其收回的事实。相反，申请人却将合营公司的 34 000 元的资金抽出用于其与乙冶炼厂的脉矿，造成合营公司主业宝石加工资金不足，无法正常开业。目前该笔资金不知去向。

（6）申请人单方撤出和解清算委员会，造成清算无法进行。此外，根据《外商投资企业清算办法》第 3 条的规定，企业依法被关闭解散的适用特别清算程序。合营公司的清算从一开始就不合法，清算应按特别程序重新进行。

（7）申请人主张归还本金和 8 年的可得利润损失，于法无据。

（8）申请人的主张已过诉讼时效。双方发生纠纷已近 10 年，而且 2000 年 11 月至 2003 年 8 月间申请人并未向被申请人主张过权利，根据《中华人民共和国民法通则》第 135 条的规定，诉讼时效为 2 年。申请人在 2 年 9 个月的时间里从未向被申请人主张过权利，已过诉讼时效。

综上所述，被申请人请求仲裁庭驳回申请人的仲裁请求。

中国国际经济贸易仲裁委员会根据申请人与被申请人于 1994 年 7 月 19 日签订的合资合同中的仲裁条款以及申请人于 2005 年 4 月 18 日提交的书面仲裁申请，受理了上述合同项下的合资及承包合同争议仲裁案。

中国国际经济贸易仲裁委员会根据仲裁规则规定成立仲裁庭，审理本案。仲裁庭于 2005 年 8 月 9 日在北京开庭审理本案。

二、裁决结果

(一) 仲裁庭认定

1. 关于本案的法律适用

仲裁庭注意到，合资合同第 20 章第 52 条规定："本合同的订立、效力、解释、履行和争议的解决均受中华人民共和国法律的管辖。"据此，仲裁庭确认，解决本案争议应当适用《中华人民共和国合同法》、《中华人民共和国中外合资经营企业法》及其实施细则等中国法律、法规的有关规定。

2. 关于双方当事人于 1994 年 7 月 18 日签订的《承包合同》的效力

仲裁庭审查了本案双方当事人于 1994 年 7 月 18 日签订的《承包合同》。双方约定，将组建的合营公司承包给被申请人独自经营管理，承包期限 2 年（2 年后按正本合资合同执行），承包期内每年被申请人向申请人支付人民币 5 万元，剩余利润为被申请人所有；《承包合同》第 4 条还约定，《承包合同》是合资合同的附件，与合资合同具有同等法律效力。该《承包合同》上有双方代表的签字并加盖有申请人和被申请人公司的公章。

仲裁庭认为，《承包合同》作为合资合同的附件，应当按照《中华人民共和国中外合资经营企业法》的有关规定，报国家对外经济贸易主管部门审查批准。此外，根据对外经济贸易部、国家工商行政管理局于 1990 年 9 月 13 日作出的《关于承包经营中外合资经营企业的规定》，承包经营合营企业，必须由合营企业与承包者签订承包经营合同，不允许合营企业投资各方之间签订承包利润的合同。因此本案双方当事人在有由被申请人承包合营企业的明确意向并达成有关协议后，应当进一步由被申请人与合营公司之间签订承包经营合同。由于本案《承包合同》未经有关主管部门审查批准，且被申请人未在此《承包合同》的基础上与合营企业签订承包经营合同，根据《中华人民共和国合同法》第 44 条关于"依法成立的合同，自成立时生效。法律、行政法规规定应当办理批准、登记等手续生效的，依照其规定"的规定，仲裁庭认为本案《承包合同》并未生效。

但仲裁庭不支持被申请人关于《承包合同》因违反《最高人民法院关于审理联营合同纠纷案件若干问题的解答》关于保底条款的规定而无效的主张。

仲裁庭认为,《最高人民法院关于审理联营合同纠纷案件若干问题的解答》是针对联营合同的,并不适用于本案的合资合同,且承包合同中关于被申请人承包合营企业并承包期内每年向申请人支付承包款的约定并非保底条款。

仲裁庭查明,《承包合同》签订后,双方协商被申请人以 D 号脉的探扩权抵作其应向申请人支付的第 1 年的承包金。1994 年 10 月 11 日,地勘队与申请人指定的乙冶炼厂签订了《合同书》及《关于 D 号脉探矿合同的补充协议》。但 1995 年 7 月,被申请人因故又取消了申请人对 D 号脉的采矿权。

关于上述探矿合同及其补充协议未能继续履行的原因,双方存在争议,申请人认为是因被申请人又将探矿工程发包给别人所致,而被申请人主张是由于某黄金公司的介入。因上述探矿合同及其补充协议不属于仲裁庭的审理范围,仲裁庭对于该合同项下签约双方的权利义务、合同的履行过程及终止原因等不予审理,但仲裁庭对该合同所印证的本案双方当事人曾以探矿权抵作承包金的方式履行《承包合同》这一事实予以确认。

综上,仲裁庭认为,《承包合同》因未履行有关法律规定的报批等手续,因此并未生效。但仲裁庭同时也对《承包合同》由合资双方共同签字盖章确认并且双方也已实际履行的事实予以认可。

3. 关于双方当事人的出资

申请人提交的地勘队于 1994 年 10 月 7 日出具的"收条"、双方代表签字确认的"中方实物投入交接认可单"及某会计师事务所于 1994 年 11 月 19 日出具的《验资报告书》等证据可证明双方在合营之初均已出资到位。对此,被申请人无异议。申请人在其庭后提交的书面意见中称被申请人未足额出资,仲裁庭对该主张不予支持。

申请人还指称被申请人出租和出售合营公司房产,自收租金和房款,非法抽回出资。仲裁庭查明,被申请人作为出资投入合营公司的房产包括面积 48 平方米的门市房和面积 64.4 平方米的办公室,后被申请人用某号房抵换了原门市房(但某号房的产权一直未过户到合营公司名下)且将其出租;1998 年,地勘队相继与某人签订《购买公有住房契约书》,将合营企业的办公室售与他人,且无证据表明被申请人将出租、出售合营公司房产所得款项归为合营公司所有。因此,仲裁庭认为被申请人自行出租、出售合营公司房屋并收取租金和房款的行为，应被视为单方撤资，被申请人对此理应承担相应的责任。

关于被申请人指称申请人抽逃资金人民币 34 000 元用于 D 号脉探矿工程一事，经查，合营公司于 1995 年 5 月 5 日与乙冶炼厂签订了《投资协议》，协议上代表合营公司签字的是当时合营公司的总经理，仲裁庭认为，其作为合营公司日常经营活动的实际管理者，有权代表合营公司对外签订合同，如其违反了对合营公司忠实义务，应由合营公司追究其责任。因此，依据上述《投资协议》及合营公司总经理签字的合营公司清算组 2004 年 12 月 24 日的《通知》，仲裁庭认定被申请人所称的人民币 34 000 元由合营公司用于对外投资，从而不支持被申请人关于申请人抽逃资金的主张。

4. 关于合营公司被吊销营业执照的原因和相关责任

合营公司于 1995 年 5 月 14 日被某工商行政管理局吊销了营业执照，申请人认为其原因是被申请人"不按规定参加年检"，而被申请人表示其曾积极协助合营公司进行年检，合营公司之所以被吊销营业执照是由于长期未开业。

仲裁庭审查了申请人提交的某工商行政管理局于 1995 年 5 月 14 日作出的吊销营业执照的决定，该决定后附 1995 年度年检吊销的企业名单，其中有本案所涉合营公司，但该决定中并未写明其被吊销营业执照的具体原因。仲裁庭认为，合营公司被吊销营业执照之时，还处于被申请人承包期内，被申请人作为当时单独经营管理合营公司的一方，理应对合营公司的年检事宜负有主要责任，但《承包合同》中也约定申请人应派人参与合营公司日常工作，协助被申请人做好企业管理、外销及一切有关事宜的联系工作，因此，对于合营公司被吊销营业执照后未及时采取必要的法律措施，申请人亦负有一定责任。

5. 关于时效

被申请人称，双方发生纠纷已近 10 年，2000 年 11 月至 2003 年 8 月间申请人未向被申请人主张过权利，已过诉讼时效。

仲裁庭注意到，本案中合营公司至 2004 年 10 月 10 日才合营期满，此后双方还于 2004 年 12 月 24 日就合营公司的清算问题达成过董事会决议，在清算未能进行的情况下，申请人于 2005 年 4 月 18 日向中国国际经济贸易仲裁委员会提起仲裁,据此,仲裁庭认为,本案并未超过时效。

6. 关于申请人的仲裁请求

(1) 关于申请人要求被申请人向其支付承包金人民币 100 000 元的仲裁请求。仲裁庭认为《承包合同》未经批准生效,因此申请人依据《承包合同》的约定要求被申请人向其支付承包金,仲裁庭不予支持。但鉴于合营公司自成立起事实上由被申请人单方承包经营,且承包期限未满就被吊销了营业执照,仲裁庭认为,合营公司在被申请人承包期间如有亏损,应全部由被申请人承担。

(2) 关于申请人要求被申请人赔偿其投资人民币 103 889 元的仲裁请求。仲裁庭认为,申请人的出资是对合营公司的出资,是其与合营公司之间的关系,申请人在履行完出资义务后则以其出资额为限在合营公司中享有权利和承担义务,申请人要求被申请人赔偿其出资缺乏法律依据,仲裁庭不予支持。

(3) 关于申请人要求被申请人承担合营公司清算后一切法律责任的仲裁请求。仲裁庭认为,合营公司合营期满,应当按照中国有关法律、法规及本案合资合同和章程的规定进行清算。由于合营公司已于 1996 年 5 月 14 日被吊销营业执照,此后,被申请人以出租、出售等方式自行处置了合营公司的部分资产,因此,仲裁庭认为应确定合营公司被吊销营业执照之日即 1996 年 5 月 14 日为清算日,按照当时合营公司的实际账目进行清算。清算时,被申请人应将本应属于合营公司的房产过户到合营公司名下,无法过户或已经售出的房产应折算成等值现金,入资到位。由于合营公司自成立起至营业执照被吊销期间事实上由被申请人单方承包经营,双方的合资合同并未实际履行,因此,仲裁庭认为在此期间如有亏损,应全部由被申请人承担。如经清算,申请人可得款项不足人民币 10 万元,则不足部分应由被申请人补偿给申请人。但考虑到前文述及的申请人对其未及时采取法律措施所应担负的责任,仲裁庭认为,申请人投入合营公司的 10 万元人民币在被申请人承包期间占用的利息损失,应由申请人自行承担。

(4) 关于申请人要求被申请人赔偿其八年的可得利益损失人民币 400 000 元的仲裁请求。由于合营公司在被申请人承包不足两年时就被某工商行政管理局吊销了营业执照,双方的合资合同在合营公司成立后实际上并未履行,因此，仲裁庭无法对合营公司如果正常经营的情况下申请人的可得利润作出推断，且认为申请人以《承包合同》所确定的承包金为标准计算其可得利益依据不足。但如前文所述，合营公司的清算日确定为1996年5月14日，经清算申请人所得应不少于人民币10万元，清算后的一切后果应由被申请人承担，而从清算日起至申请人提起仲裁之时即2005年4月18日申请人应得的人民币10万元款项实际仍为被申请人所占用，因此，仲裁庭认为，被申请人应向申请人补偿上述款项在此期间按照年利率6%计算的利息损失。由此计算出的申请人自1996年5月14日至2005年4月18日的利息损失为人民币53 566.67元。

7. 关于本案仲裁费

根据本案的审理情况，仲裁庭认为，本案仲裁费由申请人承担10%、被申请人承担90%是合理的。

（二）仲裁裁决

综上，仲裁庭对本案作出裁决如下：①合营公司按照1996年5月14日的实际账目并根据仲裁庭意见中所确立的清算原则进行清算，清算后的一切法律责任应由被申请人承担；②被申请人向申请人补偿利息损失人民币53 566.67元；③驳回申请人的其他仲裁请求；④本案仲裁费由双方按比例承担。

本裁决为终局裁决，自裁决作出之日起生效。

三、案例评析

香港作为内地最大的外商直接投资来源地，多年来，与内地合营者在内地设立了大量的合资企业，在合资经营过程中，无可避免地会产生各种各样的争议。

本案中的争议，合营双方选择通过仲裁方式加以解决。本案有关争议的产生和解决，对于内地与香港跨境商事争议的解决具有较强的借鉴意义。以下，结合本案案情、双方争议、仲裁庭的分析和裁决对本案进行评析。

（一）关于争议解决方式

本案属于合资双方为设立合资公司而订立的合资合同以及有关合资公司

承包合同的争议。

申请人与被申请人于 1994 年 7 月 19 日签订的合资合同中载有仲裁条款。

当时适用的《中华人民共和国中外合资经营企业法》第 14 条规定："合营各方发生纠纷，董事会不能协商解决时，由中国仲裁机构进行调解或仲裁，也可由合营各方协议在其它仲裁机构仲裁。"

当时适用的《中华人民共和国中外合资经营企业法实施条例》第 109 条规定："合营各方如在解释或履行合营企业协议、合同、章程时发生争议，应尽量通过友好协商或调解解决。如经过协商或调解无效，则提请仲裁或司法解决。"第 110 条规定："合营各方根据有关仲裁的书面协议，提请仲裁。可以在中国国际贸易促进委员会对外经济贸易仲裁委员会仲裁，按该会的仲裁程序规则进行。如当事各方同意，也可以在被诉一方所在国或第三国的仲裁机构仲裁，按该机构的仲裁程序规则进行。"第 111 条规定："如合营各方之间没有仲裁的书面协议，发生争议的任何一方都可以依法向中国人民法院起诉。"

因此，申请人与被申请人选择仲裁方式解决本案争议，符合合同约定及法律规定，体现了"或裁或审"原则。

申请人于 2005 年 4 月 18 日提交书面仲裁申请，中国国际经济贸易仲裁委员会受理该合资及承包合同争议仲裁案并组成仲裁庭进行审理，尊重了当事人的意思表示，于法有据。

（二）关于法律适用

本案中，合资合同第 20 章第 52 条规定："本合同的订立、效力、解释、履行和争议的解决均受中华人民共和国法律的管辖。"

当时适用的《中华人民共和国中外合资经营企业法实施条例》第 15 条规定："合营企业合同的订立、效力、解释、执行及其争议的解决，均应适用中国的法律。"

仲裁庭认定本案争议的解决应当适用《中华人民共和国合同法》、《中华人民共和国中外合资经营企业法》及其实施细则等中国法律、法规的有关规定，依据充分。

此外，关于香港投资者在内地设立的合资、合作、独资企业的法律适用问题，《商务部关于依法行政做好外商投资企业审批工作的通知》（商资函〔2005〕第3号）所规定的"自1979年颁布和实施《中外合资经营企业法》以来，经过25年的努力，我国已形成完善的吸收外商投资法律体系。全国人大颁布/修订的《中外合资经营企业法》、《中外合作经营企业法》、《外资企业法》以及国务院颁布/修订的《中外合资经营企业法实施条例》、《中外合作经营企业法实施细则》、《外资企业法实施细则》是我国吸收外商投资法律体系的基础，也是所有涉及外商投资及港澳台投资审批规定的上位法，任何部门、地方政府制定的法规规章必须符合上述法律法规"，可作依据。

（三）关于《承包合同》的效力

就本案双方当事人于1994年7月18日签订的《承包合同》，双方约定，《承包合同》是合资合同的附件，与合资合同具有同等法律效力。

当时适用的《中华人民共和国中外合资经营企业法》第3条的相关规定明确，合营各方签订的合营协议、合同、章程，应报国家对外经济贸易主管部门审查批准。

当时适用的《中华人民共和国中外合资经营企业法实施条例》第17条规定，合营企业协议、合同和章程经审批机构批准后生效，其修改时同。

因此，仲裁庭认定《承包合同》作为合资合同的附件，应当报国家对外经济贸易主管部门审查批准，符合法律规定。

此外，对外经济贸易部、国家工商行政管理局于1990年9月13日发布《关于承包经营中外合资经营企业的规定》，该规定所述"承包经营"是指合营企业与承包者通过订立承包经营合同，将合营企业的全部或部分经营管理权在一定期限内交给承包者，由承包者对合营企业进行经营管理。承包经营只是解决部分合营企业经营管理不善、严重亏损的补充措施。在承包经营期内，由承包者承担经营风险并获取部分合营企业的收益。该规定对于合营企业实行承包经营的条件、承包者的资格、承包经营的基本要求、承包合同以及承包经营的申请、审批与登记等作出规定。其中，对于承包合同，该规定明确，承包经营合营企业，必须由合营企业与承包者签订承包经营合同。不允许合营企业投资各方之间签订承包利润的合同。承包经营合同及其变更、延期、中止、终止均须经合营企业原审批机关批准。

仲裁庭根据上述规定以及《中华人民共和国合同法》第 44 条关于合同生效的规定，认定本案中的《承包合同》并未生效，理据充分。

2012 年 9 月 23 日，《国务院关于第六批取消和调整行政审批项目的决定》（国发〔2012〕52 号）发布，其中，国务院决定取消外国、港澳台地区企业承包经营中外合营企业、受托经营管理合营企业审批。有关审批事项的这一动态变化，需要在实务中予以关注。[1]

就《最高人民法院关于审理联营合同纠纷案件若干问题的解答》是否适用于本案，仲裁庭认为其不适用于本案的合资合同，且本案的《承包合同》中关于被申请人承包合营企业且承包期内每年向申请人支付承包款的约定并非保底条款。

（四）关于出资

仲裁庭对于双方当事人出资的认定，有事实和法律依据。

另需留意的是，近年内地有关注册资本登记制度的改革以及内地有关外商投资企业法规的相应变化。2014 年 2 月 19 日，国务院公布《国务院关于废止和修改部分行政法规的决定》（自 2014 年 3 月 1 日起施行），废止《中外合资经营企业合营各方出资的若干规定》（1987 年 12 月 30 日国务院批准，1988年 1 月 1 日对外经济贸易部、国家工商行政管理局发布）、《〈中外合资经营企业合营各方出资的若干规定〉的补充规定》（1997 年 9 月 2 日国务院批准，1997 年 9 月 29 日对外贸易经济合作部、国家工商行政管理局发布），并对《中华人民共和国公司登记管理条例》、《中华人民共和国企业法人登记管理条例》、《中华人民共和国中外合资经营企业法实施条例》、《中华人民共和国中外合作经营企业法实施细则》、《中华人民共和国外资企业法实施细则》、《中华人民共和国合伙企业登记管理办法》、《个体工商户条例》、《农民专业合作社登记管理条例》进行修改。

---

〔1〕《全国人民代表大会常务委员会关于修改〈中华人民共和国外资企业法〉等四部法律的决定》由中华人民共和国第十二届全国人民代表大会常务委员会第二十二次会议于 2016 年 9 月 3 日通过，自2016 年 10 月 1 日起施行。其中，《中华人民共和国中外合资经营企业法》增加 1 条，作为第 15 条："举办合营企业不涉及国家规定实施准入特别管理措施的，对本法第 3 条、第 13 条、第 14 条规定的审批事项，适用备案管理。国家规定的准入特别管理措施由国务院发布或者批准发布。"

（五）关于合营公司清算

《外商投资企业清算办法》（1996 年 6 月 15 日国务院批准，1996 年 7 月 9 日对外贸易经济合作部令第 2 号公布）适用于在中华人民共和国境内依法设立的中外合资经营企业、中外合作经营企业、外资企业进行清算，上述企业被依法宣告破产的，依照有关破产清算的法律、行政法规办理。该办法自 1996 年施行以来，对外商投资企业清算的顺利进行发挥了积极作用。

随着内地对内外资企业的管理逐渐趋于一致，《中华人民共和国公司法》在 2005 年 10 月 27 日的修订中，对公司的清算制度作出了较具体的规定。2008 年 1 月 15 日，国务院公布《国务院关于废止部分行政法规的决定》（自公布之日起生效），其中，鉴于上述修订的《中华人民共和国公司法》的有关规定代替了《外商投资企业清算办法》，因此，废止了《外商投资企业清算办法》。

《外商投资企业清算办法》被废止后，为做好外商投资企业解散和清算工作，2008 年 5 月 5 日，《商务部办公厅关于依法做好外商投资企业解散和清算工作的指导意见》（商法字〔2008〕31 号）发布，明确规定：今后外商投资企业的解散和清算工作应按照《中华人民共和国公司法》和外商投资法律、行政法规的相关规定办理；外商投资法律和行政法规有特别规定而《中华人民共和国公司法》未做详细规定的，适用特别规定。此外，该指导意见还对有关具体问题予以明确。

（六）关于仲裁时效

《中华人民共和国仲裁法》第 74 条对于仲裁时效作出原则规定：法律对仲裁时效有规定的，适用该规定；法律对仲裁时效没有规定的，适用诉讼时效的规定。

鉴于内地有关法律对于本案所属的商事仲裁时效并无特别规定，因此，本案所属的商事仲裁时效应适用诉讼时效的规定，即诉讼时效期间为 2 年，本案的仲裁时效期间亦为 2 年。仲裁庭根据本案实际情况认定申请人就本案提请仲裁并未超过仲裁时效，于法有据。

本书上编第一章第一节已就内地民事诉讼时效制度进行讨论，可参阅该部分内容，在此不作赘述。

案例六　申请内地法院撤销涉港仲裁裁决案

本部分对一起申请撤销涉港仲裁裁决案进行研析。通过本案例，研究当事人向内地法院申请撤销内地仲裁机构作出的涉港仲裁裁决的有关法律问题，主要涉及《中华人民共和国仲裁法》、《中华人民共和国民事诉讼法》及相关司法解释和规范性文件。

本案例的基本案情及裁判结果引自中国裁判文书网[1]，有调整。

一、基本案情

申请人香港甲公司于 2012 年 9 月 25 日向 A 省 B 市中级人民法院提交撤销 B 仲裁委员会×××号仲裁裁决申请。B 市中级人民法院受理后，依法组成合议庭进行审查，并已审查终结。

（一）香港甲公司的申请：

1. ×××号仲裁裁决违反法定程序

（1）B 仲裁委员会没有将仲裁庭组成情况书面通知香港甲公司，程序违法。B 仲裁委员会仅仅将仲裁庭的组成情况书面通知了内地乙公司及内地丙公司，香港甲公司直到 2012 年 4 月 6 日开庭当天还向 B 仲裁委员会反映未收到仲裁庭组成情况的书面通知一事，并要求完善法定程序延期开庭，但 B 仲裁委员会以曾向香港甲公司邮政快递该书面通知且查询有人签收为由，拒绝了香港甲公司的请求。由于 B 仲裁委员会没有向香港甲公司通知仲裁庭组成人员基本情况，也没有披露仲裁员信息，导致香港甲公司对仲裁庭组成人员专业背景、执业经验、执业操守、仲裁员独立性等情况一无所知，进而导致香港甲公司不能有效行使回避申请权，不能根据仲裁员专业背景、执业经验通俗易懂地答辩和辩论，严重影响了香港甲公司庭审效果。

（2）B 仲裁委员会没有提前通知香港甲公司开庭时间、地点，程序违法。本案于 2012 年 4 月 6 日上午 9 点 30 分仲裁开庭，香港甲公司一直未收到 B 仲

---

〔1〕　网址：http://wenshu.court.gov.cn/.

裁委员会的书面及口头开庭通知。内地丙公司的代理律师曾向 B 仲裁委员会电话反映过此事，B 仲裁委员会以曾向香港甲公司邮政快递开庭通知且查询有人签收为由予以回复，并未认真核实签收人是否为香港甲公司。庭审时香港甲公司对开庭通知当面提出异议并提出延期开庭申请，但是仲裁庭未受理异议，庭审照常进行，由于香港甲公司根本没有时间准备开庭，致使其庭审质证和辩论陷于被动，庭审效果很差。

（3）B 仲裁委员会没有依法向香港甲公司送达内地乙公司补充提交的证据，没有给予香港甲公司合理的书面质证期。B 仲裁委员会对内地乙公司庭后补充提交的证据（委托书、房地产证、通知），仅向内地丙公司送达并给予 3 天的书面质证期间，却没有依法向香港甲公司送达并给予书面质证时间，B 仲裁委员会对补充证据未送达给香港甲公司这一事实也是承认的。后香港甲公司向 B 仲裁委员会邮寄了《未收到开庭通知、质证通知和补充证据的情况说明》，B 仲裁委员会未予理会。

2. ×××号仲裁裁决在实体处理上严重违法

仲裁庭认定内地丙公司未经香港甲公司同意，即可受让涉案租赁合同中香港甲公司的全部合同权利和义务，从而将内地丙公司列为该案共同被诉主体，这是明显错误的。《中华人民共和国合同法》第 80 条规定："债权人转让权利的，应当通知债务人。未经通知，该转让对债务人不发生效力。"第 84 条规定："债务人将合同的义务全部或者部分转移给第三人的，应当经债权人同意。"因此，内地丙公司同内地乙公司之间私自转让香港甲公司合同权利和义务的行为，违反了《中华人民共和国合同法》的规定，是无效的，内地丙公司不应当列为共同责任承担者。

综上所述，香港甲公司请求法院依法撤销×××号仲裁裁决。

（二）内地乙公司的口头答辩

第一，香港甲公司在撤裁申请书中陈述的事实和理由是不存在的。B 仲裁委员会已经在 2012 年 3 月 14 日将组庭通知和开庭通知邮寄给香港甲公司，香港甲公司也于 2012 年 3 月 15 日收到。2012 年 4 月 19 日，B 仲裁委员会将内地乙公司补充提交的证据和质证的通知通过邮寄的方式邮寄给香港甲公司，因为香港甲公司拒收或查无此公司等原因，该份材料又退回 B 仲裁委员会，应视为送达。

第二，香港甲公司的法定代表人×××也参加了仲裁开庭，参与了仲裁程序，并不存在 B 仲裁委员会剥夺其相关权利的情况存在。

综上所述，内地乙公司认为香港甲公司提出的撤销仲裁裁决的理由不能成立，请求法院依法予以驳回。

（三）内地丙公司的陈述

1. 内地丙公司与内地乙公司之间没有订立仲裁协议

×××号仲裁裁决认定内地丙公司未经香港甲公司同意，即可受让涉案租赁合同中香港甲公司全部合同权利、义务，从而认定内地丙公司同内地乙公司之间订立了仲裁协议，并将内地丙公司列为该案共同被诉主体，明显错误。

2. 内地乙公司请求解除租赁合同无事实依据

内地丙公司延期支付租金系事出有因，在全球经济危机大环境的影响下，内地丙公司的销售资金无法及时收回，资金周转困难，导致客观上无法及时支付租金。内地丙公司就上述困难已经及时向内地乙公司书面反映，并恳请内地乙公司宽限付款时间，已经得到内地乙公司的善意理解和支持。在这种情况下，内地乙公司突然单方要求解除租赁合同的做法，既不利于双方共同的经济利益，也有悖于双方此前就延期支付租金所达成的合意。

3. ×××号仲裁裁决违反法定程序

从香港甲公司的申请理由来看，B 仲裁委员会没有将仲裁庭组成情况书面通知香港甲公司，没有提前通知开庭时间、地点，没有依法送达内地乙公司补充提交的材料，也没有给予合理的书面质证期，存在严重的程序违法情形。

（四）B 市中级人民法院查明的情况

第一，2011 年 12 月 9 日，B 仲裁委员会根据内地乙公司与香港甲公司、内地丙公司签订的《B 市房地产租赁合同书》中的仲裁条款和内地乙公司的仲裁申请，受理了双方之间的租赁合同纠纷。该案仲裁程序适用 2011 年 5 月 1 日起施行的《B 仲裁委员会仲裁规则》。根据《B 仲裁委员会仲裁规则》，B 仲裁委员会向各方送达了申请书副本、《B 仲裁委员会仲裁规则》和《仲裁员名册》等材料。2012 年 3 月 12 日，B 仲裁委员会主任指定××为仲裁员成立本案仲裁庭。2012 年 4 月 6 日，仲裁庭开庭审理了本案，香港甲公司、内地丙公司的法定代表人×××到庭。2012 年 6 月 20 日，仲裁庭作出×××号仲裁裁决。2012 年 9 月 25 日，香港甲公司向 B 市中级人民法院提交撤销仲裁裁决申请。

第二，内地乙公司提出的仲裁请求为：①解除内地乙公司与香港甲公司之间签订的《B 市房地产租赁合同书》；②香港甲公司、内地丙公司立即支付内地乙公司 2010 年 12 月至 2011 年 12 月间的租金、基本电费、电梯使用费等相关费用 267 696 元（暂计至 2011 年 12 月 31 日，以后的租金等相关费用按每月 20 592 元计算至实际返还房屋之日止）；③香港甲公司、内地丙公司补偿内地乙公司因办理本次仲裁所支出的律师费 15 000 元，并由香港甲公司、内地丙公司承担本案仲裁费、保全费等。

第三，仲裁庭裁决如下：①香港甲公司、内地丙公司连带向内地乙公司支付房屋租金 102 102 元；②内地丙公司向内地乙公司支付房屋租金 142 914 元；③香港甲公司、内地丙公司连带补偿内地乙公司律师费 13 000 元；④本案仲裁费 15 617 元由香港甲公司、内地丙公司连带承担，仲裁费已由内地乙公司预交，香港甲公司、内地丙公司径付内地乙公司。

第四，2012 年 3 月 14 日，B 仲裁委员会通过 EMS 国际（地区）特快专递方式向香港甲公司邮寄送达组庭、开庭通知，该邮件于 2012 年 3 月 15 日投递并签收；2012 年 4 月 19 日，B 仲裁委员会通过 EMS 国际（地区）特快专递方式向香港甲公司邮寄送达质证通知、证据，该邮件因查无此公司被退回 B 仲裁委员会；上述两次送达邮寄地址均为××××××××××××××，HONG KONG。

第五，香港甲公司提交的商业登记资料显示，其注册地址为××××××××××××××××，香港甲公司确认在仲裁期间其一直在上述地址营业。

二、裁判结果

（一）法院认定

本案当事人香港甲公司为在香港特别行政区注册成立的法人，本案仲裁为涉港仲裁，应参照《中华人民共和国仲裁法》第 70 条及《中华人民共和国民事诉讼法》第 258 条第 1 款关于撤销涉外仲裁裁决的规定进行审查。

第一，香港甲公司主张 B 仲裁委员会没有向其送达仲裁庭组成情况、开庭时间地点、内地乙公司补充证据，没有给予合理书面质证期，仲裁的程序违反法定程序。法院认为，本案仲裁程序适用 2011 年 5 月 1 日起施行的《B 仲裁委员会仲裁规则》，《B 仲裁委员会仲裁规则》第 12 章"涉外仲裁程序"第 96 条［涉外仲裁程序适用］第 2 款规定："一方或双方为香港特别行政区、澳门特别行政区或台湾地区当事人的仲裁案件，参照适用本章规定。"第 12 章"涉外仲裁程序"第 105 条规定："本章未规定事项，适用本规则其他相关规定。"第 13 章"附则"第 108 条［送达］规定："仲裁文书、通知等案件材料应当送达当事人或者其委托代理人。当事人或者其委托代理人应当在送达回证上签字或盖章并注明签收日期。仲裁文书、通知等案件材料除直接送达外，以邮寄、传真、电报、电传送至被送达人的营业地点、惯常住所地、现住地的通讯地址、身份证载明的地址、户籍所在地、合同约定的通讯地址或者被送达人书面告知的地址，均视为送达。以邮电件签收或者返回日期为送达日期。"按照《B 仲裁委员会仲裁规则》的规定，第 12 章"涉外仲裁程序"未规定送达事项，应适用第 13 章"附则"第 108 条［送达］的规定。B 仲裁委员会以邮寄方式将组庭通知、开庭通知、质证通知、证据邮寄至香港甲公司，邮寄地址仅与香港甲公司注册地址存在书写习惯的略微差异，可以认定邮寄地址系注册地址，该地址也是香港甲公司在仲裁阶段的营业地点，邮寄送达的邮件已经签收或已经返回，该送达程序符合《B 仲裁委员会仲裁规则》第 108 条的规定，视为已合法送达。因此，香港甲公司应被视为已经得到进行仲裁程序的通知，且香港甲公司法定代表人×××也代表香港甲公司参加了仲裁庭审，本案不存在未能陈述意见的情形。

第二，香港甲公司主张××××号仲裁裁决在实体处理上严重违法。法院认为，该理由不属于《中华人民共和国民事诉讼法》第 258 条第 1 款可撤销仲裁裁决的情形，法院不予支持。

（二）法院裁定

鉴于香港甲公司申请撤销仲裁裁决的事由不符合法律规定的情形，法院不予支持。依照《中华人民共和国仲裁法》第 70 条、《中华人民共和国民事诉讼法》第 140 条第 1 款第 11 项、第 258 条第 1 款的规定，裁定驳回申请人香港甲公司撤销×××号仲裁裁决的申请。

本案案件受理费人民币 400 元，由申请人香港甲公司负担。

本裁定为终审裁定。

三、案例评析

本案所涉仲裁的当事人之一香港甲公司系在香港注册成立的法人，因此，本案所涉仲裁为内地仲裁机构审理的涉港仲裁。就涉港仲裁，如果当事人申请撤销仲裁裁决，涉及哪些相关程序？法院遵循何种审查标准对于撤销仲裁裁决的申请进行审查？以下，结合本案，对有关问题进行评析。

（一）关于申请撤销涉港仲裁裁决的管辖法院

最高人民法院 2005 年 12 月《第二次全国涉外商事海事审判工作会议纪要》（法发〔2005〕26 号）规定，申请撤销我国涉外仲裁裁决的案件，由仲裁机构所在地有权受理涉外商事案件的中级人民法院管辖。涉及香港特别行政区、澳门特别行政区以及台湾地区的商事海事纠纷案件，该纪要没有特别规定的，参照适用该纪要关于涉外商事海事纠纷案件的有关规定。

鉴于该纪要对于申请撤销内地仲裁机构作出的涉港仲裁裁决案件的管辖无特别规定，因此，申请撤销内地仲裁机构作出的涉港仲裁裁决案件，应由仲裁机构所在地有权受理涉港商事案件的中级人民法院管辖。本案中，B 仲裁委员会所在地 B 市中级人民法院有权受理涉港商事案件，由 B 市中级人民法院对本申请撤销涉港仲裁裁决案行使管辖权，符合规定。

（二）关于当事人申请撤销涉港仲裁裁决的期间

《中华人民共和国仲裁法》第 59 条规定，当事人申请撤销裁决的，应当自收到裁决书之日起 6 个月内提出。

就内地仲裁机构作出的涉港仲裁裁决，如果当事人申请撤销，应符合上述期间规定，即应当自收到裁决书之日起 6 个月内提出。

（三）关于撤销涉港仲裁裁决的报告制度

最高人民法院于 1998 年 4 月 23 日印发《关于人民法院撤销涉外仲裁

决有关事项的通知》，就人民法院撤销我国涉外仲裁裁决建立报告制度。根据该通知要求，凡一方当事人按照《中华人民共和国仲裁法》的规定向人民法院申请撤销我国涉外仲裁裁决，人民法院经审查认为涉外仲裁裁决具有《中华人民共和国民事诉讼法》（1991 年 4 月 9 日通过）第 260 条第 1 款规定的情形之一的[1]，在裁定撤销裁决或通知仲裁庭重新仲裁之前，须报请本辖区所属高级人民法院进行审查。如果高级人民法院同意撤销裁决或通知仲裁庭重新仲裁，则应将其审查意见报最高人民法院。待最高人民法院答复后，方可裁定撤销裁决或通知仲裁庭重新仲裁。受理申请撤销裁决的人民法院如认为应予撤销裁决或通知仲裁庭重新仲裁的，应在受理申请后 30 日内报其所属的高级人民法院，该高级人民法院如同意撤销裁决或通知仲裁庭重新仲裁的，应在 15 日内报最高人民法院，以严格执行《中华人民共和国仲裁法》第 60 条的规定[2]。

就撤销涉港仲裁裁决而言，应参照上述撤销涉外仲裁裁决的报告制度执行，即，人民法院审理撤销涉港仲裁裁决案件亦应参照上述规定，执行报告制度。

（四）人民法院撤销涉港仲裁裁决的法定情形

根据最高人民法院 2005 年 12 月《第二次全国涉外商事海事审判工作会议纪要》（法发〔2005〕26 号）的规定，对在我国境内依法成立的仲裁委员会作出的仲裁裁决，人民法院应当根据案件是否具有涉外因素而适用不同的法律条款进行审查。上述仲裁委员会作出的不具有涉外因素的仲裁裁决，按照《中华人民共和国仲裁法》第 5 章 "申请撤销裁决"、第 6 章 "执行" 和

---

〔1〕 1991 年 4 月 9 日通过的《中华人民共和国民事诉讼法》第 260 条第 1 款规定：对中华人民共和国涉外仲裁机构作出的裁决，被申请人提出证据证明仲裁裁决有下列情形之一的，经人民法院组成合议庭审查核实，裁定不予执行：①当事人在合同中没有订有仲裁条款或者事后没有达成书面仲裁协议的；②被申请人没有得到指定仲裁员或者进行仲裁程序的通知，或者由于其他不属于被申请人负责的原因未能陈述意见的；③仲裁庭的组成或者仲裁的程序与仲裁规则不符的；④裁决的事项不属于仲裁协议的范围或者仲裁机构无权仲裁的。

〔2〕《中华人民共和国仲裁法》第 60 条规定：人民法院应当在受理撤销裁决申请之日起 2 个月内作出撤销裁决或者驳回申请的裁定。

《中华人民共和国民事诉讼法》（1991 年 4 月 9 日通过）第 217 条[1]的规定审查；上述仲裁委员会作出的具有涉外因素的仲裁裁决，按照《中华人民共和国仲裁法》第 7 章"涉外仲裁的特别规定"和《中华人民共和国民事诉讼法》（1991 年 4 月 9 日通过）第 28 章[2]的规定进行审查。是否具有涉外因素，应按照最高人民法院《关于贯彻执行〈中华人民共和国民法通则〉若干问题的意见（试行）》第 178 条的规定[3]确定。

根据《中华人民共和国仲裁法》第 70 条的规定，当事人提出证据证明涉外仲裁裁决有 2007 年 10 月 28 日修正的《中华人民共和国民事诉讼法》第 258 条第 1 款规定的情形之一的，经人民法院组成合议庭审查核实，裁定撤销。

2007 年 10 月 28 日修正的《中华人民共和国民事诉讼法》第 258 条第 1 款规定的情形包括：

第 1 种情形，当事人在合同中没有订有仲裁条款或者事后没有达成书面仲裁协议的；

第 2 种情形，被申请人没有得到指定仲裁员或者进行仲裁程序的通知，或者由于其他不属于被申请人负责的原因未能陈述意见的；

第 3 种情形，仲裁庭的组成或者仲裁的程序与仲裁规则不符的；

第 4 种情形，裁决的事项不属于仲裁协议的范围或者仲裁机构无权仲

---

[1] 1991 年 4 月 9 日通过的《中华人民共和国民事诉讼法》第 217 条规定：对依法设立的仲裁机构的裁决，一方当事人不履行的，对方当事人可以向有管辖权的人民法院申请执行。受申请的人民法院应当执行。被申请人提出证据证明仲裁裁决有下列情形之一的，经人民法院组成合议庭审查核实，裁定不予执行：①当事人在合同中没有订有仲裁条款或者事后没有达成书面仲裁协议的；②裁决的事项不属于仲裁协议的范围或者仲裁机构无权仲裁的；③仲裁庭的组成或者仲裁的程序违反法定程序的；④认定事实的主要证据不足的；⑤适用法律确有错误的；⑥仲裁员在仲裁该案时有贪污受贿，徇私舞弊，枉法裁决行为的。人民法院认定执行该裁决违背社会公共利益的，裁定不予执行。裁定书应当送达双方当事人和仲裁机构。仲裁裁决被人民法院裁定不予执行的，当事人可以根据双方达成的书面仲裁协议重新申请仲裁，也可以向人民法院起诉。

[2] 1991 年 4 月 9 日通过的《中华人民共和国民事诉讼法》第 28 章为"仲裁"，属于《中华人民共和国民事诉讼法》第 4 编"涉外民事诉讼程序的特别规定"的一部分。

[3] 最高人民法院《关于贯彻执行〈中华人民共和国民法通则〉若干问题的意见（试行）》第 178 条规定：凡民事关系的一方或者双方当事人是外国人、无国籍人、外国法人的；民事关系的标的物在外国领域内的；产生、变更或者消灭民事权利义务关系的法律事实发生在外国的，均为涉外民事关系。人民法院在审理涉外民事关系的案件时，应当按照《中华人民共和国民法通则》第 8 章的规定来确定应适用的实体法。

裁的。

上述 4 种情形在 1991 年 4 月 9 日通过的《中华人民共和国民事诉讼法》第 260 条第 1 款、2007 年 10 月 28 日修正的《中华人民共和国民事诉讼法》第 258 条第 1 款以及 2012 年 8 月 31 日修正的《中华人民共和国民事诉讼法》第 274 条第 1 款中均有体现，内容相同。

人民法院撤销涉港仲裁裁决应参照适用上述 4 种情形。至于仲裁裁决因违背社会公共利益而被撤销的情形，在实务中需严格把握，谨慎适用。

本案中，香港甲公司认为×××号仲裁裁决在实体处理上严重违法，并以此作为向 B 市中级人民法院申请撤销×××号仲裁裁决的理由之一，不符合人民法院撤销涉港仲裁裁决的法定情形，无法得到法院支持。

此外，须留意的是，根据内地法律规定，人民法院撤销涉外及涉港澳台仲裁裁决的法定情形与撤销非涉外及非涉港澳台仲裁裁决的法定情形存在差异，需准确区分。

（五）人民法院审理申请撤销涉港仲裁裁决案件的审理期限

根据《中华人民共和国仲裁法》第 60 条的规定，人民法院应当在受理撤销裁决申请之日起 2 个月内作出撤销裁决或者驳回申请的裁定。

就人民法院审理申请撤销涉港仲裁裁决案件，应符合上述审限规定，在受理撤销涉港仲裁裁决申请之日起 2 个月内作出撤销裁决或者驳回申请的裁定。

（六）申请撤销涉港仲裁裁决的裁定作出后的相关法律后果

人民法院依法作出的撤销仲裁裁决或驳回当事人申请的裁定是发生法律效力的裁定。

就针对该等裁定进行上诉的问题，根据最高人民法院的相关批复[1]，对人民法院依法作出的撤销仲裁裁决或驳回当事人申请的裁定，当事人无权上诉。

就针对该等裁定申请再审的问题，根据最高人民法院的相关司法解

---

〔1〕《最高人民法院关于人民法院裁定撤销仲裁裁决或驳回当事人申请后当事人能否上诉问题给广西壮族自治区高级人民法院的批复》（1997 年 4 月 23 日）。

释[1]，当事人对人民法院驳回其申请撤销仲裁裁决的裁定不服而申请再审的，人民法院不予受理；根据最高人民法院的相关司法解释[2]，当事人对人民法院撤销仲裁裁决的裁定不服申请再审的，人民法院不予受理。

就针对该等裁定抗诉的问题，根据最高人民法院的相关司法解释[3]，检察机关对发生法律效力的撤销仲裁裁决的民事裁定提起抗诉，没有法律依据，人民法院不予受理；根据最高人民法院的相关司法解释[4]，人民检察院对发生法律效力的不撤销仲裁裁决的民事裁定提出抗诉，没有法律依据，人民法院不予受理。

关于重新仲裁问题，根据《中华人民共和国仲裁法》第61条的规定，人民法院受理撤销裁决的申请后，认为可以由仲裁庭重新仲裁的，通知仲裁庭在一定期限内重新仲裁，并裁定中止撤销程序；仲裁庭拒绝重新仲裁的，人民法院应当裁定恢复撤销程序。涉港仲裁裁决适用上述规定。

此外，根据《中华人民共和国仲裁法》第9条第2款的规定，仲裁裁决被人民法院依法裁定撤销或者不予执行的，当事人就该纠纷可以根据双方重新达成的仲裁协议申请仲裁，也可以向人民法院起诉。在仲裁裁决被人民法院依法裁定撤销或者不予执行后，该规定为有关当事人提供了相应救济手段。对于人民法院作出的撤销涉港仲裁裁决的裁定，适用上述规定，当事人就该纠纷可以根据双方重新达成的仲裁协议申请仲裁，也可以向人民法院起诉。

案例七 请求内地法院不予执行香港仲裁裁决案

本部分对一起请求内地法院不予执行香港仲裁裁决案进行研析。通过本案例，研究被执行人请求内地法院对香港仲裁裁决不予执行的有关法律问题，

---

[1] 《最高人民法院关于当事人对驳回其申请撤销仲裁裁决的裁定不服而申请再审，人民法院不予受理问题的批复》（法释［2004］9号）。

[2] 《最高人民法院关于当事人对人民法院撤销仲裁裁决的裁定不服申请再审人民法院是否受理问题的批复》（法释［1999］6号）。

[3] 《最高人民法院关于人民检察院对撤销仲裁裁决的民事裁定提起抗诉，人民法院应如何处理问题的批复》（法释［2000］17号）。

[4] 《最高人民法院关于人民检察院对不撤销仲裁裁决的民事裁定提出抗诉人民法院应否受理问题的批复》（法释［2000］46号）。

主要涉及《最高人民法院关于内地与香港特别行政区相互执行仲裁裁决的安排》（法释〔2000〕3号）、《中华人民共和国民事诉讼法》及最高人民法院的有关文件。

本案例的基本案情及裁判结果引自中国裁判文书网[1]，有调整。

一、基本案情

在内地 M 省 N 市中级人民法院执行申请执行人 A 公司与被执行人 B 公司、C 公司、D 公司、E 先生股份购买协议纠纷及申请执行人 A 公司与被执行人 E 先生投资者权利协议纠纷案件中，被执行人 C 公司、D 公司、E 先生向 N 市中级人民法院提出书面不予执行申请。

（一）C 公司、D 公司、E 先生的诉求

在中国内地执行香港国际仲裁中心×× 号《仲裁裁决》与××× 号《仲裁裁决》严重违反中国内地社会公共利益，请求法院依照《最高人民法院关于内地与香港特别行政区相互执行仲裁裁决的安排》第 7 条的规定，依法裁定不予执行该 2 份《仲裁裁决》。具体理由如下：

（1）本案"VIE"结构安排违反中国内地强制性法律规范，以合法形式掩盖非法目的，适用中国内地法律应该无效。根据国务院《外商投资电信企业管理规定》和信息产业部《关于加强外商投资经营增值电信业务管理的通知》，外国投资者在我国境内投资经营电信业务，必须设立外商投资电信企业，并申请相应电信业务经营许可证，否则，不得在我国境内投资经营电信业务。另外，根据《商务部实施外国投资者并购境内企业安全审查制度的规定》，外国投资者不得以包括"协议控制"在内的任何方式实质规避外资并购安全审查。故本案"VIE"结构违反中国内地法律关于禁止外国投资者以"协议控制"方式在中国内地经营新媒体广告传媒及增值电信业务的强制性规定，并构成"以合法形式掩盖非法目的"，适用中国内地法律应为无效。

（2）本案"对赌"交易安排损害 B 公司其他众多投资者和债权人的利益，适用中国内地法律应当无效。"对赌协议"作为一种投资工具，在中国内

地法律上仍然不具有合法性。最高人民法院的判例已经明确认定，投资者与公司之间的对赌协议，损害公司及其他股东和债权人利益，依法应当无效。

（3）本案仲裁协议约定适用美国法律，规避中国内地强制性法律规范，执行仲裁裁决将会严重违反中国内地社会公共利益。最高人民法院《关于贯彻执行〈中华人民共和国民法通则〉若干问题的意见（试行）》第194条规定："当事人规避我国强制或者禁止性法律规范的行为，不发生适用外国法律的效力。"《中华人民共和国民法通则》第150条规定："依照本章规定适用外国法律或者国际惯例的，不得违背中华人民共和国的社会公共利益。"《最高人民法院关于内地与香港特别行政区相互执行仲裁裁决的安排》第7条规定："内地法院认定在内地执行香港仲裁裁决违反内地社会公共利益的，可裁定不予执行。"尽管"VIE"结构安排与"对赌"交易行为已经成为一种普遍存在的现象，但是，关于"VIE"安排和"对赌"安排产生的纠纷，即便是发生诉讼或仲裁，一般也都是由当事人自行协商解决，直到目前为止，中国内地法院还没有在中国内地强制执行相关域外仲裁或判决的先例。

（二）申请执行人A公司的诉求

被执行人滥用司法程序，重复对仲裁裁决的可执行性提出异议，违反了一事不再理原则和禁止反言原则，也是对中国法院维护法律尊严、维护当事人合法权益国际形象的严重伤害。N市中级人民法院对香港国际仲裁中心仲裁裁决的执行，不违反中国内地的社会公共利益，故请求法院依法驳回被执行人的申请。具体理由如下：

（1）被执行人已经就本案仲裁裁决是否应该予以执行提出过异议，该异议经N市中级人民法院、M省高级人民法院两审后均已裁定驳回，根据一事不再理原则，被执行人无权再就本案仲裁裁决应否执行提出异议。

（2）被执行人在N市中级人民法院执行局主持的执行和解以及N市中级人民法院异议听证开庭时，均认可该仲裁裁决的合法性，根据禁止反言原则，被执行人不能再对本案仲裁裁决应否执行提出异议。

（3）N市中级人民法院执行香港国际仲裁中心作出的仲裁裁决书不违反内地社会公共利益。具体理由如下：

第一，根据《最高人民法院关于内地与香港特别行政区相互执行仲裁裁决的安排》第 7 条"……内地法院认定在内地执行该仲裁裁决违反内地社会公共利益，……则可不予执行"的规定，被执行人只能就内地法院对该仲裁裁决的执行结果是否违反内地社会公共利益提出异议，而不能就案件的实体问题提出异议。N 市中级人民法院作为执行法院也只能就执行结果是否违反内地社会公共利益进行审查，而不能对实体纠纷处理中的法律适用是否违反社会公共利益进行审查。被执行人提出的主张均已涉及到对案件实体纠纷及其法律适用的处理，属于对案件实体纠纷审理的范围，其异议超越了执行法院的审查范围。

第二，内地法院执行香港仲裁裁决的结果是要求被执行人赔偿因其违约而给 A 公司造成的损失，而不是要求被执行人继续履行投资合同，执行该裁决的结果是对合同信守原则的维护，这一结果不但不违反内地的社会公共利益，反而是对内地社会公共利益的维护。最高人民法院在《关于不予承认日本商事仲裁协会东京 07-11 号仲裁裁决一案的请示的复函》（［2010］民四他字第 32 号）中指出："关于公共政策问题，应仅限于承认仲裁裁决的结果将违反我国的基本法律制度、损害我国根本社会利益情形。"故判断内地法院执行香港仲裁裁决是否违反内地社会公共利益的标准，只能根据执行结果进行判断，而不是根据案件事实判断。

第三，仲裁裁决承认和执行中的社会公共利益认定有其严格含义，不能将其等同于内地的强制性规定。最高人民法院在《关于不予承认日本商事仲裁协会东京 07-11 号仲裁裁决一案的请示的复函》中指出："关于公共政策问题，应仅限于承认仲裁裁决的结果将违反我国的基本法律制度、损害我国根本社会利益情形。"最高人民法院在《关于对海口中院不予承认和执行瑞典斯德哥尔摩商会仲裁院仲裁裁决请示的复函》（［2001］民四他字第 12 号）中指出："对于行政法规和部门规章中强制性规定的违反，并不当然构成对我国公共政策的违反。"因此，判断内地法院执行香港仲裁裁决时要考虑的内地的社会公共利益只能是我国的基本法律制度和根本社会利益。本案被执行人以国务院、信息产业部和商务部的部门规定和通知为据，认为其构成内地的社会公共利益，这一主张是错误的。

（4）N 市中级人民法院执行本案仲裁裁决，是对内地社会公共利益的有力维护。本案纠纷发生后，双方当事人根据合同的约定，向香港国际仲裁中心提请仲裁，双方当事人均到庭参与案件审理，香港国际仲裁中心根据合同和法律作出了合法有效的裁决。香港国际仲裁中心在国际上久负盛名，其裁决为许多国家所认可和执行。N 市中级人民法院对该仲裁裁决的执行体现了中国法院对于契约神圣、有约必守、诚实信用等法律基本原则和公共利益的维护，也树立了中国法院维护法律尊严、尊重国际仲裁机构裁决的正面形象，维护了中国的社会公共利益。

（三）被执行人 B 公司未作书面答辩

（四）法院查明的事实

2012 年 12 月 19 日，香港国际仲裁中心作出××号及×××号 2 份裁决书，裁决由 C 公司、D 公司、E 先生等相关方支付给 A 公司赔偿金等款项。

根据《最高人民法院关于内地与香港特别行政区相互执行仲裁裁决的安排》（法释〔2000〕3 号），A 公司向 N 市中级人民法院申请强制执行××号及×××号 2 份仲裁裁决，N 市中级人民法院于 2013 年 8 月 9 日立案，8 月 12 日，N 市中级人民法院依法作出 2 份执行裁定书，裁定冻结（划拨）被执行人应当履行义务部分的存款，或者查封（扣押、冻结）其相应财产。

2014 年 3 月 1 日，被执行人 C 公司、D 公司、E 先生提出书面异议。2014 年 3 月 31 日，N 市中级人民法院经审查后作出执行裁定书，依法驳回 C 公司、D 公司、E 先生的异议请求。三异议人不服，向 M 省高级人民法院申请复议，2014 年 6 月 12 日 M 省高级人民法院作出执行裁定书，依法驳回三异议人的复议申请。

二、裁判结果

（一）法院认定

香港国际仲裁中心作出的××号及×××号 2 份裁决书是要求被执行人就违反有关协议对申请执行人 A 公司承担赔偿责任，并非要求被执行人与申请执行人继续履行有关协议。N 市中级人民法院依据《最高人民法院关于内地与香港特别行政区相互执行仲裁裁决的安排》规定立案强制执行 2 份仲裁裁决，要求被执行人承担违约赔偿责任符合我国奉行的契约神圣、诚实信用等法律基本原则和公共利益。被执行人主张本案涉及"VIE"结构安排和"对赌协议"、违反了国务院《外商投资电信企业管理规定》和信息产业部《关于加强外商投资经营增值电信业务管理的通知》及《商务部实施外国投资者并购境内企业安全审查制度的规定》，故符合《最高人民法院关于内地与香港特别行政区相互执行仲裁裁决的安排》第7条"内地法院认定在内地执行香港仲裁裁决违反内地社会公共利益的，可裁定不予执行"的规定，应裁定不予执行。但根据最高人民法院《关于对海口中院不予承认和执行瑞典斯德哥尔摩商会仲裁院仲裁裁决请示的复函》"对于行政法规和部门规章中强制性规定的违反，并不当然构成对我国公共政策的违反"的精神，本案是否涉及"VIE"结构安排和"对赌协议"，是否违反国务院、信息产业部及商务部等部门规章，并不当然构成违反我国公共利益。故被执行人主张本案存在"内地法院认定在内地执行香港仲裁裁决违反内地社会公共利益的，可裁定不予执行"的情况，证据不足，不予支持。

（二）法院裁定

依照《中华人民共和国民事诉讼法》第154条第1款第11项、《最高人民法院关于内地与香港特别行政区相互执行仲裁裁决的安排》第7条之规定，N市中级人民法院裁定如下：

驳回C公司、D公司、E先生不予执行香港国际仲裁中心作出的××号及×××号裁决书的请求。

本裁定送达后立即生效。

三、案例评析

本案例是在《最高人民法院关于内地与香港特别行政区相互执行仲裁裁决的安排》项下有关申请执行人向内地法院申请执行香港国际仲裁中心所作仲裁裁决而有关被执行人向内地法院申请不予执行该等裁决，内地法院经审查作出裁定的案件。以下，对本案涉及的相关程序问题以及内地法院审查本案时就"内地社会公共利益"的把握尺度进行评析。

（一）本案涉及的相关程序问题

1. 关于管辖法院

根据《最高人民法院关于内地与香港特别行政区相互执行仲裁裁决的安排》，对于在香港特别行政区按照香港特别行政区《仲裁条例》所作出的裁决，如果一方当事人不履行，而需要在内地执行该裁决的，另一方当事人可以向被申请人住所地或者财产所在地的中级人民法院申请执行。本案中，被申请人 B 公司、C 公司、D 公司、E 先生的住所地均在内地 M 省 N 市，因此，由 N 市中级人民法院行使执行有关仲裁裁决的管辖权符合《最高人民法院关于内地与香港特别行政区相互执行仲裁裁决的安排》（法释〔2000〕3 号）的规定。而 C 公司、D 公司、E 先生提出不予执行有关裁决的申请，由 N 市中级人民法院对此进行审查处理，亦符合《最高人民法院关于内地与香港特别行政区相互执行仲裁裁决的安排》。

2. 关于执行异议

本案中，A 公司向 N 市中级人民法院申请强制执行 2 份仲裁裁决，就 N 市中级人民法院作出的执行裁定书，被执行人 C 公司、D 公司、E 先生提出书面异议，N 市中级人民法院经审查，裁定驳回 C 公司、D 公司、E 先生的异议请求；此后，三异议人向 M 省高级人民法院申请复议，M 省高级人民法院作出裁定，依法驳回三异议人的复议申请。

根据《最高人民法院关于内地与香港特别行政区相互执行仲裁裁决的安排》，有关法院接到申请人执行仲裁裁决的申请后，应当按执行地法律程序处理及执行。本案中，N 市中级人民法院收到 A 公司强制执行 2 份仲裁裁决的申请后，根据内地法律进行处理。《中华人民共和国民事诉讼法》第 225 条赋予了当事人、利害关系人提出执行异议的权利，即，当事人、利害关系人认为执行行为违反法律规定的，可以向负责执行的人民法院提出书面异议。当事人、利害关系人提出书面异议的，人民法院应当自收到书面异议之日起 15 日内审查，理由成立的，裁定撤销或者改正；理由不成立的，裁定驳回。当事人、利害关系人对裁定不服的，可以自裁定送达之日起 10 日内向上一级人民法院申请复议。本案中，被执行人根据上述规定，行使了提出执行异议权及申请复议权。

3. 关于内地法院所作驳回不予执行仲裁裁决请求之裁定

N 市中级人民法院对本案进行审查后，作出裁定，驳回 C 公司、D 公司、E 先生不予执行香港国际仲裁中心作出的××号及×××号裁决书的请求。该裁定送达后立即生效。

根据《中华人民共和国民事诉讼法》第 154 条第 1 款第 11 项，裁定的适用范围还包括：其他需要裁定解决的事项。本案中，驳回 C 公司、D 公司、E 先生不予执行香港国际仲裁中心××号及×××号裁决书请求之事宜属于其他需要裁定解决的事项，因此，N 市中级人民法院以裁定的形式作出。

根据《中华人民共和国民事诉讼法》第 154 条第 2 款之规定，除不予受理、对管辖权有异议、驳回起诉的裁定可以上诉外，其他裁定不准上诉。另根据《中华人民共和国民事诉讼法》第 155 条之规定，依法不准上诉的裁定是发生法律效力的裁定。因此，本案中，N 市中级人民法院所作的上述裁定不准上诉，在送达后立即生效。

（二）对"内地社会公共利益"的把握尺度

《最高人民法院关于内地与香港特别行政区相互执行仲裁裁决的安排》第 7 条将内地法院认定在内地执行有关仲裁裁决违反内地社会公共利益作为可不予执行该裁决的情形之一。本案中，各方当事人就香港国际仲裁中心的 2 份仲裁裁决是否违反内地社会公共利益观点对立，是本案的主要争议焦点。

《最高人民法院关于内地与香港特别行政区相互执行仲裁裁决的安排》并未对"内地社会公共利益"作出定义，亦未明确其所涵盖的范围，因此，内地法院在审查过程中如何把握和认定于内地执行有关仲裁裁决是否违反内地社会公共利益，存在一定程度的自由裁量空间和不确定性。

在内地，对于社会公共利益的研究和讨论，是法学界多年来所关注的议题，通过研讨，进一步加深了对于这一问题的理解以及对于这一问题重要性的认识。在实务领域，最高人民法院针对涉及承认及执行外国仲裁裁决的若干案件有相关复函，其中包含对于内地社会公共利益的相关阐释。法学界和最高人民法院围绕社会公共利益议题，从不同角度所作的努力，相互促进，有助于凝聚共识，从而更准确地把握和认定社会公共利益的实质。

最高人民法院在针对涉及承认及执行外国仲裁裁决的若干案件的复函中

对内地社会公共利益问题的相关阐释，可以作为内地法院根据《最高人民法院关于内地与香港特别行政区相互执行仲裁裁决的安排》认定于内地执行有关在香港按香港《仲裁条例》所作出的仲裁裁决是否违反内地社会公共利益的参照标准。

比如，最高人民法院在《关于不予承认日本商事仲裁协会东京 07-11 号仲裁裁决一案的请示的复函》中指出："关于公共政策问题，应仅限于承认仲裁裁决的结果将违反我国的基本法律制度、损害我国根本社会利益情形。"参照上述精神，可将"内地社会公共利益"理解为：内地社会公共利益系指内地的基本法律制度以及内地的根本社会利益。

又如，最高人民法院在《关于对海口中院不予承认和执行瑞典斯德哥尔摩商会仲裁院仲裁裁决请示的复函》中指出："对于行政法规和部门规章中强制性规定的违反，并不当然构成对我国公共政策的违反。"对此，可以参照理解为：对内地行政法规和部门规章中强制性规定的违反，并不当然构成违反内地社会公共利益。

再如，最高人民法院在《关于 ED&F 曼氏（香港）有限公司申请承认和执行伦敦糖业协会仲裁裁决案的复函》（〔2003〕民四他字第 3 号）中指出："……违反我国法律的强制性规定不能完全等同于违反我国的公共政策。"就此，可以参照解读为：对内地法律强制性规定的违反，不能完全等同于违反内地社会公共利益。

此外，最高人民法院在《关于 GRD Minproc 有限公司申请承认并执行瑞典斯德哥尔摩商会仲裁院仲裁裁决一案的请示的复函》（〔2008〕民四他字第 48 号）中指出："不能以仲裁实体结果是否公平合理作为认定承认和执行仲裁裁决是否违反我国公共政策的标准。承认和执行本案所涉仲裁裁决并不构成对我国社会根本利益、法律基本原则或者善良风俗的违反。"对于上述阐释，可以理解为：内地社会公共利益包含内地的社会根本利益、法律基本原则、善良风俗，不能根据仲裁裁决的实体结果是否公平合理作为认定承认和执行有关仲裁裁决是否违反内地社会公共利益的标准。

除上述外，最高人民法院在《关于舟山中海粮油工业有限公司申请不予执行香港国际仲裁中心仲裁裁决一案的请示报告的复函》（〔2009〕民四他字第 2 号）中指出："……该批货物符合进境检验检疫要求，不在禁止入境的货物之列。此外，并无证据表明案涉货物会带来严重的安全卫生问题，也不存在有损公众健康的事实。因此，执行香港国际仲裁中心的仲裁裁决并不违反社会公共利益。"该复函所指案件属于适用《最高人民法院关于内地与香港特别行政区相互执行仲裁裁决的安排》的案件，虽然该复函并未正面阐释"内地社会公共利益"的含义，但可从另一角度加深对"内地社会公共利益"的理解。

从不同视角、不同侧面对内地社会公共利益内涵及外延的勾勒及刻画，对在司法实践中准确认定《最高人民法院关于内地与香港特别行政区相互执行仲裁裁决的安排》项下于内地执行香港仲裁裁决是否违反内地社会公共利益具有重要意义。

通过以上多维度的阐释，可以认为，"内地社会公共利益"至少应有以下含义：内地社会公共利益包括内地的基本法律制度、法律基本原则、内地的根本社会利益、善良风俗；对内地法律、行政法规和部门规章中强制性规定的违反，并不当然构成违反内地社会公共利益；认定承认、认可和执行有关仲裁裁决是否违反内地社会公共利益并不以仲裁裁决的实体结果是否公平合理作为标准。此外，公共安全卫生及公众健康问题属于社会公共利益范畴。

但是，鉴于"社会公共利益"这一概念意蕴丰富、高度复杂，内地法院在《最高人民法院关于内地与香港特别行政区相互执行仲裁裁决的安排》项下以及涉及《承认及执行外国仲裁裁决公约》、认可和执行澳门特别行政区、台湾地区仲裁裁决的实务领域，对于适用违反社会公共利益进而不予承认、不予认可、不予执行有关域外仲裁裁决时须特别谨慎，从严掌握，避免任何扩大化的理解，坚决杜绝滥用。

案例八　申请内地法院认可香港法院命令案

本部分对一起申请内地法院认可香港法院命令案进行研析。通过本案例，研究请求内地法院对香港法院命令予以认可的有关法律问题，主要涉及最高人民法院《关于内地与香港特别行政区法院相互认可和执行当事人协议管辖的民商事案件判决的安排》（法释〔2008〕9号）、《中华人民共和国民事诉讼法》等相关规定。

本案例的基本案情及判决结果引自中国裁判文书网[1]，有调整。

一、基本案情

香港甲公司于 2011 年 4 月 8 日向内地 T 省 N 市中级人民法院提出申请，要求认可香港特别行政区高等法院×××××××/××××法院命令在中国内地的法律效力。

内地 T 省 N 市中级人民法院于 2011 年 9 月 13 日作出（2011）N 中法民三初字第×号民事裁定，认为，香港特别行政区高等法院×××××××/××××法院命令已在香港特别行政区生效，该命令不违反我国法律的基本原则或者国家主权、安全、社会公共利益。据此，根据《中华人民共和国民事诉讼法》（2007 年 10 月 28 日修正）第 266 条之规定[2]，裁定认可香港特别行政区高等法院×××××××/××××法院命令在中国内地的法律效力。

T 省 N 市中级人民法院作出的上述（2011）N 中法民三初字第×号民事裁定已发生法律效力。后经 T 省 N 市中级人民法院审判委员会讨论决定，于 2014 年 11 月 28 日作出（2014）N 中法立民监字第×号民事裁定，裁定再审该案。T 省 N 市中级人民法院依法另行组成合议庭审理该案。

T 省 N 市中级人民法院再审查明，香港甲公司于 1980 年在香港依据香港《公司条例》注册成为有限公司，注册编号为×××××。2007 年 3 月 14 日，香港甲公司将持有的 T 省乙公司 45% 股权无偿转让给香港丙公司；2007 年 8 月 6 日办理了工商变更登记。

2008 年 4 月 30 日，香港特别行政区高等法院原讼法庭根据香港甲公司的债权人某银行的呈请，经聆讯后作出编号为 YYYYYY/××××号由法院清盘的

---

〔1〕 网址：http://wenshu.court.gov.cn/.

〔2〕《中华人民共和国民事诉讼法》（2007 年 10 月 28 日修正）第 266 条规定：人民法院对申请或者请求承认和执行的外国法院作出的发生法律效力的判决、裁定，依照中华人民共和国缔结或者参加的国际条约，或者按照互惠原则进行审查后，认为不违反中华人民共和国法律的基本原则或者国家主权、安全、社会公共利益的，裁定承认其效力，需要执行的，发出执行令，依照本法的有关规定执行。违反中华人民共和国法律的基本原则或者国家主权、安全、社会公共利益的，不予承认和执行。

命令，下令香港甲公司清盘。

2009年4月24日，香港特别行政区高等法院原讼法庭作出编号为YYYYYY/××××号由法院命令委任清盘人的命令，下令委任2位人士为香港甲公司的共同及各别清盘人。

2010年5月26日，香港特别行政区高等法院公司法庭根据香港甲公司（清盘中）的申请，就香港甲公司诉香港丙公司、某自然人民事诉讼案件经聆讯后作出编号为××××××/××××的法院命令，下令及宣布：根据于2007年3月14日所签订的股权转让协议，将T省乙公司45%股权由香港甲公司（清盘中）转让到香港丙公司的转让交易被裁定作废；香港甲公司（清盘中）有权恢复于T省乙公司45%股权合法拥有人的身份或地位，并可向香港丙公司索偿自转让协议日起香港丙公司就上述股权已收取的股息或收入；一旦香港甲公司（清盘中）未能登记为T省乙公司45%股权合法拥有人，基于普通法及/或任何衡平法之损失，香港甲公司（清盘中）可向香港丙公司索偿经评估之损失。

二、裁判结果

（一）法院认定

T省N市中级人民法院再审认为，香港甲公司申请认可香港特别行政区高等法院××××××/××××法院命令，因涉案香港特别行政区法院命令不属于《最高人民法院关于内地与香港特别行政区法院相互认可和执行当事人协议管辖的民商事案件判决的安排》规定的可以相互认可和执行的民事判决范围，故该案不能适用该安排规定。《中华人民共和国民事诉讼法》（2007年10月28日修正）第266条是对承认和执行外国法院判决的规定，亦不能适用于对该案所涉香港特别行政区法院命令的认可与执行。故该院做出的（2011）N中法民三初字第×号民事裁定，裁定认可申请内容的效力，适用法律不当，实体处理错误，再审应予撤销。原审申请人请求对涉案香港特别行政区法院命令予以认可缺乏法律依据，应予以驳回。

（二）法院裁定

经该院审判委员会讨论决定，依据《最高人民法院关于内地与香港特别行政区法院相互认可和执行当事人协议管辖的民商事案件判决的安排》（法释[2008] 9 号）第 1 条和《最高人民法院关于适用〈中华人民共和国民事诉讼法〉的解释》第 407 条第 2 款之规定，T 省 N 市中级人民法院作出（2015）N中法民再初字第×号裁定如下：①撤销该院（2011）N 中法民三初字第×号民事裁定；②驳回香港甲公司请求认可香港特别行政区高等法院××××××/××××法院命令的法律效力的申请。

案件申请费 500 元，由香港甲公司负担。

如不服该裁定，则可以在收到裁定书之日起 30 日内，通过该院向 T 省高级人民法院申请复议，也可以直接向 T 省高级人民法院申请复议。

三、案例评析

本案例是在《最高人民法院关于内地与香港特别行政区法院相互认可和执行当事人协议管辖的民商事案件判决的安排》项下有关申请内地法院认可香港高等法院命令的案件。自内地与香港签署的《关于内地与香港特别行政区法院相互认可和执行当事人协议管辖的民商事案件判决的安排》实施后，由于该安排的适用范围、适用条件等多方面因素的影响，实务中，根据该安排申请认可和执行有关判决的案件并不常见，因此，有关案例更具研究价值。

以下，对本案涉及的相关程序问题以及《最高人民法院关于内地与香港特别行政区法院相互认可和执行当事人协议管辖的民商事案件判决的安排》的适用进行评析。

（一）本案涉及的相关程序问题

1. 关于本案的管辖

根据《最高人民法院关于内地与香港特别行政区法院相互认可和执行当事人协议管辖的民商事案件判决的安排》对于认可和执行符合该安排规定的民商事判决的管辖法院的规定，在内地应向被申请人住所地、经常居住地或者财产所在地的中级人民法院提出认可和执行有关判决的申请。在本案中，香港甲公司向 T 省 N 市中级人民法院提出申请，要求认可香港特别行政区高等法院的法院命令，但并未向 T 省 N 市中级人民法院提出执行该法院命令的申请。

依据前述基本案情及裁判结果，本案的被申请人应为香港丙公司，其注册地为香港，其主要办事机构所在地亦无证据显示位于 T 省 N 市；而香港丙公司作为法人，经常居住地的概念并不适用于香港丙公司；关于被申请人财产所在地，本案涉及的财产主要为香港丙公司名下的 T 省乙公司 45% 股权，可合理推断，T 省乙公司应位于 T 省 N 市。据此，仅就管辖而言，香港甲公司向 T 省 N 市中级人民法院提出认可申请，并无不当。

2. 关于《中华人民共和国民事诉讼法》（2007 年 10 月 28 日修正）第266 条

本案中，香港甲公司系于 2011 年 4 月 8 日向 T 省 N 市中级人民法院提出认可香港特别行政区高等法院之法院命令的申请，T 省 N 市中级人民法院作出（2011）N 中法民三初字第×号民事裁定的时间是 2011 年 9 月 13 日。在该期间，适用的是《中华人民共和国民事诉讼法》（2007 年 10 月 28 日修正），其第 266 条规定："人民法院对申请或者请求承认和执行的外国法院作出的发生法律效力的判决、裁定，依照中华人民共和国缔结或者参加的国际条约，或者按照互惠原则进行审查后，认为不违反中华人民共和国法律的基本原则或者国家主权、安全、社会公共利益的，裁定承认其效力，需要执行的，发出执行令，依照本法的有关规定执行。违反中华人民共和国法律的基本原则或者国家主权、安全、社会公共利益的，不予承认和执行。"该条规定载于该法第 4 编"涉外民事诉讼程序的特别规定"的第 28 章"司法协助"，适用于涉外民事诉讼，是对承认和执行外国法院判决、裁定的规定，属于国际民商事司法协助范畴；而本案涉及的是对香港特别行政区法院命令的认可，属于内地与香港之间区际民商事司法协助范畴。因此，该条规定不能适用于本案。

3. 关于本案涉及的审判监督程序

审判监督程序的启用，是本案在程序方面另一值得关注之处。

针对香港甲公司于 2011 年 4 月 8 日向 T 省 N 市中级人民法院提出认可香港特别行政区高等法院×××××××/××××法院命令的申请，T 省 N 市中级人民法院曾于 2011 年 9 月 13 日作出（2011）N 中法民三初字第×号民事裁定，认可香港特别行政区高等法院×××××××/××××法院命令在中国内地的法律效力。

在 T 省 N 市中级人民法院作出的上述（2011）N 中法民三初字第×号民事

裁定发生法律效力后，经 T 省 N 市中级人民法院审判委员会讨论决定，启动审判监督程序，于 2014 年 11 月 28 日作出（2014）N 中法立民监字第×号民事裁定，对该案进行再审。

根据《中华人民共和国民事诉讼法》（2012 年 8 月 31 日修正）第 198 条第 1 款的规定，各级人民法院院长对本院已经发生法律效力的判决、裁定、调解书，发现确有错误，认为需要再审的，应当提交审判委员会讨论决定。

上述规定在本案中得以适用，即，经 T 省 N 市中级人民法院审判委员会讨论决定，对本案进行再审，其适用的前提条件是：（2011）N 中法民三初字第×号民事裁定已经发生法律效力；T 省 N 市中级人民法院院长发现（2011）N 中法民三初字第×号民事裁定确有错误；T 省 N 市中级人民法院院长认为需要对本案进行再审；T 省 N 市中级人民法院院长将再审建议提交 T 省 N 市中级人民法院审判委员会。

T 省 N 市中级人民法院裁定再审本案后，依法另行组成合议庭审理本案，与《中华人民共和国民事诉讼法》（2012 年 8 月 31 日修正）第 207 条第 2 款"人民法院审理再审案件，应当另行组成合议庭"的规定一致。

经再审，T 省 N 市中级人民法院作出（2015）N 中法民再初字第×号裁定。

4. 关于本案裁定的救济方式

通过再审，T 省 N 市中级人民法院作出了（2015）N 中法民再初字第×号裁定，该裁定撤销了该院（2011）N 中法民三初字第×号民事裁定，驳回香港甲公司请求认可香港特别行政区高等法院××××××/××××法院命令的法律效力的申请。

就上述（2015）N 中法民再初字第×号裁定，根据《中华人民共和国民事诉讼法》（2012 年 8 月 31 日修正）第 154 条的规定，除不予受理的裁定、对管辖权有异议的裁定、驳回起诉的裁定可以上诉外，其他裁定不准上诉，因此，当事人就上述（2015）N 中法民再初字第×号裁定不准上诉。根据《最高人民法院关于内地与香港特别行政区法院相互认可和执行当事人协议管辖的民商事案件判决的安排》第 12 条"当事人对认可和执行与否的裁定不服的，在内地可以向上一级人民法院申请复议，在香港特别行政区可以根据其法律规定提出上诉"的规定,在内地,如果当事人不服认可和执行与否的裁定,则可以向上一级人民法院申请复议,以此作为救济方式。本案中,当事人如不服(2015)N 中法民再初字第×号裁定,可以选择向上一级人民法院申请复议的救济方式。

此外,如前所述,审判监督程序可以作为纠错的另一途径。

(二)关于《最高人民法院关于内地与香港特别行政区法院相互认可和执行当事人协议管辖的民商事案件判决的安排》的适用

在《中华人民共和国民事诉讼法》(2007 年 10 月 28 日修正)第 266 条不适用于本案的情况下,《最高人民法院关于内地与香港特别行政区法院相互认可和执行当事人协议管辖的民商事案件判决的安排》能否适用于本案即成为本案的焦点问题。

根据《最高人民法院关于内地与香港特别行政区法院相互认可和执行当事人协议管辖的民商事案件判决的安排》第 1 条的规定,只有内地人民法院和香港特别行政区法院在具有书面管辖协议的民商事案件中作出的须支付款项的具有执行力的终审判决,当事人才可以根据该安排向内地人民法院或者香港特别行政区法院申请认可和执行。

就本案而言,香港甲公司申请 T 省 N 市中级人民法院认可的香港特别行政区高等法院×××××××/××××法院命令的内容主要为:将 T 省乙公司 45%股权由香港甲公司(清盘中)转让到香港丙公司的交易作废;香港甲公司(清盘中)有权恢复其于 T 省乙公司 45%股权合法拥有人的身份或地位,并可向香港丙公司索偿自转让协议日起香港丙公司就上述股权已收取的股息或收入;如果香港甲公司(清盘中)未能登记为 T 省乙公司 45%股权合法拥有人,基于普通法及/或任何衡平法之损失,香港甲公司(清盘中)可向香港丙公司索偿经评估之损失。通过对该法院命令进行分析,可以得出以下判断:

1. 关于该法院命令的效力

T 省 N 市中级人民法院在 2011 年 9 月 13 日作出的(2011)N 中法民三初字第×号民事裁定中认定,香港特别行政区高等法院×××××××/××××法院命令已在香港特别行政区生效。在没有相反证据足以推翻上述认定的情况下,应当确认香港特别行政区高等法院×××××××/××××法院命令已在香港特别行政区生效。根据《最高人民法院关于内地与香港特别行政区法院相互认可和执行当事人协议管辖的民商事案件判决的安排》，"具有执行力的终审判决"在香港特别行政区是指终审法院、高等法院上诉法庭及原讼法庭和区域法院作出的生效判决，而判决在香港特别行政区包括判决书、命令和诉讼费评定证明书。因此，香港特别行政区高等法院××××××/××××法院命令应属于《最高人民法院关于内地与香港特别行政区法院相互认可和执行当事人协议管辖的民商事案件判决的安排》项下"具有执行力的终审判决"。

2. 关于书面管辖协议

根据本案的基本案情及裁判结果，并无证据显示香港特别行政区高等法院审理的××××××/××××法院命令项下之案件的当事人之间已经达成符合《最高人民法院关于内地与香港特别行政区法院相互认可和执行当事人协议管辖的民商事案件判决的安排》规定的书面管辖协议，即自该安排生效之日起，当事人之间以书面形式明确约定的香港特别行政区法院对香港特别行政区高等法院××××××/××××法院命令项下之案件具有唯一管辖权的协议。

3. 关于案件性质

就香港特别行政区高等法院审理的××××××/××××法院命令项下之案件的性质，鉴于该案件系基于 2007 年 3 月 14 日所签订的股权转让协议这一民商事合同所产生的争议，该法院命令的核心是确定 T 省乙公司 45% 股权的归属，因此，其应属于"民商事案件"。

4. 关于支付款项

在本案中，香港特别行政区高等法院××××××/××××法院命令中有关内地的部分主要是将香港甲公司（清盘中）登记为 T 省乙公司 45% 股权合法拥有人。就此部分，与 T 省乙公司的商务主管部门及公司登记机关密切相关，涉及 T 省乙公司 45% 股权拥有人的恢复。至于香港特别行政区高等法院××××××/××××法院命令中的其他内容（香港甲公司（清盘中）可向香港丙公司索偿自转让协议日起香港丙公司就 T 省乙公司 45% 股权已收取的股息或收入；如果香港甲公司（清盘中）未能登记为 T 省乙公司 45% 股权合法拥有人，则基于普通法及/或任何衡平法之损失，香港甲公司（清盘中）可向香港丙公司索偿经评估之损失），在香港丙公司于内地除 T 省乙公司 45% 股权外并无其他可供执行的财产的情况下，与内地并无关联。因此，《最高人民法院关于内地与香港特别行政区法院相互认可和执行当事人协议管辖的民商事案件判决的安排》所要求的有关判决须为"支付款项"的判决在本案中体现的并不明显，具有争议性。

基于上述分析和判断，就《最高人民法院关于内地与香港特别行政区法院相互认可和执行当事人协议管辖的民商事案件判决的安排》第1条所规定的有关判决获认可和执行的不可或缺的必备4要素"具有执行力的终审判决"、"书面管辖协议"、"民商事案件"、"支付款项"，在本案中，"书面管辖协议"可能并不存在，是否具有"支付款项"的内容存在疑问。因此，如果本案所涉香港特别行政区高等法院××××××××/××××法院命令不能满足《最高人民法院关于内地与香港特别行政区法院相互认可和执行当事人协议管辖的民商事案件判决的安排》第1条的要求，则该法院命令无法获得内地法院认可。

第二章

香港有关案例研析

本章选择了香港的 8 个案例进行剖析，从程序法到实体法均有涉及。就案例的选取方向，主要聚焦于重大法律原则以及热点法律问题；就案例的选取范围，部分案例属于内地与香港跨境商事争议，部分案例虽非内地与香港跨境商事争议，但因其对两地跨境商事争议的研究与解决具有借鉴意义，故加以选取。

案例一　关于国家豁免权的刚果民主共和国案

本部分研析 1 家名为 FG Hemisphere Associates LLC 的美国公司向香港法院申请强制执行 2 项针对刚果民主共和国及其他方的国际仲裁裁决的案件，本案涉及国家豁免权原则在香港特别行政区的司法实践。

本案例的基本案情、全国人民代表大会常务委员会的解释和判决结果的内容主要来自于香港终审法院民事上诉 2010 年第 5~7 号判决书[1]以及关于《全国人民代表大会常务委员会关于〈中华人民共和国香港特别行政区基本法〉第 13 条第 1 款和第 19 条的解释（草案）》的说明及《全国人民代表大会常务委员会关于〈中华人民共和国香港特别行政区基本法〉第 13 条第 1 款和第 19 条的解释》[2]。

一、基本案情

扎伊尔共和国（其后国名恢复为刚果民主共和国）和 1 家南斯拉夫公司

---

〔1〕　(2011) 14 HKCFAR 95 和 (2011) 14 HKCFAR 395.

〔2〕　资料来源于中国人大网，网址：http://www.npc.gov.cn/.

协议在刚果发展水利工程项目，并为此签订了 2 份贷款协议，其中约定了国际商会的仲裁条款。刚果民主共和国未按贷款协议还款，南斯拉夫公司遂于 2001 年分别在巴黎和苏黎世提起仲裁并得到了 2 份裁定刚果民主共和国及其他方须向其支付大额赔偿的仲裁裁决。刚果民主共和国没有履行仲裁裁决。2004 年 11 月，南斯拉夫公司将 2 份仲裁裁决下的本金和利息利益转让给 1 家名为 FG Hemisphere Associates LLC 的美国基金公司（"FG 公司"）。FG 公司在比利时、百慕大和南非进行强制执行仲裁裁决并讨回了部分拖欠的款项。

2008 年 4 月，中国中铁股份有限公司（"中铁公司"）于香港联合交易所平台发出公告，指出中铁公司的母公司及中国水利水电建设集团公司已与刚果民主共和国订立合作协议。依据合作协议，1 家刚果民主共和国国有采矿公司与中铁公司的附属公司及其他方订立了 1 份联营协议。根据联营协议，中铁公司的附属公司将支付 2.21 亿美元给刚果民主共和国，作为在刚果民主共和国的 1 项采矿工程计划的部分准入费。

得悉此事后，FG 公司向香港法院申请并取得批准对刚果民主共和国强制执行仲裁裁决及临时禁制令，禁制中铁公司的附属公司向刚果民主共和国支付 1.04 亿美元的准入费及禁制刚果民主共和国从中铁公司的附属公司收取该笔款项。与此同时，FG 公司也向香港法院申请以衡平法执行方式委任接管人，接管该笔准入费以支付仲裁裁决下的欠款。

2008 年 7 月，刚果民主共和国向香港法院申请将有关强制执行令和禁制令予以作废，并提出刚果民主共和国在香港享有绝对国家豁免权（absolute immunity），即刚果民主共和国作为一个国家，在香港法院拥有免于被起诉的权利。香港高等法院原讼法庭接受刚果民主共和国的豁免声请，同意其所涉交易属非商业性质，因此有限度国家豁免（restrictive immunity）原则不适用。FG 公司提出上诉，香港高等法院上诉法庭推翻原讼法庭的裁决，认为在中国中央人民政府对香港恢复行使主权前，香港的普通法是实行有限度国家豁免原则。根据《中华人民共和国香港特别行政区基本法》第 8 条，有限度国家豁免原则适用于本案。不同于原讼法庭的是，香港高等法院上诉法庭认为所涉及交易属商业性质，因此，国家豁免原则不适用。刚果民主共和国不服，上诉至香港终审法院。

在上述香港诉讼期间，刚果民主共和国多次通过外交渠道向中国政府提出交涉。鉴于案件涉及国家主权和中央人民政府的外交权力，经授权，外交部通过驻香港特派员公署向香港特别行政区政府政制及内地事务局先后发出3封函件，说明中央人民政府关于国家豁免问题的立场，指出中国一贯坚持的国家豁免原则并且统一适用于全国，包括香港特别行政区；香港特别行政区如果实行与中央立场不一致的国家豁免原则将对国家主权造成损害等。上述函件均由香港特别行政区政府律政司司长作为证据转交香港特别行政区法院。

香港终审法院审判庭要决定的是，香港法院应采用有限度国家豁免原则，还是绝对国家豁免原则。在有限度国家豁免原则下，如果涉案交易纯为商业性的，则有关外国国家并不享有被起诉和财产被强制执行的豁免权；然而，在绝对国家豁免原则下，不论涉案交易或财产的性质是否属商业性质，有关外国国家于任何事务上皆享有一切被起诉和财产被强制执行的豁免权。

鉴于案件涉及对《中华人民共和国香港特别行政区基本法》关于中央人民政府管理的事务及中央和香港特别行政区关系条款的解释，按照《中华人民共和国香港特别行政区基本法》第158条第3款的规定，香港终审法院有责任在作出终局判决前提请全国人民代表大会常务委员会解释《中华人民共和国香港特别行政区基本法》第13条第1款和第19条。在全国人民代表大会常务委员会对《中华人民共和国香港特别行政区基本法》有关条款作出解释后，香港终审法院将依据全国人民代表大会常务委员会的解释作出最终判决。

同时，香港终审法院审判庭认为，《中华人民共和国香港特别行政区基本法》第158条第3款容许香港终审法院就将提请全国人大常委会作出解释的《中华人民共和国香港特别行政区基本法》条款的诠释作出初步的意见。为此，香港终审法院审判庭作出初步意见如下：在香港适用的国家豁免原则为绝对国家豁免原则。①国家豁免原则是一个国家对另一国家的外交事宜。②《中华人民共和国香港特别行政区基本法》清楚规定，如果在香港适用的普通法规则与《中华人民共和国香港特别行政区基本法》不一致，则《中华人民共和国香港特别行政区基本法》推翻有关的普通法规则。根据《中华人民共和国香港特别行政区基本法》第13条，外交事务只由中央人民政府负责管理；香港特别行政区法院无能力设计或给予一个与中央人民政府采用的国家豁免原则不一样的国家豁免原则。因此，普通法的国家豁免原则须依照《中华人民共和国香港特别行政区基本法》第160条规定的程序进行相应的修改。③因为国家豁免原则源自有关行使国家司法权的主权性质及所有国家之间是平等的基本国际原则，香港终审法院审判庭的初步结论是，中央人民政府对适用于香港法院的国家豁免规则的决定应正确地视为《中华人民共和国香港特别行政区基本法》第19条第3款所指的有关外交的"国家行为"。香港特别行政区法院对此并无管辖权。

在假设绝对国家豁免原则适用的情形下，香港终审法院审判庭认为刚果民主共和国参与了仲裁程序并不构成放弃国家豁免权。仲裁协议只是刚果民主共和国与仲裁协议的另一方之间的1份合同，并不涉及刚果民主共和国与另一国家之间的任何关系。刚果民主共和国可能因未能履行承诺而违反与另一方所订立的合同，但却不会因此而使刚果民主共和国必须接受另一国家的司法管辖。

香港终审法院审判庭认为，FG公司如欲以刚果民主共和国放弃行使国家豁免权为由进行强制执行程序，其需要证明刚果民主共和国在以下两个阶段皆清楚表明放弃行使国家豁免权：①在FG公司向香港法院申请给予批准强制执行裁决的阶段（该申请批准程序亦称为强制执行中的"承认"阶段），刚果民主共和国不但参与强制执行程序，且没有以国家豁免权为由反对香港法院对其行使司法管辖；但是，在本案中，刚果民主共和国确以国家豁免权为由反对香港法院对其行使司法管辖。②如果FG公司成功获得香港法院批准，仲裁裁决便可如香港法院判决一样在香港强制执行，为此，就刚果民主共和国在香港可供执行的财产，FG公司还要向法院申请强制执行，在此阶段，刚果民主共和国仍可以国家豁免权为由反对香港法院的强制执行管辖。

2011年6月8日，香港终审法院作出临时判决，裁定香港特别行政区应遵循中央人民政府决定采取的绝对国家豁免规则，刚果民主共和国享有国家豁免，香港法院对刚果民主共和国无司法管辖权。按照《中华人民共和国香港特别行政区基本法》第158条第3款的规定，香港终审法院提请全国人民代表大会常务委员会解释以下四个问题：

第一个问题，根据《中华人民共和国香港特别行政区基本法》第13条第1款的真正解释，中央人民政府是否有权力决定中华人民共和国的国家豁免规则或政策。

第二个问题，如有此权力的话，根据《中华人民共和国香港特别行政区基本法》第13条第1款和第19条的真正解释，香港特别行政区（包括香港特别行政区的法院）是否有责任援用或实施中央人民政府根据《中华人民共和国香港特别行政区基本法》第13条第1款所决定的国家豁免规则或政策；或反之，可随意偏离中央人民政府根据《中华人民共和国香港特别行政区基本法》第13条第1款所决定的国家豁免规则或政策，并采取一项不同的规则。

第三个问题，中央人民政府决定国家豁免规则或政策是否属于《中华人民共和国香港特别行政区基本法》第19条第3款第1句中所说的"国防、外交等国家行为"。

第四个问题，香港特别行政区成立后，《中华人民共和国香港特别行政区基本法》第13条第1款、第19条和香港作为中华人民共和国的特别行政区的地位，对香港原有（即1997年7月1日之前）的有关国家豁免的普通法（如果这些法律与中央人民政府根据《中华人民共和国香港特别行政区基本法》第13条第1款所决定的国家豁免规则或政策有抵触）所带来的影响，是否令到这些普通法法律，须按照《中华人民共和国香港特别行政区基本法》第8条和第160条及于1997年2月23日根据《中华人民共和国香港特别行政区基本法》第160条作出的《全国人民代表大会常务委员会关于根据〈中华人民共和国香港特别行政区基本法〉第160条处理香港原有法律的决定》的规定，在适用时作出必要的变更、适应、限制或例外，以确保关于这方面的普通法符合中央人民政府所决定的国家豁免规则或政策。

二、全国人民代表大会常务委员会的解释

2011年8月26日，第十一届全国人民代表大会常务委员会第二十二次会议通过《全国人民代表大会常务委员会关于〈中华人民共和国香港特别行政区基本法〉第13条第1款和第19条的解释》，其主要内容为：

1. 关于香港特别行政区终审法院提请解释的第一个问题

依照《中华人民共和国宪法》第 89 条第 9 项的规定，国务院即中央人民政府行使管理国家对外事务的职权，国家豁免规则或政策属于国家对外事务中的外交事务范畴，中央人民政府有权决定中华人民共和国的国家豁免规则或政策，在中华人民共和国领域内统一实施。基于上述，根据《中华人民共和国香港特别行政区基本法》第 13 条第 1 款关于"中央人民政府负责管理与香港特别行政区有关的外交事务"的规定，管理与香港特别行政区有关的外交事务属于中央人民政府的权力，中央人民政府有权决定在香港特别行政区适用的国家豁免规则或政策。

2. 关于香港特别行政区终审法院提请解释的第二个问题

依照《中华人民共和国香港特别行政区基本法》第 13 条第 1 款和本解释第 1 条的规定，中央人民政府有权决定在香港特别行政区适用的国家豁免规则或政策；依照《中华人民共和国香港特别行政区基本法》第 19 条和本解释第 3 条的规定，香港特别行政区法院对中央人民政府决定国家豁免规则或政策的行为无管辖权。因此，香港特别行政区法院在审理案件时遇有外国国家及其财产管辖豁免和执行豁免问题，须适用和实施中央人民政府决定适用于香港特别行政区的国家豁免规则或政策。基于上述，根据《中华人民共和国香港特别行政区基本法》第 13 条第 1 款和第 19 条的规定，香港特别行政区，包括香港特别行政区法院，有责任适用或实施中央人民政府决定采取的国家豁免规则或政策，不得偏离上述规则或政策，也不得采取与上述规则或政策不同的规则。

3. 关于香港特别行政区终审法院提请解释的第三个问题

国家豁免涉及一国法院对外国国家及其财产是否拥有管辖权，外国国家及其财产在一国法院是否享有豁免，直接关系到该国的对外关系和国际权利与义务。因此，决定国家豁免规则或政策是一种涉及外交的国家行为。基于上述，《中华人民共和国香港特别行政区基本法》第 19 条第 3 款规定的"国防、外交等国家行为"，包括中央人民政府决定国家豁免规则或政策的行为。

4. 关于香港特别行政区终审法院提请解释的第四个问题

依照《中华人民共和国香港特别行政区基本法》第 8 条和第 160 条的规

定，香港原有法律只有在不抵触《中华人民共和国香港特别行政区基本法》的情况下才予以保留。根据《全国人民代表大会常务委员会关于根据〈中华人民共和国香港特别行政区基本法〉第160条处理香港原有法律的决定》第4条的规定，采用为香港特别行政区法律的香港原有法律，自1997年7月1日起，在适用时，应作出必要的变更、适应、限制或例外，以符合中华人民共和国对香港恢复行使主权后香港的地位和《中华人民共和国香港特别行政区基本法》的有关规定。香港特别行政区作为中华人民共和国一个享有高度自治权的地方行政区域，直辖于中央人民政府，必须执行中央人民政府决定的国家豁免规则或政策。香港原有法律中有关国家豁免的规则必须符合上述规定才能在1997年7月1日后继续适用。基于上述，根据《中华人民共和国香港特别行政区基本法》第13条第1款和第19条的规定，依照《全国人民代表大会常务委员会关于根据〈中华人民共和国香港特别行政区基本法〉第160条处理香港原有法律的决定》采用为香港特别行政区法律的香港原有法律中有关国家豁免的规则，从1997年7月1日起，在适用时，须作出必要的变更、适应、限制或例外，以符合中央人民政府决定采取的国家豁免规则或政策。

三、判决结果

根据《全国人民代表大会常务委员会关于〈中华人民共和国香港特别行政区基本法〉第13条第1款和第19条的解释》，香港终审法院于2011年9月8日就FG公司在香港追讨刚果民主共和国欠款一案作出最终判决，裁定中央人民政府所采用的绝对国家豁免原则适用于香港特别行政区，因此，香港对刚果民主共和国无司法管辖权。

四、案例评析

关于中国目前实行的国家豁免规则或政策，全国人民代表大会常务委员会法制工作委员会副主任李飞在关于《全国人民代表大会常务委员会关于〈中华人民共和国香港特别行政区基本法〉第13条第1款和第19条的解释（草案）》的说明中明确：中国坚持奉行国家豁免这一维护国家间关系正常发展的重要法律原则，即我国法院不管辖、实践中也从未处理以外国国家为被告或针对外国国家财产的案件；同时，中国也不接受外国法院对以中国国家为被告或针对中国国家财产的案件享有管辖权。中国采取的这种国家豁免立场，通常被称为"绝对豁免"。中国的国家豁免立场，体现在中国政府对外正式声明和实践之中，这是一个法律事实，并为国际社会所广泛了解。在国与国之间实行国家豁免的实践中，有些国家对国家豁免规定了例外情况，把国家的商业活动和用于商业活动的财产等排除在国家豁免的范围之外，这种做法通常被称为"限制豁免"。2005 年 9 月 14 日，中国签署了《联合国国家及其财产管辖豁免公约》，该公约在赋予外国国家及其财产管辖豁免和执行豁免的同时，对国家豁免规定若干例外，把国家的商业活动和用于商业活动的财产等排除在国家豁免的范围之外。但该公约尚未生效，中国全国人民代表大会常务委员会也未批准该公约，目前中国仍然实行一贯坚持的国家豁免规则和政策。

就本案而言，其重要意义在于确立了中央人民政府采用的绝对国家豁免原则适用于香港，且香港必须适用或实施中央人民政府决定的国家豁免规则或政策，不得偏离。由于目前中央人民政府就国家豁免采取绝对豁免原则，因此，在香港被起诉的国家均可提出绝对国家豁免权，以排除香港法院的司法管辖权。

从跨境商事活动的视角考察本案，在一方当事人为外国国家的跨境商事活动中，作为另一方当事人的一般商事主体，可从本案中得到以下启示：

第一，根据《全国人民代表大会常务委员会关于〈中华人民共和国香港特别行政区基本法〉第 13 条第 1 款和第 19 条的解释》，香港特别行政区，包括香港特别行政区法院，有责任适用或实施中央人民政府决定采取的国家豁免规则或政策，不得偏离上述规则或政策，也不得采取与上述规则或政策不同的规则。

目前，中国实行的是"绝对豁免"的国家豁免规则和政策，香港作为中国的一个特别行政区，包括香港法院，亦适用绝对豁免规则；如果日后中国的国家豁免规则改为"限制豁免"，届时，香港，包括香港法院，亦应与中央人民政府一致，适用限制豁免规则。

因此，一般商事主体应密切留意中国的国家豁免政策以及日后的变化（如发生），以应对与外国国家进行跨境商事活动相关风险的可能的动态变化。

第二，在跨境商事活动中，如拟在合同中约定以诉讼方式解决合同争议，则应确定拟选择的司法管辖区域不是采用绝对国家豁免规则，否则，即有可能出现本案的结果：即使外国国家违反合同，但因绝对国家豁免规则的适用，守约方无法在约定的法院提起诉讼。

第三，如果判决或仲裁裁决的败方为外国国家，但其资产是位于采用绝对国家豁免原则的司法管辖区，则判决或仲裁裁决可能因为败方主张绝对国家豁免权而无法予以强制执行。因此，一般商事主体应考虑在交易条款协商阶段要求该外国国家提供位于采用有限度国家豁免原则的国家或地区的财产作为担保，以保障其合法权益。

第四，在跨境商事合同中，特别是在跨境融资协议中，实务中较为常见的明示条款是一方或各方同意就司法管辖、诉讼和财产强制执行等方面放弃依赖国家豁免权，但考虑到香港终审法院在本案中对证明刚果民主共和国放弃行使国家豁免权所必须满足的条件的设定，上述协议条款恐难以构成有效的对国家豁免权的放弃。就此，作为与外国国家进行交易的一般商事主体须有必要的预判。

案例二　关于皇室豁免权的华天龙案

本案是香港主权回归祖国后首宗关于中华人民共和国政府部门在香港被民事起诉时是否能以普通法的皇室豁免权原则免被起诉的案件，引发了广泛关注，本部分对本案例进行研析。

本案例的基本案情及判决结果来源于香港高等法院原讼法庭的判决[1]。

一、基本案情

本案的原告人 Intraline Resources Sdn Bhd 是 1 家马来西亚的公司；被告

---

〔1〕　[2010] 3 HKLRD 611.

人是交通运输部广州打捞局，其拥有 1 艘名为"华天龙"号的打捞起重工程船。

原告人提出，原告人与被告人订有合约，协议由被告人提供"华天龙"号予原告人，为原告人的离岸钻油工程提供服务；但被告人未履行合约，却将"华天龙"号派至他方服务，致使原告人蒙受损失。为此，原告人入禀香港高等法院原讼法庭，向被告人申索过亿美元民事赔偿，并要求法院行使海事对物司法管辖权扣押"华天龙"号。

"华天龙"号于 2008 年 4 月应香港政府请求在香港水域打捞乌克兰沉船期间被香港法院扣押。被告人曾尝试要求香港法院将其扣押令撤销但未能成功。同年 5 月底，被告人在香港高等法院上诉法庭以超过 1.2 亿美元的金额作为保释金使"华天龙"号获释。

2008 年 7 月，被告人向香港法院提交抗辩书及反申索书。其后，各方积极参与诉讼程序，包括就案件提交了有关文件披露的文件清单和交换证人证词等。1 年多后，被告人于 2009 年 10 月发传票申述其有豁免被起诉权，此为本案的主要争议点。

被告人向香港法院提出，根据 3 个香港普通法下的豁免原则，香港法院对其不能行使司法管辖权。该 3 个豁免原则为国家豁免权原则、由加拿大案例归纳出的经修改的国家豁免权原则以及皇室豁免权原则。原告人反对被告人的观点，认为国家豁免权原则或经修改的国家豁免权原则并不适用。至于皇室豁免权原则，原告人认为该豁免权并不存在于主权回归中国后的香港普通法内，因为皇室豁免权原则已为 1957 年制定的《官方法律程序条例》（香港法例第 300 章）所修改。

二、判决结果

香港高等法院原讼法庭裁定，皇室豁免权仍存在于香港普通法中并适用于回归后的中国中央人民政府，但由于被告人积极参与法律程序，且延误了 1 年多才提出皇室豁免权作为抗辩，故法庭裁定被告人的行为构成放弃皇室豁免权。以下讨论判决理由。

（一）被告人能否以国家豁免权原则或经修改的国家豁免权原则作为抗辩从而使香港法院无法对被告人实行司法管辖权？

1. 国家豁免权

香港高等法院原讼法庭指出国家豁免权只适用于为外地主权国家的被告人。国家豁免的基础为各国相互承认对方为平等主权国，一国不会对另一国行使司法管辖权。

本案被告人，即"华天龙"号的船东，是隶属于国家交通运输部的交通运输部广州打捞局，而最终船东是中华人民共和国中央人民政府。在香港回归后实行"一国两制"的前提下，中央人民政府不是一个"外地主权国家"，因此，国家豁免权原则不适用于本案。

2. 经修改的国家豁免权

本案被告人尝试援用加拿大案例建立一个经修改的国家豁免原则。此原则的概念是由于香港作为中国的一个特别行政区，它跟中华人民共和国中央人民政府能各自行使自己的经修改的国家豁免权。

加拿大案例建立的经修改的国家豁免权是指国家豁免权适用于一个国家内的各个联邦省政府。当一个联邦省的政府在另一个省的法庭被控诉时，该被告省政府能援用国家豁免权从而令法庭不能对其行使司法管辖。

该系列的加拿大案例源自英国上诉法院在 *Mellenger v. New Brunswick Development Corp*[1] 一案中的判决。在判决中，英国法院裁定加拿大新布蓝兹维省（New Brunswick）政府能于英国法院享有国家豁免权，基础是加拿大宪法列明各联邦省政府在皇室下享有自主和独立。因新布蓝兹维省政府是一个享有自主权利的省政府，所以其有权援用"国家豁免权"。

本案主审法官并不同意有关案例的法理基础，并引用一些支持相反法理的加拿大案例，指出被告人援用 *Mellenger v. New Brunswick Development Corp* 加拿大案例混淆了国家豁免权及皇室豁免权原则。国家豁免权是基于各国平等的原则，不能强迫一个国家接受另外一个国家法院的司法管辖权，因此，国家豁免权只适用于一个外地主权国家，而不是一个国家内的各个联邦省政府。联邦省政府只能援用皇室豁免权而使另一个联邦省的法院不能对该省政府实

---

[1] [1971] 2 All ER 593.

行司法管辖权。

此外，本案主审法官还援用《中华人民共和国香港特别行政区基本法》第 1 条及第 12 条，指出香港是中华人民共和国不可分离的部分，为享有高度自治权的地方行政区域，直辖于中央人民政府。故此，香港跟中央人民政府同属一个国家，国家豁免权在原则上并不适用于本案，其无论如何修改亦不符合香港作为中国"不可分离的部分"的事实。

（二）普通法下的皇室豁免权原则在香港主权回归后是否仍存在于香港法律中？如果皇室豁免权原则仍为香港法律的一部分，皇室豁免权的使用权是否于香港回归祖国后由英国皇室转至中国中央人民政府？

皇室豁免权为普通法下的法律原则，源自英国皇室对统治者与被统治的人民之间的不平等概念，认为统治者不会犯过。[1] 除非明文规定或透过必要的默示，否则，皇室不须受法规所约束，并享有司法豁免权。

于香港主权回归前，《官方法律程序条例》（香港法例第 300 章）容许向香港殖民地政府就某些民事诉讼提出申诉。本案原告人律师向法庭呈述《官方法律程序条例》（香港法例第 300 章）消除了普通法下的皇室豁免权原则。不过，本案主审法官认为，即使在香港回归祖国前，《官方法律程序条例》（香港法例第 300 章）并没有容许向英国皇室或英国政府进行民事诉讼，而香港法庭从没有法理基础挑战英国皇室及英国政府的行政决定。因此，《官方法律程序条例》（香港法例第 300 章）并没有消除香港普通法下的皇室豁免权原则。

香港回归祖国后，中华人民共和国中央人民政府取代英国政府拥有对香港的主权。因此，中华人民共和国及中央人民政府享有皇室豁免权。

由于本案被告人"华天龙"号船东为隶属于国家交通运输部的交通运输部广州打捞局，而最终船主是中央人民政府，因此，被告人在理论上能提出皇室豁免权而使香港法院不能就本案行使司法管辖权。

（三）如中央人民政府在香港法律下能行使皇室豁免权，"皇室"的定义是否包括中央人民政府行政部门成立的法人团体？而本案被告人是否被包含于"皇室"的定义中？

在普通法下，"皇室"的定义由统治者及其主权政府扩展至由其行政部门

---

〔1〕 英文原文为"The sovereign can do no wrong"。

成立的商业法人团体。至于一个特定的由主权政府成立的商业法人团体是否"皇室"的一部分，传统有 2 个法理上的检测。第一是功能检测，法庭会检视该法人团体的执行宗旨及功能是否属于国家功能。第二是控制权检测，法庭会考虑皇室能否控制该法人团体，即该法人团体是否能独立行使自身的权力。本案主审法官认为应以控制权检测为主要考虑因素，功能检测作为辅助。

于本案中，主审法官考虑了以下因素以决定被告人交通运输部广州打捞局为"皇室"的一部分：

第一，交通运输部广州打捞局并没有股东，由国家交通运输部控制；交通运输部广州打捞局为国家事业单位，直属国家交通运输部。

第二，交通运输部广州打捞局并非由国有资产监督管理委员会成立。

第三，根据国家交通运输部的陈述书，交通运输部广州打捞局只是管有及使用由中央人民政府配予的资产，其无权处置有关资产，也没有拥有资产或独立能力承担民事法律责任。

因此，交通运输部广州打捞局并非国有企业，其营业执照上的公司名称只为交通运输部广州打捞局的替代名称。虽然交通运输部广州打捞局能执行非政府机构的私人项目，但此仅为补足其营运基金所需。另外，内地有关部门规定，对于超过人民币 300 万元的项目，交通运输部广州打捞局需要申报，由此证明交通运输部广州打捞局的财政并非独立，而是由国家交通运输部控制。在控制权检测下，被告人在财政或实质功能上均未能独立行使自身的权利，而是由中央人民政府控制。

（四）被告人是否已接受香港法院管辖并放弃行使皇室豁免权？

本案主审法官裁定被告人于本案的行为应被视为已经接受香港法院管辖并放弃行使皇室豁免权。

首先，在香港法院于 2008 年 4 月聆讯被告人要求撤销"华天龙"号扣押令的申请时，被告人在其向法院提交的日期为 2008 年 4 月 30 日的论据提纲中曾提及被告人保留日后提出国家豁免权的权利。本案主审法官认为，不管怎样，从 2008 年 4 月 30 日起，交通运输部广州打捞局已经知悉在法律上其有权提出豁免权的可能性，且经其与国家交通运输部的联系，中央人民政府的最高层应有同样的知悉。

其次，国家交通运输部于2010年2月的补充声明中，指示交通运输部广州打捞局须行使其国家豁免权或皇室豁免权，并说明国家交通运输部在此之前并不知悉关于这些豁免特权的香港法律规定。对此，本案主审法官认为没有证据证明补充声明的作者是谁，也没有证据说明为何这么迟才提出豁免申请。在考虑过本案的相关事实证据后，本案主审法官认为有关中央政府部门或官员在较早前已知悉可以提出豁免权的可能性高于不可能性。但无论如何，可以清楚地看到的是，至交通运输部广州打捞局以豁免权为由提出管辖异议申请时，交通运输部广州打捞局已经作出决定，对本案的实体问题进行答辩或回应，如主动参与整个法律程序，包括提交反申索书。本案主审法官认为，交通运输部广州打捞局的这些行为已构成放弃依赖豁免权。另外，本案主审法官注意到，即使如被告人所述其只是于2008年12月才得知能援用有关豁免权，但被告人延误了近1年才向香港法院及原告人提出援用豁免权；因此，香港高等法院原讼法庭认为，被告人这样的延误及积极参与相关法律程序应被视为放弃依赖豁免权。

三、案例评析

虽然"华天龙"案关于豁免权的争议仅有香港高等法院原讼法庭的判决，但其引发热议，影响深远。在该判例未被取代的情况下，其所体现的皇室豁免权原则在香港回归祖国后的适用，尤其值得关注。

（一）该案例确立了皇室豁免权于香港主权回归祖国后在香港的法律地位

虽然皇室豁免权就其名称而言似乎只适用于香港回归祖国前的英国皇室及英国政府，但"华天龙"案的上述判决无疑确立了该普通法原则适用于中国中央人民政府，中央人民政府的有关部门及由其控制的相关单位均可在香港法院被控诉时适时提出引用皇室豁免权原则。

从"华天龙"案的交易性质来看，不论是中央人民政府有关部门或由其控制的相关单位是以主权身份参与交易，还是纯粹从商业交易角度进行交易，中央人民政府或由其控制的相关单位似乎均可以通过适时提出皇室豁免权而使香港法院不能对其行使司法管辖权。

有鉴于此，在商事活动中，如果一方当事人是中央人民政府有关部门或由其控制的相关单位，对于另一方当事人而言，其可能会倾向于尝试采用选择外国的法院或仲裁方式处理有关民事争议。但是，在采用上述方法前需考虑：①按照拟选择的法院的当地法律，该法院是否能对相关当事人就有关案件行使管辖权，以及可采取何种行动使拟选择的法院能够有效行使管辖权（例如，在协议中明确规定某地法院的管辖权条款）；②如欲采用明示的法院管辖权条款，则需考虑该条款能否为相关当事人接受；③如果约定有关争议在香港进行仲裁，需要考虑在仲裁过程中如须向香港法院寻求与仲裁程序有关的济助，则皇室豁免权原则可能适用，从而影响法院程序；④由于中央人民政府或由其控制的相关单位可于香港法院提出引用皇室豁免权，因此，另一方当事人即使取得于己有利的仲裁裁决，但仍然存在无法于香港法院强制执行有关仲裁裁决的可能性。

（二）商事活动中有关尽职审查的重要性

内地某政府机构或由其控制的相关单位能否成功引用皇室豁免权取决于该机构或单位在控制及/或功能上是否属于国家中央政府的一部分。商事活动当事人在与内地政府机构或由其控制的相关单位进行合作前，有关当事人应进行尽职审查，了解该机构或单位是否有自主权，是否能独立行使自身权利。由于本案主审法官曾指出，即使某机构能于某一项目中独立行使自身权利，但并不意味着其亦能于其他项目中保持独立执行能力。因此，尽职审查的内容应针对具体合作项目进行设计和确定。

根据"华天龙"案，商事活动当事人在考虑尽职审查的范畴时，以下内容可供参考：①有关机构或单位是否有股东或者分发任何已缴足股款的股本；②有关机构或单位的资金来源，用以了解其财政是否独立；③有关机构或单位是否直属于某一中央人民政府部门或其事业单位；④有关机构或单位是否由国有资产监督管理机构出资设立，由于国有资产监督管理机构负有履行出资人职责的职能，因此，由国有资产监督管理委员会出资设立的主体倾向于具有独立管理能力；⑤有关机构或单位是否能够对其资产行使法人财产权，并有足够独立能力承担民事法律责任；⑥有关机构或单位的资产位于何处。

虽然"华天龙"案主审法官着重以控制权检测确定该案被告人能否行使皇室豁免权，但就一般意义而言，尽职审查亦应包含功能检测项目，例如，审阅有关机构或单位章程文件所列的其宗旨及功能以及查阅任何（如有）成立该机构或单位的相关法律条文或规定，以了解其功能是否属于政府的传统或独特功能。

（三）考虑为商事活动购买保险以降低风险

鉴于皇室豁免权的适用之可能性，在商事活动中，如一方当事人可能享有皇室豁免权，则合作双方可考虑为有关合作项目购买适当保险。在一方当事人无法履行合作协议项下的责任时，另一方当事人所遭受的损失可从保险赔偿中获得弥补，从而避免通过法律程序处理争议。

（四）注意何种行为会被视为放弃皇室豁免权

从另一角度研究，当内地政府机构或由其控制的相关单位于香港法院被民事起诉时，假定其拥有皇室豁免权，则需注意其哪些行为将会被视为放弃皇室豁免权。在"华天龙"案中，交通运输部广州打捞局因为积极参与相关法律程序，特别是提出反申索，而被香港高等法院原讼法庭认定放弃皇室豁免权。

在考虑被告人的行为是否应被视为构成放弃皇室豁免权时，香港法院会深入审视被告人于整个案件中的活动，其中包括在诉讼程序中被告人律师向法庭提出的陈词及论据提纲。因此，内地政府机构或由其控制的相关单位如欲依赖皇室豁免权，其应尽快在香港法院的法律程序中正式提出有关主张，并不应就案件的实体争议审理作出参与行为。

案例三　涉及不得重提争议点原则案

香港回归祖国后，在"一国两制"原则之下，内地与香港作为一国之内的两个不同法域，实行不同的法律制度。在涉及两地的跨境商事争议中，区际管辖权冲突以及法律适用是经常需要面对的问题。本部分所述案例即涉及内地与香港的区际管辖权冲突，出现了平行诉讼的情况，原告人在香港提起诉讼，被告人在内地起诉；当香港诉讼进程慢于内地，香港法院尚未判决时，最高人民法院已针对内地诉讼作出终审判决；此外，本案的审理过程也存在关于法律适用的不同观点；最后，香港终审法院根据不得重提争议点原则及其他原则，决定采纳内地最高人民法院就有关争议点的判决观点。本部分对该案进行研析。

本案例的基本案情、判决结果来源于香港终审法院的判决[1]。

一、基本案情

原告人甲公司是 1 家于澳门注册的公司。被告人乙公司是 1 家在香港注册的公司，系内地某省政府的驻港"窗口公司"。

甲公司欲与乙公司合资发展生产非线性晶体业务，并于 1996 年 12 月签订一系列协议，其中与本案密切相关的协议是甲公司与乙公司签署的 1 份股权转让协议，本案中，甲公司即以该股权转让协议为依据向乙公司索偿。

该股权转让协议约定，甲公司以港币 2000 万元从乙公司旗下购入内地丙公司及丁公司各 51% 的股权，该股权转让协议未约定法律适用条款。其后，乙公司同意将丙公司和丁公司各 51% 的股权转到双方成立的合资公司名下。

甲公司按该股权转让协议条款完成相关付款，丁公司的 51% 股权于 1997 年 3 月转到合资公司名下，但丙公司的 51% 股权则未转让，原因不仅是由于丙公司的董事会未通过该转让股权的协议，亦是由于丙公司的注册资本尚未缴足，故未向内地有关政府部门申请转让。

1998 年 5 月后，甲乙双方对合资股权事宜发生分歧。2000 年 1 月 12 日，乙公司对甲公司表示其是丙公司 100% 权益的法定拥有人，并实际上控制丙公司，因此，其有全权将丙公司转让。2000 年 2 月 29 日，在未经甲公司同意的情况下，乙公司将其持有的丙公司全部股权以 6000 万美元转让给 1 家第三方美国公司，乙公司亦无意将股权转让所得与甲公司分享。

甲公司于 2001 年在香港高等法院原讼法庭展开本案诉讼。而乙公司则在内地某省高级人民法院展开诉讼，主张该股权转让协议及其他有关合资业务的合同无效。甲乙双方均尝试阻止对方的法律行动但无果。

---

〔1〕 （2012）15 HKCFAR 569。

乙公司提起的内地诉讼的进程快于香港本案的诉讼进程。内地某省高级人民法院以及最高人民法院分别于 2003 年及 2004 年作出一审及二审判决，判定该股权转让协议受内地法律管辖，并认定该股权转让协议无效。最高人民法院认为在签署该股权转让协议时，丙公司及丁公司分别为外资企业及中外合资企业，该等公司的相关重大变更必须取得有关政府部门的批准；因未取得有关批准，该股权转让协议无效。

在香港，香港高等法院原讼法庭判定香港法律是该股权转让协议的适用法律。根据香港法律，甲公司缴付全部款项后已对丙公司及丁公司的 51% 股权享有衡平法上的权益（equitable interest），乙公司因此是以法律构定的信托人（constructive trustee）的身份为甲公司持有有关股权。当乙公司未有向内地有关政府部门申请转让有关股权及向第三方转让有关股权时，乙公司已构成违约，甲公司有权以所有权权利（proprietary right）追讨赔偿。

乙公司不服香港高等法院原讼法庭的判决提出上诉。香港高等法院上诉法庭接纳上诉并推翻原讼法庭判决。上诉法庭判定，由于最高人民法院已作出判决，认定该股权转让协议受内地法律管辖及该股权转让协议无效，根据不得重提争议点原则（issue estoppel），香港法院不能在同一问题上作出其他判决；即使假设不得重提争议点原则不适用，上诉法庭认为按照普通法的法律冲突（conflict of laws）原则，其亦会判定内地法律为该股权转让协议的适用法律，根据内地法律，该股权转让协议因未获得有关政府部门批准属于无效。无辜方可获得的两种救济方式是恢复原状和过错方赔偿损失。上诉法庭聆讯时，就恢复原状，乙公司提出将甲公司之前支付给乙公司的港币 2000 万元以及利息退还给甲公司以及放弃要求甲公司返还丁公司的股权和派息；如果甲公司不接受该方案，则返还问题会发还原讼法庭依据内地法律决定。

二、判决结果

甲公司不服香港高等法院上诉法庭的判决，上诉至香港终审法院。香港终审法院驳回甲公司的上诉。

香港终审法院的主要判决理由及解析如下：

（一）不得重提争议点原则

1. 不得重提争议点原则概述

根据普通法，如果对案件具有司法管辖权的外国法院对案情的争议点已颁布最终及不可推翻（final and conclusive）的判决，则在相同的诉讼方于香港就相同的争议点展开诉讼的情况下，该外国判决对香港的诉讼具有决定性的效力，[1] 该原则称为不得重提争议点原则。该原则的确立理据在于诉讼须有终止之时的公众利益考虑，而且如果同样争议产生多于一次的诉讼，对任何一方均将造成困扰和金钱负担。

由于不得重提争议点原则涉及外国判决，因此，香港法院引用该原则时会非常谨慎，特别是考虑到香港法院并不熟悉外国法律，确定某争议点是否已由外国法院作出最终决定并不容易。该原则在香港的适用至少应符合以下三点：①香港法院的诉讼与外国判决涉及相同的诉讼方及相同的争议点；②该外国判决是具有司法管辖权的外国法院所作出的判决；③该外国判决是最终及不可推翻的，并且是关于实体案情（on the merits）而非程序上的争论。

另须注意的是，如欲适用该原则，必须查明有关争议点确实已由外国法院作出认定或有关争议点的认定是外国判决依据之一，而不仅仅是附带意见。另外，还需考虑如果香港法院裁定被告人不得再辩论同一争议点是否将造成极之不公的情况，原因在于如果外国判决涉及的是微不足道的事项，则要求被告人在外国抗辩可能不切实际。

如果主张适用该原则的一方当事人能成功证明上述内容，则香港法院将会采纳外国法院就相同争议点所作的判决。

2. 不得重提争议点原则在本案的适用

香港终审法院认为，香港及内地虽然属于同一个国家，但从法律冲突角度而言，两地属于不同法域，因此，最高人民法院的判决对于香港法院而言属于外国判决。

就香港法院的诉讼与最高人民法院的判决均涉及相同的诉讼方问题，双方并没有争议。就不得重提争议点应符合的其他要求，香港终审法院认为，

---

[1] *Carl Zeiss Stiftung v Rayner & Keeler Ltd* [1967] 1 AC 853.

鉴于甲公司于该内地进行的诉讼中进行了抗辩，表明甲公司愿意接受内地法院的司法管辖，因此，最高人民法院是对本案具有司法管辖权的外国法院；最高人民法院的判决明确说明其是对适用法律及合同有效性两个争议点作出的判决，与本案争议点相同；最高人民法院处理的该诉讼并非是微不足道的诉讼，最高人民法院的判决就适用法律及合同有效性问题的判决是关于实体案情的判决，且属最终及不可推翻的判决。

香港终审法院指出，尽管有案例显示法院针对适用法律作出的决定未必是最终及不可推翻的，但这主要是指法院在非正审申请［例如根据《高等法院规则》（香港附属法例第 4A 章）第 11 号命令第 1（d）(iii) 条作出的域外送达申请］中所作出的决定，而最高人民法院对于适用法律的判决是在正式审理后作出的，因此，是最终及不可推翻的判决。

根据以上各项，香港终审法院认为不得重提争议点原则适用于本案，因此，采纳最高人民法院的判决，认定该股权转让协议受内地法律管辖并宣布该协议无效。

（二）关于合同的适用法律（proper law of contract）

1. 概述

普通法在考虑合同的适用法律时将可能出现的情况分为三类：[1]

（1）如果合同各方明示地选择了合同的适用法律，且该选择是真诚及合法的，则该法律为合同的适用法律。

（2）如果合同各方未明示选择合同的适用法律，则法庭须审视所有有关该合同的事实以决定合同各方有无隐含地选择合同的适用法律。

（3）如果合同各方就适用法律没有作出任何明示或隐含地选择，则法院会客观衡量何地法律与该合同中的交易有最密切及最真实联系（closest and most real connection）；法院在衡量时，会客观地考虑案件中所有事实与某地的因素，例如，合同的签署地、合同的履行地、争议双方的居住地、双方在何

---

[1] *Chitty on Contracts* (32ⁿᵈ ed.), vol. 1, para. 30-005, Sweet & Maxwell Ltd. 及 Thomson Reuters (Professional) UK Ltd., 2015.

地进行业务、合同的性质、标的及标准条款等等。[1]

2. 本案中合同的适用法律

香港终审法院的意见是，即使不考虑不得重提争议点原则，仅根据普通法确定该股权转让协议的适用法律，其结论亦会是该股权转让协议应受内地法律管辖。理由如下：

香港终审法院认为香港高等法院原讼法庭未对该股权转让协议的标的及履行地给予充分考虑。该股权转让协议只是甲乙双方合资关系的其中一部分，主要内容是在内地进行生产活动并于内地所设立之公司的股权转让。普通法对合同的预定履行地点尤其重视，而本案中唯一可履行该股权转让协议的地点就是内地；更重要的是，该股权转让协议项下交易涉及国有资产，有关股权的转让必须先得到内地有关政府部门批准；且甲乙双方了解该情况并同意委托内地律师处理有关交易。因此，即使不考虑不得重提争议点原则，但由于内地法律与该股权转让协议项下之交易有最密切及最真实的联系，根据普通法亦会认定该股权转让协议受内地法律管辖。

（三）关于本案其他争议点

1. 合同无效情况下的补救措施

根据内地法律专家的意见，香港终审法院指出，内地法律下合同无效的补救措施有恢复原状及过错方赔偿损失 2 种。甲公司并未根据内地法律要求赔偿损失，而是根据香港法律主张乙公司以法律构定的信托人身份为甲公司持有丙公司的 51% 股权或其出售收益，并据此以所有权权利提出赔偿索。

根据普通法，即使合同所适用的法律中没有法律构定信托（constructive trusteeship）的概念，但如果根据该适用法律，被告人所承担的义务使其负有交出所得收益的责任，则法院在对该适用法律下的实体权利给予补救时，可判被告人作为构定的信托人负有法律责任。本案中，乙公司在内地法律下对甲公司进行过错赔偿的责任并非是一种交出所得收益的责任或其他可能产生构定信托的责任，因此，甲公司并无法律基础依据法律构定信托原则申索补偿；另一方面，由于该股权转让协议已被认定为无效，因此，有关法律构定

---

[1] *Chitty on Contracts* (32nd ed.), vol. 1, para. 30-012, Sweet & Maxwell Ltd. 及 Thomson Reuters (Professional) UK Ltd., 2015.

信托原则也不适用于本案。

香港终审法院因此决定，就赔偿方面，甲公司要求的补救是以法律构定信托原则为基础的所有权补救，因缺乏依据，该原则不适用，因此，就赔偿的请求不需要发还香港高等法院原讼法庭审理；由于甲公司没有接受乙公司有关恢复原状所提议的方案，因此，将有关恢复原状事宜发还香港高等法院原讼法庭审理。

2. 协议不容反悔原则（estoppel by convention）是否适用

甲公司主张，即使内地法律为该股权转让协议的适用法律，乙公司亦不能反悔从而否认该股权转让协议的有效性及/或甲公司对于丙公司51%股权的利益及实益所有权（beneficial ownership）。

香港终审法院指出，对于根据法规本属无效或无法执行的合约，通常不能通过运用协议不容反悔原则而变相令该合约有效，因此，不能运用协议不容反悔原则绕过该股权转让协议在内地法律下本属无效的事实。另外，协议不容反悔是实体问题而非程序问题，应根据有关适用法律考虑该原则是否适用。本案中，由于该股权转让协议适用内地法律，而丙公司的股权问题受该股权转让协议及内地法律管限，因此，不应适用香港法律中协议不容反悔原则来考虑该股权转让协议的有效性及丙公司股权的所有权归属。

三、案例评析

本案属于内地与香港跨境商事争议，涉及两地法院、两地法律，当事人既有澳门公司，也有香港公司，而有关协议项下的目标公司又位于内地，可谓"跨境"色彩鲜明。以下就本案所涉及的管辖权冲突、法律适用以及不得重提争议点原则进行评析。

（一）关于管辖权冲突

甲公司在香港法院进行本案诉讼之时，乙公司在内地亦提起相关诉讼，两地法院对2起诉讼各自行使了管辖权。内地与香港的区际管辖权冲突造成了本案有关争议在内地与香港平行诉讼的发生。

除上述本案案情外，乙公司曾在2001年10月以香港法院是不方便诉讼地为由向香港法院申请搁置香港诉讼程序；其后，甲公司在2002年2月7日向香港法院申请禁止乙公司继续在内地进行相关诉讼。香港高等法院原讼法庭在2002年11月一并审理该2项申请。当时，内地的诉讼程序已完成庭审，各方正在等待判决。香港高等法院原讼法庭也知悉甲公司曾向内地法院申请搁置内地某省高级人民法院的相关诉讼程序，但申请不成功。最高人民法院在2002年7月22日裁定内地某省高级人民法院对相关诉讼有管辖权，且内地诉讼程序不应因香港诉讼程序还在进行而被搁置。香港高等法院原讼法庭对上述2项申请的裁定是，香港诉讼程序不应被搁置，驳回甲公司的禁诉命令申请。驳回禁诉命令申请的主要理由是：①就处理各方的争议而言，甲公司不能证明，与内地某省高级人民法院相比，香港法院确实是更为合适的法院；②内地诉讼已经进展到庭审完毕的阶段，而香港诉讼仍处于最初时期，原讼法庭主审法官认为，并无先例在这样的情况下颁发禁诉命令；③原讼法庭不认为乙方在内地提起诉讼的主要目的是为了阻止或阻挠甲公司在香港进行诉讼。[1]

本案所涉及的平行诉讼，只是两地跨境商事争议所引发的众多平行诉讼的一个缩影。平行诉讼不但导致讼争长期化，而且有损两地法院的权威。两地亟待通过协商构建长效的制度性安排，以最大限度地减少区际平行诉讼的发生。

两地法院对本案及内地相关诉讼均作出判决，内地法院判决在先，香港法院判决在后。令人欣慰的是，两地法院最终判决的结果并未大相径庭。出现这种结果，在很大程度上应得益于下文述及的香港法院确认对于不得重提争议点原则适用于本案（当然，还有法律适用及其他方面的因素）。在内地与香港尚无减少区际平行诉讼制度性安排的情况下，该原则的恰当适用或可有助于弱化平行诉讼下两地判决的差异以及平行诉讼所产生的消极影响。

（二）关于法律适用

不同国家/地区的法律对同一问题的规定可能存在很大差异。就同一争议，如果适用不同国家/地区的法律加以解决，则其结果可能存在天壤之别。就内地与香港跨境商事争议而言，正如本书上编第三章所述，由于社会制度、法律体系、人文观念的巨大差别，对同一问题，内地与香港法律的规定可能

---

[1] [2003] HKEC 7.

截然不同，因而导致的裁判结果也可能迥然相异。所以，内地与香港跨境商事争议到底适用哪一地的法律，可能与裁判结果和当事人的实体权利密切相关。

除了因区际管辖权冲突导致的平行诉讼外，本案及内地的相关诉讼也因"跨境"因素遇到了法律适用问题。在香港，香港高等法院原讼法庭认定该股权转让协议适用香港法律，而香港高等法院上诉法庭及香港终审法院均认定该股权转让协议应受内地法律管辖；在内地，内地某省高级人民法院及最高人民法院均认定该股权转让协议受内地法律管辖。仅就本案而言，香港高等法院原讼法庭所作判决与香港高等法院上诉法庭及香港终审法院所作判决完全不同。究其原因，除了不得重提争议点原则适用于本案及其他因素之外，不可否认，香港法律与内地法律的不同选择适用，也是重要原因。

普通法下的其中一项法律适用原则是：如果合同各方就适用法律没有作出任何明示或隐含地选择，则法院会客观衡量何地法律与该合同中的交易有最密切及最真实联系，并据此确定适用法律。本案中，当事人就该股权转让协议未约定法律适用条款，亦无证据显示当事人曾就法律适用问题达成一致，因此，香港高等法院上诉法庭及香港终审法院根据普通法，认定该股权转让协议受内地法律管辖。

（三）关于不得重提争议点原则

就最高人民法院对本案在内地的相关诉讼所作的判决，香港高等法院上诉法庭及香港终审法院均将不得重提争议点原则适用于本案，采纳了最高人民法院的判决。该原则的适用在消减两地平行诉讼负面作用方面具有积极意义。就该原则的适用，以下作进一步探讨。

香港高等法院上诉法庭就本案在其附带意见中提及，虽然在李佑荣诉李瑞群一案[1]中上诉法庭的多数决定认为因为内地的审判监督制度而使内地判决有可能不算是"最终及不可推翻"的判决，但在本案中甲公司并未挑战最高人民法院判决的最终性及不可推翻性。上诉法庭主动提出此意见的原因何在？是对确认内地有关判决的"最终及不可推翻"存在疑虑吗？不得而知。

事实上，在李佑荣诉李瑞群一案中，持异议的钟安德法官表示，在某些

---

〔1〕　［2007］2 HKLRD 749.

情况下，某些普通法适用地区（包括香港）的法院也可颁令重审案件。因此，决定内地判决是否属"最终不可推翻"的判决时，香港法院不应只从纯理论的角度考虑重审的可能性，而应兼顾涉案事实是否显示有合理的可能性。

虽然香港终审法院在其判决中仅简单提及最高人民法院的判决是最终及不可推翻的判决，但有理由相信否定最高人民法院判决属于"最终及不可推翻"的判决的难度甚高。而且，如果仅因内地判决有可能被颁令重审而被视为不属于"最终及不可推翻"的判决，则将会使"最终"一词的解释变得异常狭窄，而不得重提争议点原则亦难有实施的空间。因此，如果香港终审法院在其本案判决中一并澄清普通法下"最终及不可推翻的判决"的定义，则可能有助于不得重提争议点原则的更广泛适用。

此外，鉴于不得重提争议点原则在香港适用的先决条件之一是有关判决须为外国判决，对于最高人民法院的判决，香港终审法院认为，香港及内地虽然属于同一个国家，但从法律冲突角度而言，两地属于不同法域，因此，最高人民法院的判决对于香港法院而言属于外国判决。就"最高人民法院的判决对于香港法院而言属于外国判决"的认定，从"一国两制"原则、内地与香港属于一国之内两个不同法域的角度出发，或可对最高人民法院判决对于香港法院而言的属性进行更准确的认定，从而进一步丰富不得重提争议点原则的内涵。

案例四　著名品牌被影子公司在香港盗用名称商标案

在香港，影子公司（shadow company）是指，以非常相似其他公司的注册商标或著名品牌的名称在香港注册成为法人团体，然后不当地冒充为有关商标或品牌持有人的代表。[1] 近年来，有内地的不法之徒通过在香港成立影子公司，然后凭借香港公司的身份，在内地市场上假冒其他公司的注册商标或著名品牌以欺骗内地消费者，侵犯注册商标或著名品牌真正持有人的权益。[2]

---

〔1〕 香港公司注册处《香港公司名称注册指引》（2014 年 1 月）第 8 页。
〔2〕 *Power Dekor（Hong Kong）Ltd v. Power Dekor Group Co Ltd*〔2014〕1 HKLRD 845，第 3 段及第 6 段。

本部分对该类案件中较为典型的 Power Dekor（Hong Kong）Limited（圣象集团（香港）有限公司）诉 Power Dekor Group Co., Ltd. 案（香港高等法院案件编号 HCA 1139/2013）进行研析，讨论受到影子公司侵害或侵害威胁的公司可采取的救济措施。

本案例的基本案情及判决结果来源于香港高等法院原讼法庭的判决和命令[1]。

一、基本案情

本案的原告人 Power Dekor（Hong Kong）Limited［圣象集团（香港）有限公司］是 1 家于 2002 年 10 月成立的香港公司，经营业务为建筑及装修材料贸易，该公司使用"Power Dekor"或"圣象"在香港注册了多个相关商标。原告人的大股东 Power Dekor Group Co. Ltd. 是 1 家内地公司，在内地及其他地方亦持有多个有关该系列业务的注册商标。

本案的被告人 Power Dekor Group Co., Ltd. 是 1 家于 2010 年 8 月成立的香港公司，其注册的公司名称与原告人的公司名称及注册商标极为相似。香港公司注册处的资料显示，该公司的唯一股东是一名内地人士，其亦是该公司的唯一董事。该公司使用为其提供公司秘书服务的公司的地址作为其在香港的注册地址。

原告人指出被告人在香港并无经营业务，仅是 1 家空壳公司。原告人相信操控该公司的人士利用被告人香港公司的身份在内地市场上冒充原告人，欺骗消费者，侵犯原告人的商标权益。

原告人于 2013 年 6 月 26 日在香港高等法院针对被告人发出传讯令状，请求法院给予相关禁令性救济，包括颁令要求被告人更改其公司名称。原告人将有关法庭文件送达被告人的注册地址后没有收到被告人的任何回应，亦没有在法定的期限内向原告人发出拟抗辩通知书及抗辩书。基于此，原告人于 2013 年 12 月 6 日向法院申请不经过审讯即作出针对被告人的败诉判决。

---

〔1〕 *Power Dekor（Hong Kong）Ltd v. Power Dekor Group Co Ltd*［2014］1 HKLRD 845 及有关香港高等法院原讼法庭在 2014 年 1 月 8 日颁发的命令。

二、判决结果

香港高等法院原讼法庭的薛伟成法官在考虑原告人的申索陈述书、提交法庭存档的有关誓章及原告人的代表律师在法庭聆讯时的陈词后，于 2014 年 1 月 8 日作出针对被告人的败诉判决，并且按原告人的请求颁布命令如下：

（1）禁止被告人（或其雇员、代理等）通过使用"POWER DEKOR GROUP CO.，LIMITED"名称或其他仿制原告人已向香港商标注册处注册或申请的商标的仿制品，将并非原告人的建筑及装饰材料产品（包括地板嵌板及家具）冒充作原告人的产品，或使得、协助、造成、促使或授权其他人进行该行为。

（2）被告人须立即更改其公司名称，去掉"Power Dekor"的字样，并且促使香港公司注册处、商业登记署及被告人登记了其公司名称的所有其他有关政府部门对有关记录进行相应修改。

（3）如果被告人未于法院判决送达其的 1 个月内履行上述第 2 项内容，原告人的律师则获授权签署所有有关文件，将被告人的公司名称更改为其在香港公司注册处的公司编号，并且将有关文件提交香港公司注册处、商业登记署及所有其他有关政府部门。

（4）禁止被告人在香港使用及/或登记任何仿造原告人的任何注册商标作为其公司名称或业务名称。

（5）禁止被告人侵犯原告人的注册商标。

（6）被告人须立即向原告人交出或以宣誓的形式确认已销毁一旦使用即会违反上述禁令的由被告人所管有、保管或控制的建筑及装饰材料和家具的所有产品、印刷或书面资料、包装、标签或其他物品。

（7）被告人须立即向原告人交出一旦被告人在贸易过程中使用即会违反上述禁令的所有物品及文件。

（8）对损害赔偿进行评估及/或交代被告人所得利润。

（9）被告人向原告人支付本案讼费，包括本次申请的有关讼费。

三、后续情况

根据香港公司注册处的有关资料，原告人的代表律师于 2014 年 2 月 11 日向公司注册处提交"法院命令禁制公司使用名称通知书"，并随通知书附上薛伟成法官于 2014 年 1 月 8 日所作出的命令的法院盖印文本。香港公司注册处根据上述法院命令向被告人发出了限期更改公司名称的通知，但是被告人并未遵从公司注册处的指示。因此，公司注册处于 2014 年 3 月 31 日根据《公司条例》（香港法例第 622 章）将被告人的公司名称更改为其在公司注册处的公司编号，并将更改被告人公司名称的公告刊登在香港政府于 2014 年 4 月 11 日出版的《宪报》上。

另外值得一提的情况是，被告人的唯一股东及董事于 2014 年 3 月 17 日向香港公司注册处递交了"私人公司撤销注册申请书"。被告人的公司注册最终于 2014 年 8 月 15 日被撤销，被告人已于当日解散。

四、案例评析

本案中，薛伟成法官在其判决中提及，被告人在香港注册成立 1 家与原告人的公司名称极为相似的公司，迫使原告人向法院提起该次诉讼；但由于被告人在香港仅仅是一个空壳，其对原告人的起诉又不作任何回应，原告人通过法院诉讼所取得的救济中有实际作用的仅仅是颁令要求被告人更改其公司名称，但被告人的幕后操控人可能早已达到其利用香港公司在内地市场蒙蔽潜在消费者的目的。[1] 换言之，在遭受影子公司商标侵权的案件中，受害人公司实际较难取得充分有效的法院救济。

（一）影子公司得以存在的制度原因探讨

被告人得以使用与原告人极为相似的公司名称注册成立影子公司，是由于香港公司注册处在审核申请成立公司的有关文件时，不会考虑拟使用的公司名称是否与另一个已注册的公司名称"太过相似"。[2] 香港现行《公司条

---

〔1〕 *Power Dekor（Hong Kong）Ltd v. Power Dekor Group Co Ltd*，［2014］1 HKLRD 845，第 5 段。
〔2〕 香港公司注册处《香港公司名称注册指引》（2014 年 1 月）第 7 页。

例》（香港法例第 622 章）第 100（1）（a）及（b）条仅规定，拟注册的公司不得使用与香港公司注册处备存的《公司名称索引》内的名称相同的名称，也不得使用与根据某条例成立或设立的法人团体的名称相同的名称。

据此，薛伟成法官在上述判决中提议出台相关法律规定，使香港公司注册处有权在拟注册的公司使用与另一个已注册的公司名称"太过相似"的公司名称的情况下，拒绝该公司的注册申请。[1]

薛伟成法官的提议如果能实施，确实能大大减少影子公司的存在。但是，要判断 2 个名称是否"太过相似"，香港公司注册处需要顾及所有可能使 2 家公司的名称过于相似并可能引致混淆的因素，包括有关业务的性质、公众对有关名称的熟悉程度、产生混淆的证据等。[2] 如要香港公司注册处主动对每一个拟注册公司的名称是否存在"太过相似"问题进行审查，则将极大增加香港公司注册处的工作负担，而且可能会使公司注册的程序复杂化及大幅延长公司注册成立所需的时间。

（二）受到影子公司侵害或侵害威胁的公司的救济措施

根据香港现行《公司条例》（香港法例第 622 章）第 108 条的相关规定，受到影子公司侵害或侵害威胁的公司可以采取的救济措施包括：

第一，直接向香港公司注册处投诉，由公司注册处进行调查，调查属实后由公司注册处向影子公司发出更改名称的指示。

根据《公司条例》（香港法例第 622 章）第 108（1）条的有关规定，如有以下情况，则公司注册处处长可藉书面通知，指示公司在该通知所指明的限期内，更改该公司根据《公司条例》（香港法例第 622 章）或原《公司条例》（香港法例第 32 章）注册的名称：

该名称在注册时，与出现于或应出现于根据原《公司条例》（香港法例第 32 章）第 22C 条备存的名称索引或《公司名称索引》内的另一名称相同，或公司注册处处长认为该名称在注册时，与该另一名称太过相似。

该名称在注册时，与根据某条例成立为法人团体或设立的法人团体的名称相同，或公司注册处处长认为该名称在注册时，与该法人团体的名称太过

---

〔1〕 *Power Dekor（Hong Kong）Ltd v Power Dekor Group Co Ltd*，［2014］1 HKLRD 845，第 6 段。

〔2〕 香港公司注册处《香港公司名称注册指引》（2014 年 1 月）第 12 页。

相似。

　　通常，公司注册处得知存在"太过相似"的公司名称，是由于收到有人就某公司名称与较先注册的一个公司名称"太过相似"而提出的反对。受到影子公司侵害或侵害威胁的公司，应将有关公司名称的反对书送交公司注册处处长。反对书应以"公司名称投诉"为标题，并详述反对理由，包括任何可以证明已经引起混淆的证据。有关公司名称的反对书应及早（最好在公司注册处处长发出指示的法定期限届满前的 1 个月或之前）送交公司注册处处长，以便公司注册处处长在法定期限届满前进行调查，并在必要时送达通知书。法定期限是指公司名称注册的日期后的 12 个月内。[1]

　　第二，向香港法院起诉，根据法院命令要求香港公司注册处向影子公司发出更改名称的指示。

　　根据《公司条例》（香港法例第 622 章）第 108（2）条的规定，在公司根据《公司条例》（香港法例第 622 章）或任何之前曾适用的若干《公司条例》以某名称注册后，如果香港法院作出命令，禁制该公司使用该名称或该名称任何部分，以及该命令所惠及的人将该命令的正式文本及符合指明格式的通知，交付香港公司注册处处长登记，则公司注册处处长可藉书面通知，指示该公司在该通知所指明的限期内，更改该名称。

　　由于根据《公司条例》（香港法例第 622 章）第 108（3）条的规定，直接向香港公司注册处投诉的救济方式须于在影子公司成立后 12 个月内由公司注册处向影子公司发出更改名称的指示，因此，如超过上述期限，有关公司须通过香港法院诉讼程序取得法院颁布的禁止影子公司使用有关公司名称的命令，然后根据上述《公司条例》（香港法例第 622 章）第 108（2）条的规定，将有关法院命令送交公司注册处，公司注册处接到法院命令后，即会指示影子公司在规定的期限内更改其公司名称。

　　此外，须留意的是，如果受到影子公司侵害或侵害威胁的公司本身并非在香港注册的公司，则可能难以通过直接向香港公司注册处投诉的方式维护自身权益。甚至，如果有关公司或其品牌在香港登记有关公司名称之前，已被影子公司抢先登记，则影子公司可能利用《公司条例》（香港法例第 622

---

〔1〕　香港公司注册处《香港公司名称注册指引》（2014 年 1 月）第 7 页。

章）反而要求有关公司更改公司名称。在上述情况下，需要有关公司首先通过在香港法院诉讼取得相应命令，再据此要求公司注册处指示影子公司在规定的期限内更改其公司名称。

第三，影子公司如未根据香港公司注册处的指示更改公司名称，公司注册处可采取进一步行动。

在香港公司注册处向影子公司发出限期更改公司名称的指示后，如果影子公司没有在规定的期限内更改公司名称，则公司注册处可针对影子公司采取下列行动：①向公司及/或其高级人员采取检控行动;[1] ②将公司的名称更改为公司的注册编号；③把公司名称列入公司注册处网站上"未有遵从更名名称指示的公司名单"内，公开他们的身份，以提高公众的警惕；④如有合理因由相信有关公司并非正在营运或经营业务，则将该公司的名称从公司登记册剔除。[2]

尽早发现影子公司，能够减轻侵权对受害公司的商誉及业务造成的损害。为了尽早察觉可能对有关公司知名品牌或注册商标权益造成侵害的影子公司的存在，有关公司可考虑定期在香港公司注册处的官方网页（http://www.icris.cr.gov.hk/csci/）以其品牌/公司的关键字进行公司名称查册。在香港，公司名称查册是免费的。如果发现疑似侵权的公司名称，则可根据具体情况考虑采取上述救济措施。

案例五　香港证券及期货事务监察委员会诉甲会计师事务所案

香港证券及期货事务监察委员会（"香港证监会"）负责监管香港证券及期货市场的运作。《证券及期货条例》（香港法例第571章）明确，香港证监会对市场失当行为的调查拥有广泛权力，包括要求持牌人交出文件、提供解释或详情、回答香港证监会调查员的书面问题及出席询问等，若持牌人未能恰当履行以上要求可能导致纪律处分或刑事后果。在香港证监会诉香港甲

---

〔1〕 根据《公司条例》（香港法例第622章）第108（5）条及相关规定，被检控的公司及其责任人各将面临罚款港币100 000元的刑罚处罚，如持续不遵从公司注册处的有关指示，则可另外各被处以每日罚款港币2 000元。

〔2〕 香港公司注册处《香港公司名称注册指引》（2014年1月）第8页。

会计师事务所一案中，香港证监会根据《证券及期货条例》（香港法例第 571章）第 185 条，向香港法院提出申请，要求香港法院查讯甲会计师事务所拒绝按照香港证监会的要求披露内地审计文件之事并颁令要求甲会计师事务所作出有关披露；甲会计师事务所声称内地相关法规禁止有关披露，但其论点被香港法院拒绝。本部分对该案例进行研析。

本案例的基本案情及判决结果来源于香港高等法院原讼法庭就本案的判决书[1]。

一、基本案情

乙有限公司是 1 家在开曼群岛成立的公司，并在香港注册成为非香港公司，其通过 2 家主要的子公司在内地经营业务。甲会计师事务所是 1 家知名的香港会计师事务所，受香港会计师公会及香港财务汇报局规管，并受香港法律管辖。

2009 年，乙有限公司拟向香港联合交易所有限公司提出主板上市申请，因此，其于 2009 年 8 月与甲会计师事务所签署《专业服务业务约定书》，聘用甲会计师事务所为其主板上市申请的申报会计师及独立核数师。《专业服务业务约定书》包含了甲会计师事务所的《通用业务条款》。

《专业服务业务约定书》签署后，甲会计师事务所实际安排其在内地联营的丙会计师事务所在内地对乙有限公司及其有关子公司进行会计及审计工作。丙会计师事务所是独立于甲会计师事务所的主体，受中国财政部授权的中国注册会计师协会及中国证券监督管理委员会规管，并受内地法律管辖。

乙有限公司于 2009 年 11 月正式向香港联合交易所有限公司提交了主板上市申请。2010 年 3 月 16 日，在其上市申请仍在审核之际，甲会计师事务所以"文件之间在多个地方出现不一致"为理由即时辞任乙有限公司的申报会计师及独立核数师，并将辞任一事通知香港联合交易所有限公司。2010 年 3 月 24 日，乙有限公司应其联合保荐人的要求撤回了上市申请。

2010 年 3 月 29 日，香港证监会要求甲会计师事务所提供有关文件及资

---

〔1〕　[2014] HKEC 864.

料，以便对乙有限公司的上市申请是否涉嫌伪造账目之事进行初步评估。
2010 年 4 月 7 日，甲会计师事务所回复香港证监会，称因其受《国际会计师
专业操守》所限，甲会计师事务所无法自愿向香港证监会提交所要求的文件。
基于甲会计师事务所的答复，2010 年 4 月 9 日，香港证监会发出指令，调查
乙有限公司的上市申请是否涉及《证券及期货条例》（香港法例第 571 章）有
关条款所规管的市场不当行为或罪行。

2010 年 4 月 12 日，香港证监会的调查员根据《证券及期货条例》（香港
法例第 571 章）第 183（1）条向甲会计师事务所发出一份披露通知，要求甲
会计师事务所详细解释辞职的原因、所遇到的文件之间出现不一致之处并提
供相关文件。2010 年 4 月 30 日，甲会计师事务所仅提供了《专业服务业务约
定书》、《通用业务条款》、费用函、辞职信及致香港联合交易所有限公司的信
函。甲会计师事务所就此的解释是：甲会计师事务所实际是通过丙会计师事
务所的工作履行《专业服务业务约定书》项下的服务义务，所有因委聘所形
成的工作材料均由丙会计师事务所在内地形成，所有与乙有限公司及保荐人
的沟通亦由内地的丙会计师事务所员工进行；内地有关法规限制丙会计师事
务所及其员工对外披露在受聘期间形成的文件及资料。香港证监会认为甲会
计师事务所没有按其通知要求提供有关文件及资料，遂于 2010 年 5 月 6 日向
甲会计师事务所发出第 2 份披露通知，进一步要求甲会计师事务所提供有关
乙有限公司上市申请的所有审计工作材料。甲会计师事务所仍然以受限于内
地法规有关规定为理由拒绝提供有关文件。其后直至 2011 年 10 月期间，香
港证监会陆续向甲会计师事务所发出 7 份披露通知，要求其披露有关信息及
文件，但甲会计师事务所均未履行该等通知的要求。

2012 年 8 月 27 日，香港证监会在香港高等法院发出原诉传票（originating
summons），根据《证券及期货条例》（香港法例第 571 章）第 185（1）条要
求法庭查讯（inquiry）甲会计师事务所未能遵从香港证监会根据《证券及期
货条例》（香港法例第 571 章）第 183（1）条于 2010 年 4 月 12 日至 2011 年
10 月 28 日期间发出的 9 份披露通知——向香港证监会提供有关记录或文件的
副本、提供有关信息及协助香港证监会调查员调查乙有限公司案件之事，并
要求法庭如果裁定甲会计师事务所对不予遵从有关披露通知没有合理辩解，

则颁令要求甲会计师事务所遵从有关披露通知。

二、判决结果

2014 年 5 月 23 日，香港高等法院原讼法庭作出判决，由于甲会计师事务所在香港证监会发出有关披露通知时，管有有关记录或文件，但没有根据有关披露通知向香港证监会提供该等记录或文件，并且对此没有合理辩解，因此，根据《证券及期货条例》（香港法例第 571 章）第 185（1）条颁令，要求甲会计师事务所在判决日期起 28 天内，或甲会计师事务所和香港证监会书面同意的其他期限内，遵从有关披露通知，并且甲会计师事务所须按弥偿基准（on an indemnity basis）向香港证监会支付其讼费。

就上述判决，以下进行解析。

（一）《证券及期货条例》（香港法例第 571 章）的有关规定

1.《证券及期货条例》（香港法例第 571 章）第 183（1）条的规定

任何受调查人，或调查员有合理因由相信是管有载有或相当可能载有与根据《证券及期货条例》（香港法例第 571 章）第 182 条所作调查有关的资料的任何记录或文件的人，或调查员有合理因由相信是以其他方式管有该等资料的人，须：

（a）在该调查员以书面合理地要求的时间内，在该调查员以书面合理地要求的地点，向该调查员交出该调查员指明的、与或可能与该项调查有关的并且是由该人所管有的记录或文件。

（b）按该调查员的要求（如有），就根据（a）段交出的记录或文件向该调查员提供解释或进一步详情。

（c）在该调查员以书面合理地要求的时间及地点，面见该调查员，并回答该调查员就调查中的事宜向该人提出的问题。

（d）就该项调查向该调查员提供所有该人按理能够提供的协助，包括回答该调查员提出的书面问题。

2.《证券及期货条例》（香港法例第 571 章）第 185（1）条的规定

如任何人没有做出获授权人根据《证券及期货条例》（香港法例第 571 章）第 179、180 或 181 条要求他做出的事情，或没有做出调查员根据《证券及期货条例》（香港法例第 571 章）第 183（1）、183（2）或 183（3）条要求他做出的事情，则香港证监会可藉原诉传票或原诉动议，就该项不遵从向原讼法庭提出申请，而原讼法庭可查讯有关个案，如：

（a）原讼法庭信纳该人不遵从该要求是无合理辩解的，则原讼法庭可命令该人在原讼法庭指明的期间内遵从该要求。

（b）原讼法庭信纳该人是在无合理辩解的情况下没有遵从该要求的，则原讼法庭可惩罚该人及明知而牵涉入该项不遵从的任何其他人，而惩罚的方式犹如该人及（如适用）该其他人犯藐视法庭罪一样。

3. 《证券及期货条例》（香港法例第 571 章）第 178 条的有关规定

"审计工作材料"是指为执行与核数师审计法团账目有关的职能，或在与执行该等职能有关联的情况下，由该核数师或由他人代该核数师拟备的记录或文件及取得和保留的记录或文件。

（二）判决理由

在本案中，香港高等法院原讼法庭法官将如何考虑香港证监会根据《证券及期货条例》（香港法例第 571 章）第 185（1）条所提出的申请，总结为三个步骤：

第一，甲会计师事务所是否管有香港证监会所要求的文件。

第二，如果甲会计师事务所管有该等文件，则其是否有合理辩解不遵从香港证监会的要求。

第三，原讼法庭在查讯过程中保有酌情决定权。即使所有的法定条件均满足，原讼法庭亦未必一定作出有利于香港证监会的命令；原讼法庭须考虑案件所有情况，并根据案件的公正性来决定其应当颁发何种命令。

原讼法庭在判决书中围绕香港证监会要求甲会计师事务所披露的文件中的内地审计工作材料对上述三个步骤进行了解构。

1. 甲会计师事务所是否管有香港证监会所要求的文件

（1）"管有"（possession）的法律含义。香港证监会及甲会计师事务所双方一致认为香港证监会负有举证责任证明其所要求的有关记录和文件是甲会计师事务所管有。

《证券及期货条例》（香港法例第 571 章）附表 1 将"管有"解释为：就任

何事物而言，包括保管（custody）和控制（control）该事物，以及对该事物具有权力（power）。上述法律概念常用于香港诉讼中有关文件透露（discovery）事宜。

就文件透露而言，"管有"指对一份文件有管有权，不要求实际实质管有（actual physical possession）；"保管"指实际实质或有形地持有一份文件，而不论是否有管有权，例如，以真正拥有人的仆人或代理人的身份持有一份文件，该仆人或代理人便是文件的保管者；"权力"指可从文件实际持有人处取得文件的管有或控制的强制执行权力，且该权力必须是在不需获得任何人的同意或准许的情形下可随即执行的权力（presently enforceable right），换句话说，实际持有人必须是有法律责任向具有"权力"者交出有关文件。

（2）甲会计师事务所是否管有丙会计师事务所持有的内地有关审计工作材料。就甲会计师事务所是否有"权利"要求丙会计师事务所交付在内地的审计工作材料问题，原讼法庭法官研究了甲会计师事务所与乙有限公司之间的《专业服务业务约定书》条款，其明示条款清楚约定：在委聘过程中产生的文件和档案，包括工作材料属于甲会计师事务所，由甲会计师事务所"拥有、管理及控制"，甲会计师事务所可不时雇佣其网络成员的合伙人或员工履行《专业服务业务约定书》项下的服务，且该等合伙人或员工将视为甲会计师事务所的雇员或代理。

法官也考虑了甲会计师事务所与丙会计师事务所之间的关系。甲会计师事务所没有提交任何管限其与丙会计师事务所关系的文件，但香港证监会及甲会计师事务所双方分别传召的中国法律专家均同意甲会计师事务所与丙会计师事务所的关系受中国法律管限，属于委托代理关系（agency of entrustment）。法官认为，当甲会计师事务所与丙会计师事务所订立代理关系时，丙会计师事务所应该知道并接受甲会计师事务所与乙有限公司之间约定的《专业服务业务约定书》条款，特别是上述条款；且在事实上，《专业服务业务约定书》是用带有丙会计师事务所信笺抬头的信纸发出。

法官认为，既然丙会计师事务所是以甲会计师事务所的代理人身份在内地进行审计工作，丙会计师事务所有义务向甲会计师事务所交出所有其持有的与审计工作有关的文件；甲会计师事务所作为主事人（principal）有权取得丙会计师事务所代理其做的文件。因甲会计师事务所与丙会计师事务所的关系受内地法律管限，故法官必须考虑内地法律是否存在与其上述结论相反的规定。

最初，香港证监会及甲会计师事务所双方的中国法律专家的意见是接近的，就是丙会计师事务所作为甲会计师事务所的代理有法律义务将审计工作材料交给甲会计师事务所。根据香港证监会的中国法律专家的意见，该法律义务的依据是《中华人民共和国合同法》第404条。《中华人民共和国合同法》第404条规定，受托人处理委托事务取得的财产，应当转交给委托人。甲会计师事务所对于有关审计工作材料是否属于该条中所述的"取得的财产"提出质疑，其中国法律专家的意见是该用语没有清晰的解释。甲会计师事务所的中国法律专家表示应恰当地适用《中华人民共和国合同法》第404条，法官应考虑甲会计师事务所与丙会计师事务所建立委托代理关系的目的以及在特定法律环境下双方可能具有的意图。法官接纳甲会计师事务所中国法律专家对《中华人民共和国合同法》第404条的诠释。

关于委托代理关系的目的，法官认为，是为了使甲会计师事务所为其与乙有限公司的委聘准备审计报告。香港证监会及甲会计师事务所双方的中国法律专家一致同意根据委托代理关系，甲会计师事务所至少有权力为此目的检视及使用丙会计师事务所制作的审计工作材料。法官对此表示同意。

至于甲会计师事务所与丙会计师事务所双方可能具有的意图，由于双方均接受其关系受《专业服务业务约定书》的条款所管限，因此，根据《专业服务业务约定书》的条款，丙会计师事务所的员工所制作的审计工作材料应被视为是由甲会计师事务所的代理人及员工身份制作的，并且应由甲会计师事务所拥有、管理及控制。

基于上述，法官认为丙会计师事务所作为甲会计师事务所的代理人有责任按照《中华人民共和国合同法》第404条的规定根据甲会计师事务所的要求提供有关审计工作材料，该责任即使在《专业服务业务约定书》终止后也依然存在；内地法律对于代理人责任的该条规定与香港法律一致。

因此，法官认为除非内地法律另有规定限制审计工作材料跨境转送到香港（其在以下讨论），否则，根据内地《中华人民共和国合同法》第404条，甲会计师事务所具有可随时执行的法律权利要求丙会计师事务所交出有关审计工作材料。亦即，甲会计师事务所"管有"丙会计师事务所持有的有关审计工作材料。

2. 对于不遵从香港证监会的要求，甲会计师事务所是否有合理辩解

（1）合理辩解。《证券及期货条例》（香港法例第571章）并未对"合理辩解"一词作出定义。

双方同意甲会计师事务所负有举证责任证明合理辩解抗辩成立。为处理抗辩，原讼法庭将识别何等事宜构成合理辩解，审查辩解是否真实，并客观评估辩解是否合理。根据案例，合理辩解一词须按一般的理解诠释，所采用的标准是客观的标准。

本案中，法官引用了 *Bank of Valletta v. National Crime Authority* [1] 一案对"合理辩解"内涵的分析。该案中，1家马耳他银行被澳大利亚国家犯罪调查局要求提供其存于马耳他的客户文件，用于澳大利亚当局进行刑事调查。该银行声称披露有关文件会破坏银行与客户间的保密关系，在马耳他法律下构成刑事责任，而且当局亦有其他途径获取有关文件，不一定要通过此种将导致该银行面临刑事惩罚的途径。

审理 *Bank of Valletta v. National Crime Authority* 案的法官认为，"合理辩解"的概念讲求对拒绝披露文件的所有后果的平衡，包括拒绝披露对于调查的不利后果，以及被强迫披露后披露者所面临的不利后果。究竟违反外国法律能否构成拒绝遵从披露要求的合理辩解，将取决于法官如何为所有拒绝披露的后果权衡轻重。如果合理人在有关情况下，总结出澳大利亚刑事调查的公众利益远比马耳他法律下保障银行客户私隐的公众或私人利益重要，则该银行就不能以其面对马耳他法律下刑事责任的可能性作为合理辩解；另一方面，如果有其他方法取得文件而不会对澳大利亚当局的刑事调查造成重大不利后果，反而披露文件会使银行在马耳他法律下构成真实并可估计的被检控风险，则该风险就可构成拒绝提供文件的合理辩解。

（2）甲会计师事务所是否有"合理辩解"可拒绝提供在内地的有关审计工作资料。由于法官已裁定甲会计师事务所与丙会计师事务所之间的委托代

---

〔1〕　（1999）165 ALR 60.

理关系，使得甲会计师事务所具有可随时执行的法律权利以要求丙会计师事务所交出有关审计工作材料。因此，本案的关键在于，是否有内地的法律法规限制了审计工作材料的跨境传送，从而使得甲会计师事务所对于有关审计工作材料的法律权利并非"可随时执行"，亦即甲会计师事务所对有关审计工作材料无管有权。如果该情况成立，则甲会计师事务所即可以此作为其拒绝提供有关审计工作材料的"合理辩解"。

第一，关于内地有关法律。甲会计师事务所在本案中主张有关审计工作材料涉及中国国家秘密或商业秘密，因此，根据内地《中华人民共和国保守国家秘密法》、《中华人民共和国反不正当竞争法》及《中华人民共和国注册会计师法》的有关规定，不能披露。本案双方的中国法律专家都同意该问题只能根据事实来决定，即完全取决于有关审计工作材料的内容。甲会计师事务所有举证责任证明上述法律适用于有关审计工作材料。由于甲会计师事务所并未向法庭提供有关审计工作材料，因此，未能证明有关审计工作材料包含国家秘密或商业秘密。所以，原讼法庭拒绝接纳甲会计师事务所因受到《中华人民共和国保守国家秘密法》、《中华人民共和国反不正当竞争法》及《中华人民共和国注册会计师法》的限制而不能提供有关审计工作材料的主张。

甲会计师事务所亦引用内地《中华人民共和国档案法》第18条的规定主张有关审计工作材料被禁止由内地传送来香港。《中华人民共和国档案法》第18条规定："属于国家所有的档案和本法第16条规定的档案以及这些档案的复制件，禁止私自携运出境。"《中华人民共和国档案法》第16条规定的档案是指"集体所有的和个人所有的对国家和社会具有保存价值的或者应当保密的档案"。由于甲会计师事务所并未向法庭提供有关审计工作材料，因此，不能证明有关审计工作材料是"对国家和社会具有保存价值"或者"应当保密"。而且丙会计师事务所作为甲会计师事务所的代理人也不能以其对乙有限公司的保密义务来拒绝向甲会计师事务所交出文件，法庭因此拒绝接纳甲会计师事务所的此项主张。

第二，关于内地《关于加强在境外发行证券与上市相关保密和档案管理工作的规定》。甲会计师事务所聘请的中国法律专家提出，根据由中国证券监督管理委员会、国家保密局及国家档案局于 2009 年 10 月 20 日联合发布的《关于加强在境外发行证券与上市相关保密和档案管理工作的规定》第 6 条，丙会计师事务所的审计文件应存放在内地，除非有关当局予以允许，丙会计师事务所不得向境外披露任何审计文件。

该规定第 6 条内容如下：

"在境外发行证券与上市过程中，提供相关证券服务的证券公司、证券服务机构在境内形成的工作底稿等档案应当存放在境内。

前款所称工作底稿涉及国家秘密、国家安全或者重大利益的，不得在非涉密计算机信息系统中存储、处理和传输；未经有关主管部门批准，也不得将其携带、寄运至境外或者通过信息技术等任何手段传递给境外机构或者个人。"

法官采纳香港证监会聘请的中国法律专家的意见，认为甲会计师事务所的理解不符合该规定原意，即该规定第 1 条及第 2 条所提及的"保障国家经济安全"、"保护社会公共利益"、"增强保守国家秘密和加强档案管理的法律意识"及"认真落实各项具体措施，进一步做好保密和档案管理工作"。因此，虽然一般做法是将所有审计文件存放在内地，但只有涉及国家秘密、国家安全或重大利益的审计文件，才是未经事先批准不可传送到境外的。由于甲会计师事务所未能证明有关审计工作材料的属性为以上其中一项，故甲会计师事务所的辩解同样不被法庭接纳。更重要的是，丙会计师事务所于 2010 年回信拒绝交出审计工作材料时，并未提及过任何关于该规定的问题。

第三，关于内地其他官方文件。法官裁定，甲会计师事务所提出的中国证券监督管理委员会会计部于 2011 年 10 月 26 日向国际会计师事务所的内地联属机构发出的回复函以及中国财政部、国家工商行政管理总局、商务部、国家外汇管理局及中国证券监督管理委员会于 2012 年 5 月 2 日联合颁布的《中外合作会计师事务所本土化转制方案》，均不适用于本案。

综上，法官认为，甲会计师事务所未能证明有任何有关内地法律法规禁止丙会计师事务所将存于内地的审计工作材料传送至香港给甲会计师事务所，使甲会计师事务所无法遵从香港证监会发出的有关披露通知，亦即，甲会计师事务所就其拒绝向香港证监会提供有关审计工作材料没有"合理辩解"。

3. 法庭酌情决定权的行使

根据《证券及期货条例》（香港法例第 571 章）第 185 条，即使被要求披露文件的一方确实管有相关文件，亦未能就其拒绝披露提供合理辩解，法庭于整个查讯过程中仍保留酌情权。

在本案中，法官认为需要考虑颁令要求甲会计师事务所遵从有关披露通知会否对甲会计师事务所构成压迫，如果是，则法庭可行使酌情权拒绝颁令。满足构成压迫测试标准的门槛较高。由于法官认为甲会计师事务所并未提供强而有力的证据证明有关法庭命令将会对其构成压迫，包括会迫使其需要在内地起诉丙会计师事务所等，因此，法官决定颁令要求甲会计师事务所遵从香港证监会的有关披露通知。

三、后续进展[1]

香港高等法院原讼法庭判决后，甲会计师事务所于 2014 年 6 月 20 日以光盘形式交出其在香港持有的文件，并同时就法庭作出其须交出丙会计师事务所所持有文件的命令，提交了上诉通知书。甲会计师事务所在上诉通知书中提出，法庭对丙会计师事务所在内地持有的文件所作的裁断有误。

2015 年 7 月，甲会计师事务所已终止就有关强制其向香港证监会交出其持有的指明会计记录的法庭命令所提出的上诉。自从原讼法庭作出裁决后，甲会计师事务所已向香港证监会交出指明的会计记录。香港证监会信纳甲会计师事务所已交出其所要求的所有记录及已遵从法庭命令。

四、案例评析

如果从 2010 年 4 月香港证监会向甲会计师事务所发出第 1 份披露通知起算，本案经历了 5 年多的时间才最终完结。本案不但在两地注册会计师界和两地证券市场引起了很大震动，也受到了内地有关监管部门的关注。以下对本案进行评析。

---

〔1〕 本部分资料来源于香港证券及期货事务监察委员会网站，网址：http://www.sfc.hk/web/TC/.

（一）关于内地与香港就本案所涉事宜的相关法律法规的规定

从香港法律角度而言，根据《证券及期货条例》（香港法例第 571 章）第 183（1）条及第 185（1）条的规定，有关资料管有人应按照香港证监会的要求披露有关资料；从内地法律法规角度而言，根据相关规定，有关工作底稿如涉及国家秘密、国家安全或重大利益，未经有关主管部门批准不可传送到境外。

此外，根据《证券及期货条例》（香港法例第 571 章）第 185 条的规定，如果有关资料管有人就拒绝披露能够提供合理辩解，或者香港法院行使酌情决定权准许不予披露，则可不予披露。

因此，两地法律法规的相关规定并不存在冲突之处。如果经过内地有关主管部门批准，则有关工作底稿可以传送到境外；如果内地有关主管部门明确有关工作底稿因涉及国家秘密、国家安全或重大利益而不予批准传送境外，则"合理辩解"应可成立，在香港无需披露。

（二）本案给有关企业及中介机构带来的启示

对于有意于香港上市的内地企业及相关中介机构以及其他可能在香港产生披露责任的市场主体，应特别留意本案所涉及的《证券及期货条例》（香港法例第 571 章）以及内地法律法规的相关规定，严格遵守两地的监管规定。如果确实受限于内地法律法规而无法满足香港的披露要求，务须提供确实充分的证据支持，以构成香港法律意义上的"合理辩解"。

此外，在本案中，原讼法庭命令甲会计师事务所按弥偿基准（indemnity basis）[1] 支付香港证监会的讼费，而并非常见的按诉讼各方对评基准（party and party basis）[2] 评定，对于其所体现的原讼法庭的态度，也值得有关企业和中介机构给予足够的重视。

（三）关于内地与香港在证券领域的跨境监管合作

仅就本案案情而言，香港的证券监管机构向香港法院提起本案诉讼，要

---

〔1〕　根据《高等法院规则》（香港附属法例第 4A 章）第 62 号命令第 28 条规则第（4A）款，在按弥偿基准评定讼费时，所有讼费均须准予，但如讼费的款额不合理或讼费是不合理地招致的，则属例外。

〔2〕　根据《高等法院规则》（香港附属法例第 4A 章）第 62 号命令第 28 条规则第（2）款，在按诉讼各方对评基准评定讼费时，须准予所有为秉行公正或为强制执行或维护其讼费正被评定的一方的权利而属必要或恰当的讼费。

求香港的会计师事务所提供有关文件，似乎并无跨境因素。但是，由于香港证监会要求提供的有关文件涉及内地审计工作材料，因此，如果将视角放大，则可以在内地与香港证券领域跨境监管合作的大背景下进一步考察本案。

1. 香港证监会的相关表态[1]

香港证监会在关于本案的 2015 年 7 月的新闻稿中表示，香港证监会希望藉此提醒香港的核数师事务所，它们应该按照香港证监会根据《证券及期货条例》（香港法例第 571 章）所作出的要求，向香港证监会交出那些与香港的会计师事务所进行的工作相关的会计或审计工作底稿。即使要求交出的文件/记录乃由香港核数师的内地联属公司或代理代为持有因而需取得内地当局批准，上述责任仍然一样。此外，核数师事务所有责任识别在内地持有的记录及就该等记录寻求批准。香港证监会法规执行部执行董事施卫民先生（Mr Mark Steward）表示：香港核数师应与香港证监会就涉嫌的企业不法行为而进行的调查作出全面合作；在本案中，假如甲会计师事务所当初在其香港办事处进行适当搜寻，并在有需要时与内地当局合作，就其内地联属公司所拟备的记录寻求当局批准，便可避免有关诉讼；香港证监会期望香港的核数师事务所能够与香港证监会及中国证券监督管理委员会全面合作。香港证监会确认并感谢中国证券监督管理委员会在此事上的宝贵协助。

2. 中国证券监督管理委员会的相关表态[2]

在中国证券监督管理委员会 2014 年 7 月 4 日的新闻发布会上，其新闻发言人表示：该委员会关注到本案；该委员会一贯主张，境外监管机构履行法定职责需要调取境内会计师事务所审计工作底稿等档案文件的，应通过跨境监管合作机制加以解决；中国证券监督管理委员会与香港证监会经过多年实践，已经建立起较为完善的执法合作机制，双方在包括为对方提供审计工作底稿等监管执法合作方面的渠道是畅通的，能够满足双方履行执法职责的需要；近年来，该委员会已通过该合作机制，向香港证监会提供了多家在港上市企业审计工作底稿；中国证券监督管理委员会希望相关当事方进一步加强沟通协调，通过跨境执法合作机制妥善解决与乙有限公司案件有关的问题。

---

〔1〕 资料来源于香港证券及期货事务监察委员会网站，网址：http://www.sfc.hk/web/TC/.
〔2〕 资料来源于中国证券监督管理委员会网站，网址：http://www.csrc.gov.cn/pub/newsite/.

两地监管机构对本案的看法角度有所不同，香港证监会强调的是，根据《证券及期货条例》（香港法例第 571 章），香港的核数师事务所对香港证监会的要求所应履行的责任；中国证券监督管理委员会则从两地跨境监管合作的角度，对本案及相关问题表达观点。形成这种差异的主要原因可能是二者在本案中的角色不同，香港证监会是本案的当事人之一，而中国证券监督管理委员会则是与本案有一定关联的第三方。

1993 年，内地与香港两地的有关证券跨境监管部门签署了相关证券跨境监管合作备忘录，经过二十多年的实践，两地证券跨境监管合作机制已较为完善。在解决诸如本案的跨境监管问题时，可以考虑双管齐下的方式，根据具体情况，一方面运用当地法律加以规范，另一方面通过跨境监管合作机制寻求高效解决办法，这可能是本案带给我们的又一启示。

本案并非孤案，类似性质的案件近年时有发生，除了涉及内地与香港之间，也存在于中美之间。有关争议的减少以及争议发生后的顺利解决，对于区际、国际间经济交流与合作的深化和顺畅进行具有重要作用。因此，更广泛、更深入的跨境监管合作机制的重大意义不言而喻。

案例六 违反内地法律法规之合同可否在香港强制执行的诉讼案

内地与香港之间频繁的经贸往来，使相关的大量民商事合同具有跨境因素，合同适用香港法律而合同项下义务履行地为内地，或者合同适用内地法律而合同项下义务履行地为香港的情况，经常出现。这种不一致可能造成合同项下义务的履行虽然不违反合同适用法律但违反合同履行地法律。在此情况下，有关当事人如不履行有关合同义务则会构成违约，但如履行有关合同义务则违反履行地相关法律法规。本部分研析的案例即出现了类似上述的两难情况，在该案中，香港法庭须判定，一份适用香港法律的合同，在内地履行时有部分履行行为曾违反内地法律法规，其是否可以在香港予以强制执行。

本案例的基本案情和判决结果来源于香港高等法院及香港终审法院的判

决。[1]

一、基本案情

甲公司是 1 家香港公司，乙公司亦为 1 家香港公司，甲乙双方为了在甲公司旗下的位于广东省深圳市的工厂合作生产手机而于 2005 年底签订 1 份合作合同，合作期限为 2005 年 9 月至 2007 年 8 月，该合同的履行地在内地，但是适用香港法律。

甲公司与乙公司设立了 1 个每月往来账户以确定双方之间的收益。至 2006 年中，往来账户中应支付给甲公司的款项不断增加，但甲公司一直未获支付。2006 年 9 月，甲公司与乙公司签订第 1 份补充协议以解决往来账户下的欠款问题。2007 年 3 月，乙公司的大股东兼董事丙先生就解决欠款问题作出担保，并与甲公司及乙公司共同签订第 2 份补充协议。2007 年 7 月，甲公司与乙公司一致同意终止合作。

甲公司分别于 2007 年及 2009 年在香港高等法院针对乙公司及作为担保人的丙先生提起诉讼，要求偿还合同债项总计约港币 650 万元（其中主要为往来账户下的欠款）及相应利息。乙公司与丙先生对甲公司所主张的往来账户下的欠款金额未提出异议，但拒绝支付相应款项，理由是合作合同的履行涉及违反内地法律法规，其是不合法的合同，因此，合作合同及 2 份补充协议不能在香港强制执行［"'不合法'抗辩"（Defence of Illegality）］。香港高等法院于 2011 年颁令将该 2 个诉讼案件合并审理。

二、判决结果

2013 年 7 月，香港高等法院原讼法庭判决甲公司胜诉。

同年，乙公司及丙先生上诉至香港高等法院上诉法庭，上诉法庭在 2014 年 9 月作出判决，确认原讼法庭对乙公司的"不合法"抗辩的判定。

2015 年，乙公司及丙先生上诉至香港终审法院。考虑到案件中的"不合

---

〔1〕 ［2013］HKEC 1078（案件编号：香港高等法院民事诉讼案件 2007 年第 2358 号及 2009 年第 109 号），［2014］HKEC 1566（案件编号：香港高等法院民事上诉案件 2013 年第 164 及 165 号）及［2015］HKEC 2683（案件编号：香港终审法院民事上诉案件 2015 年第 12 及 13 号）。

法"抗辩涉及强制执行合作合同将违反内地法律法规的声称，且该等声称涉及另一法域的法律法规，终审法院认为案件应适用法律冲突规则，而非香港普通法下的有关合同法的不合法抗辩。因此，终审法院认为香港高等法院原讼法庭和上诉法庭将案件犹如一宗纯粹香港本地案件般处理，并引用普通法下的有关合同法的不合法抗辩是不正确的。但在适用有关法律冲突的规则对本案进行分析后，终审法院同样认为，不强制执行本案有关合同并无法律依据，因此，于 2015 年 12 月作出判决，驳回乙公司及丙先生的上诉。

以下对上述判决进行细化研究。

（一）香港高等法院原讼法庭的判决

1. 有关"不合法"的法律原则

原讼法庭指出，就强制执行合同及合同救济而言，"不合法"涉及公共政策。在一般情况下，法院不会强制执行违反本地法律的合同，亦不会强制执行一个拟在外国司法管辖区履行，但是该履行在履行地属不合法的合同。

原讼法庭进一步引用英国上诉法院案件 *ParkingEye Ltd. v. Somerfield Stores Ltd.*（［2013］2 WLR 939），其中指出：一份合同，虽然不是为非法目的而订立并且已履行了一段时间，但仍然有可能在履行中涉及不合法行为。该等行为是否足以使得整份合同不能被法院强制执行，需要考虑不强制执行合同与推进不合法抗辩背后的政策目标之间的相称性。有关的考虑因素包括：是否必须以不合法方式履行合同、不合法行为是否为合同目的、原告是否必须依赖任何不合法行为作为其申索之基础。

2. 上述法律原则在本案的适用

乙公司与丙先生主张合作合同在内地履行时涉及 4 项不合法行为。原讼法庭在逐一考虑后，认定在履行合作合同中确实存在 2 项不符合内地法律法规的情形，其中包括甲公司未经内地海关批准而参与外部采办保税物料以作生产手机之用。

但是原讼法庭认为，就公共政策而言，该等被认定的不合法行为并不足以使香港法院拒绝强制执行合作合同，原因如下：首先，乙公司及甲公司对该等不合法行为均负有责任；其次，根据有关证据，该等不合法行为并非极其严重，也没有在内地导致实际的刑事诉讼程序或其它执行程序，亦未显示有逃避税收的情况；可以说，该等行为仅是行政上的不合法行为。

在实际考虑该等不合法行为对于合作合同的影响后，原讼法庭认为，甲公司并不需要依赖不合法行为作为其申索的基础，并且在合作合同已履行的情况下拒绝承担合作合同项下付款责任是不相称的。

因此，原讼法庭于 2013 年 7 月作出判决，判定乙公司及丙先生须向甲公司支付往来账户项下欠款及相应利息。

（二）香港高等法院上诉法庭的判决

对于乙公司及丙先生针对原讼法庭就合作合同项下有关不合法行为法律后果认定所提出的异议，上诉法庭认可原讼法庭对有关法律原则的总结及对有关事实的认定。

各方当事人的代表律师亦同意，按照英国案例 *Tinsley v. Milligan*（［1994］1 AC 340），如果寻求强制执行合同的申索人不需要依赖其不合法履行合同的行为，则该合同可被强制执行。

虽然乙公司在上诉中主张原讼法庭对于事实的认定有误，即甲公司的申索是基于其中一项不合法行为作出的，但是上诉法庭并未接纳乙公司的主张。

上诉法庭确认了原讼法庭的有关判决。

（三）香港终审法院的判决

终审法院认为原讼法庭和上诉法庭错误地将本案视为一宗香港本土案件加以处理，并认为原讼法庭和上诉法庭应基于法律冲突规则处理有关争议点。终审法院引用了 Graeme Johnston 先生撰写的《香港冲突法律》[1] 一书中对有关法律冲突规则的概要阐述，指出该等规则的基本原理建基于国际礼让原则及香港公共政策，有关规则的主要内容如下：

第 1 项原则：如果合同违反其适用法律（无论适用法律是否由订约方自由选择），则香港法院不会强制执行该合同。

第 2 项原则：无论合同的适用法律如何规定，如果合同的履行要求作出或必然涉及按照合同履行地法律属不合法的行为，则该合同将不被赋予效力。

第 3 项原则：无论合同的适用法律如何规定，如果订约方在签订合同时

---

[1]，Graeme Johnston，*The Conflict of Laws in Hong Kong*（2ⁿᵈ ed.），Hong Kong：Sweet & Maxwell，2012（该书的中文译名为《香港冲突法律》）.

的真正的目的和意图必定使其共同努力在某友好外国从事违反该国家法律的行为，则该合同将不被赋予效力，即使在某种情况下，合同可以其他履行方式或在其他履行地履行以使该合同能合法履行。

第 4 项原则：无论合同的适用法律如何规定，即使订约方没有上述目的和意图，但在实际履行合同时违反外国法律，也可能会导致香港法院不予强制执行该合同。

第 5 项原则：上述 4 项原则在适用时，不须考虑外国法律下的违法规定是在订约时已存在还是之后才产生。

就上述第 3 项原则，终审法院引用了几个英国案例[1]并指出该等案例是国际案件，因此，有关判决谈及国际礼让；但是，如果类似本案的情况，案件涉及不同法域的法律，则适用的原则是公共政策。终审法院亦指出，不是任何违反域外法律的行为均可成功地以违反公共政策为由使有关合同不被赋予效力；公共政策原则是否适用，视被违反的域外法律规定的性质而定。另外，终审法院认为，公共政策原则的适用不以原告人的申索必须是建基于其本身的违法行为为前提，因此，如果一项域外法律反映的是该外国或另一个司法管辖区的重要政策，则严重违反该域外法律可能足以令强制执行有关合同违反公共政策；然而，在以往案例或法律原则上，全无依据可裁定所有对域外法律的违反均应列入该类别。

乙公司主张按礼让原则，即由于合作合同在履行时附带引致违反内地法律法规，因此，香港法院须视合作合同为不可强制执行。但是终审法院认为不强制执行合作合同并无法律依据，理由如下：

第一，本案中并无显示根据合作合同条款履行合同为内地法律法规所禁止。

第二，原讼法庭并无裁断合作合同的订约方曾同意一项准备违反内地法律法规的计划。

第三，原讼法庭并无裁断甲公司一直有意作出有关违法行为。即使甲公司曾有此意，基于原讼法庭裁断有关违法行为并非极其严重，也没有在内地导致实际的刑事诉讼程序或其它执行程序，该等行为仅是行政上的违法行为，

---

〔1〕 其中包括 *Foster v. Driscoll*〔1929〕1 KB 470 及 *Regazzoni v. KC Sethia*（1994）*Ltd.*〔1958〕AC 301.

终审法院认为将强制执行有关合同视为违反香港公共政策的主张不成立。

基于上述分析,终审法院裁定驳回乙公司及丙先生的上诉。

三、案例评析

本案中,甲公司及乙公司均为香港公司,案涉合同适用香港法律;但是,合同的履行地在内地,在合同履行的过程中涉及内地法律,且履行行为存在违反内地法律法规之处;在此情况下,一方当事人在香港提起诉讼,要求对方当事人继续履行合同。本案的核心问题是,适用香港法律的合同,在内地履行时违反内地法律法规,在香港是否可以强制执行该合同及其认定依据。在内地与香港跨境商事往来中,类似本案的争议时有发生,有必要加以关注。本案历经香港高等法院原讼法庭、上诉法庭及香港终审法院三级审理,各方观点充分碰撞,意蕴丰富,值得深入研究,特别是终审法院认定的应基于法律冲突规则处理本案有关争议点的方向对内地与香港跨境商事争议中类似问题的处理具有重要指导意义。

以下对本案例进行研析。

(一)"不合法"抗辩的适用范围

鉴于本案所涉合同适用香港法律,但履行过程涉及内地法律,因此,香港终审法院认定本案并非纯粹香港本地案件,不应适用香港高等法院原讼法庭和上诉法庭所引用的普通法下的合同法中的"不合法"法律原则。

根据香港终审法院关于本案的判决,就内地与香港跨境商事活动所缔结的适用香港法律的合同,如果其履行涉及内地法律,比如本案所涉合同,则香港法院对有关涉及不合法履行合同的合同效力的认定不以普通法合同法的"不合法"原则作为依据,即"不合法"原则仅在合同的适用法律是香港法律且合同于香港履行的情形下才有适用空间。

(二)法律冲突规则的适用范围

香港终审法院对本案所涉适用香港法律的合同效力的认定采用了法律冲突规则,原因在于有关合同还关乎内地法律,涉及香港和内地两个不同法域。需要特别指出的是,就本案情况而言,其并非国际间的法律冲突,而是属于一国之内的区际间的法律冲突,因此,在适用法律冲突规则时,不存在国际礼让问题，而应从公共政策角度进行判断。

（三）违反域外法律的严重程度是认定合同效力的重要考虑因素

香港终审法院认为，如果一项域外法律反映的是该法域的重要政策，则严重违反该域外法律可能足以令强制执行有关合同违反香港公共政策。而在本案中，香港法院认定甲公司对内地法律法规的违反并非极其严重，仅是行政上的违法行为，终审法院据此认为强制执行案涉合同并不违反香港的公共政策。

就香港终审法院的上述观点，实务中应特别关注，即在香港处理适用香港法律但还涉及内地法律的合同效力时，除了以法律冲突规则作为认定合同效力的基础之外，还需要考虑有关违反内地法律法规行为的严重程度。

此外，上述观点也反映了香港终审法院对香港公共政策另一角度的阐释，值得留意。

案例七　香港法院对执行仲裁裁决及当事人约定将其争议提交仲裁所持态度的 10 项一般原则之案例

仲裁制度以其固有的优势吸引越来越多的商事活动当事人选择仲裁作为其商事争议的解决方式，但在实务中也经常出现一方当事人在仲裁败诉后向法院申请撤销仲裁裁决或申请不予执行仲裁裁决以寻求来自法院的救济的情形。香港法律对涉及挑战仲裁裁决终局性的申请有严格的规定，而香港法院对有关申请的处理也体现出相当支持仲裁裁决终局性的态度。本部分所评析案例的判决书中即包含香港高等法院陈美兰法官就香港法院对执行仲裁裁决及当事人约定将其争议提交仲裁所持态度所总结的 10 项一般原则，该等原则具有重要的实务价值。此外，该案例也涉及香港仲裁庭与内地法院之间的区际平行程序，有必要加以探讨。本部分对该案例进行评析。

本案例的基本案情及判决结果来源于香港高等法院判决书。[1]

---

〔1〕 ［2015］HKEC 2042.

一、基本案情

本案申请人是 1 家在英属维尔京群岛成立的公司。本案有 3 名被申请人，其中第一被申请人也是 1 家在英属维尔京群岛成立的公司，第二被申请人是第一被申请人在香港设立的全资子公司，第三被申请人是第二被申请人在内地设立的全资子公司，为方便表述，3 名被申请人合称为"被申请人"。

2006 年 4 月，申请人与被申请人签署 1 份合作意向书，第一被申请人同意将其全资持有的第二被申请人的股份转让给申请人，第二被申请人须继续全资持有第三被申请人，而第三被申请人将受让并持有位于内地某省的有关物业；合作意向书的适用法律为香港法律，并约定有关纠纷及争议须在香港通过仲裁解决。

2010 年，申请人与被申请人就合作意向书是否已经终止发生争议。同年 3 月，申请人就有关争议在香港展开仲裁程序，仲裁庭于同年 10 月组成，被申请人随即就仲裁庭的管辖权提出异议。仲裁庭于 2011 年 4 月作出第 1 份仲裁裁决，裁定仲裁庭对有关争议具有管辖权，驳回了被申请人的管辖权异议。

在香港仲裁程序进行的过程中，申请人与被申请人也在内地法院就合作意向书展开诉讼。2012 年 8 月，内地某省高级人民法院作出判决，认定根据内地法律，合作意向书已于 2008 年自动终止。鉴于内地某省高级人民法院的判决，被申请人于 2012 年 10 月得到仲裁庭许可，以争论：合作意向书的有效及存续问题是否已由内地某省高级人民法院作出最终决定，因此，申请人不得再在仲裁程序中重诉有关问题。

2014 年 1 月，仲裁庭作出第 2 份仲裁裁决，裁定被申请人应对申请人承担责任，并裁断合作意向书在 2008 年后仍然有效存续。在第 2 份仲裁裁决中，仲裁庭认为内地某省高级人民法院的判决并非最终及不可推翻，因为针对该判决的上诉仍待最高人民法院判决，因此，仲裁庭仍可以就合作意向书作出有利于申请人的裁定。

2014 年 4 月，被申请人向香港高等法院申请撤销第 2 份仲裁裁决，申请理由包括：被申请人未能陈述其案情，第 2 份仲裁裁决处理的争议不是提交仲裁意图裁定的事项或不在提交仲裁的范围之列，仲裁程序与当事人的约定不一致或与联合国国际贸易法委员会《贸易法委员会国际商事仲裁示范法》不一致，第 2 份仲裁裁决与香港的公共政策相抵触。2014 年 7 月，被申请人的撤裁申请被法院驳回。

由于仲裁庭在第 2 份仲裁裁决中并未处理有关应给予申请人何种补偿及救济的问题，因此，在经过进一步的庭审后，仲裁庭于 2014 年 12 月颁布第 3 份仲裁裁决，裁定强制被申请人履行合作意向书，被申请人须签署相应转股文件以将第二被申请人转让给申请人。2015 年 6 月，应申请人的申请，香港高等法院颁令准予执行第 2 份及第 3 份仲裁裁决。

2015 年 8 月初，被申请人发出传票向香港高等法院申请撤销上述执行命令。

2015 年 8 月底，申请人向香港高等法院申请驳回或剔除被申请人的撤销执行申请。

二、判决结果

2015 年 9 月，香港高等法院陈美兰法官在听取有关申请的聆讯后，判决驳回并剔除被申请人的撤销执行申请。

（一）香港法院对执行仲裁裁决及当事人约定将其争议提交仲裁所持态度的 10 项一般原则

在本案判决书中，陈美兰法官总结了香港法院对执行仲裁裁决及当事人约定将其争议提交仲裁所持态度的 10 项一般原则：

（1）法庭的首要目的是便利仲裁程序以及协助执行仲裁裁决。

（2）根据《仲裁条例》[1]，法庭只应在该条例明确规定的情况下，才介入争议的仲裁。

（3）争议各方应可自由商定如何解决争议，虽然这种自由受限于"维护必要的公众利益"的前提。

（4）仲裁裁决的执行应该几乎是种行政程序，法庭应尽量机械地办事。

---

〔1〕香港现行的《仲裁条例》（香港法例第 609 章）于 2011 年 6 月 1 日开始实施，由于本案仲裁程序开始于 2010 年 3 月，因此本案中申请人向香港高等法院申请在香港执行仲裁裁决的依据是当时适用的《仲裁条例》（香港法例第 341 章）。

（5）法庭应准备执行仲裁裁决，除非反对执行仲裁裁决的依据成立；反对执行的一方必须证明该方已蒙受损害的确实风险之存在以及证明其权利受到实质的侵犯。

（6）在处理撤销仲裁裁决的申请或撤销执行仲裁裁决的申请时，无论申请理由是未获得恰当通知、未能陈述其案情，亦或是仲裁庭的组成或仲裁程序与当事人的约定不一致，法庭关注的是仲裁程序的结构完整性；因此，所投诉的行为"必须为严重，甚至极严重"，法庭才会认为错误严重到足以削弱正当的程序。

（7）在考虑是否拒绝执行仲裁裁决时，法庭不考虑实体案情或相关交易的是非曲直。

（8）申请人没有及时地向仲裁庭或监督法庭提出异议，可能构成不容反悔或违反诚信原则。

（9）即使存在拒绝执行或撤销仲裁裁决的充足理由，法庭也有酌情裁量权，并仍可不顾及已经证实的有效理由而执行裁决。

（10）仲裁各方有真诚行事的义务。

（二）上述 10 项原则在本案中的适用

1. 被申请人提出撤销执行申请的理由

在申请撤销执行第 2 份及第 3 份仲裁裁决的传票中，被申请人列出如下申请理由：第 2 份及第 3 份仲裁裁决无效及/或该等仲裁裁决的形式不可以登录法院判决，以及其他在被申请人的律师审阅过申请人提交的证据后可能提出的进一步理由。

被申请人在同时提交的支持其申请的誓章中用同样的字句重申了上述申请理由。其后，被申请人在其提交的第 2 份支持誓章中再次重申了传票中所述的理由，即第 2 份及第 3 份仲裁裁决无效及/或该等仲裁裁决的形式不可以登录法院判决。就第 3 份仲裁裁决的"无效"，被申请人在第 2 份支持誓章中提出以下几点：

（1）仲裁庭违反其委托书，在审理与第 3 份仲裁裁决有关的问题时，仲裁庭忽视第三被申请人。

（2）仲裁庭没有适当考虑第三被申请人的立场及仲裁各方之间的立场。

（3）考虑到相似的争议在内地正等待最高人民法院的判决，第3份仲裁裁决及有关法庭命令将不能在内地被认可及执行。

（4）第三被申请人在仲裁中被剥夺权利，未能陈述其案情，亦未能提出其对第2份及第3份仲裁裁决在内地的强制执行性的关注。

被申请人在第2份支持誓章及有关法庭聆讯中均进一步指出，第3份仲裁裁决的内容不确定及不完整，仲裁庭提出了关于是否强制履行合作意向书将有助于在内地执行合作意向书的问题，但仍作出了第3份仲裁裁决，裁定强制履行合作意向书；第3份仲裁裁决的形式不可以登录法院判决及在内地执行，并且由于第3份仲裁裁决的措词不清晰，因此，该仲裁裁决无论如何均将不能被执行。

2. 法庭对被申请人主要申请理由的分析

（1）"有关裁决无效"的理由。法庭指出，被申请人有责任清楚地陈述其撤销执行申请的确切理由；但是申请人的第2份支持誓章中所述事宜均未能使其"有关裁决无效"的理由成立。法庭进一步指出，法庭曾驳回被申请人针对第2份仲裁裁决的撤裁申请，因此，第2份仲裁裁决在香港一直有效，被申请人没有理由指称第2份仲裁裁决无效；而第3份仲裁裁决是基于有效的第2份仲裁裁决作出的。

（2）"未能陈述案情"的理由。法庭指出，被申请人在其申请传票中并未提及该"未能陈述案情"的理由，就程序而言，被申请人须先申请修改申请传票以增加该理由。法庭亦指出，被申请人未能说服法庭接受该理由，原因包括：

第一，根据第2份仲裁裁决的内容，仲裁庭进行庭审时，第三被申请人有律师代表，并且已向仲裁庭表明只要第三申请人仍然是仲裁的一方当事人，第三被申请人会仍然以仲裁旁观者的角色参与。

第二，被申请人在撤销执行申请的有关誓章中从未指出第三被申请人如何本应能提出独立于并与第一及第二被申请人的案情不同的案情，以及该不同案情如何本应可影响第2份及第3份仲裁裁决的结果；仲裁庭处理的仲裁各方提出的问题包括内地判决的效力及其所引起的问题等，除了该等问题，第三被申请人没有指出其未能向仲裁庭陈述而导致仲裁庭没有处理的与其在合作意向书下的权利及责任有关的其他问题到底是什么。

第三，在被申请人针对第 2 份仲裁裁决的撤裁申请中，第三被申请人从未向法庭表示其被仲裁庭"忽略"或仲裁庭没有考虑其立场。

第四，在仲裁庭审理第 3 份仲裁裁决所处理的事项时，第三被申请人仍然有律师代表，并表明其旁观者的角色；第三被申请人并未向仲裁庭指出其立场被"忽略"或者其未能向仲裁庭陈述案情而可能使其权利受到第 2 份仲裁裁决的损害；如果第三被申请人提出，则仲裁庭可能已采取步骤解决有关问题；第三被申请人采取保持缄默及将该等投诉储存起来留作后用的举止是不真诚的。

第五，在仲裁庭作出第 3 份仲裁裁决后，第三被申请人再一次没有指出，如果第三被申请人能够以非"旁观者"的角色参与仲裁程序并陈述其案情，则第 3 份仲裁裁决的内容将会如何不同。

（3）法庭对被申请人之申请理由的评价。法庭指出，被申请人的申请理由实质上均是在尝试重新争辩已由仲裁庭决定的事项，或寻求法院重新审视及判定第 2 份及第 3 份仲裁裁决的实体内容，即在本案中仲裁庭作出强制履行合作意向书的裁决是否正确。但是被申请人的理由在撤销执行仲裁裁决申请中是从不被允许的，第 2 份或第 3 份仲裁裁决是否可以被履行、被执行或其是否与内地判决不一致以及第 3 份仲裁裁决是否可以在内地被执行，均不是法庭考虑拒绝在香港执行有关仲裁裁决的理由。正如前述 10 项原则之第 4 项所述，仲裁裁决的执行应该几乎是种行政程序，法庭应尽量机械地办事。

法庭亦指出，被申请人在本次撤销执行的申请中想表述的其实是，仲裁庭作出强制履行合作意向书的裁决，在法律上是错误的。但是，如前述 10 项原则之第 6 项所述，法庭关注的是仲裁程序的结构完整性。撤销仲裁裁决或拒绝执行仲裁裁决的救济不是民事诉讼案件的上诉，就是否撤销仲裁裁决或拒绝执行仲裁裁决，法庭仅能考虑程序性问题，而不能考虑实体争议、仲裁裁决的正确与否以及事实或法律上是否有错误。

法庭进一步指出，就强制履行合作意向书、内地法院判决及其他有关事宜，被申请人已有足够的机会向仲裁庭陈述其案情。被申请人未能指出存在任何可被称为"必须为严重，甚至极严重"行为（前述 10 项原则之第 6 项）

以说服法院认同被申请人在程序上受到了极不公正的对待。

综上，法庭指出被申请人提出的申请理由均不成立。

3. 法庭的酌情裁量权

被申请人引用案例主张，在执行仲裁裁决的阶段，法庭具有酌情裁量权将不确定（uncertainty）的仲裁裁决发回重审或撤销。但是法庭驳回了该主张，并且指出，香港《仲裁条例》有关条文明确规定法庭只应在该条例或联合国国际贸易法委员会《贸易法委员会国际商事仲裁示范法》有明确规定的情况下，才介入争议的仲裁（前述 10 项原则之第 2 项），因此，法庭并不具有被申请人所主张的酌情裁量权。

法庭进一步指出，即使具有上述酌情裁量权，法庭也将基于被申请人违反其真诚行事的义务（前述 10 项原则之第 10 项）而拒绝行使该权力。被申请人违反其真诚行事的义务具体体现如下：

（1）在未能成功向法庭申请撤销第 2 份仲裁裁决的情况下，仍然向法庭申请撤销第 2 份及第 3 份仲裁裁决的执行。

（2）在仲裁庭审理第 3 份仲裁裁决所处理的事项时，被申请人没有就第三被申请人在仲裁程序中被"忽略"及第三被申请人所指称的未能陈述其案情之事向仲裁庭提出反对，剥夺仲裁庭对被申请人其后在本案中投诉的不当情况进行修正的权利。

（3）被申请人未在撤销执行申请的申请传票及支持誓章中列出该申请所基于的确切理由。

（4）上述三点以及被申请人撤销执行申请没有可成立的理由，证明被申请人只是想拖延时间，意在延迟及阻挠第 2 份及第 3 份仲裁裁决的执行。

综上，法庭认为被申请人的撤销执行申请是滥用法庭程序，被申请人没有真诚行事，违背了其真诚行事的义务。法庭还进一步补充，即使存在任何有效的申请理由，法庭仍然会行使前述 10 项原则之第 9 项所述的酌情裁量权，颁令执行第 2 份及第 3 份仲裁裁决。

因此，法庭颁令驳回及剔除被申请人的申请，并且颁令要求被申请人按弥偿基准承担申请人在被申请人的撤销执行申请及申请人的驳回及剔除申请中所产生的讼费。

三、案例评析

本案有关事宜涉及英属维尔京群岛、香港、内地等多个当事人,时间跨度大,历经仲裁、诉讼程序,并关系到内地与香港两个不同法域,确有深入研究解析之必要。以下对本案例进行评析。

(一) 香港法院对执行仲裁裁决及当事人约定将其争议提交仲裁所持态度的 10 项一般原则

就商事仲裁裁决向香港法院申请执行、对于商事仲裁裁决提出质疑如何处理以及香港法院能否拒绝执行仲裁裁决等问题,《仲裁条例》(香港法例第 609 章) 有相关规定,本书上编第二章亦载有对相关问题的分析,包括:在香港作出的仲裁裁决被香港高等法院原讼法庭撤销的有关情形,就仲裁裁决中的法律问题提出上诉或就严重不当事件影响仲裁庭、仲裁程序或裁决而提出申请质疑裁决的有关情形等,可供参阅。

从香港法律角度而言,本案的重要性在于,香港高等法院法官通过本案总结了香港法院对执行仲裁裁决及当事人约定将其争议提交仲裁所持态度的 10 项一般原则,强调法庭的首要目的是便利仲裁程序以及协助执行仲裁裁决,凸显对仲裁给予强烈支持的香港司法机关的态度,即对仲裁裁决在香港的执行,除了若干特定情形外,其应该几乎是种程序,法庭应尽量机械地办事。

在本案的判决中,就上述 10 项原则的适用,香港高等法院法官结合本案案情做出了分析。香港作为普通法地区,本案判决所总结的上述 10 项原则及其适用,对日后在香港高等法院原讼法庭进行的香港同类案件具有参考价值,其意义在实务中需要予以高度关注。

(二) 本案所涉及的区际平行程序

本案判决所述及的仲裁源起于 2010 年 3 月,当时,申请人就其与被申请人之间合作意向书是否已经终止的争议在香港展开仲裁程序。在香港仲裁程序进行的过程中,申请人与被申请人也在内地法院就合作意向书展开诉讼。如果香港的仲裁与内地的诉讼当事人相同,基于同一事实,诉因相同 (本部分评析即以此为假定),则本案所涉香港仲裁及内地诉讼之间即构成了平行程序,该平行程序产生于一国之内的香港和内地两个法域之间,不同于国际平行程序，其属于区际平行程序。

就本案所涉香港仲裁及内地诉讼的平行程序而言，在香港，仲裁庭行使管辖权并作出仲裁裁决；在内地，某省高级人民法院行使管辖权并作出一审民事判决。因此，其不同于 2 个法院均行使管辖权的平行诉讼。

在商事争议解决领域，一般而言，1 份有效的仲裁协议能够排除法院的管辖权，但在跨法域商事争议中，由于不同法域法律制度的差异、适用法律的不同、对法律理解的不一致等多种因素，可能出现不同法域之间仲裁与诉讼并行的平行程序。

平行程序的出现，会增加当事人解决争议的成本，降低争议解决的效率，易使有关权利义务关系长期处于不稳定状态。本案所涉香港仲裁及内地诉讼即是例证，香港仲裁裁决与内地法院一审判决对合作意向书是继续履行还是已经终止的认定截然不同，从而引发了诸多后续问题。

在内地与香港跨境商事争议解决的法律实务领域，确有必要对两地间仲裁和诉讼平行程序问题给予充分重视，尽快研究化解之法。

案例八　向香港法院申请执行内地仲裁裁决案

根据《关于内地与香港特别行政区相互执行仲裁裁决的安排》，在内地或者香港作出的仲裁裁决，一方当事人不履行仲裁裁决的，另一方当事人可以向被申请人住所地或者财产所在地的有关法院申请执行。在香港高等法院审理的一起案件中，申请人向香港高等法院申请强制执行一份在内地作出的仲裁裁决并获得执行许可，但答辩人其后依据当时适用的《仲裁条例》（香港法例第 341 章）第 40（E）(3) 条向香港法院申请搁置许可，指称仲裁员在仲裁过程中对申请人有偏袒，违反香港的公共政策。经审理后，香港高等法院原讼法庭认为有关仲裁庭有表面偏袒，如允许执行，则会违反香港的公共政策，公义将不能在众人面前得到彰显，因此，搁置执行许可，裁定不予执行。申请人不服，上诉至香港高等法院上诉法庭，上诉法庭推翻了原讼法庭的判决。该案例涉及《关于内地与香港特别行政区相互执行仲裁裁决的安排》以及香港法院对申请不予执行仲裁裁决理由的观点等问题，具有很高的实务价值。本部分对该案例进行研析。

本案例的基本案情及判决结果来源于香港高等法院原讼法庭的判决[1]及上诉法庭的判决[2]。

一、基本案情

2008 年，根据 1 份股份转让协议和 1 份补充股份转让协议，本案的申请人将其持有的某香港公司股份转让给本案的答辩人。因双方存在争议，2009年 7 月，答辩人依据股份转让协议中的仲裁条款在内地某仲裁委员会展开了仲裁程序，要求仲裁庭裁定股份转让协议有效；申请人反对，并提出反请求，要求仲裁庭裁定股份转让协议无效。

2009 年 12 月，在仲裁庭第 1 次庭审将结束时，仲裁庭询问双方是否愿意进行调解，双方表示同意。

在调解过程中发生以下事项（该等事项亦为香港高等法院原讼法庭其后所认定的无争议事实）：

仲裁庭第 1 次庭审之后，仲裁庭的成员决定向当事人建议和解，方案是由答辩人支付给申请人 2.5 亿元人民币。仲裁庭委托该仲裁委员会秘书长和 1名由申请人提名的仲裁庭成员甲仲裁员联络当事人，告知当事人有关建议。秘书长和甲仲裁员获委任的原因是该 2 人均在当地，而仲裁庭的其余 2 名仲裁员在外地。其后，秘书长的办公室将上述建议方案告知申请人的律师乙律师。

秘书长和甲仲裁员随后联系丙先生并邀请其在当地 1 家酒店会面和共进晚餐。联系丙先生的原因是他被认为与答辩人关系友好。在仲裁过程中，丙先生曾试图通过 1 个与其及秘书长均相识的人与秘书长联系，丙先生称其是答辩人的"关系人"，秘书长当时拒绝了这一请求。但当仲裁庭提出 2.5 亿元人民币的和解方案时，秘书长回想起丙先生的请求和丙先生所述的其是答辩人的"关系人"，并向答辩人的代理人索要了丙先生的联络电话号码。参加是日酒店晚餐的人有秘书长、甲仲裁员和丙先生。秘书长将 2.5 亿元人民币的

---

〔1〕 [2011] 3 HKC 157.
〔2〕 [2012] 1 HKLRD 627.

和解方案告诉丙先生，并请丙先生对答辩人"做工作"。答辩人拒绝向申请人支付 2.5 亿元人民币，申请人随后亦通知仲裁庭，申请人不同意以 2.5 亿元人民币与答辩人和解。

因调解不成，仲裁程序继续进行。在仲裁庭作出仲裁裁决之前，答辩人并未对上述在调解过程中发生的事项提出任何异议。最后，仲裁庭作出仲裁裁决，驳回答辩人的仲裁申请，认定股份转让协议无效；此外，仲裁庭建议申请人支付答辩人 5000 万元人民币作为赔偿。

答辩人对仲裁裁决不服，向该仲裁委员会所在地中级人民法院申请撤销仲裁裁决，称：（除其他理由外）仲裁庭在仲裁过程中处事不公，该仲裁委员会秘书长操控了有关仲裁裁决结果。该仲裁委员会所在地中级人民法院认为上述调解过程符合相关仲裁规则，遂驳回答辩人的申请。

之后，申请人向香港高等法院申请执行仲裁裁决。答辩人申请不予执行，提出有关仲裁裁决存在偏袒，强制执行有关裁决将违反香港的公共政策，有关情况发生在仲裁庭 2 次开庭之间，即上述（2010 年 3 月 27 日）有关人员在酒店晚餐时。

香港高等法院原讼法庭基于以下考量，裁定仲裁庭确实存在表面的偏袒：

第一，调解的尝试既不是由仲裁庭也不是由首席仲裁员进行，而是由甲仲裁员和秘书长进行。

第二，没有证据表明，当事人曾被询问是否批准邀请秘书长在调解中担当第三方的角色；秘书长似乎只是被仲裁庭要求与甲仲裁员一起介入调解。

第三，调解的时间和地点（2010 年 3 月 27 日在酒店晚餐时）是否已与双方当事人确定或达成合意并不清楚。秘书长只是向申请人的律师乙律师告知了关于 2.5 亿元人民币的和解方案，而乙律师并非申请人的主要律师。在申请人或其代理人缺席的情况下，按常理，秘书长应首先联系申请人的代理人丁先生，以取得其同意在酒店的晚餐中进行调解。更令人费解的是，秘书长虽然联系了答辩人的代理人，向其询问丙先生的联系方式，但秘书长似乎未就通过丙先生进行调解一事取得答辩人的代理人同意。反之，丙先生并非答辩人的代理律师，但却被邀请去酒店与秘书长和甲仲裁员会面，而当时，丙先生或答辩人均不知将会发生何事。

第四，秘书长和甲仲裁员主动提出了 2.5 亿元人民币的和解方案，但该方案没有预先得到申请人一方的批准。事实上，申请人最终拒绝了该方案。亦无证据表明仲裁庭或者秘书长是如何确定和解方案的金额为 2.5 亿元人民币，该数字与仲裁裁决中建议支付给答辩人的 5000 万元人民币（除了前者是后者 5 倍以外）并无明显关联。原讼法庭法官不认为请第三方（丙先生）向答辩人"做工作"以游说答辩人接受和解方案是等于"将和解计划建议给双方参考"。

第五，在通常情况下，调解应在正式场合（比如办公室或会议室）进行，很少有调解是在酒店餐厅（根据丙先生的证词是在包厢内）晚餐过程中且仅有一方出席的情况下进行的。

此外，原讼法庭法官还认为：

其一，为什么要向丙先生而不是答辩人的董事或负责人或代理人透露和解方案？既然秘书长已联系答辩人的代理人索要丙先生的联系方式，但为何却不向答辩人的代理人透露该方案？

秘书长所辩称的由于早前丙先生试图接近他并自称是"关系人"的说法不足为信。为什么要与"关系人"而不是当事人或其代理人进行调解呢？

令客观第三方担忧的情况是：之所以选择丙先生，是因为秘书长认为丙先生可以向答辩人施加影响，使其接受和解方案并向申请人支付 2.5 亿元人民币。

其二，在已经做出了 2.5 亿元人民币的和解方案后，秘书长和甲仲裁员请求丙先生对答辩人"做工作"使其接受方案有何含义？既然秘书长和甲仲裁员是调解人，为什么要丙先生去做工作？应该与答辩人探究有关争议是否可以 2.5 亿元人民币和解的人应当是秘书长和甲仲裁员。

"做工作"这样的表述带有秘书长和甲仲裁员积极促成以 2.5 亿元人民币达成和解之意。

尤其令人担忧的是，秘书长和甲仲裁员是在积极促成他们的方案，而非仅仅以中立的态度向答辩人告知和解方案并让答辩人自由决定是否接受。

其三，为什么秘书长和甲仲裁员在还没有获得申请人一方同意或在不知道申请人是否有意愿接受 2.5 亿元人民币和解方案时就提出这样的方案？无疑，和解方案形成后，首先是应与申请人一方确定方案是其可以接受的；如果方案不可行，则请丙先生去对答辩人"做工作"又有何意义呢？

无论正确与否，上述事宜给人留下的印象是秘书长和甲仲裁员实施了偏袒申请人的行为。

其四，对于 5000 万元人民币和 2.5 亿元人民币之间缺乏关联没有作出解释。秘书长和甲仲裁员是如何得出 2.5 亿元人民币这一金额的？

丁先生的证词是，他曾私下告知仲裁庭，申请人已经拒绝了 1.8 亿元人民币的出价，而只会考虑 2 亿元人民币以上的出价。假设丁先生的证词真实，则亦无法解释秘书长和甲仲裁员以何理由提出 2.5 亿元人民币的金额（比申请人宣称的底线高了 25%）。基于什么原因使秘书长和甲仲裁员认为申请人给出的底线只是起价呢？

无论对错，上述事宜给人留下的印象仍然是秘书长和甲仲裁员偏袒申请人。

其五，调解情况不同寻常。在酒店晚餐中设酒宴款待某人，存在希求使一个困难的和解方案变为可以接受之意味。令人担忧的是，秘书长和甲仲裁员选择了在这样的场合来促使丙先生接受 2.5 亿元人民币的和解方案。

其六，令客观第三方得出上述行为体现表面的偏袒的结论还在于，答辩人拒绝支付 2.5 亿元人民币之后，仲裁庭作出的仲裁裁决完全偏向申请人一方，且仅仅建议（而非要求）申请人向答辩人支付 5000 万元人民币。

因香港高等法院原讼法庭认为有关调解方式存在表面偏袒的情况，违反香港的公共政策，所以拒绝执行有关仲裁裁决。

原讼法庭还认为，即使答辩人在其声称引起偏袒的事件发生之后仍继续参与仲裁，而没有就偏袒情况提出异议，并不表示答辩人放弃了就仲裁庭的不公正、不中立提出反对的权利。原讼法庭对此的意见是：答辩人当时担心针对仲裁庭的不公正、不中立提出异议可能会激怒仲裁庭，因而没有提出异议，答辩人的此等行为可理解为笨拙的折衷，而非对异议的放弃。

申请人就原讼法庭的判决向香港高等法院上诉法庭提出上诉。

二、判决结果

香港高等法院上诉法庭推翻了原讼法庭的判决。主要观点如下：

（一）答辩人是否已经放弃了对其声称的仲裁庭存有偏袒的情况提出反对的权利？

就答辩人没有在仲裁程序中对其声称的仲裁庭存有偏袒的情况提出反对是否应被视为放弃了就该等情况提出反对的权利，上诉法庭意见如下：

根据该仲裁委员会的仲裁规则第 5 条的规定，当事人知道或者应当知道该仲裁委员会、仲裁庭、对方当事人及其相关人员没有恰当地遵守该规则中的任何条款，但又参加或继续参与仲裁活动的，视为其放弃提出异议的权利。

香港高等法院上诉法庭接受原讼法庭法官的以下陈述：仲裁一方当事人如有意依赖适用的仲裁规则未有获遵从的事实，则应尽快提出；而不应该好像没有发生任何违反仲裁规则的事宜一样继续仲裁程序，将违规事宜储备起来，留待日后使用。

上诉法庭指出，如果有关当事人及时提出违规事宜，假设采取行动是必须的，则仲裁庭可以采取补救行动。

在酒店会面后，答辩人向仲裁庭提交了日期为 2010 年 5 月 13 日的补充陈述，2010 年 5 月 31 日仲裁庭进行庭审。在补充陈述中以及庭审过程中，答辩人没有对其认为的仲裁庭的偏袒提出任何反对。

另外，上诉法庭认为，仲裁各方不仅受相关仲裁规则所规限，同时也受到对仲裁有管辖权的法院规限。在本案中，该法院是内地该仲裁委员会所在地中级人民法院。上诉法庭引用 *Minmetals Germany GmbH v. Ferco Steel Ltd.*[1] 一案中的以下原则：

"若向监管法院（即仲裁地法院）就某一声称的瑕疵寻求救济，但被拒绝，将使一个仲裁裁决的终局效力不受影响。在正常情况下，1 份已被监管法院结论性地裁定为保持有效的仲裁裁决对英国法院来说会是一个非常强的政策考虑。正如重大的分量必须给予支持国际仲裁裁决的终局性的政策，同样重大的分量也应该给予支持监管法院对正确提交的程序性问题所作决定的终局性的政策。本席使用'在正常情况下'，是因为可能会有例外的情况，比如，监管法院的权力非常有限，甚至对仲裁员明显和严重漠视基本公正原则的行为都无权干预，或对基于不公平的理由（如贿赂）监管法院拒绝进行干

---

〔1〕 ［1999］CLC 647.

预。但是，除了这些例外的情况，如果声称在仲裁过程有严重不公的程序瑕疵，且该等声称已经由监管法院考虑过，但（有关当事人）仍打着该等声称的旗号要求英国法院在处理裁决强制执行时再审查该等声称，则该等要求将受到（法院的）强烈反对。"

该仲裁委员会所在地中级人民法院对答辩人在内地申请撤销仲裁裁决程序中提出的不当调解程序的声称所作裁定是该等声称（以及其他声称）不能成立，驳回答辩人的申请。

依循上述英国案例中的原则，上诉法庭认为应对该仲裁委员会所在地中级人民法院拒绝撤销仲裁裁决的决定，给予应有的重视，但原讼法庭却没有这样做。

最终，上诉法庭裁定答辩人不及时就酒店晚餐事宜提出反对等同于放弃了其在其后提出反对的权利。

（二）仲裁庭是否有偏袒？

假设上诉法庭就上述"放弃"问题所作结论不正确，则上诉法庭继续讨论有关调解过程是否存在表面偏袒。考虑相关证据后，上诉法庭作出如下意见：

答辩人提出，原讼法庭法官不接受答辩人证人丙先生所述秘书长在酒店晚餐时已明确向他表示仲裁庭已经决定了"结果"的做法是错误的。"结果"是指股份转让协议有效，但答辩人要向申请人支付一笔2.5亿元人民币的赔偿。答辩人称：原讼法庭法官犯错，因为其错以为丙先生没有在该仲裁委员会所在地中级人民法院的法院程序中说过秘书长告诉他仲裁庭已经决定了结果。就此，答辩人依赖了原讼法庭法官判决书的第35段和第36段。上诉法庭指出，从上述段落可以清楚看到原讼法庭法官不接受丙先生的上述证言，上诉法庭因此不接受答辩人的陈述。

丙先生在调解过程中的参与是得到了答辩人授权或同意的。

有关原讼法庭法官说2.5亿元人民币的和解方案是在没有申请人授权的情况下提出的，上诉法庭同意这是事实；而且，仲裁庭已在较早前被告知，申请人要求至少2亿元人民币，但其后却改变主意，改为想要回有关的股份。

有关2.5亿元人民币和5000万元人民币的差异，上诉法庭质疑比较2个金额是否有意义。提交法庭的证据不能支持 2.5 亿元人民币这个金额本身是偏袒的；至于 5000 万元人民币，其与 2.5 亿元人民币并无关联，该金额只是一项建议补偿，补偿答辩人为收购有关股份时所花的 3000 万元人民币款项；答辩人在仲裁过程中并未要求申请人支付该笔款项。因此，上诉法庭不认可 2.5 亿元人民币和 5000 万元人民币的差异会使客观第三方担忧仲裁庭存在表面的偏袒。

至于在酒店就餐时进行调解是否可以接受，上诉法庭认为内地法院会更适合对此进行认定。此外，上诉法庭也不同意存在秘书长设酒宴款待丙先生的情况，证据是该次晚餐系由丙先生付款。尽管人们可能会认同原讼法庭法官因内地进行调解的方式与香港常见的方式不同感到不安，但其是否会造成表面偏袒，有赖于调解地对在正常情况下进行调解的方式的理解。因此，上诉法庭认为应该对该仲裁委员会所在地中级人民法院拒绝撤销仲裁裁决的决定给予应有的分量。

上诉法庭强调，当事人如果以违反公共政策为由要求香港法院不予执行仲裁裁决，则香港法院只会在如果执行仲裁裁决将会与香港最基本的道德和正义理念相悖的情况下拒绝执行，但本案并无该等情形发生。

最终，上诉法庭推翻了原讼法庭的判决，准许申请人在香港执行仲裁裁决。

三、案例评析

本案是在《关于内地与香港特别行政区相互执行仲裁裁决的安排》于 2000 年 2 月 1 日起在内地与香港同时施行后，申请人向香港高等法院申请强制执行 1 份在内地作出的仲裁裁决的案例，就该角度而言，本案属于内地与香港区际民商事司法协助的范畴。另外，本案从仲裁裁决作出到香港高等法院上诉法庭准许申请人在香港执行仲裁裁决的过程，可谓一波三折：首先，内地某仲裁委员会作出仲裁裁决后，答辩人对仲裁裁决不服，向该仲裁委员会所在地中级人民法院申请撤销仲裁裁决，但被该仲裁委员会所在地中级人民法院驳回申请；然后，申请人向香港高等法院申请强制执行仲裁裁决，获得执行许可；其后，答辩人向香港高等法院提出申请，称仲裁员在仲裁过程中对申请人有偏袒，违反香港的公共政策，要求搁置执行许可，经审理，香港高等法院原讼法庭认可答辩人的观点，裁定不予执行仲裁裁决；此后，申请人不服原讼法庭的判决，上诉至香港高等法院上诉法庭，上诉法庭推翻了原讼法庭的判决，准许申请人在香港执行仲裁裁决。

对本案例的研析主要从两方面进行：一方面是在两地区际民商事司法协助的框架内，内地仲裁裁决在香港的执行；另一方面是香港法院对不予执行内地仲裁裁决的判断标准。

（一）关于内地仲裁裁决在香港的执行

在香港，为实施最高人民法院与香港特别行政区政府签署的《关于内地与香港特别行政区相互执行仲裁裁决的安排》，修订了当时适用的《仲裁条例》（香港法例第 341 章），并自 2000 年 2 月 1 日起生效。

就内地仲裁裁决在香港的执行，根据《关于内地与香港特别行政区相互执行仲裁裁决的安排》，香港法院同意执行内地仲裁机构（名单由国务院法制办公室经国务院港澳事务办公室提供）依据《中华人民共和国仲裁法》所作出的裁决。在内地作出的仲裁裁决，如果一方当事人不履行，而该方当事人住所地或财产所在地位于香港，则另一方当事人可以向香港高等法院申请执行。

香港高等法院接到当事人执行内地仲裁裁决的申请后，按照香港法律程序处理及执行。

在本案中，作出仲裁裁决的时间是在 2000 年 2 月 1 日《关于内地与香港特别行政区相互执行仲裁裁决的安排》生效之后；仲裁裁决系由内地某仲裁委员会作出，该仲裁委员会被列于《关于内地与香港特别行政区相互执行仲裁裁决的安排》所述国务院法制办公室经国务院港澳事务办公室提供的内地仲裁机构名单之内。因此，该仲裁裁决在香港的申请执行事宜应适用已包含了《关于内地与香港特别行政区相互执行仲裁裁决的安排》有关内容的当时适用的《仲裁条例》（香港法例第 341 章）的相关条文，接到申请人申请后，由香港高等法院按照香港法律程序处理及执行。

（二）香港法院对不予执行内地仲裁裁决的判断标准

《关于内地与香港特别行政区相互执行仲裁裁决的安排》对香港法院/内

地法院不予执行内地/香港作出的仲裁裁决的情形作出了规定（有关内容可参阅本书上编第 4 章第 2 节），香港原《仲裁条例》（香港法例第 341 章）及现行《仲裁条例》（香港法例第 609 章）从香港角度吸收了相关规定。

在本案中，答辩人提出酒店晚餐的调解过程存有表面偏袒，香港高等法院原讼法庭接纳有关说法，裁定有关调解方式存在表面偏袒的情况，违反香港的公共政策，因此，拒绝执行有关裁决。

但是，香港高等法院原讼法庭的决定被上诉法庭推翻，上诉法庭认为：如果当事人发现在仲裁过程中出现违反有关仲裁规则或法律的情况，则其应尽快通知仲裁庭，让仲裁庭在作出仲裁裁决之前能充分考虑有关投诉并采取相应行动；假如一方当事人早已意识到出现了违反仲裁规则或法律的情况，但在仲裁庭作出裁决之前不提出反对，而是在仲裁庭作出对己方不利的裁决时才提出反对，则将会被视为其放弃了提出反对的权利。

香港高等法院上诉法庭的上述观点在实务中需给予高度关注。如果一方当事人在仲裁过程中遇到仲裁程序不公允的情况，其如欲行使反对权，则应当及时向仲裁庭、仲裁机构和对方当事人提出反对。否则，一方当事人的缄默或对于反对权的迟延行使可能会被香港法院视为放弃了提出反对的权利。

当事人在选择仲裁地之前，应当清楚了解仲裁地法院有权监管有关仲裁。由于不同仲裁地的仲裁员进行调解的方式和接受的程度不尽相同，因此，即使程序与香港存在差异，也不意味着与香港不同的程序就存在错误或有不公平的情况。判断仲裁员在调解和仲裁过程中是否存在偏袒之前，应充分考虑调解和仲裁地的当地文化，并从当地的视角考察有关程序是否恰当。如当地法院已对仲裁裁决持有某种看法，则其对于香港法院而言将有相当的参考价值。

此外，关于违反公共政策作为香港法院不予执行仲裁裁决理由的适用，本案中香港高等法院上诉法庭的观点值得重视：如果当事人以违反公共政策为由要求香港法院不予执行仲裁裁决，则只有在执行仲裁裁决将会与香港最基本的道德和正义理念相悖的情况下，香港法院才会拒绝执行有关裁决。

在评析本案例的过程中，就本案所涉仲裁案调解时所提建议方案的用词问题，我们参与本书撰写工作的同事进行了认真热烈的讨论。鉴于仲裁在内地进行，调解由仲裁庭主持，建议方案系仲裁庭提出，在此情况下，为与当事人自行和解下的建议方案相区分，内地通常将其称之为"调解方案"；而在香港，并无类似于内地的明显区别，将其称为"和解方案"亦不会引起歧义，香港法院的判决书也使用了"settlement proposal"，中文译为"和解方案"。从与香港法院判决书保持一致的角度，我们在本案例中选用了"和解方案"一词。其实，更重要的是，通过讨论，不仅可以从微观的角度进一步感受两地法律的差异，也从另一侧面凸显了对两地跨境商事争议之解决进行法律研究的必要。

后 记

本书历时 4 载，终于面世了。本书付梓之际，我们顿觉轻松又思绪万端，充满感激也惶恐不安，复杂的心绪实在是难以名状。

跨境法律服务是本行的特色，而内地与香港跨境商事争议解决是体现我们特色的重要执业领域。经历该领域多年的实务操作，体会良多，我们一直怀有将心得感想汇集成书从而为两地跨境商事争议的顺畅解决略尽绵薄之力的愿望，现在，长久以来的期盼得以实现，我们确感如释重负。

在内地与香港区际法律冲突客观存在的大背景下，两地跨境商事争议的解决面临许多新的挑战，也充满了新的机遇，大量的新课题亟待深入研究，众多的新情况呼唤新思路、新方法。可以说，两地跨境商事争议的解决直接关系到香港的繁荣稳定和"一国两制"原则的贯彻落实，每念及此，我们更觉任重道远。

本书是我们的同事在如山的文件撰写完毕、激辩的会议告一段落、紧张的庭审结束之后挤出来的时间里字斟句酌、研究推敲的倾心之作，凝聚了大家的心血、知识、经验、思考、智慧和期待，谨在此向参与本书写作的同仁表示衷心的感谢！

本书的写作和出版受益于业内人士的热情指导和帮助，受益于中国政法大学出版社的大力支持和协助，受益于许许多多朋友的关心和鼓励，谨在此向所有为本书的写作和出版付出努力的机构和人士致以崇高的敬意！

本书的写作过程跨越数年，其间经历了有关法律的变化、若干制度的创新、部分争议解决机构的调整，这些对本书的结构和内容造成了较大的影响。为此，我们数易书稿，多次增添，再三删改，力求在本书中对两地跨境商事争议的解决展示新情况，表述新特点，体现新发展。本书定稿后，《关于内地与香港特别行政区法院就民商事案件相互委托提取证据的安排》自 2017 年 3 月 1 日起在两地生效；《中华人民共和国民法总则》于 2017 年 3 月 15 日由第十二届全国人民代表大会第五次会议通过，自 2017 年 10 月 1 日起施行，该法将一般诉讼时效期间由 2 年延长至 3 年，并规定诉讼时效期间自权利人知道或者应当知道权利受到损害以及义务人之日起计算，法律另有规定的除外。上述新变化涉及本书的相关内容，谨请读者朋友予以留意。受限于水平、能力，我们虽已殚精竭虑，反复琢磨，但本书必定还是有种种的缺陷和不足，为此，我们的惶恐之情难以尽言。本书作为引玉之砖，恳请读者朋友不吝赐教，提供宝贵意见。

法律实务研究离不开案例剖析，在本书中，案例研析占据了相当篇幅。需要特别说明的是，本书所引用的案例均来自于公开渠道，并只为学术研讨之用，无意冒犯、伤害任何机构、人士。

此外，本书仅是我们的一得之见，并不构成任何形式的法律意见。

"天下无讼"是中国两千多年来的传统儒家理想，将其作为社会发展的终极追求之一，当无不可。但现实生活错综复杂，矛盾冲突客观存在，特别是在两地的跨境商事交往中，主体多元，利益多元，交易方式多元，商事争议与商事活动如影随形，相伴而生。如何促进交易，化解争议，减少交易成本，平等保护各交易方的合法权益，需要给予更多关注。就协商、调解、仲裁、诉讼 4 种主要的商事争议解决方式，尽管诉讼仍占主体地位，但非诉讼的方式益发受到重视，比如，仲裁已为越来越多的商事主体所接受，调解更有方兴未艾之势；即使是诉讼方式，立法者和司法者也更加注重发挥调解在其中的作用。如果本书从两地法律的视角解析跨境商事争议解决的粗浅尝试有助于理论界和实务界、立法者和司法者对这一问题的研究日益深入，立法日益完善，司法协助日益全面，权利保护日益便利，那么我们将深感荣幸。倘真如此，将可向着"天下无讼"的终极追求趋近一步。

我们会继续努力。

李伟斌律师行

2017 年 3 月